"Un cofre de oro. DeRouchie, Martin y Naselli le regalan a la iglesia una riqueza abundante. Estos tres excelentes eruditos examinan la teología bíblica desde cada ángulo concebible: su definición, metodología, hermenéutica, teología, tipología, la trama de la Biblia y el uso del Antiguo Testamento en el Nuevo Testamento, por mencionar unos cuantos. Este volumen es un punto de entrada maravilloso al inmenso y complejo ámbito de la teología bíblica. Mi oración es que laicos, estudiantes, pastores y maestros lo tomen y lo lean".

—Benjamin L. Gladd,
profesor asociado de Nuevo Testamento,
Reformed Theological Seminary, Jackson, MS

"No solo es un libro para profesionales y eruditos; todo estudiante serio de la Biblia debe poseerlo y referirse a él con frecuencia. Aunque parte del fundamento de la fe evangélica, los cristianos de todas las creencias descubrirán en estas cuarenta preguntas una mina de exposiciones bien organizadas, escritas con claridad, exhaustivas, analíticas y fáciles de entender. Los asuntos tratados no solo son relevantes para quienes se enfocan en la teología bíblica como disciplina, sino que también conciernen la formación de la teología sistemática, histórica, práctica y homilética. Los autores han usado todos los medios a su disposición para convertirlo en la clase de libro de referencia en el que se presenta cada aspecto de la teología bíblica en un formato que facilita el hallazgo de información. Desearía haber tenido un libro así cuando inicié mi propio descubrimiento de la teología bíblica hace más de sesenta años".

—Graeme Goldsworthy,
profesor emérito en Teología Bíblica, Antiguo Testamento y
Hermenéutica, Moore Theological College, Sydney, Australia

"Cuando las personas prueban un poco de la teología bíblica, descubren que quieren más. Se preguntan dónde ha estado esta forma de comprender la Biblia todo este tiempo. Quieren saber cómo pueden aprender más. Yo les diría que *40 preguntas sobre la teología bíblica* es un buen lugar para empezar y que seguirá siendo un recurso formidable al que regresar".

—Nancy Guthrie,
maestra de cursos de teología bíblica para mujeres;
autora de *Santos y sinvergüenzas en la historia de Jesús*

"Para una lectura fiel y completa de la Biblia se necesita una buena teología bíblica; por consiguiente, es fundamental para la vida y la enseñanza del cristiano. El libro *40 preguntas sobre la teología bíblica* proporciona estructura y teoría al responder preguntas en capítulos breves. Los ejemplos de temas bíblicos y teológicos y las lecturas de pasajes de la Biblia resaltan el valor de este enfoque y extraen la riqueza de la Palabra de Dios. Más que una mera introducción, el libro de DeRouchie, Martin y Naselli provee también el panorama de la disciplina en el 2020, con referencias que el lector interesado puede seguir. Esta obra nos ayuda a ver cómo encaja toda la Biblia y cómo señala a Cristo y se cumple en Él; y, de este modo, es un gran salvavidas contra el moralismo. Altamente recomendado para cristianos de todo el mundo".

—Peter H. W. Lau,
investigador y escritor, OMF International;
editor de reseñas de libros sobre el Antiguo Testamento, *Themelios*

"Cuando tres eruditos comprometidos con la Biblia como la Palabra inspirada de Dios combinan esfuerzos para escribir un libro como este, que no le sorprenda saber que tiene un producto sin precedentes en sus manos. ¡Estudie teología bíblica! Cuando se entiende bien, es como un diamante bien cortado que destella y refleja la luz de Cristo en cada página de la Biblia, de manera que a uno solo le queda adorar al Dios de la historia como el Dios de prodigios. Consiga este libro, porque no solo le enseña teología bíblica, sino que le abre un creciente apetito por la Palabra de Dios".

—Conrad Mbewe,
pastor, Kabwata Baptist Church, Lusaka, Zambia

"Me entusiasmó ver que la editorial Kregel [Portavoz] se ocupaba del tema de la teología bíblica en esta serie específica porque el formato pone esta cuestión, de vital importancia, a disposición de los lectores. ¡Mi emoción fue doble al ver el trío de profesores que lo habían escrito! Los pastores se beneficiarán de *40 preguntas sobre la teología bíblica* porque contiene importantes observaciones e implicaciones para la iglesia que exaltan a Cristo y porque está escrito de principio a fin en tono pastoral. Los profesores se beneficiarán de él cuando busquen textos suplementarios sobre un tema. Los miembros de la iglesia obtendrán una buena comprensión de los temas y de la trama redentora de las Escrituras. Además, sin dudarlo, yo ofrecería este libro a algunos escépticos inquisitivos, ya que para mí la unidad de la Biblia es una poderosa apologética que no debemos pasar por alto cuando defendemos la fe. Anhelo que, al final de su lectura, todos puedan sentir un amor más profundo por Jesús, nuestro Salvador, magnificado a lo largo de las páginas de las Sagradas Escrituras".

—Tony Merida,
pastor de predicación, Imago Dei Church, Raleigh, NC; decano,
Grimké Seminary; director de formación teológica, Acts 29

"La teología bíblica se encuentra entre las disciplinas más disputadas y malentendidas del estudio bíblico y teológico. También está entre las más ricas y gratificantes. La enseñanza y la predicación fieles de la Biblia dependen de entender la teología bíblica con claridad. Este volumen lúcido y atractivo de la serie '40 preguntas sobre…' es una guía exhaustiva de su definición, presuposiciones, temas principales y aplicaciónes. Sumamente recomendable para estudiantes y ministros por igual".

—BRIAN S. ROSNER,
director, Ridley College, Melbourne, Australia

"DeRouchie, Martin y Naselli han escrito una introducción hermosa y clara a la teología bíblica. Explican qué es, detallan cómo funciona al considerar temas clave, la ilustran con textos centrales y la aplican a nuestra vida actual. Como lectores, también nos beneficiamos del trabajo conjunto en el proyecto de un erudito en Antiguo Testamento, un erudito en Nuevo Testamento y un teólogo sistemático. Su colaboración interdisciplinaria aporta profundidad y amplitud al libro. Recomiendo con entusiasmo esta introducción a la teología bíblica".

—THOMAS R. SCHREINER,
profesor de Interpretación del Nuevo Testamento y decano adjunto,
The Southern Baptist Theological Seminary

"¿Qué es la teología bíblica? ¿Qué incluye? ¿Cómo se hace teología bíblica? ¿Qué temas podemos entender mejor a partir de ella? ¿De qué forma nos ayuda como individuos y como iglesia? El erudito de Antiguo Testamento Jason DeRouchie, el erudito de Nuevo Testamento Andy Naselli y el teólogo sistemático Oren Martin forman equipo para tratar estas preguntas y más. El resultado es este valioso volumen revelador, perceptivo y digno de ser tenido en cuenta".

—CHRISTOPHER W. MORGAN,
decano y profesor de Teología, School of Christian Ministries,
California Baptist University

"La teología bíblica puede parecer un laberinto de muchos giros y vueltas para novatos y expertos, si es que hay alguien experto en las Escrituras. Con tantas complejidades, cuantas más guías tengamos mejor, de la misma manera que el éxito es más alcanzable con muchos consejeros. Aquí tenemos tres escoltas que nos conducen por el laberinto para contemplar al Rey en toda su hermosura. Estos pastores y eruditos han elaborado un manual básico de teología bíblica que responde algunas de las preguntas más desconcertantes de este ámbito. No decepcionan como ujieres que nos introducen al mundo de la teología bíblica y nos proporcionan herramientas para excavar los tesoros de Cristo. Recomiendo esta obra de todo corazón".

—DIEUDONNÉ TAMFU,
pastor, Bethlehem Baptist Church, Yaoundé, Camerún;
profesor adjunto de Biblia y Teología y director ejecutivo de
Cameroon Extension Site, Bethlehem College & Seminary

"DeRouchie, Martin y Naselli presentan la esencia de la teología bíblica de maneras emotivas y cautivadoras. Aunque el nivel de erudición es alto, el formato con preguntas y respuestas nos permite leer y comprender sin dificultad. Al definir, comparar, ilustrar y aplicar la teología bíblica, los autores magnifican la trama dominante de las Escrituras de un modo tan gráfico que nadie puede pasarla por alto. El libro responde las preguntas clave en la disciplina y sirve como libro de texto básico. E incluso más: ¡los lectores no podrán escapar al impulso intenso de adorar al Dios trino conforme crezcan en su entendimiento de la extraordinaria salvación que Jesús, el Mesías, llevó a cabo! DeRouchie, Martin y Naselli nos han dado un tesoro que debe estar en manos de pastores, laicos y eruditos por igual".

—FREW TAMRAT,
director, Evangelical Theological College, Adís Abeba, Etiopía

"En cada era, la iglesia se afirma o cae por su conocimiento del Dios trino a partir de las Escrituras. Sin la exposición y la aplicación de 'todo el consejo de Dios', la iglesia terminará una y otra vez a la deriva y descarriada. Por ello, el estudio de la teología bíblica es tan importante. La teología bíblica es la disciplina teológica que busca entender todo lo que enseñan las Escrituras en sus propios términos. En este libro tan útil, nuestros autores introducen al lector al estudio de la teología bíblica y su importancia para la vida y la salud de la iglesia. Al pensar a través de los diversos enfoques a la teología bíblica y, a continuación, ilustrar cómo se pone en práctica, este libro es un valioso recurso para todos los que quieren conocer mejor las Escrituras".

—STEPHEN J. WELLUM,
profesor de Teología Cristiana,
The Southern Baptist Theological Seminary

"Este es un recurso relevante para el estudio de la teología bíblica. El formato con preguntas y respuestas lo hace ideal tanto para la instrucción en las aulas como para el autoestudio. Los autores no solo definen y comparan métodos de teología bíblica (en la primera y la segunda parte), sino que también la ilustran y la aplican (en la tercera, la cuarta y la quinta parte) desde una diversidad de ángulos importantes. DeRouchie, Martin y Naselli deben ser elogiados por su obra en el servicio de la iglesia".

—MILES V. VAN PELT,
profesor de Antiguo Testamento y Lenguas Bíblicas,
director del Summer Institute for Biblical Languages y
decano académico, Reformed Theological Seminary, Jackson, MS

40 PREGUNTAS SOBRE LA
teología bíblica

40 PREGUNTAS SOBRE LA
teología bíblica

Jason S. DeRouchie
Oren R. Martin
Andrew David Naselli

Benjamin L. Merkle, editor de la serie

EDITORIAL
PORTAVOZ

Título del original: *40 Questions About Biblical Theology,* © 2020 por Jason S. DeRouchie, Oren R. Martin y Andrew David Naselli, y publicado por Kregel Publications, una división de Kregel Inc., Grand Rapids, Michigan 49505. Traducido con permiso.

Título en castellano: *40 preguntas sobre la teología bíblica* © 2023 por Editorial Portavoz, filial de Kregel Inc., Grand Rapids, Michigan 49505. Todos los derechos reservados.

Traducción: Loida Viegas
Revisión: Rodrigo Hinojosa

EDITORIAL PORTAVOZ
2450 Oak Industrial Drive NE
Grand Rapids, Michigan 49505 USA
Visítenos en: www.portavoz.com

ISBN 978-0-8254-5021-1 (rústica)
ISBN 978-0-8254-6977-0 (Kindle)
ISBN 978-0-8254-7062-2 (epub)

1 2 3 4 5 edición / año 32 31 30 29 28 27 26 25 24 23

Impreso en los Estados Unidos de América
Printed in the United States of America

De Jason:
Para la clase de escuela dominical "Joint Heirs"
de Bethlehem Baptist Church, North Campus

De Oren:
Para mis hijos: Jonathan, Anna y Benjamin

De Andy:
Para el profesor Layton Talbert

Contenido

Introducción 13

Abreviaturas 17

Primera parte: Definición de la teología bíblica

1. ¿Qué queremos decir con "teología bíblica"? (*ADN*) 21

2. ¿Cuál es la trama de las Escrituras? (*JSD*) 30

3. ¿Cómo nos ayuda la teología bíblica a ver a Cristo en el Antiguo
   Testamento? (*JSD*) 42

4. ¿Cómo progresan, se integran y culminan en Cristo el Antiguo
   y el Nuevo Testamento? (*ORM*) 49

5. ¿Cómo debe rastrear la teología bíblica la progresión de un tema
   en la historia de la salvación? (*ADN*) 55

6. ¿Cómo debemos considerar la continuidad y la discontinuidad
   entre los pactos? (*ORM*) 63

7. ¿Cómo debe rastrear la teología bíblica las promesas y
   su cumplimiento? (*ADN*) 70

8. ¿Cómo debe la teología bíblica aproximarse a la tipología? (*ADN*) 79

9. ¿Cómo enfoca la teología bíblica el uso que hacen las Escrituras
   posteriores de las más tempranas? (*ADN*) 87

Segunda parte: Metodología de la teología bíblica

10. ¿Cuáles son las distintas formas en que los evangélicos hacen teología
    bíblica? (*ADN*) 99

11. ¿Qué debemos presuponer para hacer teología bíblica? (*ORM*) 108

12. ¿De qué forma se compara la teología bíblica con las demás
    disciplinas teológicas? (*ORM*) 116

13. ¿Cómo difieren y a la vez funcionan juntas la teología bíblica y
    la teología sistemática? (*ORM*) 128

14. ¿Qué función tiene la intención autorial en la teología bíblica?
    (*ORM*) 139

15. ¿Tiene la Biblia un tema central? (*ADN*) 145

16. ¿Es relevante el orden del canon para hacer teología bíblica? (*JSD*) . . . 156

17. ¿Qué comprensión tiene la teología dispensacional de la teología
    bíblica? (*ORM*) 171

18. ¿Qué comprensión tiene la teología del pacto de la teología bíblica?
    (*ORM*) 177

19. ¿Qué comprensión tiene el pactualismo progresivo de la teología
    bíblica? (*ORM*) 184

Tercera parte: Ilustración de la teología bíblica: El rastreo de temas

20. ¿Cómo puede la ficción ayudarnos a ilustrar la teología bíblica? El caso de Harry Potter (*ADN*) 197

21. ¿Qué función tiene el "misterio" en la teología bíblica? (*JSD*) 201

22. ¿Qué es una teología bíblica de los pactos? (*JSD*) 212

23. ¿Qué es una teología bíblica de la serpiente? (*ADN*) 224

24. ¿Qué es una teología bíblica del pueblo de Dios? (*JSD*) 230

25. ¿Qué es una teología bíblica de la ley? (*JSD*) 239

26. ¿Qué es una teología bíblica del *sabbat*? (*ADN*) 251

27. ¿Qué es una teología bíblica del templo? (*ADN*) 260

28. ¿Qué es una teología bíblica de la misión? (*JSD*) 266

29. ¿Qué es una teología bíblica de la tierra? (*ORM*) 275

30. ¿Qué es una teología bíblica de la resurrección? (*JSD*) 283

Cuarta parte: Ilustración de la teología bíblica: El uso de las Escrituras más tempranas en las Escrituras posteriores

31. ¿Qué uso hace Isaías 12:2 de Éxodo 15:2? (*JSD*) 297

32. ¿Qué uso hace Mateo 2:15 de Oseas 11:1? (*JSD*) 307

33. ¿Qué uso hace Romanos 11:34-35 de Isaías 40:13 y de Job 41:11a? (*ADN*) 315

34. ¿Qué uso hace Gálatas 3:12 de Levítico 18:5? (*JSD*) 320

35. ¿Qué relación guardan Génesis 1–3 y Apocalipsis 21–22 como principio y final de la Biblia? (*ADN*) 332

Quinta parte: Aplicación de la teología bíblica

36. ¿Cómo nos ayuda la teología bíblica a enseñar y a predicar el Antiguo Testamento? (*JSD*) 343

37. ¿Cómo debería relacionarse el cristiano con las promesas del Antiguo Testamento? (*JSD*) 352

38. ¿Cómo debe afectar la teología bíblica la vida del cristiano? (*ORM*) . . 362

39. ¿Cómo puede una iglesia enseñar teología bíblica? (*ORM*) 368

40. ¿Qué debería motivarnos a hacer teología bíblica? (*ORM*) 375

Índice de las Escrituras 379

Introducción

En su gracia, el Dios glorioso y trascendente que está *sobre nosotros* se ha "rebajado" para hablar y tener comunión *con nosotros* (Gn. 1–2). El Señor, alto y sublime, que habita la eternidad (Is. 57:15) también es el Señor que se acerca, actúa y habla para establecer, sustentar y perfeccionar la comunión con su pueblo. Nos ha hablado de manera más suprema por su Hijo (He. 1:1-2) y por su Espíritu nos ha dado sus palabras en las Escrituras (1 Co. 2:12-13; 2 P. 1:20-21), las palabras mismas de vida (Jn. 6:68-69; Hch. 5:20). Por consiguiente, las Escrituras son un regalo de Dios y esperamos que este libro de teología bíblica le ayude a usted a entenderlas.

Pero ¿por qué añadir a la creciente lista de libros sobre teología bíblica? Este libro sobre teología bíblica es importante por numerosas razones. En primer lugar, la editorial Kregel creó esta serie específica (en inglés, y Portavoz en español) para tratar diversos temas teológicos importantes, de una forma clara y accesible para la iglesia. Como profesores y pastores, por lo general enseñamos teología bíblica y, por tanto, un libro introductorio que trata diversos asuntos de manera concisa, aunque exhaustiva, sobre teología bíblica servirá a nuestros estudiantes y a nuestras iglesias. Por encima de todo, anhelamos que el Dios vivo y verdadero santifique a su iglesia, columna y baluarte de la verdad. Por ello, este libro es nuestro intento de ayudar en esta gozosa tarea, para regocijo nuestro y para la gloria de Dios en Cristo.

En segundo lugar, el Dios Trino creó y llamó a los cristianos a conocerlo a Él y sus obras salvadoras en Cristo, a través del Espíritu, por medio de lo que ha revelado. La Santa Trinidad es fuente de vida (Sal. 36:9[10]),[1] y esta vida se caracteriza por la comunicación y la comunión. Dios el Padre comunica su vida de manera eterna al Hijo (Jn. 5:26), quien es su Verbo, su imagen, su resplandor y la imagen misma de su sustancia (Jn. 1:1; Col. 1:15; He. 1:3). Juntos, el Padre y el Hijo comunican esta vida al Espíritu (Jn. 15:26–16:15), quien obra para impartir vida (Jn. 3:1-8; Tit. 3:5) y nos introduce a esta vida de comunión en forma trinitaria. Solo llegamos a conocer esta vida porque el Dios Trino nos la ha revelado en el evangelio de Jesucristo. "Nadie conoce al Hijo, sino el Padre, ni al Padre conoce alguno, sino el Hijo, y aquel a quien el Hijo lo quiera revelar" (Mt. 11:27). Afortunadamente, el Hijo nos invita a ir a Él (11:28-30) y envía a su Espíritu que proviene de Dios, para que podamos

---

1. Cuando la numeración del versículo en hebreo y en español difiere, incluiremos entre corchetes el número en hebreo.

entender las cosas que Dios nos ha concedido de manera gratuita (1 Co. 2:12). Así, la Santa Trinidad redime y faculta a los cristianos para conocerlo por medio de las obras y las palabras que ha revelado en su Verbo. Si este es el caso, debemos entender cada vez mejor sus obras y sus palabras para poder conocerlo más a Él. Esta gloriosa tarea nos ocupará durante el resto de nuestra vida y, sí, también durante la eternidad (de hecho, ¡Dios es así de infinitamente glorioso y maravilloso!).

En tercer lugar, escarbar en las Escrituras para conocer al único Dios verdadero y sus caminos salvadores en Cristo es el trabajo de formación de los aprendices para la vida eterna. La teología bíblica es una senda esencial para alcanzar la meta. Pero esta disciplina no es tan solo una forma de leer la Biblia. Las Escrituras, en su totalidad, proceden de Dios y progresan, integran y alcanzan su punto culminante en Cristo, como lo han confesado los cristianos a lo largo de los siglos; por ello la Biblia exige que la leamos de una cierta forma. Dios habla a su pueblo por medio de su Palabra y sus palabras; como resultado, debemos realizar la lectura según *lo que es* y la manera *como Dios la ha estructurado*. Dicho de otro modo, la Biblia es *la palabra de Dios* de principio a fin, de Génesis a Apocalipsis y, por consiguiente, debemos recibirla y leerla como tal. Su recepción y su lectura es la tarea de la teología bíblica. Sin embargo, esto no siempre es fácil. ¿Por qué? Tal vez nos sea útil una ilustración.

Como padre de niños pequeños, Yo (Oren) he pasado una cantidad significativa de tiempo construyendo (¡y pisando!) diminutos ladrillos individuales de construcción que, cuando encajan del modo adecuado, forman una obra maestra. He aprendido (a menudo de la forma más dura) que cada etapa del proceso de edificación es crucial y que saltarse un paso en aras de ser eficiente suele tener resultados poco deseables y frustrantes. Por tanto, el constructor debe progresar con cuidado paso a paso. Lo primero es separar y examinar las piezas, lo que a veces provoca confusión y angustia cuando la tarea sigue por delante: confusión porque al inicio parece imposible ver cómo encajarán juntas esas piezas diminutas y diversas para formar un todo unificado, y angustia al pensar en cuánto tiempo llevará acabarlo. Conforme el conjunto se va haciendo más complejo, las piezas son más diversas y numerosas, aumentando así la confusión y la angustia. Es muy fácil no ver más allá de las propias narices. Sin embargo y, afortunadamente, escondido entre las piezas hay un manual que contiene lo necesario: una imagen e instrucciones que van guiando el proceso hacia la meta. Y, así, el edificador va avanzando paso a paso y pieza a pieza hasta que esa imagen se convierte en una realidad grandiosa.

Leer y entender las Escrituras puede ser, con frecuencia, como esos conjuntos de edificación. Las partes individuales pueden parecer en algunos momentos desconectadas del todo, en especial cuando nos son ajenas (p. ej.:

cultura, lengua, géneros). Por tanto, necesitamos una imagen que nos guíe hasta la meta. Gracias a Dios que nos ha proporcionado esa imagen: el glorioso evangelio de nuestro bendito Dios (1 Ti. 1:11). Y, aunque nuestro conocimiento siempre será finito y, como tal, nunca conoceremos del todo cómo encaja cada pieza en esa gloriosa totalidad, podemos crecer por la gracia de Dios para convertirnos en mejores constructores. Esto se hace mediante el análisis y la síntesis de todo el canon en sus propios términos, y la confianza en que Dios nos dado en verdad lo necesario para conocerlo y sus propósitos salvadores en Cristo. Así pues, hemos escrito este libro para explicar cómo entender mejor la Palabra de Dios. ¡Que podamos fijar nuestros ojos en Jesús mientras nos abrimos camino por su Palabra! Y quiera Dios alimentar nuestros esfuerzos por entender y proclamar todo el consejo divino y ver así en todas las naciones la obediencia que fluye de la fe, por amor al nombre de Cristo (Ro. 1:5).

Aquí, procede hacer un par de observaciones: (1) Aunque puede leer este libro de principio a fin, lo escribimos de manera que usted pueda leer una pregunta en particular sin tener conocimiento de las demás. De modo que siéntase libre de buscar en el índice y ver si hay una pregunta en particular que le interese más (aunque podría ser de ayuda leer primero algunas de las preguntas metodológicas). (2) Aunque una persona es principalmente responsable de escribir cada capítulo, los otros dos autores aportaron sus comentarios y opiniones sobre todo el material.

Palabras de agradecimiento

Nos gustaría dar las gracias a muchas personas por convertir este libro en una realidad. Deseamos agradecer a Ben Merkle, el editor de la serie, y a la editorial Kregel por permitirnos añadir este libro a una excelente colección de la que nos hemos beneficiado enormemente.

Yo (Jason) quiero expresar mi reconocimiento a Oren por colaborar conmigo y con Andy, y por poner en este libro un corazón pastoral que ayude a otros a deleitarse en el Dios Trino. Agradezco a la administración tanto del Bethlehem College & Seminary como del Midwestern Baptist Theological Seminary por empoderar mi escritura y por celebrar conmigo un enfoque del Antiguo Testamento que exalta a Cristo. Gracias a mis estudiantes de teología bíblica de cuarto año de la Maestría en Divinidad y a mi colega maestro y coautor, Andy Naselli, por participar de un modo reflexivo, por cuestionar con perspicacia y adorar conmigo por las bellezas de Cristo plasmadas en la totalidad de las Escrituras. Estoy agradecido con mi asistente de investigación, Brian Verrett, por su atención a la forma y al contenido, así como por sus numerosas sugerencias bien pensadas respecto al libro como un todo. Gracias a mi esposa, Teresa, y a mis seis hijos por unirse a mí en esta gran obra de ministerio académico y por apreciar al Dios que se revela a sí mismo en una Palabra que progresa, integra y culmina en Jesús. Finalmente, doy las gracias a los integrantes de la clase de escuela dominical "Joint Heirs" del campus norte de la Bethlehem Baptist Church que asistieron semana tras semana durante trece años para estudiar todo el consejo de Dios, para despertar un corazón por las naciones y para nutrir la esperanza en el evangelio desde el Antiguo Testamento. Les dedico mi porción de este volumen y alabaré siempre al Señor por permitirnos amar, vivir y aprender juntos.

Yo (Oren) doy gracias a los consejeros y a la administración del Southern Seminary por concederme un tiempo sabático en el otoño del 2018, durante el cual escribí la mayor parte de mi sección. También agradezco a Jason DeRouchie y a Andy Naselli por el privilegio de coescribir este libro con ellos. Yo no quería hacerlo solo; sus nombres eran los primeros de mi lista y sus contribuciones lo han hecho muchísimo mejor. Gracias por su amistad, ejemplo, estímulo y comentarios. También doy las gracias a mi esposa, Cindy, una cristiana, esposa, madre y compañera en el evangelio gozosa y fiel. Ella hace que mi vida sea infinitamente más rica. Por último, agradezco a mis hijos, Jonathan, Anna y Benjamin, a quienes dedico mi porción de este libro. Cuando escribía en la mesa del comedor, observando y escuchando cómo jugaban, el gozo me inundaba por el regalo que ellos son para mí. Mi esperanza y mi oración es que, un día, puedan leer este libro y beneficiarse de él, pero sobre todo, anhelo que encuentren su gozo supremo en Cristo, el único que puede salvarlos y satisfacerlos.

Yo (Andy) estoy agradecido con Layton Talbert por darme a conocer la teología bíblica. Gracias a Don Carson por ser mi mentor y mi modelo de cómo hacerla. Gracias al Bethlehem College & Seminary por alentarme y empoderarme para investigar y escribir con el fin de extender la pasión por la supremacía de Dios en todas las cosas, para gozo de todas las personas por medio de Jesucristo. Gracias a Jason DeRouchie por impartir conmigo una materia de cuarto año de maestría sobre teología bíblica durante los últimos cinco años. Gracias a mi esposa, Jenni, que apoya con entusiasmo el ministerio de investigación, escritura, enseñanza y pastorado al que Dios me ha llamado.

Por encima de todo, deseo dar las gracias a nuestro gran Dios y Salvador Jesucristo, quien nos ha librado de la potestad de las tinieblas y trasladado a su bendito reino donde hallamos gozo y vida. ¡Que Él pueda usar este libro, con sus defectos y todo, para ayudarnos a todos a contemplar mejor la gloria del Señor y transformarnos de gloria en gloria por el Señor que es el Espíritu (2 Co. 3:18)!

Abreviaturas

AT	Antiguo Testamento
BBR	*Bulletin for Biblical Research*
BECNT	Baker Exegetical Commentary on the New Testament
Bib	*Biblica*
BibInt	Biblical Interpretation
BSac	*Bibliotheca Sacra*
BST	Bible Speaks Today
BTB	*Biblical Theology Bulletin*
BZNW	Beihefte zur Zeitschrift für die neutestamentliche Wissenschaft
CFW	Confesión de fe de Westminster
CurBR	*Currents in Biblical Research*
DTIB	*Dictionary for Theological Interpretation of the Bible*
HBT	*Horizons in Biblical Theology*
IBC	Interpretation: A Bible Commentary for Teaching and Preaching
JBL	*Journal of Biblical Literature*
JBMW	*Journal of Biblical Manhood and Womanhood*
JETS	*Journal of the Evangelical Theological Society*
JSOTSup	*Journal for the Study of the Old Testament Supplement*
MSJ	*The Master's Seminary Journal*
NAC	New American Commentary
NDBT	*New Dictionary of Biblical Theology*
NICNT	New International Commentary on the New Testament
NICOT	New International Commentary on the Old Testament
NIGTC	New International Greek Testament Commentary
NIVAC	NIV Application Commentary
NovT	Novum Testamentum
NSBT	New Studies in Biblical Theology
NT	Nuevo Testamento
OBT	Overtures to Biblical Theology
PNTC	Pillar New Testament Commentary
SBJT	*The Southern Baptist Journal of Theology*
SNTSMS	Society for New Testament Studies Monograph Series
StBibLit	Studies in Biblical Literature
TM	Texto masorético

TP	Teología del pacto
TynBul	*Tyndale Bulletin*
WBC	Word Biblical Commentary
WTJ	*Westminster Theological Journal*
WUNT	Wissenschaftliche Untersuchungen zum Neuen Testament

PRIMERA PARTE

Definición de la teología bíblica

¿Qué queremos decir con "teología bíblica"?

Andrew David Naselli

Teología bíblica es un término escurridizo que las personas definen de muchas maneras diferentes. Edward W. Klink III y Darian R. Lockett presentan e ilustran cinco tipos de teología bíblica:[1]

1. descripción histórica (p. ej.: James Barr)
2. historia de la redención (p. ej.: D. A. Carson)
3. historia de la cosmovisión (p. ej.: N. T. Wright)
4. enfoque canónico (p. ej.: Brevard Childs)
5. construcción teológica (p. ej.: Francis Watson)

Las personas hacen teología bíblica de maneras diferentes.[2] El tipo de teología bíblica que estamos defendiendo en este libro mezcla las opciones 2, 3 y 4, como lo hacen exégetas como Geerhardus Vos, D. A. Carson, G. K. Beale, Stephen G. Dempster, T. D. Alexander, Thomas R. Schreiner, James M. Hamilton Jr., Peter J. Gentry y Stephen J. Wellum. La historia de la redención *es* una historia de la cosmovisión y la analizamos estudiando los rasgos literarios del canon unificado.[3]

Es así como entendemos la teología bíblica:

---

1. Ver también Andrew David Naselli, *How to Understand and Apply the New Testament: Twelve Steps from Exegesis to Theology* (Phillipsburg, NJ: P&R, 2017), 231-35; y Edward W. Klink III y Darian R. Lockett, *Understanding Biblical Theology: A Comparison of Theory and Practice* (Grand Rapids: Zondervan, 2012).
2. Ver la Pregunta 10 más adelante.
3. No estamos convencidos de que Klink y Lockett presenten en realidad cinco tipos distintos de teología bíblica. Los tipos 1 y 5 no son teología bíblica propiamente dicha y los tipos 2 al 4 van juntos. Además, Klink y Lockett no hacen justicia a D. A. Carson. Ver también Darian Lockett, "Limitations of a Purely Salvation-Historical Approach to Biblical Theology", *HBT* 39, núm. 2 (2017): 211-31. Para una crítica de Klink y Lockett (así como para el artículo de Lockett), ver D. A. Carson, "New Covenant Theology and Biblical Theology", en *God's Glory Revealed in Christ: Essays on Biblical Theology in Honor of Thomas R. Schreiner*, eds. Denny Burk, James M. Hamilton Jr. y Brian Vickers (Nashville: B&H, 2019), 17-31.

- *Definición breve*: La teología bíblica estudia cómo progresa, se integra y culmina en Cristo la totalidad de la Biblia.
- *Definición larga*: La teología bíblica es una forma de analizar y sintetizar la Biblia que establece conexiones orgánicas en la historia de la salvación con la totalidad del canon en sus propios términos, en especial con respecto a cómo progresan, se integran y culminan en Cristo el Antiguo y el Nuevo Testamento.

Empecemos centrándonos en cuatro aspectos de la definición larga.

La teología bíblica establece conexiones orgánicas

Cuando escuche la palabra *orgánica*, podría pensar en comida saludable y cara. No es lo que estamos intentando denotar aquí cuando usamos el término. *Orgánico* relaciona cómo crecen juntos los elementos en armonía como partes de un todo.

Piense en un manzano. Empieza como semilla que brota y crece con lentitud hasta convertirse en un árbol maduro que produce manzanas. Consta de varias partes: raíces, tronco, ramas, hojas, manzanas. Y todo forma un solo árbol.

Muchos temas de la Biblia son así. Comienzan al principio de la trama bíblica como una semilla. A continuación, brotan y crecen poco a poco hasta llegar a ser un árbol maduro que da fruto. La teología bíblica estudia y sintetiza ese crecimiento. Rastrea ese crecimiento estableciendo conexiones orgánicas, mostrando cómo se relacionan las partes con el conjunto.

La teología bíblica establece conexiones en la historia de la salvación

La historia de la salvación alude al argumento redentor de la Biblia, que transcurre desde la creación hasta la caída, la redención y la consumación. Dios tiene un plan de múltiples etapas para salvar a su pueblo de sus pecados. Esta es la historia de la redención, la historia de la salvación. Es una historia verídica. Es una historia real. Y la teología bíblica relaciona las personas y los eventos clave que encierra. Se centra en los puntos de inflexión en la trama bíblica.

Existen varias formas —que se superponen— de establecer conexiones orgánicas en la historia de la salvación:

1. Rastree la progresión de un tema en la historia de la salvación. Por ejemplo, el tema de la *serpiente* desde Génesis hasta Apocalipsis.[4]

---

4. Ver Pregunta 23 más adelante.

2. Considere la continuidad y la discontinuidad entre los pactos. Por ejemplo, compare y contraste cómo el Israel del AT se relacionó con la ley mosaica, frente a cómo deben hacerlo hoy los cristianos.[5]

3. Rastree promesas y su cumplimiento. Por ejemplo, revise el lenguaje del cumplimiento (πληρόω, *plēroō,* "cumplir") en el Evangelio de Mateo y relaciónelo con el AT.[6]

4. Rastree tipos y antitipos. La tipología analiza cómo las personas, los acontecimientos y las instituciones del NT (es decir, antitipos) cumplen personas, acontecimientos e instituciones del AT (es decir, tipos) repitiendo situaciones veterotestamentarias a nivel más profundo y culminante en la historia de la salvación. Por ejemplo, en Juan 6:32-33 Jesús es el cumplimiento del maná que Dios mandó en el AT, repitiendo ese suceso a un nivel más profundo y culminante en la historia de la salvación.[7]

5. Piense minuciosamente el uso que el Nuevo Testamento hace del Antiguo. ¿Por qué los autores del NT citan pasajes específicos del AT o aluden a ellos del modo en que lo hacen?[8]

Estas son formas de establecer conexiones orgánicas en la historia de la salvación. Es de lo que trata la teología bíblica.

¿Cuáles son algunos temas relevantes que la teología bíblica debe rastrear desde Génesis hasta Apocalipsis? Los editores de la *NVI Biblia de Estudio, Teología Bíblica* tuvieron que meditar detenidamente en esta pregunta cuando diseñaron este recurso.[9] El principal distintivo de la Biblia de estudio es que se centra en la teología bíblica, no solo en las notas, sino en una sección de ensayos al final de esta. Los editores decidieron incluir breves escritos de teología bíblica sobre veinticinco temas:

1. La gloria de Dios
2. La creación
3. El pecado
4. El pacto
5. La ley
6. El templo

---

5. Ver Preguntas 6, 25 y 26.
6. Ver Pregunta 7.
7. Ver Preguntas 8, 27, 29, 32 y 33.
8. Ver Preguntas 9 y 31-35.
9. D. A. Carson, ed., *NVI Biblia de estudio, teología bíblica* (Grand Rapids: Editorial Vida, 2022). D. A. Carson es el editor general; Douglas J. Moo, T. D. Alexander y Richard S. Hess son editores asociados; y Andrew David Naselli es el editor adjunto.

7. Los sacerdotes
8. Los sacrificios
9. El exilio y el éxodo
10. El reino de Dios
11. La filiación
12. La ciudad de Dios
13. Los profetas y la profecía
14. La muerte y la resurrección
15. El pueblo de Dios
16. La sabiduría
17. La santidad
18. La justicia
19. La ira
20. El amor y la gracia
21. El evangelio
22. La adoración
23. La misión
24. La paz (*shalom*)
25. La consumación

Es relativamente sencillo estudiar estas trayectorias tipológicas de manera directa a través del canon, pero se hace más complicado cuando se analiza y se sintetiza cuántos de estos temas se entrelazan entre sí. Son como ligamentos y tendones interconectados que mantienen unida a toda la Biblia.

La teología bíblica analiza y sintetiza la totalidad del canon

Se puede hacer teología bíblica de muchas formas diferentes. Además de las antes señaladas (es decir, las cinco maneras que se superponen para establecer conexiones orgánicas en la historia de la salvación), existen otras tres formas notables:

1. Enfóquese en un solo libro. Puede concentrase en cómo contribuye un libro en específico a la teología bíblica de la totalidad de la Biblia o puede enfocarse en cómo el tema individual de un libro en concreto se relaciona con el tema en cuestión en el resto de la Biblia. Por ejemplo, enfóquese en la simiente en Génesis, en la justicia en Romanos o en la sabiduría en 1 Corintios.

2. Enfóquese en un corpus; es decir, en los escritos completos de un solo autor. Por ejemplo, concentrarse en el amor en los escritos de Juan (el Evangelio de Juan, 1–3 Juan y Apocalipsis) o la fe en las trece cartas

de Pablo. Hasta un lector casual de la Biblia nota que Juan expresa las cosas de un modo distinto a Pablo o a Pedro. Sus énfasis difieren y se complementan entre sí.

3. Enfóquese en uno de los Testamentos. Por ejemplo, concentrarse en el reino en el NT. Enfocarse casi exclusivamente en un solo Testamento se denomina *teología del Antiguo Testamento* o *teología del Nuevo Testamento*. Estos son los subconjuntos de la teología bíblica de toda la Biblia.

Cuando nos referimos a *teología bíblica*, queremos aludir a la teología bíblica de *toda la Biblia*. Incluye los tres enfoques citados más arriba, pero no se detiene ahí, sino que estudia estas porciones en particular *a la luz de toda la Biblia* porque la teología bíblica analiza y sintetiza la totalidad del canon. (El canon es la colección de sesenta y seis libros que la iglesia reconoce como parte de la Biblia).

Esto presupone, por supuesto, que la Biblia entera es inspirada por Dios y que, por tanto, está unificada y es fiable. Y exige que se la lea como una revelación progresiva: paso a paso, Dios reveló la Biblia a lo largo de la historia, de modo que la revelación posterior amplía la anterior.

En 2010, uno de nosotros entrevistó a Steve Dempster respecto a su excelente libro *Dominion and Dynasty: A Biblical Theology of the Hebrew Bible* [Dominio y dinastía: Una teología bíblica de la Biblia hebrea].[10] Dempster contestó de esta manera a la pregunta: "Desde el punto de vista metodológico, ¿qué función tiene el NT en su teología del AT?":

Es una buena pregunta. Intento separarlo tanto como puedo, pero es evidente que siempre está en mi consciencia. No obstante, creo que es importante argumentar con Brevard Childs que el Antiguo Testamento debe tener su propio testimonio separado. Por ello, uso, por ejemplo, la estructura de la Biblia hebrea en mi teología del Antiguo Testamento. En mi teología, esta estructura distintiva es una parte importante de la trama [...].

Para responder a la pregunta de otra forma, creo que si yo no intentara separar el Nuevo Testamento tanto como puedo, estoy seguro de que no habría recalcado la importancia de la tierra en mi estudio,

---

10. Andrew David Naselli, "Interview with Stephen Dempster on Old Testament Theology", *The Gospel Coalition,* 5 de agosto de 2010, http://www.thegospelcoalition.org/blogs/justin-taylor/2010/08/05/interview-with-stephen-dempster-on.old-testament-theology; Stephen G. Dempster, *Dominion and Dynasty: A Biblical Theology of the Hebrew Bible,* NSBT 15 (Downers Grove, IL: InterVarsity 2003).

algo que no parece ser importante, al menos a primera vista, en el Nuevo Testamento.

Aunque entendemos y respetamos que Dempster respondiera así a la pregunta, no opinamos que debamos hacer teología bíblica de esta manera *y detenernos ahí*. Y Dempster concuerda.[11]

Es valioso reflexionar en lo que el pueblo de Dios pudo haber pensado, en cualquier etapa de la historia, según el grado de revelación recibido hasta ese momento. Sin embargo, vivimos ahora, en este momento de la historia de la salvación. Tenemos todo el canon. Podríamos "separar" parte del canon, de forma temporal, como un experimento del pensamiento, pero, al fin y al cabo, no debemos hacerlo con ninguna parte de él. Debemos leer cada parte que lo compone a la luz del todo.[12] Cuando leemos cualquier porción de la Biblia, incluido el AT, debemos hacerlo con ojos *cristianos*.[13]

Por consiguiente, un peligro es centrarse en el AT de un modo que excluya el NT. Sin embargo, existe un riesgo inverso: usted puede concentrarse en el NT de tal manera que, en esencia, excluya el AT. Usted no puede leer el NT

---

11. Dempster escribió esto a Andy Naselli: "Concuerdo con su evaluación [...]. Imagino que, cuando digo que intento separar primero el entendimiento del NT, en absoluto estoy afirmando que deseo quedarme ahí. Lo único que quiero es leer un libro primero por sí solo y oír su voz distintiva. Sin embargo, después de esto, tengo la responsabilidad y el imperativo como erudito cristiano de ver cómo se relaciona esto con el Nuevo Testamento y de leer el AT a la luz del final" (correo electrónico a Andy Naselli, el 25 de noviembre del 2015, usado con permiso). Para tener una idea de cómo interpreta Dempster el Nuevo Testamento como clave para entender el Antiguo Testamento, ver Stephen G. Dempster, "From Slight Peg to Cornerstone to Capstone: The Resurrection of Christ on 'the Third Day' according to the Scriptures", *WTJ* 76, núm. 2 (otoño de 2014): 371-409.

12. Ver también Brian S. Rosner, "Biblical Theology", en *New Dictionary of Biblical Theology, eds. T. Desmond Alexander y Brian S. Rosner* (Downers Grove, IL: InterVarsity, 2000), 3: "La teología bíblica trata principalmente del mensaje teológico en general de toda la Biblia. Busca entender las partes en relación con el todo y, para lograrlo, debe trabajar con la interacción mutua de las dimensiones literaria, histórica y teológica de los diversos corpus y con las interrelaciones de estos dentro de la totalidad del canon de las Escrituras".

13. Ver también D. A. Carson, "Current Issues in Biblical Theology: A New Testament Perspective", *BBR* 5 (1995): 40-41:

> Todos los teólogos cristianos, incluidos aquellos especializados en el Antiguo Testamento o en alguna parte de este, tienen la obligación de leer el Antiguo Testamento, en ciertos aspectos, con ojos cristianos [...]. Reconozco que algunos tipos de estudio histórico de los documentos veterotestamentarios deben repudiar de manera específica el conocimiento posterior con el fin de asegurar el análisis histórico y teológico exacto de las personas y de los documentos que han dejado atrás. Al mismo tiempo, ningún *Alttestamentler* [es decir, erudito del Antiguo Testamento] cristiano tiene derecho a dejar el reto del estudio *bíblico* a los departamentos del Nuevo Testamento. Los registros de los Evangelios insisten en que Jesús mismo y, desde luego, los primeros seguidores que vivieron después de Él, interpretaban el Antiguo Testamento de maneras cristológicas. Jesús reprendió a sus seguidores por no discernir estas cosas por sí mismos. La lógica de semejante exégesis es multifacética y compleja. No obstante, si somos teólogos *cristianos,* esa lógica debe quedar fuera de ambos extremos del canon.

de manera responsable al margen del AT. Son inseparables. Como lo explica D. A. Carson: "Es probable que haya algo distorsionado respecto a una serie de ensayos académicos y de libros sobre Pablo, por ejemplo, cuando estos hayan sido escritos por alguien que no se ha molestado con estudiar con intensidad la Biblia de Pablo".[14] El texto más importante para entender el NT es el AT. No debemos interpretar el primero como si el segundo no existiera. Si actuamos así, malinterpretaremos de mala manera el NT.

La teología bíblica analiza y sintetiza la totalidad del canon en sus propios términos

Para la teología bíblica, el texto establece el programa. Por ello, las palabras *en sus propios términos* se encuentran en la definición. Es lo que distingue la teología bíblica de la teología sistemática.[15] La teología bíblica prioriza el contexto literario de un pasaje.[16]

En el caso de la teología sistemática, el texto es importante, pero son otros factores los que suelen establecer el programa. Podría ser una pregunta filosófica (¿Está Dios dentro o fuera del tiempo? ¿Tenemos libre albedrío?). O bien, podía tratarse de una cuestión ética polémica de nuestro tiempo (¿Qué formas de contracepción podría ser opciones aceptables para los cristianos? ¿Es la fertilización *in vitro* una opción para los cristianos?). O podría ser una pregunta personal apremiante (¿Qué debo hacer para ser salvo? ¿Debe la iglesia bautizar a los bebés? ¿Un bebé nonato que muere va al cielo?).

A menudo tenemos preguntas sobre un asunto y preguntamos: "¿Qué enseña la Biblia al respecto?". Es un tipo de interrogante legítimo y necesario, pero difiere de la teología bíblica en que, para esta última, los temas literarios del texto mismo son los que dirigen las preguntas.[17]

Imagine, por ejemplo, que se inscribe a un curso universitario sobre William Shakespeare. Al leer unas de sus obras, estudiaría su contexto literario, la función que ciertos pasajes desempeñan en ella y, de forma más amplia, dentro de todas las obras publicadas del autor. ¿Qué temas y motivos específicos destacan en una obra específica de Shakespeare? ¿Qué temas y motivos resaltan en todas sus obras? Leería de manera inductiva una obra y esa lectura cuidadosa debe llevarlo a explorar los asuntos relevantes en ella.

---

14. Carson, "Current Issues in Biblical Theology", 34.

15. Ver Pregunta 13.

16. Respecto al contexto literario, ver Jason S. DeRouchie, *How to Understand and Apply the Old Testament: Twelve Steps from Exegesis to Theology* (Phillipsburg, NJ: P&R, 2017), 323-43; Naselli, *Understand and Apply the New Testament,* 188-205.

17. No pretendemos insinuar que el texto *nunca* establezca el programa de la teología sistemática. A menudo puede y debe hacerlo. Sin embargo, con frecuencia no es así y eso está bien. Esta es una de las maneras en que difiere de la teología bíblica.

Cuando lee la Biblia, usted descubre de un modo inductivo que ciertos temas literarios son prominentes. La gente típicamente ignora algunos de estos temas cuando se preguntan qué enseña la totalidad de la Biblia sobre alguna cuestión. Por ejemplo, en general, no se suele preguntar qué enseña la Biblia sobre la filiación o sobre el exilio y el éxodo. No obstante, son temas que debemos rastrear a lo largo de las Escrituras, porque (1) son importante en un pasaje tras otro y (2) el autor divino quiere que veamos las interconexiones.

La teología bíblica es histórica, orgánica e inductiva. La teología sistemática es relativamente ahistórica, universal y deductiva. Ver figura 1.1, que compara la tarea y la naturaleza de la teología bíblica con la teología sistemática.

	Teología bíblica	**Teología sistemática**
Autoridad final	**Toda la Biblia**	**Toda la Biblia**
Tarea	Describe de forma inductiva lo que declaran los textos con relación a la totalidad de la Biblia. Explora cómo y qué comunica de forma distintiva cada género literario o unidad canónica.	Describe de forma deductiva lo que enseña la Biblia (con el objetivo de aproximarse a la cultura propia e incluso confrontarla). Integra y sintetiza lo que comunican los géneros literarios de la Biblia.
Naturaleza	• Histórica y literaria • Orgánica • Inductiva • Diacrónica (rastrea cómo progresa a lo largo del tiempo la historia de la salvación) • Es una disciplina puente: un poco más alejada de la cultura y un poco más cerca del texto bíblico	• Relativamente ahistórica • Relativamente universal • Relativamente deductiva • Relativamente sincrónica (se centra en lo que es verdad en un momento en el tiempo) • Una disciplina que culmina y da forma a una cosmovisión: un poco más cerca de la cultura y un poco más lejos del texto bíblico

Fig. 1.1. Comparación entre la teología bíblica y la teología sistemática[18]

La teología bíblica debe analizar y sintetizar la totalidad del canon en sus

---

18. Ver también DeRouchie, *How to Understand and Apply the Old Testament*, 397-98; y D. A. Carson, "Systematic Theology and Biblical Theology", en Alexander y Rosner, *New Dictionary of Biblical Theology*, 89-104.

propios términos, porque prioriza el contexto literario: la función de un pasaje bíblico en su contexto inmediato, su sección, su libro, su corpus, su testamento y en toda la Biblia. Es el resultado de una cuidadosa lectura, de interpretar un texto tras otro mediante el análisis de lo que los autores humanos y el autor divino pretendían comunicar. La teología bíblica es, en esencia, la exégesis redentora e histórica de la totalidad de la Biblia: un análisis texto tras texto para discernir lo que los autores querían comunicar. La exégesis extrae el significado de un texto y la teología bíblica hace lo mismo con toda la Biblia unificada e inspirada por Dios.

En resumen

La teología bíblica es una forma de analizar y sintetizar la Biblia que establece conexiones orgánicas en la historia de la salvación con la totalidad del canon en sus propios términos, sobre todo con respecto a cómo progresan, se integran y culminan en Cristo el Antiguo y el Nuevo Testamento.

- *Las conexiones orgánicas* aluden a cómo crecen los elementos en armonía y al unísono como partes de un conjunto.
- *Las conexiones en la historia de la salvación* se refieren a integrar personas y acontecimientos clave dentro de la trama de la Biblia.
- La teología bíblica de toda la Biblia analiza y sintetiza *todo el canon.*
- La teología bíblica analiza y sintetiza la totalidad del canon *en sus propios términos,* porque prioriza el contexto literario. Su tarea y su naturaleza difieren de la teología sistemática.

Preguntas para la reflexión

1. ¿Cuál es una de sus formas favoritas de hacer teología bíblica? ¿Por qué?
2. ¿Tiende usted a leer el AT sin una visión cristiana? ¿Por qué?
3. ¿Qué tema bíblico-teológico le gustaría rastrear por toda la Biblia?
4. Escoja una novela que disfrute de leer. ¿Cómo podría analizar y sintetizar temas de esa novela?
5. En sus propias palabras, ¿en qué difiere la teología bíblica de la teología sistemática?

¿Cuál es la trama de las Escrituras?

Jason S. DeRouchie

Cristo cumplió el Antiguo Testamento (Mt. 5:17; Lc. 24:27, 44; Jn. 5:46) mediante un mensaje y ministerio relacionados con el reino de Dios (Lc. 4:43; Hch. 1:3). El reino está relacionado con el reinado de Dios sobre su pueblo, en la tierra de Dios y para su gloria.[1] Y este tema constituye el núcleo de los propósitos divinos desde Génesis hasta Apocalipsis: Dios reina, salva y satisface por medio del pacto para su propia gloria en Cristo.

Lo que Lucas llama en Hechos 1:3 el mensaje del "reino" tras la resurrección de Jesús, con anterioridad llama un mensaje sobre el Mesías y la misión que generaría. Así, Jesús "les abrió el entendimiento [a sus discípulos], para que comprendiesen las Escrituras; y les dijo: Así está escrito, y así fue necesario que el Cristo padeciese, y resucitase de los muertos al tercer día; y que se predicase en su nombre el arrepentimiento y el perdón de pecados en todas las naciones, comenzando desde Jerusalén" (Lc. 24:45-47). La perspectiva de Jesús es que comprender el AT del modo adecuado significa ver un mensaje unificado que culmina en el Mesías, su muerte y su resurrección y en misiones, por las cuales Dios está declarando la intrusión de su reino escatológico (cp. Hch. 20:25; 26:22-23; 28:23).

Cuando el Antiguo y el Nuevo Testamento se leen en conjunto, aparecen al menos siete etapas históricas en el programa del reino de Dios. Las cinco primeras son el fundamento que, en última instancia, se cumple en las dos últimas.

Los desarrollos más importantes de la trama a través de esta historia de salvación están marcados por cinco pactos que se solapan, cuya progresión detalla los propósitos globales de Dios con la humanidad. La interrelación de los pactos es como un reloj de arena, donde el alcance más universal se produce en los dos extremos, y la obra de Cristo en el centro. Los teólogos denominan los pactos a la luz de la cabeza representativa o mediador por medio del cual Dios estableció una relación con sus escogidos: adámico-noético, abrahámico,

---

1. Ver también Jason S. DeRouchie, "Jesus' Bible. An Overview", en *What the Old Testament Authors Really Cared About: A Survey of Jesus's Bible,* ed. Jason S. De Rouchie (Grand Rapids: Kregel, 2013), 30-41. Aunque Goldsworthy no resalta la importancia del *reino* de Dios para entender el lenguaje del *reino* en el NT, sí observa de manera similar que el reino de Dios se caracteriza por "el pueblo de Dios en el lugar de Dios bajo el gobierno de Dios". Graeme Goldsworthy, *The Goldsworthy Trilogy* (Exeter, UK: Paternoster, 2000), 112.

Historia narrativa del Antiguo Testamento	**1**	**Inicio y rebelión**	1. Creación, caída y diluvio (*c.* ¿? a. C.)
	2	**Instrumento de bendición**	2. Los patriarcas (*c.* 1900–1550 a. C.))
	3	**Nación redimida que recibe un encargo**	3. Éxodo, Sinaí y desierto (*c.* 1450–1400 a. C.)
	4	**Gobierno en la tierra**	4. Conquista y reinos (*c.* 1400–600 a. C.)
	5	**Dispersión y regreso**	5. Exilio y restauración inicial (*c.* 600–400 a. C.)
Historia narrativa del Nuevo Testamento	**6**	**Solapamiento de los siglos**	6. La obra de Cristo y la era de la iglesia (*c.* 4 a. C.–¿? d. C.)
	7	**Misión cumplida**	7. El regreso de Cristo y la consumación del reino (*c.* ¿? d. C.–eternidad)

Fig. 2.1. Sinopsis del programa divino de la construcción del reino

mosaico y davídico. El *antiguo* pacto mosaico y la era de castigo contrastan con el *nuevo pacto* en Cristo, que culmina todos los propósitos de Dios en la historia (ver Jer. 31:31-34; He. 8:6-13).[2]

Pactos	Etapas de la historia redentora	Narrativa	Comentario
Adámico/noético	1. Creación, caída y diluvio	Ley	
Abrahámico	2. Patriarcas		
Mosaico (ant.)	3. Éxodo, Sinaí y el desierto		
Davídico	4. Conquista y reinos (unido y dividido)	Profetas anteriores	
			Profetas posteriores
			Escritos anteriores
	5. Exilio y restauración inicial	Escritos posteriores	
Cristo / Jesús	6. La obra de Cristo	Los Evangelios	
	y la era de la iglesia	Hechos	
Nuevo			Epístolas generales
			Epístolas paulinas
			y Hebreos
	7. Regreso de Cristo y consumación del reino	Apocalipsis	

Antiguo Testamento — Nuevo Testamento

Fig. 2.2. La historia de la redención en el contexto de las Escrituras

---

2. Ver Pregunta 22.

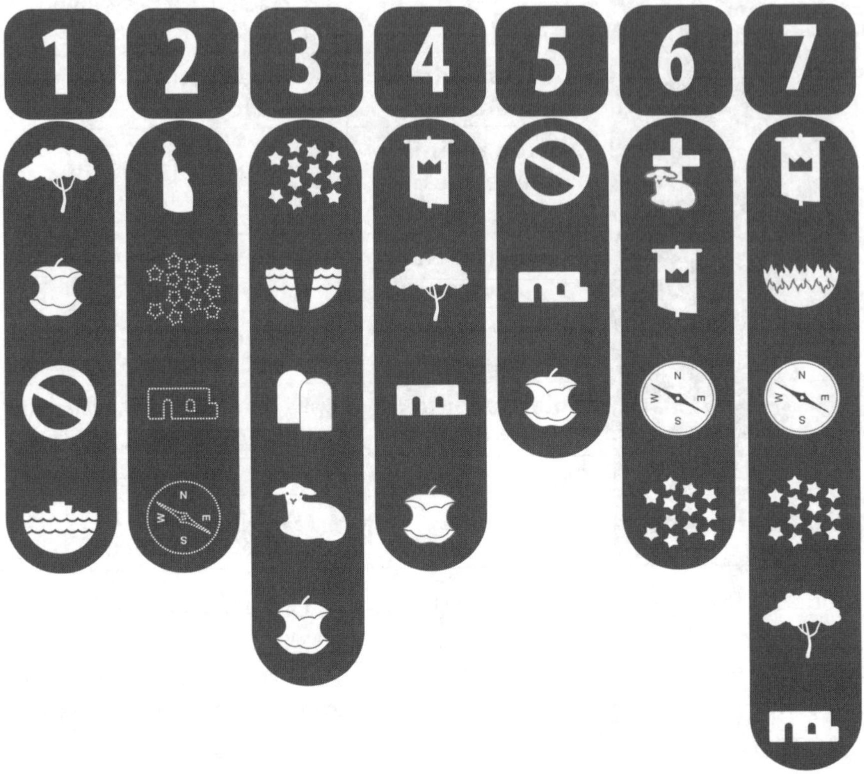

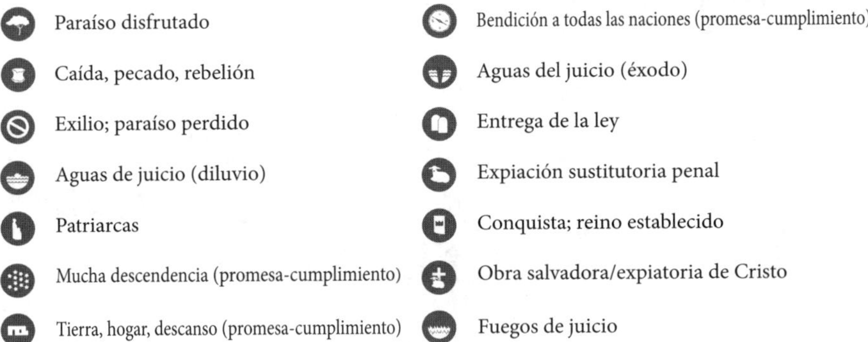

Paraíso disfrutado

Caída, pecado, rebelión

Exilio; paraíso perdido

Aguas de juicio (diluvio)

Patriarcas

Mucha descendencia (promesa-cumplimiento)

Tierra, hogar, descanso (promesa-cumplimiento)

Bendición a todas las naciones (promesa-cumplimiento)

Aguas del juicio (éxodo)

Entrega de la ley

Expiación sustitutoria penal

Conquista; reino establecido

Obra salvadora/expiatoria de Cristo

Fuegos de juicio

Fig. 2.3. Programa del reino de Dios por medio de imágenes

Toda la trama de las Escrituras gira en torno a la persona y la obra de Cristo. Él es la pieza central en torno a la que todo gira, así como el eje sobre el que se balancea todo lo demás. Toda la historia redentora apunta a Él y, por medio de Él, Dios cumple todas las promesas previas. Las Escrituras desarrollan esta trama mesiánica aseverando una y otra vez que todo lo que Dios hace es *para su gloria*. "Yo Jehová; este es mi nombre; y a otro no daré mi gloria, ni mi alabanza a esculturas" (Is. 42:8). Su meta suprema en cada etapa del programa de su reino es manifestarse, en última instancia, como Salvador supremo, Soberano, Satisfactor del mundo, a través de su representante mesiánico. Como tal, la gran narrativa de la Biblia es *la historia de la gloria de Dios en Cristo*.[3] Utilizaremos un conjunto de imágenes (ver fig. 2.3) para ayudarnos a comunicar el movimiento en la extraordinaria narrativa de las Escrituras.

1. Inicio y rebelión (Creación, caída y diluvio)

Dios, el creador, es digno de suprema alabanza (1 Cr. 29:11; Ap. 4:11). Hizo a los seres humanos para que fueran su imagen y les encargó que manifestaran su grandeza por todo el mundo (Gn. 1:26-28). La primera pareja no consiguió honrar a Dios del modo adecuado y, a la luz de la posición de Adán como cabeza representativa, ahora Dios considera que el resto de la humanidad ha pecado en Adán (Ro. 5:12, 18-19). Hemos sido concebidos como pecadores condenados bajo la justa ira divina (Jn. 3:36; Ef. 2:1-3) y el resultado es que todos se vuelven rebeldes y, como tales, no son capaces de glorificar a Dios como Él merece (Ro. 1:21-23; 3:23). Dios había llamado a nuestros primeros padres a hacer caso a su voz para no morir (Gn. 2:17), y el resultado de su rebelión fue que Él los expulsó de su presencia, fuera de su huerto-santuario (3:24).

Antes de someter al mundo a vanidad (3:16-19; Ro. 8:20-21), el Señor prometió restablecer el orden cósmico por medio de un libertador humano, que vencería de una vez por toda la maldición y el poder del mal (Gn. 3:15). El pecado humano sostenido tras la caída condujo al diluvio (6:7-8), pero Dios conservó un remanente cuya esperanza estaba en el redentor venidero. Él confirmó su pacto con la creación por medio de Noé, proveyendo así un contexto en el que la gracia salvadora pudiera operar (6:12-13, 18; 8:21–9:1, 9-11). Sin embargo, en la Torre de Babel, esa misericordia fue igualada por

---

3. Ver John Piper, "El propósito de Dios en la historia de la redención", en *Sed de Dios: Meditaciones de un hedonista cristiano*, trad. Elena Flores Sanz (Barcelona: Andamio, 2001), 293-308; cp. Thomas R. Schreiner, "A Biblical Theology of the Glory of God", en *For the Fame of God's Name: Essays in Honor of John Piper*, eds. Sam Storms y Justin Taylor (Wheaton, IL: Crossway, 2010), 215-234.

la autoexaltación de la humanidad sobre Dios y, como resultado, Jehová la castigó de nuevo (11:1-9).

2. Instrumento de bendición (Los patriarcas)

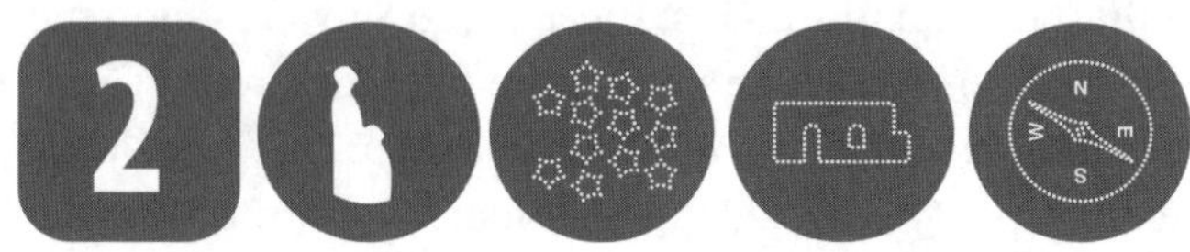

Para alabanza de la gloria de su gracia, Dios eligió y creó a un pueblo para sí (Jer. 13:11; Is. 43:6-7; 49:3; Ef. 1:4-6). De las setenta familias dispersadas por toda la tierra en Babel (Gn. 10:32), Dios apartó a una por medio de la cual revertiría la maldición global y la sustituiría por bendición. La gloria de Dios ordenó a Abraham a abandonar Mesopotamia por fe (Hch. 7:2; He. 11:8) y Jehová le dio el siguiente mandato:

> Vete de tu tierra y de tu parentela y de la casa de tu padre a la tierra que te mostraré para hacer de ti una nación grande y bendecirte y engrandecer tu nombre. Y, allí, sé bendición para que yo pueda bende-cir a los que te bendigan y maldecir al que te deshonre. Y el resultado será que en ti serán benditas todas las familias de la tierra (Gn. 12:1-3, traducción de DeRouchie).

El pacto abrahámico consta de dos fases. El pacto mosaico cumplió la pri-mera: al entrar a la tierra, Abraham se convertiría en una gran nación. El nuevo pacto cumplía la segunda fase: a través de uno de los representantes de Abraham (es decir, el Mesías) que demostraría una vida de bendición y no de maldición, algunas de entre todas las familias de la tierra serían restauradas a la relación con su Creador.

Aunque la esposa del patriarca era estéril (11:30) y aunque él comprendió que las promesas de Jehová requerirían un milagro, Abraham creyó que Dios haría por él lo que él mismo no podía y su fe en la promesa de descendencia le fue contada por justicia (15:6; cp. 18:13-14). Para exaltar su fidelidad y anti-cipar la misericordia futura, Jehová prometió cumplir su promesa de tierra a la descendencia de Abraham (15:17-18) y proveyó un sacrificio sustitutorio en lugar de Isaac (22:12-14). Asimismo, reafirmó que bendeciría a las naciones a través de un representante real que, ahora se sabe, procedería de Judá, y que destruirá el mal y reestablecería la paz mundial (22:17-18; 24:60; 49:8-10). Por medio de él y de la adopción espiritual, Abraham se convertiría en padre de una multitud de naciones (Gn. 17:4-6) y la tierra llegaría a ser tierras, en plural (22:17; 26:3-4); el resultado sería que Abraham heredaría el mundo (Ro. 4:13). Con este objetivo supremo, Dios envió a José a Egipto para mantener vivos a los hijos de Jacob/Israel en medio de la hambruna mientras esperaban la tierra prometida (Gn. 45:7-8; 50:20, 24-25).

3. Nación redimida que recibe un encargo (Éxodo, Sinaí y desierto)

Dios cumplió sus promesas sustentando y multiplicando a Israel durante cuatrocientos años de esclavitud bajo los egipcios (Éx. 1:7; cp. Gn. 15:13-14). Por amor a su nombre y su reputación, Dios provocó las plagas en Egipto y redimió a Israel de la esclavitud (Éx. 7:5; 9:15-16; 14:4; 2 S. 7:23).

Jehová le dio a Israel su ley del antiguo pacto por medio de Moisés con el fin de mediar su presencia y manifestar su santidad entre las naciones (Éx. 19:5-6). Mediante una vida de amor radical que rebosara de una obediencia continua (Lv. 19:28; Dt. 6:4-5; 10:16-19), Israel podría dar testimonio del mérito y de las excelencias de Dios ante la mirada del mundo (4:5-8). Jehová consideraría su rendición perfecta como "justicia" (6:2, 5) y ellos disfrutarían de una vida duradera (4:1; 8:1; 16:20; cp. Lv. 26:3-13; Dt. 28:1-14). Jehová proveyó un medio de expiación para que pudieran estar cerca de Él e identificó que solo su presencia los distinguiría de las naciones (Éx. 33:16; 34:6-9; Lv. 9:3-6; 10:3). También reafirmó su promesa de que un libertador real surgiría de Jacob y ejercería una influencia internacional (Nm. 24:7-9, 17-19).

No obstante, en general, el pueblo fue "duro de cerviz", fueron "rebeldes" e incrédulos (Dt. 9:6-7, 23-24) y Dios no venció la dureza de sus corazones (29:4; cp. Ro. 11:7-8). En cambio, presagió que Israel seguiría rebelándose y sufriría el exilio (Dt. 4:25-29; 31:16-17, 27-29) y prometió restaurarlos de manera que solo Él fuera exaltado, como quien faculta a su pueblo para amarlo y hacer lo que Él ordena (4:30-31; 30:3, 6-8).

4. Gobierno en la tierra (Conquista y reinos)

Cuando Israel entró a la tierra por medio de la conquista, Jehová se exaltó ante las naciones como el único Dios verdadero. En palabras de Rahab, la cananea: "Jehová vuestro Dios es Dios arriba en los cielos y abajo en la tierra" (Jos. 2:11; cp. 8:24; 1 S. 4:8). El Señor fue completamente fiel a sus promesas a Israel (Jos. 21:43-45). Como en el caso de Adán en el Edén, los llevó a un nuevo paraíso (Éx. 15:17-18).

Sin embargo, la mayor parte del pueblo no tardó en olvidarse de Jehová y poco a poco imitó a los cananeos: "Dejaron a Jehová el Dios de sus padres, que los había sacado de la tierra de Egipto, y se fueron tras otros dioses, los dioses de los pueblos que estaban en sus alrededores, a los cuales adoraron; y provocaron a ira a Jehová" (Jue. 2:12) y esto causó su ruina. Sin un rey fiel, el pueblo hizo lo que bien les parecía (21:25) y la palabra de Dios escaseó (1 S. 3:1). El pueblo pidió un rey y Dios se lo concedió, pero querían a uno que sustituyera a Jehová, en vez de representarlo (8:7). En última instancia, ya que los líderes y la comunidad se negaron a escuchar la llamada misericordiosa de Dios a través de sus profetas, el imperio unificado se dividió (1 R. 11:11, 13) y tanto el reino del norte como el del sur tuvieron un final desastroso: el exilio y el templo destruido (2 R. 17:14-15, 18; cap. 25).

A pesar de toda la oscuridad y la rebeldía del surgimiento y de la caída de Israel, en su misericordia, Jehová renovó su promesa de la venida de un redentor real (1 S. 2:10). El rey David prefiguró a este libertador y Dios declaró que, por medio de este monarca, cumpliría sus propósitos de un reino universal (2 S. 7:12, 16). Uno de la descendencia davídica sería el "Hijo" regio de Dios que poseería y bendeciría a las naciones y que destruiría a sus enemigos (Sal. 2:7-9; 72:17; cp. 2 S. 7:14). Dios establecería y sostendría el trono de David con justicia y rectitud (Is. 9:7; cp. Lc. 1:32). Como portador del nombre "Israel", este nuevo siervo-rey representativo restauraría "el remanente de Israel" (el pueblo) y sería "luz de las naciones", extendiendo así el reinado salvador de Jehová hasta lo postrero de la tierra (Is. 49:3, 6). El salvador y rey esperado proclamaría el reinado de Jehová durante los últimos tiempos: el año de su buena voluntad y el día de su venganza (52:7; 61:2). Aunque Él mismo fue sin culpa (50:9; 53:9), también satisfaría la ira de Dios contra los pecadores por medio de una muerte sustitutoria y, por su justicia, "justificaría [...] a muchos" (53:5, 10-11; cp. Jn. 11:50-52; Ro. 5:19; 2 Co. 5:21).

5. Dispersión y regreso (Exilio y restauración inicial)

Jehová expulsó a Israel de la tierra prometida porque no vivieron para Él ni obedecieron su voz (2 R. 17:7; 2 Cr. 36:16). Y, desde las profundidades del exilio, Daniel suplicó: "Inclina, oh Dios mío, tu oído, y oye; abre tus ojos, y mira nuestras desolaciones, y la ciudad sobre la cual es invocado tu nombre; porque no elevamos nuestros ruegos ante ti confiados en nuestras justicias, sino en tus muchas misericordias. Oye, Señor; oh Señor, perdona; presta oído, Señor, y hazlo; no tardes, *por amor de ti mismo*, Dios mío; porque tu nombre es invocado sobre tu ciudad y sobre tu pueblo" (Dn. 9:18-19).

Jehová es un Dios cuyas misericordias "nunca decayeron" y "nuevas son cada mañana" (Lm. 3:22-23). Por su bondad infinita, Dios promete que, en los días postreros, "el Dios del cielo levantará un reino que no será jamás destruido" (Dn. 2:44) y que a "uno como un hijo de hombre" se le dará "dominio, gloria y reino, para que todos los pueblos, naciones y lenguas" le sirvan (7:13-14). De ahí que, *por amor a sí mismo*, el Señor sostendría a Israel durante el exilio y, finalmente, los usaría como testigos de su grandeza en el mundo (Is. 48:9, 11; Ez. 36:22-23; cp. Hch. 1:8).

Jehová preservó a su pueblo. Él impidió que los enemigos lo aniquilaran (p. ej.: el libro de Ester) y los devolvió a la tierra (p. ej.: Esdras-Nehemías). Él ordenó a los judíos: "reedificad la casa [el templo] y seré glorificado" (Hag. 1:8) y también les encomendó que lo honraran y le temieran como "Gran Rey" sobre todo (Mal. 1:6, 14). No obstante, la historia de la gloria de Dios siguió esperando su consumación.

Aunque los setenta años de exilio que Jeremías predijo (Jer. 25:12; 29:10; cp. Esd. 1:1; Dn. 9:2) llegaron a su fin por el decreto de Ciro de que el pueblo podía regresar a su tierra (Is. 44:26-28; 2 Cr. 36:20-23), todavía faltaba por llegar el siervo real que reconciliaría a los pecadores con Dios (Is. 49:6; 53:11; Dn. 9:24). Hay numerosos identificadores de que el final de la era del AT no era el fin de los propósitos del reino de Dios:

- La tierra no había regresado a su estado edénico (Is. 51:3; Ez. 36:33-36).
- La nación no estaba del todo reunida (Jer. 23:6; 31:31; Ez. 37:22), con creyentes gentiles en medio de ella (Is. 2:2-4; 49:6; Jer. 12:16; 30:8-9).
- Los judíos seguían siendo esclavos (Esd. 9:8-9; Neh. 9:36) y el rey davídico no reinaba aún (Is. 9:6-7; Jer. 23:5; 30:9; Ez. 37:24).
- El pueblo de Dios no disfrutaba de un nuevo pacto de paz universal y eterna (Is. 61:8-9; Jer. 31:31-34; 32:40; Ez. 37:26).
- El pueblo de Dios no tenía nuevas disposiciones internas de amar y obedecer al Señor (Dt. 30:6, 8; Is. 2:3; 42:4; Jer. 31:33; 32:39-40; Ez. 36:26-27).
- El pueblo de Dios nos disfrutaba plenamente de su presencia (Ez. 36:27; 37:27-28).

Jehová no había cumplido por completo los propósitos de su reino. Todavía quedaba tiempo antes de la llegada del rey que traería la bendición global.

6. Solapamiento de los siglos (La obra de Cristo y la era de la iglesia)

Conforme pasamos a la historia narrativa del NT, una de las partes misteriosas del programa del reino de Dios es la forma en que Jesús vino por primera vez como siervo sufriente y solo en su segunda venida se mostraría por completo como rey vencedor (He. 9:28). En su aparición inicial, trajo el futuro al centro de la historia. Proclamó "el año de la buena voluntad de Jehová", pero no sería hasta más tarde que traería "el día de la venganza de nuestro Dios" (Is. 61:2; cp. Lc. 4:19). Hoy vivimos en un solapamiento de las eras: Cristo nos ha liberado del "presente siglo malo" (Gá. 1:4), aunque solo de una forma que nos permite gustar de "los poderes del siglo venidero" (He. 6:5).

Así, "las aflicciones del tiempo presente no son comparables con la gloria venidera que en nosotros ha de manifestarse" (Ro. 8:18). Como Pablo afirma, "Porque la gracia de Dios se ha manifestado para salvación a todos los hombres, enseñándonos que, renunciando a la impiedad y a los deseos mundanos, vivamos en este siglo sobria, justa y piadosamente, aguardando la esperanza bienaventurada y la manifestación gloriosa de nuestro gran Dios y Salvador Jesucristo" (Tit. 2:11-13). Ya "[Dios] nos hizo renacer para una esperanza viva por la resurrección de Jesucristo de los muertos" y esa esperanza apunta a "una herencia incorruptible, incontaminada e inmarcesible, reservada en los cielos para vosotros, que sois guardados por el poder de Dios mediante la fe, para alcanzar la salvación que está preparada para ser manifestada en el tiempo postrero" (1 P. 1:3-5; cp. Ef. 1:3-14). La figura 2.4 intenta visualizar los aspectos del *ya* pero *todavía no* del reino en este solapamiento de las eras.

En el cumplimiento del tiempo, "Dios envió a su Hijo" (Gá. 4:4), como el Verbo mismo que era Dios "hecho carne" que "habitó entre nosotros" (Jn. 1:14). Y, "enviando a su Hijo en semejanza de carne de pecado y a causa del pecado, [Dios] condenó al pecado en la carne; para que la justicia de la ley se cumpliese en nosotros" (Ro. 8:3-4). El reino *ya* está aquí porque Jesús vino a la tierra a apaciguar la ira de Dios por el pecado de Israel y del mundo. Jesús es el Cristo, el libertador real prometido, quien vino "para dar su vida en rescate por muchos" (Mr. 10:45). Él es "el Cordero de Dios que quita el pecado del mundo" (Jn. 1:29) y, por su vida, muerte y resurrección, inauguró el nuevo pacto (Lc. 22:20; He. 9:15) y la nueva creación (2 Co. 5:17). En el "gran intercambio" de los siglos, Dios imputa cada pecado del creyente a Cristo y la justicia de este a cada creyente (Is. 53:11; Ro. 5:18-19; 2 Co. 5:21).

Jesús vivió para la gloria de su Padre (Jn. 7:18; 17:4) y su muerte y resurrección reivindicaron la justicia y la gloria exaltada de Dios (Jn. 12:27-28; 17:1). "Dios puso [a Jesucristo] como propiciación por medio de la fe en su sangre [...] a fin de que él sea el justo, y el que justifica al que es de la fe de Jesús" (Ro. 3:25-26). "Cristo nos redimió de la maldición de la ley, hecho por nosotros maldición [...] para que en Cristo Jesús la bendición de Abraham alcanzase a los gentiles" (Gá. 3:13-14). La gloria de Dios resucitó a Cristo de los muertos (Ro. 6:4) y, por medio de esto, magnificó a Cristo (He. 2:9; 1 P. 1:21).

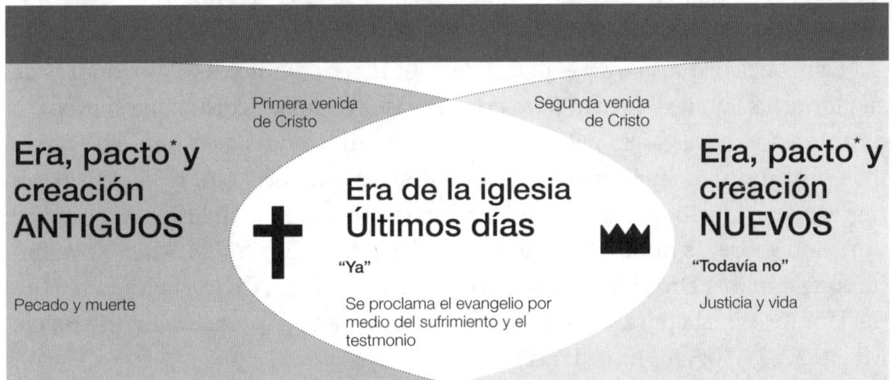

*Por una parte, el antiguo y el nuevo pactos no se solapan, porque Jesús "ha dado por viejo al primero" y "quita lo primero, para establecer esto último" (He. 8:13; 10:9). Sin embargo, por otra parte, ya que el antiguo pacto (mosaico) representa la era de la muerte en Adán, el escritor de Hebreos puede añadir: "Y lo que se da por viejo y se envejece, está próximo a desaparecer" (8:13) y señala que aunque "la consumación de los siglos" ya está sobre nosotros (9:26), la consumación del "siglo venidero" no se ha producido aún (6:5; cp. 2 Co. 3:11).

Fig. 2.4. Historia de la redención y solapamiento de los siglos[4]

Jesús y sus apóstoles proclamaron la buena nueva del reino de Dios (Lc. 4:43; Hch. 1:1-3; 20:25; 28:23) que es, nada más y nada menos, el reinado de Dios en los postreros tiempos manifestado a través de "la gloria de Dios en la faz de Jesucristo" (2 Co. 4:6; cp. 1 Ti. 1:11). La buena nueva es el mensaje de "que Cristo murió por nuestros pecados, conforme a las Escrituras, y que fue sepultado, y que resucitó al tercer día, conforme a las Escrituras, y que apareció a Cefas y después a los doce" (1 Co. 15:3-5). Por medio de discípulos

---

4. Este esquema apareció por primera vez en Jason S. DeRouchie, ed., *What the Old Testament Authors Really Cared About: A Survey of Jesus's Bible* (Grand Rapids: Kregel, 2013), 39. Usado con permiso.

llenos de fe y empoderados por el Espíritu que dieron testimonio de Cristo, el reino y la gloria de Dios se han extendido desde Jerusalén, a toda Judea, a Samaria y hasta lo último de la tierra (Hch. 1:8). Bajo la autoridad universal de Cristo, la iglesia debe hacer discípulos de todas las naciones por amor de su nombre, confiando siempre en la presencia poderosa del rey que reina para guardar a sus siervos y abrir los corazones al evangelio (Mt. 28:18-20; Ro. 1:5).

7. Misión cumplida (El regreso de Cristo y la consumación del reino)

La misericordia, la ira y el poder de Dios hicieron notorias "las riquezas de su gloria, las [cuales] mostró para con los vasos de misericordia que él preparó de antemano para gloria" (Ro. 9:22-23). Jesús vino a satisfacer nuestro anhelo más profundo y a ayudarnos a ver y saborear su gloria (Jn. 6:35; 17:24). Su regreso será glorioso (Mt. 16:27; 25:31), cuando veamos "al Hijo del Hombre viniendo sobre las nubes del cielo con poder y gran gloria" (24:30). Solo aquellos que teman a Dios y le den gloria escaparán de la ira divina cuando el Hijo del Hombre venga para ser glorificado en sus santos (Ap. 14:7; 2 Ts. 1:9-10; cp. Mt. 16:27; 24:30; 25:31; Jn. 17:24).

Incluso ahora, los que están alrededor del trono del León que venció y del Cordero inmolado están declarando que Él es digno de llevar a cabo los propósitos de castigo y salvación decretados por Dios (Ap. 5:9-10). Y la variada multitud redimida clamará un día a gran voz: "La salvación pertenece a nuestro Dios que está sentado en el trono, y al Cordero" (7:10). En aquel día, "[Dios] morará con ellos; y ellos serán su pueblo, y Dios mismo estará con ellos como su Dios. Enjugará Dios toda lágrima de los ojos de ellos; y ya no habrá muerte, ni habrá más llanto, ni clamor, ni dolor; porque las primeras cosas pasaron" (21:3-4). Y "la gloria de Dios" iluminará la ciudad, una gloria que se localizará exclusivamente en "el Cordero" (21:23). Y "las naciones […] andarán a la luz de ella […] pues allí no habrá noche" (21:24-25). "Y no habrá más maldición; y el trono de Dios y del Cordero estará en ella, y sus siervos le servirán […]. No habrá allí más noche; y no tienen necesidad de luz de lámpara, ni de luz del sol, porque Dios el Señor los iluminará; y reinarán por los siglos de los siglos" (22:3, 5).

En vista de estas realidades, Jesús proclama: "Yo soy la raíz y el linaje de David, la estrella resplandeciente de la mañana […] Ciertamente vengo en breve" (22;16, 20). Y nosotros exclamamos con Juan: "Amén; sí, ven, Señor Jesús" (22:20).

En resumen

Desde Génesis hasta Apocalipsis, se revela la historia de un reino que es verdaderamente *la historia de Dios*: el relato de la gloria de Dios en Cristo. El programa del reino de Dios se desarrolla en siete etapas. En las cinco primeras, que detallan la historia narrativa del AT, Dios identifica el problema y hace promesas. En las dos finales, Dios proporciona la solución y cumple lo prometido. Las siete etapas son:

1. Inicio y rebelión: Creación, caída y diluvio
2. Instrumento de bendición: Los patriarcas
3. Nación redimida que recibe un encargo: Éxodo, Sinaí y desierto
4. Gobierno en la tierra: Conquista y reinos
5. Dispersión y regreso: Exilio y restauración inicial
6. Solapamiento de los siglos: La obra de Cristo y la era de la iglesia
7. Misión cumplida: El regreso de Cristo y la consumación del reino

Toda la historia de la salvación apunta a Cristo y Él es el personaje decisivo que cumple todas nuestras esperanzas, para alabanza de la gloria de la gracia de Dios.

Preguntas para la reflexión

1. ¿Cuáles son los cuatro elementos relacionados con el reino de Dios?
2. ¿Cómo resumimos el tema de las Escrituras que forma el núcleo de los propósitos de Dios desde Génesis hasta Apocalipsis? ¿Cómo retocaría usted la declaración para que sea más fiel al mensaje bíblico?
3. ¿Cuáles son las siete etapas del programa del reino de Dios?
4. ¿Cómo podría usted demostrar a un amigo que "toda la trama de las Escrituras gira en torno a la persona y la obra de Cristo"?
5. Proporcione un ejemplo de cómo *cada* una de las siete etapas del programa del reino de Dios magnifica la gloria de Dios. Es decir, ¿de qué formas actúa Dios *por amor a sí mismo* a lo largo de la trama de las Escrituras? ¿Cómo debería responder nuestro corazón a la función de la gloria de Dios desde Génesis hasta Apocalipsis?

¿Cómo nos ayuda la teología bíblica a ver a Cristo en el Antiguo Testamento?

Jason S. DeRouchie

La única Biblia que Jesús tenía era lo que llamamos el AT y Él afirmó que trataba sobre sí mismo. Él resaltó que sus Escrituras daban testimonio de Él (Jn. 5:39); que Abraham vio su día y se gozó (8:56); que Moisés escribió sobre Él (5:46); que los profetas, los justos y los reyes anhelaban su venida (Mt. 13:17; Lc. 10:24); y que todo lo que el AT declaraba respecto a Él se cumpliría (Lc. 24:27, 44).[1] Además, tras su resurrección, Jesús abrió la mente de sus discípulos "para que entendieran las Escrituras, y les dijo: Así está escrito, y así fue necesario que el Cristo padeciese, y resucitase de los muertos al tercer día; y que se predicase en su nombre el arrepentimiento y el perdón de pecados en todas las naciones, comenzando desde Jerusalén" (Lc. 24:45-47; cp. Hch. 1:3, 8; 3:18, 24; 10:43). Según Jesús, cuando entendamos las Escrituras con fidelidad, lo que veremos en el AT es un mensaje del Mesías, su muerte y su resurrección, y de la misión global que generaría.

También Pablo fue un predicador del AT que vio en su Biblia un mensaje del reino de Dios centrado en el Mesías y en la iglesia que edificaría (Hch. 26:22-23). Aunque predicaba del AT, se propuso "no saber entre [la iglesia corintia] cosa alguna sino a Jesucristo, y a este crucificado" (1 Co. 2:2). ¡Quiera el Señor levantar a más predicadores del AT en nuestros días que enseñen de ese modo!

Pablo afirmó que el AT prometió inicialmente la buena nueva encarnada en la persona y en la obra de Jesucristo. Como apóstol, fue "apartado para el evangelio de Dios, que él había prometido antes por sus profetas en las santas Escrituras, acerca de su Hijo" (Ro. 1:1-3). El NT cumple lo que el AT anticipó primero: la buena noticia de que el Dios reinante salvaría y satisfaría eternamente a los pecadores que creyeran por medio de la vida, muerte y resurrección de Cristo. El progreso de la creación a la caída, a la redención, a la consumación es, en un sentido muy real, *la historia de Dios,* y el evangelio

---

1. Ver también Jason S. DeRouchie, *How to Understand and Apply the Old Testament: Twelve Steps from Exegesis to Theology* (Phillipsburg, NJ: P&R, 2017), 481-489.

del que disfrutamos fue anticipado, predicho y profetizado mucho antes (cp. Jn. 1:45; 5:39, 46; 8:56; He. 11:13; 1 P. 1:10-11).

Dios creó todas las cosas por el Hijo, por medio del Hijo y para el Hijo, el que "es antes de todas las cosas" y en quien "todas las cosas […] subsisten" (Col. 1:16-17). "Todas las cosas" incluiría el AT, lo que significa que Dios inspiró las tres cuartas partes iniciales de las Escrituras cristianas para la gloria del Hijo divino. Debemos ver y celebrar a Cristo cuando leemos el AT.

Para hacerlo de forma file se requiere un enfoque multiforme, porque Jesús cumple el AT de diversas maneras (Mt. 5:17; Lc. 24:44; Hch. 13:27, 32-33). El intérprete cristiano, por tanto, debe seguir las señales proporcionadas por Dios en su Palabra inerrante para magnificar adecuadamente al Mesías y su obra. Este capítulo repasa brevemente siete posibles maneras de ver y celebrar a Cristo en el AT.

La teología bíblica nos ayuda a ver y celebrar a Cristo en las predicciones mesiánicas directas del Antiguo Testamento

Pedro recalcó: "Pero Dios ha cumplido así lo que había antes anunciado por boca de *todos* sus profetas, que su Cristo había de padecer" (Hch. 3:18). Cada uno de los profetas, de Moisés en adelante, anticiparon la obra y la misión del Mesías (3:22-24; 10:43). El AT está cargado de predicciones explícitas e implícitas. "Mas él herido fue por nuestras rebeliones, molido por nuestros pecados; el castigo de nuestra paz fue sobre él, y por su llaga fuimos nosotros curados" (Is. 53:5). Estas palabras de Isaías retratan al siervo de Dios que sufriría como sustituto por muchos, y Pedro, al escribir sobre el Cristo, vio cumplido este texto en la persona de Jesús: "Quien llevó él mismo nuestros pecados en su cuerpo sobre el madero, para que nosotros, estando muertos a los pecados, vivamos a la justicia; y por cuya herida fuisteis sanados" (1 P. 2:24). En ocasiones, el elemento de predicción y cumplimiento es incluso más pronunciado, como cuando Miqueas 5:2 presagia que el libertador real nacería en Belén y, más adelante, Mateo 2:6 asevera de manera explícita que sucedió tal como escribió el profeta. Cristo cumple el AT como enfoque específico u objetivo de las predicciones mesiánicas directas del AT y de las esperanzas de la historia de la redención.

La teología bíblica nos ayuda a ver y celebrar a Cristo por medio de la historia de la salvación y sus trayectorias en el Antiguo Testamento

El AT hace un gran trabajo creando los problemas para los que Jesús es la solución. Tanto el Antiguo como el Nuevo Testamento están enmarcados por la narrativa de la redención, una trama histórica diseñada para magnificar que Dios reina, salva y satisface por medio de un pacto para su gloria en

Cristo. Toda la trama progresa de la creación a la caída, a la redención, a la consumación y resalta la obra de Jesús como el punto de inflexión decisivo en la historia de la salvación.[2] "La ley y los profetas eran hasta Juan [el Bautista]; desde entonces el reino de Dios es anunciado" (Lc. 16:16). "De manera que la ley ha sido nuestro ayo, para llevarnos a Cristo, a fin de que fuésemos justificados por la fe. Pero venida la fe, ya no estamos bajo ayo, pues todos sois hijos de Dios por la fe en Cristo Jesús" (Gá. 3:24-26).

La trama de la Biblia está guiada por cinco pactos principales en la historia de la salvación, cada uno de los cuales hallan su término en Cristo; los cuatro primeros llevan el nombre de su cabeza representativa o mediador (adámico–noético → abrahámico → mosaico → davídico→ nuevo).[3] También vemos que varios temas se desarrollan o progresan conforme Dios desvela poco a poco más de sí mismo y de sus caminos mediante la revelación bíblica. Algunos de los principales incluían un pacto, el reino de Dios, la ley, el templo y la presencia divina, la expiación, el pueblo de Dios y la misión, y todo ello estaba enfocado en Jesús. Cristo cumple todas las trayectorias de la historia de la salvación del AT.

La teología bíblica nos ayuda a ver y celebrar a Cristo al resaltar cómo los siglos, las creaciones y los pactos antiguos y nuevos son similares, aunque distintos

El progreso de los pactos bíblicos y de la historia de la redención manifiestan numerosos puntos de similitud y contraste, muchos de los cuales están centrados en la persona del Hijo divino. Por ejemplo, aunque Adán desobedeció y acarreó la muerte para todos, Cristo obedece y trae vida a muchos (Ro. 5:18-19). Aunque Dios usó la sangre de toros y de machos cabríos para representar la expiación en el antiguo pacto, el propio sacrificio sustitutivo de Cristo provee la base para la redención eterna (He. 9:11-14). Aunque el acceso a la presencia de Jehová en el templo se restringía al sumo sacerdote en el Día de la Expiación, la obra sacerdotal de Cristo abre el camino para que, en Él, todos disfrutemos de la presencia de Dios (9:24-26; 10:19-22). Aunque era necesario que las naciones acudieran al tabernáculo/templo para encontrarse con la presencia del Señor en el antiguo pacto, el Espíritu de Cristo empodera ahora a la iglesia en su testimonio a las naciones desde Jerusalén hasta los confines de la tierra (Mt. 28:18-20; Hch. 1:8). La obra de Jesús crea continuidades y discontinuidades, y podemos celebrarla más si identificamos los patrones y las transformaciones.

---

2. Ver Preguntas 2 (los 7 puntos del "Programa del reino" de DeRouchie) y 39 §2 (El reino progresivo de Roberts) para las dos formas distintas de resumir la trama de las Escrituras.
3. Ver Preguntas 6 y 22.

La teología bíblica nos ayuda a ver y celebrar a Cristo al observar cómo los personajes, los acontecimientos y las instituciones del Antiguo Testamento aclaran y anticipan su persona y su obra

El autor de Hebreos dijo que la ley del AT era "la sombra de los bienes venideros" (He. 10:1). De manera similar, Pablo afirmó que las leyes de los alimentos puros e impuros, las diversas festividades judías, el calendario sacrificial mensual y hasta el *sabbat* eran "sombra de lo que ha de venir; pero el cuerpo es de Cristo" (Col. 2:16-17). En el NT, estas anticipaciones e indicadores se denominan "tipos" o "ejemplos" que, a su vez, encuentran su contraparte o cumplimiento en Jesús como su realización suprema. Dios estructuró el desarrolló progresivo de la historia de la salvación de tal manera que ciertos personajes del AT (p. ej.: Adán, Melquisedec, Moisés, David), acontecimientos (p. ej.: el diluvio, el éxodo, el regreso a la tierra) y las instituciones u objetos (p. ej.: el cordero de la Pascua, el templo, el sacerdocio) tienen significados que esclarecen y anticipan, de manera predictiva, la vida y la obra de Jesús el Mesías.

La teología bíblica nos ayuda a ver y celebrar a Cristo cuando nos deleitamos en la identidad y en la actividad de Jehová

Recordará que Jesús señaló que "nadie ha visto jamás a Dios" Padre, excepto el Hijo (Jn. 1:18; 6:46), pero "el que me ha visto a mí, ha visto al Padre" (Jn. 14:9). Esto significa que, cuando Jehová se encarna en forma humana en el AT, lo más probable es que estemos viendo al Hijo en forma humana. Podemos verlo en las historias del tercer invitado de Abraham (Gn. 18), en el oponente que lucha con Jacob (Gn. 32:24-30), en el "Príncipe del ejército de Jehová" (Jos. 5:13-15), en el Señor que vio Isaías sobre el trono (Is. 6:1; Jn. 12:41), en el rey exaltado de Ezequiel (Ez. 1:26), en el "hijo de hombre" de Daniel (Dn. 7:13-14) y en las numerosas manifestaciones del "ángel [mensajero] del Jehová" (p. ej.: Gn. 16:7-13; 22:11-18; Éx. 3:2; Nm. 20:16; 22:22-35).

Con esto, cuando oímos hablar o vemos actuar a Jehová en el AT como objeto de la fe del pueblo veterotestamentario, estamos contemplando a aquel que se encarnaría en la persona de Jesús. El Verbo que estaba "en el principio […] con Dios […] era Dios" (Jn. 1:1-2). El Hijo mismo que se llamaría Jesús era la "forma de Dios" (Fil. 2:6), era "la imagen del Dios invisible" (Col. 1:15) y "el resplandor de su gloria [de Dios] y la imagen misma de su sustancia" (He. 1:3). Así, el autor de Hebreos podía atribuir el vituperio que Moisés sufrió por amor a *Dios* como el vituperio soportado por causa de *Cristo*: "teniendo por mayores riquezas el vituperio de Cristo que los tesoros de los egipcios; porque tenía puesta la mirada en el galardón" (He. 11:26). Por esto, también Judas pudo identificar al libertador de Israel en el éxodo como *Jesús*: "Quiero recordarles que Jesús primero rescató de Egipto a la nación de Israel pero luego destruyó a los que no permanecieron fieles" (Jud. 5, NTV). ¿Quién peleó por Israel y lo rescató en el éxodo? ¿No fue Jehová? ¡Sí! ¡Y era *Jesús*![4] Cuando nos encontramos con Jehová en el AT, estamos captando vislumbres del Hijo divino.

La teología bíblica nos ayuda a ver y celebrar a Cristo cuando consideramos los ideales éticos hallados en la ley y los escritos sapienciales del Antiguo Testamento

El AT está lleno de historias de pecadores que necesitaban a un salvador. La ley mosaica señalaba la importancia de Cristo del modo en que identificaba y multiplicaba el pecado (Ro. 3:20; 5:20; cp. 7:7-12; Gá. 3:19), condenaba al pecador (Ro. 3:19-20; 8:2-3; Gá. 3:10, 13, 22) y mostraba la necesidad que cada uno tiene de expiación. Por consiguiente, la naturaleza de la ley predecía a Cristo como "el fin de la ley […] para justicia a todo aquel que cree" (Ro. 10:4).

Además, Jesús es la encarnación perfecta del carácter de Dios y de la imagen ideal de dependencia, de observancia de la ley, de sabiduría, de alabanza y de perseverancia. Pablo recalcó que en la ley tenemos "la forma de la ciencia y de la verdad" (Ro. 2:20) y que "la ley a la verdad es santa, y el mandamiento santo, justo y bueno" (7:12). Se puede afirmar lo mismo de Cristo, que permaneció sin pecado (2 Co. 5:21; He. 4:15; 1 P. 2:22; 1 Jn. 3:5) y "nos ha sido hecho por Dios sabiduría, justificación, santificación y redención" (1 Co. 1:30). Figuras como Moisés, David y Zacarías anticiparon la justicia exhibida en el evangelio (Ro. 1:16-17) y esta justicia se limita a la obediencia perfecta de Cristo que culmina en su muerte en la cruz (3:22-26; Fil. 2:8), por medio de la cual somos justificados por fe (Ro. 3:27-30; 5:1). Él es el "justo" que hace que "los muchos [sean] constituidos justos" (Is. 53:11; cp. Ro. 5:19) y por su justicia salvadora es llamado "Jehová, justicia nuestra" (Jer. 23:6; cp. 2 Co. 5:21). Jesús encarnó el retrato del adorador sufriente y del rey victorioso de los Salmos. Cumplió a la perfección los mandamientos de su Padre y permaneció en su amor (Jn. 15:10).

Como Verbo de Dios hecho carne, Jesús manifiesta en su persona la esencia de todo ideal ético alineado con la voluntad revelada de Jehová y esta perfección es entonces imputada a los creyentes (Ro. 5:18-19; 8:4; 2 Co. 5:21;

---

4. Algunos manuscritos traducen "el Señor" en lugar de Jesús y varias traducciones en español, como la RVR60, la NVI y la NBLA siguen esta tradición. Sin embargo, creo que interpretarlo aquí como "Jesús" cuenta con el respaldo más firme de una variedad de testigos tempranos, y las variantes se explican mejor como la lucha de los intérpretes con la noción de que Jesús actuara en la historia antes de su encarnación. Para una defensa de la traducción "Jesús", ver Philipp Bartholomä, "Did Jesus Save the People out of Egypt: A Reexamination of a Textual Problem in Jude 5", NovT 50 (2008): 143-58.

Fil. 3:9). Con cada ley y cada dicho sabio del AT, encontramos razones para magnificar la grandeza de Cristo a nuestro favor.

La teología bíblica nos ayuda a ver y celebrar a Cristo cuando usamos el Antiguo Testamento para instruir o guiar a otros en la ley del amor

Los autores del NT reconocieron que la ley del AT fue impuesta "hasta el tiempo de reformar las cosas" (He. 9:10) y que "la ley ha sido nuestro ayo, para llevarnos a Cristo […]. Pero venida la fe, ya no estamos bajo ayo" (Gá. 3:24-25). No obstante, Pablo no duda en afirmar que "toda la Escritura [que, en contexto, significaba principalmente el AT] es […] útil para enseñar, para redargüir, para corregir, para instruir en justicia" (2 Ti. 3:16). En este contexto, el apóstol pudo incluso encargarle a Timoteo: "Predica la palabra" (4:2) e instar a este pastor cristiano a ayudar a su gente a hallar esperanza en el evangelio, sobre todo en las Escrituras del AT (cp. Ro. 1:1-3). Para Pablo y los demás apóstoles, aunque la ley y los escritos sapienciales del pacto ya no tenían una autoridad directa en la vida cristiana, sí tenían una autoridad indirecta cuando se leían por medio de Cristo. Así pues, el apóstol podía decir sobre el AT a Timoteo: "Desde la niñez [como judío, ver Hch. 16:1 y 2 Ti. 1:5] has sabido las Sagradas Escrituras [es decir, el AT], las cuales te pueden hacer sabio para la salvación *por la fe que es en Cristo Jesús*" (2 Ti. 3:15). El AT sigue teniendo importancia para los cristianos, pero debemos abordarlo a través de la luz y la lente de Jesús. Su venida desbloquea la relevancia del texto del AT y, por medio de Él, ahora tenemos acceso a una cantidad enorme de Escrituras que pueden alentarnos con promesas (2 Co. 1:20; cp. 6:16–7:1) y que aclaran cómo amar a Dios y a nuestro prójimo (Ro. 16:25-26; 2 Co. 3:14).

Algunas de las promesas del AT que "son en [Cristo] Sí" (2 Co. 1:20) predecían cómo vivirían los creyentes del nuevo pacto y cómo pondrían por obra la ley de Dios cuando su corazón fuera circuncidado (Dt. 30:6, 8) y cuando Dios pusiera su Espíritu en su pueblo transformado (Ez. 36:27; Jer. 12:16). En ese día de restauración, todos los hijos de Dios "serán enseñados por Jehová" (Is. 54:13; cp. Jn. 6:44-45) y, al tener la ley escrita en su corazón, "todos [lo] conocerán [a Jehová], desde el más pequeño de ellos hasta el más grande" (Jer. 31:33-34; cp. 1 Jn. 2:20-21, 27).

Los que estamos en Cristo tenemos el poder para cumplir las "ordenanzas" de la ley, porque vivimos con un corazón circuncidado por el poder del Espíritu (Ro. 2:26, 29; cp. 2:14-15; ver Dt. 30:10; Ez. 36:27). Cuando amamos a nuestro prójimo, cumplimos la ley (Ro. 13:8-10; cp. Mt. 7:12; Gá. 6:2). Cristo es nuestro maestro (Is. 42:4; 51:4; Mt. 17:5; 28:20) y su forma de cumplir la ley nos aclara ahora lo que significa seguir a Dios (Mt. 5:17-19; cp. 1 Co. 9:21; Stg. 1:25; 2:8,

12). En Cristo encontramos un nuevo patrón de rendición y servicio (Fil. 2:5-7; He. 12:1-3; 1 P. 2:21; 1 Jn. 2:6) y, en Jesús, experimentamos el verdadero perdón (Ro. 3:23-26; 5:8-9, 18-19; 8:3-4; 2 Co. 5:21), que a su vez proporciona tanto el poder para obedecer (Ro. 1:16; 6:22; 8:13; 1 Co. 1:18; 15:10) como las promesas que motivan esta obediencia (2 Co. 1:20; 7:1; 2 P. 1:4; 1 Jn. 3:3; cp. Is. 41:10; Fil. 1:6; 1 Ts. 5:23-24; He. 13:20-21). Cuando usamos el AT para instruir o guiar a otros, tenemos la oportunidad de celebrar la obra santificadora del divino Hijo.

En resumen

La teología bíblica nos ayuda a ver y celebrar a Cristo en el AT en, al menos, siete formas. No todas operan a la vez, pero cada una de ellas provee a los lectores y a los maestros de las Escrituras nuevas vías para magnificar a Jesús. Ver y celebrar a Cristo en el AT al:

- interpretar las predicciones mesiánicas directas del AT;
- considerar la historia de la salvación y sus trayectorias en el Antiguo Testamento;
- reconocer las similitudes y los contrastes entre los siglos, creaciones y pactos antiguos y nuevos;
- identificar a los personajes, los acontecimientos y las instituciones u objetos del AT que aclaran y anticipan la persona y la obra de Cristo;
- revelar la identidad y la actividad de Jehová;
- observar cómo la ley del antiguo pacto caracteriza la naturaleza de la justicia y la sabiduría perfectas; y
- usar el AT para instruir o guiar a otros al experimentar el poder de amar y, así, cumplir la ley.

Preguntas para la reflexión

1. Cuando entendemos correctamente "las Escrituras", ¿qué mensaje debemos encontrar en el AT (Lc. 24:45-47; cp. Hch. 26:22-23)?
2. ¿Qué indicó Pablo que fue "prometido antes por sus profetas en las santas Escrituras" (Ro. 1:2)?
3. ¿Cuáles son algunas de las similitudes y contrastes que nos permiten ver y celebrar a Cristo en el AT?
4. ¿Por qué deberíamos ver y celebrar a Cristo cuando el AT revela el carácter y los hechos de Jehová?
5. ¿Cómo crees que considerar los ideales éticos del AT nos ayuda a ver y celebrar a Cristo?

¿Cómo progresan, se integran y culminan en Cristo el Antiguo y el Nuevo Testamento?

Oren R. Martin

Observe las palabras en cursiva en nuestra definición de la teología bíblica:

La teología bíblica es una forma de analizar y sintetizar la Biblia que establece conexiones orgánicas en la historia de la salvación con la totalidad del canon en sus propios términos, sobre todo con respecto a *cómo progresan, se integran y culminan en Cristo el Antiguo y el Nuevo Testamento*.[1]

El Santo ha venido entre nosotros proclamando su Palabra que vivifica. Antes de la caída, Dios habló a Adán y Eva y, de forma bastante literal, sus vidas dependías de que confiaran, o no, en su buena palabra. Y, después de la caída, su única esperanza era la promesa misericordiosa de que un día vendría un descendiente de la mujer y que triunfaría victorioso sobre la serpiente mentirosa (Gn. 3:15). Desde esa promesa, Dios ha seguido hablando y sosteniendo a su pueblo. En una reflexión sobre la larga y variada historia del pueblo de Dios, el autor de Hebreos escribe: "Dios, habiendo hablado muchas veces y de muchas maneras en otro tiempo a los padres por los profetas" (1:1). Ya fuera a Adán, Noé, Abraham, Moisés, Israel, David o los profetas, Dios les habló y autorizó que sus palabras se escribieran como testimonio a su pueblo, para que ellos pudieran conocerlo y caminar en sus caminos por amor a su nombre (Éx. 34:1, 27; Dt. 31:24-29; Is. 30:8; Jer. 30:1-2; Hab. 2:2). Y estas palabras han sustentado y dado esperanza al pueblo de Dios mientras esperan que cumpla sus promesas salvadoras.

Sin embargo, prosigue el autor de Hebreos, "en estos postreros días nos ha hablado por el Hijo" (1:2). Es decir, toda la revelación anterior apunta a algo (o, más bien, a *alguien*) más grande. El Dios que formó la creación con su palabra

---

1. Ver Andrew David Naselli, *How to Understand and Apply the New Testament: Twelve Steps from Exegesis to Theology* (Phillipsburg, NJ: P&R, 2017), cap. 9.

ha hablado de modo final definitivo en Jesucristo, el Verbo por excelencia. Aquel que es Dios, que estaba en el principio con Dios, ha venido de Dios para darlo a conocer (Jn. 1:1-18). Y, en cumplimiento de su testimonio en el AT, por su Espíritu de Verdad, Dios autorizó a los apóstoles y profetas para dar testimonio escrito sobre el profeta final, el Verbo, el Señor Jesucristo (Jn. 15:26-27). Por tanto, nuestra tarea (de hecho, nuestro privilegio que produce vida y gozo) consiste en creer y entender las riquezas de la Palabra de Dios tal como Él la ha dado a conocer a lo largo de la historia de sus propósitos salvadores y tal como ha guiado la historia hacia su objetivo. Así pues, esta empresa involucra, necesariamente, el análisis y la síntesis del Antiguo y el Nuevo Testamento, conforme progresan, se integran y alcanzan su meta en Cristo.

La teología bíblica debe ver las partes a la luz del conjunto

Pero ¿por qué *debemos* analizar y sintetizar el Antiguo y el Nuevo Testamento conforme progresan, se integran y culminan en Cristo? Tristemente, las Escrituras pueden ser examinadas y enseñadas como si se trataran de una colección diversa de historias inconexas. Es difícil ver cómo encajan las partes multifacéticas para formar un conjunto unificado. ¿Realmente es posible entender si las historias encajan y cómo lo hacen? Se puede entender y enseñar cada historia de manera independiente: Adán en el jardín, Noé en el arca, Abram camino a un destino desconocido, Moisés con el pueblo por el desierto hasta la tierra prometida, David en su lucha contra Goliat. No obstante, ver cómo contribuye cada parte y cómo encaja a la luz del conjunto resulta a veces desconcertante, incluso inalcanzable. Lo que necesitamos es una imagen que nos ayude a guiar al lector, historia tras historia, hacia el final. Ahora bien, ¿encajan las historias individuales para formar una gran historia? ¿Existe una imagen así? La respuesta no se halla meramente en un imagen, sino en una persona, Jesucristo.[2]

La persona y la obra de Jesucristo proporcionan la imagen y la meta, y cada parte de la historia bíblica hace también su aportación a la totalidad de los propósitos salvadores *en Él*. La epopeya redentora es, de hecho, *su* historia, e ignorarlo es no haber entendido nada de la narrativa fundamental (Jn. 5:37-40). La buena nueva de Jesucristo es que el Hijo eterno de Dios, la segunda persona de la deidad, que es verdadera y plenamente Dios, se hizo verdadera y plenamente hombre y, mediante su vida fiel, su sufrimiento, su muerte y su resurrección consiguió lo que nosotros no podíamos obtener por nosotros mismos: la salvación del dominio de la oscuridad para llevarnos a su reino bendito. Este mensaje del evangelio provee la luz de la revelación

---

2. Ver Pregunta 2.

que brilla con intensidad sobre los misterios que una vez estuvieron ocultos. La historia de Aquel que era y es la forma de Dios, que ha tomado forma de siervo, revela que las historias individuales encajan todas para componer una imagen gloriosa de por qué el Antiguo y el Nuevo Testamento progresan, se integran y culminan en Cristo. Por la iluminadora presencia de Dios Espíritu Santo (1 Co. 2:6-16), el lector debe trabajar para ver qué aporta cada parte al conjunto con el fin de entender realmente los ricos contornos vivificantes de la gran obra maestra, el glorioso evangelio del Dios bendito (1 Ti. 1:11).

Cómo puede la teología bíblica ver las partes a la luz del conjunto

Dada la naturaleza de las Escrituras, la teología bíblica debe analizar y sintetizar el Antiguo y el Nuevo Testamento a medida que alcanzan progresivamente su objetivo en Cristo. Las Escrituras son una unidad porque proceden del único Dios que se ha dado a conocer y que ha declarado el final desde el principio (Is. 46:10). De modo que hacer teología bíblica de la forma correcta no consiste meramente en estudiar las partes individuales, sino en ver cómo cada una de ellas encaja en el conjunto de los propósitos redentores de Dios en Cristo. Ya que el Antiguo y el Nuevo Testamento constituyen la totalidad de la Palabra autoritativa de Dios, se integran y son coherentes entre sí. Esta coherencia es evidente cuando estudiamos las partes a la luz del conjunto y este da sentido a las piezas individuales. Para analizar y sintetizar bien las Escrituras, debemos estudiarlas en contexto. Y debemos tener más de un contexto en mente para hacer justicia a todo lo que Dios ha revelado, de principio a fin. Cuando efectuamos esta tarea tanto con el Antiguo Testamento como con el Nuevo, es importante recordar el contexto inmediato, el contexto del pacto y el contexto canónico o cristológico.[3]

1. *El contexto inmediato*. Para empezar, debemos analizar el contexto inmediato a nivel gramático-histórico discerniendo elementos como el género y la gramática y haciendo observaciones del texto. Pregunta clave: ¿Qué pretendía comunicar el autor (humano) de *este pasaje específico*?

---

3. Richard Lints explica este proceso en lo que denomina los tres horizontes de la interpretación redentora: el horizonte *textual* (contexto inmediato a nivel gramático-histórico), el horizonte *histórico* (contexto del período específico de la revelación) y el horizonte canónico (contexto de la totalidad de la revelación). Richard Lints, *The Fabric of Theology: A Prolegomena to Evangelical Theology* (Grand Rapids: Eerdmans, 1993), 293-311. Para desarrollar estos tres niveles en funcionamiento dentro del contexto de la interpretación bíblica, ver Jason S. DeRouchie, *How to Understand and Apply the Old Testament: Twelve Steps from Exegesis to Theology* (Phillipsburg, NJ: P&R, 2017) y Naselli, *How to Understand and Apply the New Testament.*

2. *El contexto del pacto.* A continuación, debemos estudiar un pasaje en su contexto del pacto; es decir, cómo encaja en los propósitos soberanos y en desarrollo de Dios, quien "se había propuesto en sí mismo, de reunir todas las cosas en Cristo, en la dispensación del cumplimiento de los tiempos, así las que están en los cielos, como las que están en la tierra" (Ef. 1:9-10). Los pactos de Dios marcan cómo trata de manera personal con la humanidad y sus pactos culminan en el nuevo pacto en Cristo.[4] La revelación de Dios progresa porque sus propósitos redentores se desarrollan y se revelan a medida que guía a su pueblo a salir del pecado y de la idolatría y a entrar en su salvación en Jesucristo. La pregunta clave: ¿Cómo debemos entender un texto específico *a la luz de lo que Dios ya había revelado?* Por ejemplo, ¿cómo hace avanzar el pacto de Noé lo que Dios le prometió a Adán después de la caída o cómo hace progresar el pacto con Israel en el Sinaí lo que Dios le prometió a Abraham, o cómo el nuevo pacto en Jeremías 31 retoma y hace avanzar los pactos anteriores con Moisés y David?

3. *El contexto canónico.* Finalmente, los intérpretes sintetizan el mensaje de la Biblia cuando entienden un pasaje en su contexto final, todo el canon de las Escrituras inspirado por Dios, que se cumple en la llegada tan esperada de la persona y la obra de Cristo (Gá. 4:4). Pregunta clave: ¿Cómo debemos entender un pasaje *a la luz de todas las Escrituras, en relación con la persona y la obra de Cristo?* El proceso de analizar y sintetizar cómo progresan, se integran y culminan en Cristo el Antiguo y el Nuevo Testamento está incompleto hasta que estudiamos cada pasaje en su contexto final, el canon de las Escrituras, donde Dios desvela el significado final de su Palabra.

Las Escrituras declaran, pues, que Dios cumple todos sus propósitos salvadores y sus promesas en Cristo, lo que significa que la tarea de la interpretación bíblica está incompleta hasta que considera todas las partes a la luz de Él. Por ejemplo, la persona misma y la obra de Jesús proveen a sus discípulos la clave interpretativa para entender el AT en relación con Cristo (Lc. 24:27, 44) y, si sus oponentes hubieran comprendido las palabras de Moisés de la forma correcta, habrían creído en Jesús, porque Moisés escribió de Él (Jn. 5:46; cp. Dt. 18:15-22; Hch. 4:17-26). En otras palabras, de haber conocido ellos de verdad la Palabra de Dios, habrían visto *en Cristo* que Dios cumple sus promesas. De hecho, todas ellas son Sí *en Él* (2 Co. 1:20). Por ejemplo, Jesucristo es la revelación final

---

4. Ver Preguntas 6 y 22.

de Dios (Jn. 1:14; He. 1:1-2), el segundo y último Adán (Ro. 5:12-21; 1 Co. 15:45) y la simiente de Abraham (Mt. 1:1; Gá. 3:16). Él es el Hijo verdadero y obediente (Mt. 2:15; 3:17; cp. Éx. 4:22; Sal. 89:27[28]) que logra un mejor éxodo de un enemigo mayor (Col. 1:12-13); el verdadero templo por medio del cual tenemos acceso a Dios (Jn. 1:14; 2:18-22); la vid vivificadora que lleva fruto (Jn. 15:1-11; cp. Is. 5; Os. 9:10); y el gran sumo sacerdote y sacrificio de un mejor pacto (He. 7–8). Él es el Hijo y Rey supremo de David (Mt. 1:1; 22:41-46; Ro. 1:2-3); el Pastor verdadero (Jn. 10; Ez. 34; Sal. 23); el mejor Salomón en quien están escondidos todos los tesoros de la sabiduría y del conocimiento (Mt. 12:42; Col. 2:3); y el gran "YO SOY" preexistente a Abraham (Jn. 8:58; cp. Éx. 3:14). Finalmente, Él es el Señor y Cristo que obtiene el nuevo cielo y la nueva tierra, descrito con brillantez en un complejo imaginario en el AT como el nuevo Edén paradisíaco, la nueva Jerusalén y el templo cosmológico; es decir, en el apogeo de los pactos, lleno de la presencia de Dios (Ap. 21–22; Is. 65:17; 66:22; Ez. 40–48). Por tanto, en esta luz cristológica, debemos prestar cuidadosa atención a todos los textos bíblicos e interpretarlos de la forma correcta dentro de sus contextos respectivos: inmediato, del pacto y canónico. Solo entonces podemos alcanzar conclusiones bíblicas y teológicas a la luz final de la persona y la obra de Cristo.

Esta estructura presupone que las Escrituras constituyen un texto unificado con una historia en desarrollo que se dirige hacia una meta señalada para cumplir los propósitos salvadores en Jesús. Dicho de otro modo, Dios no solo revela su palabra progresivamente, a través de la historia, sino que también la guía hacia su final señalado: el Señor Jesucristo. Michael Horton está en lo cierto cuando afirma que, al leer las Escrituras, "la escatología debe ser una lente y no tan solo una meta".[5] Es decir, la escatología, el estudio de las cosas postreras, no entra al final de la teología, sino al principio, porque el comienzo anticipa el final mientras aguardamos la solución divina al problema del pecado: la simiente de la mujer que aplasta a la serpiente. De ahí que, toda la Biblia sea escatológica, ya que se centra y culmina en la llegada del Rey, el Señor Jesucristo, quien abre paso al reino de Dios y cumple lo que este pretendía para la humanidad y el mundo. Sin embargo, el final no es tan solo un regreso al principio, porque el último Adán deshace los desastrosos efectos del primero y, mediante su vida, su muerte, su resurrección y su ascensión, marca el inicio de la nueva creación donde ya no habrá pecado ni muerte.

Si interpretamos las Escrituras de un modo que no conduce a Cristo, habremos errado el blanco de la revelación de Dios y no la habremos recibido

---

5. Michael S. Horton, *Covenant and Eschatology: The Divine Drama* (Louisville: Westminster John Knox, 2002), 5.

como Jesús mismo enseñó a sus discípulos a hacerlo. Esto no significa que todo pasaje de las Escrituras lleve a Cristo del mismo modo preciso, pero sí que cada una de las porciones bíblicas conducen a Él de alguna manera; esto lo descubrimos analizando y sintetizando cada pasaje a la luz de Él.

En resumen

De principio a fin, la Biblia es un solo libro con una sola historia que culmina en Jesucristo, quien introduce el reino de Dios. Ya que las Escrituras son un relato unificado y coherente, podemos (de hecho, debemos) leer cada parte a la luz del conjunto. Debemos aprender a analizar y a sintetizar la manera en que el Antiguo y el Nuevo Testamento progresan, se integran y culminan en Cristo, en quien todas las promesas de Dios son Sí (2 Co. 1:20).

Preguntas para la reflexión

1. ¿Cómo cumple Jesucristo todas las promesas salvadoras de Dios?
2. ¿En qué consiste el proceso de analizar y sintetizar las Escrituras (ver, por ejemplo, Gn. 12:1-3 y Gá. 3:8, 14, 16)?
3. Al analizar y sintetizar las Escrituras, ¿qué se pierde al enfocarse en un contexto y excluir otro u otros?
4. ¿Cómo se relacionan algunas de tus historias favoritas en las Escrituras con la persona y la obra de Jesucristo?
5. ¿Cómo debe la verdad de que Dios cumple sus promesas salvadoras en Cristo fortalecer la confianza en Dios?

¿Cómo debe rastrear la teología bíblica la progresión de un tema en la historia de la salvación?

Andrew David Naselli

Rastrear la progresión de un tema desde Génesis hasta Apocalipsis es una de las maneras de hacer teología bíblica.[1] Son dos los pasos básicos a seguir:

1. Localice todos los pasajes bíblicos más relevantes para un tema.
2. Rastree cómo se desarrolla un tema en los puntos de inflexión de la trama bíblica.

A continuación, explicaremos estos dos pasos y los ilustraremos con el tema del trabajo.[2]

Localice todos los pasajes bíblicos más relevantes para un tema

Rastrear un tema a lo largo de la trama de la Biblia exige encontrar todos los pasajes bíblicos relevantes. El primer paso para ello es hallar cada palabra relacionada con dicho tema y, a continuación, examinar cada porción que incluye dichos términos.[3]

Para hacer esto con el concepto de *trabajo,* uno de los lugares más eficientes para empezar es haciendo una búsqueda del término "trabajo" en dos de las guías del Software Bíblico Logos: (1) La guía de Estudio de palabra bíblica arroja cada palabra hebrea y griega que se traduce *trabajo* y (2) la guía Explorador de temas enlaza dos artículos relevantes sobre el trabajo en su biblioteca (p. ej.: en diccionarios, enciclopedias y artículos de revistas).

Pero uno debe guardarse de la falacia de la palabra-concepto. Es decir, tener cuidado de no sacar inferencias incorrectas con base en los datos reco-

---

1. Ver Pregunta 1.
2. Ver también Andrew David Naselli, *How to Understand and Apply the New Testament: Twelve Steps from Exegesis to Theology* (Phillipsburg, NJ: P&R, 2017), 254-57, 325-27.
3. Respecto al estudio de palabras, ver Jason S. DeRouchie, *How to Understand and Apply the Old Testament: Twelve Steps from Exegesis to Theology* (Phillipsburg, NJ: P&R, 2017), 269-96; Naselli, *Understand and Apply the New Testament,* 206-29.

pilados sobre la aparición de palabras específicas. Ya que un concepto puede estar presente en un pasaje, aunque las palabras clave para ese pasaje no aparezcan, es posible que no haya ubicado todos los pasajes relevantes. Encontrar todos los pasajes donde se usan los términos para un tema es necesario para descubrir los pasajes relevantes, pero no es suficiente porque, en ocasiones, un texto puede tratar un tema sin utilizar una palabra estrechamente asociada con él. Por ejemplo, el *concepto* de trabajo podría estar presente, aunque no aparezca un *término* concreto para ello.

Rastree cómo se desarrolla un tema en los puntos de inflexión de la trama bíblica

Los cuatro puntos de inflexión importantes en la trama de la Biblia son la creación, la caída, la redención y la consumación. Podría incluir más dependiendo del tema y de lo detallado que quiera ser.

Cuando entienda el trabajo a la luz de la trama de la Biblia, podrá explicar por qué algunas opiniones populares sobre este concepto son poco bíblicas:

1. El trabajo es terrible.
2. El trabajo no tiene sentido.
3. El trabajo lo es todo.
4. Trabajo es dinero.
5. El trabajo "secular" es inferior al ministerio cristiano de tiempo completo.

Entender lo que la Biblia enseña sobre el trabajo puede cambiar de un modo extraordinario la perspectiva que usted tiene al respecto. Por ejemplo, da sentido a lo que usted podría haber considerado como trabajo inútil. Para comprender lo que la Biblia enseña sobre el trabajo, debemos conocer cómo encaja en los cuatro grandes puntos de inflexión de la trama de la Biblia: la creación, la caída, la redención y la consumación.

¿Cómo empieza un tema en la trama de la Biblia (Punto de inflexión: La creación)

Un tema importante para toda la Biblia suele iniciar en Génesis 1–2. Consideremos el tema del trabajo en la creación.

El trabajo no es malo en sí mismo ni está conectado a cosas malas; es inherentemente bueno. Dios mismo trabaja y Adán y Eva trabajaban antes de pecar. Leland Ryken indica: "En la Biblia, el trabajo empieza con la obra de creación de Dios. Obviamente, esto no fue una tarea ardua para Él. Es más parecido a un juego o a la exuberancia del artista creativo. Es algo gozoso y lleno de energía".[4]

Dios creó el mundo en seis días y descansó el séptimo (Gn. 2:2). No reposó porque estuviera agotado, sino para establecer una pauta para los seres humanos, a quienes había creado el sexto día.

Génesis 1:26-28 proporciona lo que los teólogos denominan el *mandato de la creación* o *mandato cultural*:

> Entonces dijo Dios: Hagamos al hombre a nuestra imagen, conforme a nuestra semejanza; y señoree en los peces del mar, en las aves de los cielos, en las bestias, en toda la tierra, y en todo animal que se arrastra sobre la tierra. Y creó Dios al hombre a su imagen, a imagen de Dios lo creó; varón y hembra los creó. Y los bendijo Dios, y les dijo: Fructificad y multiplicaos; llenad la tierra, y sojuzgadla, y señoread en los peces del mar, en las aves de los cielos, y en todas las bestias que se mueven sobre la tierra.

Al crearnos Dios a su propia imagen, tenemos la responsabilidad de sustentar y cultivar la tierra de Dios. Esa es nuestra tarea. Esa es nuestra vocación. Nuestro trabajo es importante para Dios.[5]

Dios le dio a Adán instrucciones específicas: "Tomó, pues, Jehová Dios al hombre, y lo puso en el huerto de Edén, para que lo labrara y lo guardase" (Gn. 2:15). Por tanto, antes de que el pecado entrara siquiera al mundo, los seres humanos trabajaban. Adán puso nombre a todos los animales y, a con-

---

4. Leland Ryken, *Redeeming the Time: A Christian Approach to Work and Leisure* (Grand Rapids: Baker, 1995), 120.

5. Nota de Jason DeRouchie: Históricamente, la iglesia ha tratado con frecuencia el mandato cultural de Génesis 1:26-28 como una directriz general para toda la humanidad. Aunque coincido en esto en cierta medida, creo que solo los seres humanos que disfrutan de la bendición de Dios (y no de la maldición) pueden en realidad cumplir aquello a lo que Dios nos llama porque, en el texto, el encargo constituye en realidad la bendición de Dios y no una frase secundaria. Es decir, el objetivo establecido por Dios era que los seres humanos no se limitaran a llenar, sustentar y cultivar la tierra, sino que lo hicieran de un modo que reflejara, se pareciera y representara a Dios en la tierra. El propósito de ser portadores de su imagen consiste en magnificar a Aquel de quienes son imagen. Por ejemplo, la Torre de Babel y la dispersión resultante *no* cumple de forma automática el mandato cultural original. Más bien, solo se cumple cuando hay vidas rendidas que manifiestan la santidad de Dios, un rasgo que se capta de la manera más suprema en la vida de Cristo (2 Co. 4:4, 6; He. 1:3; Ap. 21:23) y se consumará cuando la gloria de Dios llene la tierra como las aguas cubren el mar (Hab. 2:14; cp. Nm. 14:21; Sal. 67:1-7[2-8]; Is. 11:9). Para más sobre esta tesis, ver Carol M. Kaminski, *From Noah to Israel: Realization of the Primaeval Blessing after the Flood*, JSOTSup 413 (Nueva York: T&T Clark, 2004); cp. G. K. Beale, *The Temple and Church's Mission: A Biblical Theology of the Dwelling Place of God*, NSBT 17 (Downers Grove, IL: InterVarsity, 2004); Jason S. DeRouchie, "The Blessing-Commission, the Promised Offspring, and the *Toledoth* Structure of Genesis", *JETS* 56, núm. 2 (junio de 2013): 227-28.

tinuación, empezó a cultivar el huerto de Edén. El trabajo era algo hermoso. Adán no lo odiaba. Era gozo puro. Era un deleite. Y no involucraba dificultad ni sudor extenuante.

En este punto de la trama de la Biblia, el trabajo no era una faena dura. El cambio se produjo después de la caída.

¿Cómo se desarrolla un tema hasta Cristo? (Punto de inflexión: La caída)

El punto de inflexión de la caída en Génesis 3 es relevante para un tema que abarca toda la Biblia. Consideremos ahora cómo se desarrolla el tema del trabajo en este punto de inflexión: El trabajo bajo la maldición.

Adán y Eva pecaron, y la naturaleza del trabajo se modificó para los seres humanos.

> Y al hombre dijo: Por cuanto obedeciste a la voz de tu mujer, y comiste del árbol de que te mandé diciendo: No comerás de él; maldita será la tierra por tu causa; con dolor comerás de ella todos los días de tu vida. Espinos y cardos te producirá, y comerás plantas del campo. Con el sudor de tu rostro comerás el pan hasta que vuelvas a la tierra, porque de ella fuiste tomado; pues polvo eres, y al polvo volverás (Gn. 3:17-19).

De modo que ahora, el trabajo de los seres humanos es más duro por causa de, al menos, cinco razones.

1. *El pecado*. Los seres humanos son pecadores. Esto mancha toda nuestra perspectiva respecto al trabajo. Y ahora podemos hacer un mal uso de él siendo perezosos, trabajando demasiado y siendo codiciosos, deshonestos y poco honorables.[6] A veces, la peor parte de trabajar no es *lo que* hacemos, sino *con quién* tenemos que hacerlo: otros pecadores que pueden ser molestos y crueles.

2. *La maldición*. La creación misma está maldita como resultado de la caída del ser humano (ver Ro. 8:19-22). Por ejemplo, la tierra está maldita y ahora tiene espinos y abrojos. Los desastres naturales como sunamis, terremotos y hambrunas acaban por entrar en escena.

3. *El dolor*. El trabajo es doloroso. Ahora requiere mayor esfuerzo. Implica sudor. Es arduo. En el principio no era así.

4. *La muerte*. Hasta este momento, los seres humanos no podían morir. Ahora, el trabajo es más estresante y desafiante, ya que otros mueren y sabemos que nosotros también moriremos algún día.

---

6. Ryken, *Redeeming the Time*, 131.

5. *La separación*. Los seres humanos están ahora separados de Dios como no lo estaban antes de la caída. Adán y Eva disfrutaban de una comunión íntima con Dios en sus vocaciones, pero fueron expulsados del huerto de Edén después de su caída. Desde entonces, los seres humanos se han relacionado con Dios de una forma distinta.

El trabajo mismo no es malo y sigue teniendo muchos aspectos positivos. Por ejemplo, tiene un cierto grado de disfrute y provee para las necesidades y las carencias humanas. Pero no es lo que fue una vez. No es como debía ser. El trabajo es molestia (Ec. 2:23; cp. 3:9; 4:4). Como escribe John C. Laansma, "Incluso en su mejor momento, el trabajo es agridulce".[7]

¿Cómo culmina un tema en Cristo en la trama de la Biblia? (Punto de inflexión: La redención)

Todo tema relevante para la totalidad de la Biblia culmina en la persona y la obra de Jesús el Mesías.[8] Consideremos el tema del trabajo en Cristo.

Después que Dios le ha dado vida juntamente con Cristo (Ef. 2:5), usted debería tener una perspectiva radicalmente distinta sobre el trabajo. Usted sigue estando bajo la maldición, pero también está bajo Cristo. Kent Hughes explica: "Dios no elimina la maldición; es una tarea dolorosa y sudorosa, pero Él sustituye el sinsentido".[9] El trabajo ya no es horrible, sin sentido, lo máximo o tan solo un medio de ganar dinero. El trabajo es noble. El trabajo es servicio. El trabajo es un llamado.

Lo que atribuye más dignidad al trabajo bajo la maldición es que Jesús mismo trabajó. Fue un humilde carpintero, albañil o herrero la mayor parte de su vida. Y, después, trabajó en su ministerio terrenal que lo llevó a la cruz:

- "Mi comida es que haga la voluntad del que me envió, y que acabe su obra" Jn. 4:34);
- "Mi Padre hasta ahora trabaja, y yo trabajo" (Jn. 5:17);
- "Me es necesario hacer las obras del que me envió, entre tanto que el día dura; la noche viene, cuando nadie puede trabajar" (Jn. 9:4).

Ahora pues, ¿cómo debería usted trabajar bajo Cristo? Existen al menos cinco formas.

---

7. John C. Laansma, "Rest", en *New Dictionary of Biblical Theology,* eds. T. Desmond Alexander y Brian S. Rosner (Downers Grove, IL: InterVarsity, 2000), 728.
8. Ver Preguntas 4 y 8.
9. R. Kent Hughes, *Disciplines of a Godly Man,* 2.ª ed. (Wheaton, IL: Crossway, 2001), 150.

1. *Trabaje de corazón, sirviendo de buena voluntad, como al Señor y no a los hombres* (Ef. 6:5-8; Col. 3:17, 22-24). La expresión clave es "al Señor" o "para el Señor". Fundamentalmente, usted trabaja para el Señor, no para usted mismo, para su familia, su empresa, sus jefes ni sus compañeros. Usted trabaja para Dios. Esto es característico del trabajo cristiano.

   Y, cuando usted trabaja para el Señor, su labor es de corazón y de buena voluntad. Es enérgica y valiosa. Es entusiasta. Se hace de todo corazón porque va dirigida en primer lugar a Dios y no a los seres humanos. A Dios le importan sus motivos para trabajar. El trabajo que usted realiza y que nadie más ve merece la pena efectuarse bien porque, en última instancia, lo está haciendo para Dios.

2. *Esfuércese. No sea perezoso.* Es posible sentir la tentación de holgazanear, de aburrirse, de tomar atajos, de ser perezoso. ¿Qué piensa Dios de quienes trabajan duro y de los perezosos? Lea algunos dichos breves y concisos de Proverbios.[10]

   Usted debe esforzarse y no ser perezoso, pero también debe cuidar de no caer en el otro extremo.

3. *Esfuércese, pero no trabaje en demasía.* Los adictos al trabajo tienen el deseo compulsivo y extremo de trabajar. Personas de ambos sexos y de toda ocupación pueden ser adictos al trabajo. Los adictos al trabajo piensan en este incluso cuando no están ejerciéndolo. Son intensos, enérgicos, competitivos y motivados. Prefieren el trabajo al ocio y temen fracasar, aburrirse o ser perezosos. Son incapaces de establecer límites a su trabajo o a decir "no". No delegan bien y exigen mucho, tanto de sí mismos como de los demás. Se esfuerzan durante demasiadas horas y, a veces, siete días a la semana. No siguen el patrón rutinario de Dios de seis días de trabajo y uno de descanso y no reconocen que Aquel que nunca se adormece (Sal. 121:4) "a su amado dará [...] el sueño" (127:2) como don que nutre la fe.

4. *Trabaje con astucia, pero no de forma deshonesta.* En la parábola del mayordomo infiel (Lc. 16:1-13), Jesús no elogia la deshonestidad del administrador, sino su astucia, su ingenio y su creatividad. Dios es creativo y laborioso, y debemos imitarlo.

   Sin embargo, en nuestro impulso por trabajar con astucia, no debemos ser deshonestos, tal como lo aclara Pablo en Efesios 6:5-9 y Colosenses 3:22–4:1. En estos pasajes, Pablo se dirige a los "amos". Los

---

10. Al menos catorce pasajes de Proverbios tratan de forma específica el esforzarse y no ser perezoso: Pr. 6:6-11; 10:4-5; 12:11, 14, 24; 13:4; 14:23; 19:15; 20:4, 13; 21:25; 22:29; 26:13-16; 28:19.

empleadores y gerentes deben tratar a sus empleados o a los que están bajo su mando con justicia, porque tendrán que rendir cuentas a su Amo en el cielo.

5. *Sea ambicioso, pero no codicioso.* Los diccionarios definen la *ambición* como un fuerte deseo de hacer o de lograr algo, en especial el deseo de éxito, riquezas o fama. La *codicia* es un deseo intenso y egoísta de riquezas, poder o alimento. Como lo expresa Tim Keller, "La codicia no es solo el amor al dinero, sino la preocupación excesiva por él ".[11] La ambición puede convertirse enseguida en codicia, pero no necesariamente es mala. No obstante, la codicia sí es incorrecta.

¿Cómo culmina un tema en Cristo al final de la trama de la Biblia? (Punto de inflexión: La consumación)

Todo tema relevante para la totalidad de la Biblia no solo culmina en la persona y la obra de Jesús el Mesías, sino que también tiene su apogeo en Él cuando regrese para derrotar por completo a sus enemigos y rescatar a su pueblo.

¿Qué sucederá con el trabajo tras el retorno de Cristo? ¿Trabajaremos en el nuevo cielo y la nueva tierra? ¿O será el trabajo algo del pasado? Recuerde: Dios trabaja; Adán y Eva trabajaron antes de la caída; Jesús trabaja; los ángeles trabajan. ¿Por qué no deberíamos trabajar nosotros también?

La Biblia enseña que trabajaremos para siempre. Los paralelos entre Génesis 1–3 y Apocalipsis 21–22 son extraordinarios.[12] Uno de ellos es que los seres humanos sean virreyes y tendrán dominio dado por Dios. "Sus siervos le servirán [λατρεύω, *latreúo*]" (Ap. 22:3) y reinarán por siempre (Ap. 22:5). Esto implica que estaremos trabajando. Además, los pasajes que distinguen distintos niveles de servicio futuro dan a entender que el pueblo de Dios trabajará. Por ejemplo, en la parábola de las diez minas (Lc. 19:11-27), el amo da autoridad a los dos siervos fieles sobre diez y cinco ciudades. Esto implica trabajo.

De manera que estaremos trabajando para siempre. Sin embargo, para que no se disipe su entusiasmo por el nuevo cielo y la nueva tierra, recuerde que, cuando Dios haya consumado su plan salvador por medio de Jesús, revertirá los efectos de la caída. Dios revertirá todo lo que convierte el trabajo en algo desagradable:

---

11. Timothy Keller, *Dioses que fallan: Las promesas vacías del dinero, el sexo y el poder, y la única esperanza verdadera* (Barcelona: Andamio, 2015), edición electrónica, s.p.
12. Ver Pregunta 35.

- *El pecado.* No seremos pecadores. Nuestra perspectiva hacia el trabajo cambiará.
- *La maldición.* La creación misma ya no estará maldita.
- *El dolor.* El trabajo no será doloroso. No implicará más sudor. No será una tarea ardua.
- *La muerte.* No moriremos de nuevo. El trabajo no será estresante tal como lo conocemos.
- *La separación.* No estaremos separados de Dios. Disfrutaremos del tipo de comunión íntima con Dios, que Adán y Eva tenían originalmente.

Considerar el trabajo desde la perspectiva de la teología bíblica nos ayuda a pensar correctamente sobre cómo debemos ver y desempeñar el trabajo ahora.

En resumen

La teología bíblica rastrea la progresión de un tema en la historia de la salvación en dos pasos básicos. Primero, localice todos los pasajes de la Biblia más relevantes para un tema. Segundo, rastree el desarrollo de un tema en los puntos de inflexión de la trama bíblica, sobre todo los de la creación, la caída, la redención y la consumación.

Preguntas para la reflexión

1. ¿Por qué debería usted tener cuidado con la falacia de la palabra-concepto?
2. ¿Cuáles son los cuatro grandes puntos de inflexión en la trama de la Biblia?
3. ¿Qué tema le gustaría rastrear desde Génesis hasta Apocalipsis?
4. ¿Cómo rastrearía ese tema desde Génesis hasta Apocalipsis?
5. ¿Cómo le ayuda este rastreo de la progresión del tema del trabajo en la historia de la salvación a considerar el trabajo y desempeñarlo ahora?

¿Cómo debemos considerar la continuidad y la discontinuidad entre los pactos?

Oren R. Martin

Afirmar que los pactos son importantes a lo largo de las Escrituras es quedarse corto.[1] La mayoría de los cristianos reconocen su lugar relevante en la historia de la redención.[2] Por ejemplo, los pactos jugaron papeles importantes en los debates de la iglesia primitiva respecto a las relaciones entre los judíos y los gentiles (p. ej.: Mt. 22:1-14; Hch. 10–11; Ef. 2:11-22), la aplicación errónea que los judaizantes hacían de los pactos (Gá. 2–4), el nombramiento del concilio de Jerusalén (Hch. 15), los fuertes y los débiles (Ro. 14–15) y la relación de los cristianos con la ley mosaica (Ro. 4; Gá. 3–4). Todos estos debates giraban en torno a la relación entre los pactos.

Afirmar que el pacto es *el* centro de las Escrituras podría ser una exageración,[3] pero desde luego sí ocupa un lugar central en los propósitos redentores de Dios, porque participa de un conjunto de conexiones con otros temas importantes (p. ej.: Dios, el reino, el pueblo, la tierra). De manera más específica, los pactos sirven como la espina dorsal y los medios con los cuales Dios guía sus propósitos salvadores hacia su meta: unir todas las cosas en Cristo (Ef. 1:9-10). Sin embargo, la cuestión clave es *cómo* debe considerar la teología bíblica la continuidad y la discontinuidad entre los pactos; esto ha sido objeto de gran debate.

Este capítulo explora, en tres pasos, cómo entiende la teología bíblica la continuidad y la discontinuidad entre los pactos. Primero, definimos *pacto*. Segundo, exploramos las cuestiones de la continuidad y la discontinuidad en la teología del pacto y el dispensacionalismo. Finalmente, presentaremos una posición media entre la teología del pacto y el dispensacionalismo.

---

1. Aunque existe una variación menor en los números, el análisis que Peter Gentry hace del pacto enumera 288 ejemplos. Ver Peter J. Gentry y Stephen J. Wellum, *Kingdom through Covenant: A Biblical-Theological Understanding of the Covenants*, 2.ª ed. (Wheaton, IL: Crossway, 2018), 841.
2. Ver Preguntas 18 y 19.
3. Ver Pregunta 15.

Definición de pacto

En términos prácticos, el pacto puede definirse como una relación iniciada entre dos partes (como mínimo) que implica obligaciones mutuas entre ambas. Aunque las Escrituras recogen varios pactos entre los seres humanos (p. ej.: Abraham y Abimelec en Gn. 21:27, Jacob y Labán en Gn. 31:44, David y Jonatán en 1 S. 18:3), los más importantes para la trama bíblica son los establecidos entre Dios y las personas. El pacto es crucial para definir la relación entre el Creador y la criatura.

Las Escrituras presentan numerosos pactos en momentos cruciales a lo largo de la historia de la salvación que sirven para (re)establecer la comunión de Dios con la humanidad, revertir las maldiciones del Edén y, poco a poco, establecer y expandir el reino de Dios en la tierra. Cada pacto sirve, de manera progresiva, como el medio de Dios para alcanzar su fin ordenado: un reino consumado. La tabla a continuación enumera los pactos principales:[4]

Pacto	Pasajes principales
El pacto adámico-noético	Génesis 1–3, 6–9
El pacto abrahámico	Génesis 12, 15, 17, 22
El pacto mosaico	Éxodo 19–24; Deuteronomio
El pacto davídico	2 Samuel 7; Salmos 89
El nuevo pacto	Jeremías 31–34; Isaías 54; Ezequiel 34–39

Problemas en la continuidad y la discontinuidad de los pactos

Aunque los pactos desempeñaron una función clave en la iglesia primitiva en las relaciones entre judíos y gentiles, hoy, sobre todo en la teología evangélica, estos debates tienen lugar en su mayoría entre dos sistemas teológicos prevalecientes, la teología del pacto y el dispensacionalismo.[5] Aunque es más exacto hablar de *teologías* del pacto y de *teologías* dispensacionales,[6] una forma de representar en un diagrama las diferencias consiste en colocarlas en un espectro que mida su continuidad y discontinuidad.[7]

---

4. Para un gráfico similar, ver Gentry y Wellum, *God's Kingdom through God's Covenants: A Concise Biblical Theology* (Wheaton, IL: Crossway, 2015), 50-51.

5. Ver Preguntas 17 y 18.

6. Ver Preguntas 17, 18 y 19.

7. Adaptado de Jason C. Meyer, "The Mosaic Law, Theological Systems, and the Glory of Christ", en *Progressive Covenantalism: Charging a Course between Dispensational and Covenant Theologies,* eds. Stephen J. Wellum y Brent E. Parker (Nashville: B&H, 2016), 71.

Camino de continuidad y discontinuidad

◄——— **Continuidad**   **Discontinuidad**   ———►

| Teonomía | Teología del pacto | Formas de dispensacionalismo |
| | | Progresivo-Revisado-Clásico |

Aunque estos sistemas teológicos concuerden en los puntos más importantes de la fe cristiana (p. ej.: la Trinidad, la exclusividad de la persona y la obra de Cristo, las *solas* de la Reforma, el evangelio, la veracidad total de las Escrituras, el regreso de Cristo), las tres cuestiones siguientes aclaran las formas en que difieren.

La naturaleza del pacto abrahámico

Por un lado, la teología dispensacional apela a la naturaleza incondicional del pacto abrahámico que ha de cumplirse en un Israel étnico, nacional en la futura era milenaria. Independientemente de cómo describe el NT a la iglesia multiétnica *en Cristo* (p. ej.: escogidos, sacerdotes reales, templo) o cómo hereda la iglesia las promesas del AT (incluida la promesa de la tierra que se cumple en la nueva creación), el dispensacionalismo argumenta que precisamente por la naturaleza incondicional del pacto abrahámico, Dios *debe* cumplir sus promesas al Israel étnico, nacional, en el futuro. La teología del pacto (TP) está en desacuerdo con el dispensacionalismo al apuntar hacia las diversas maneras en que el NT cumple el AT y argumenta que *por medio de Cristo,* la iglesia (formada tanto de judíos como de gentiles) cumple la identidad y el propósito de Israel como pueblo de Dios y que, como resultado, hereda cada promesa, incluida la de la tierra que llega a su final en los nuevos cielos y la nueva tierra.[8]

De manera similar, aunque en un punto distinto al dispensacionalismo, la TP apela al pacto abrahámico, en especial al principio genealógico ("a ti y a tu descendencia") para sostener que, así como Israel recibió la señal de la circuncisión del antiguo pacto y era una comunidad mixta, compuesta tanto del remanente como de los rebeldes, la iglesia del nuevo pacto (incluidos los bebés) recibe la señal del bautismo y es una comunidad mixta, formada tanto de creyentes como de incrédulos. Así pues, tal como el dispensacionalismo, la TP argumenta que, con base en la continuidad y la naturaleza incondicional del pacto abrahámico, la iglesia del nuevo pacto está formada por todos los que reciben la señal del pacto, sean bebés o nuevos creyentes. Ellos mantienen esta opinión sin importar que el NT ni ordena ni da ejemplos del bautismo

---

8. Ver Pregunta 29.

de bebés. No obstante, ambos apelan en distintos puntos a la naturaleza del pacto abrahámico.

La relación de la ley mosaica con los cristianos

Tanto la teonomía como la teología del pacto enfatizan la división tripartita de la ley: moral, civil y ceremonial.[9] La teonomía muestra la mayor continuidad y argumenta que las leyes morales y civiles siguen siendo autoritativas hoy, mientras que las leyes ceremoniales no lo son a causa de la expiación sacrificial de Cristo.[10] Si nos movemos a la derecha, hacia más discontinuidad, la teología del pacto argumenta que las leyes civiles y ceremoniales han sido abolidas, pero que la ley moral sigue siendo autoritativa. Al contrario que la teonomía y la teología del pacto, el dispensacionalismo en sus diversas formas argumenta que la ley mosaica ha llegado a su fin y que los cristianos están bajo la ley de Cristo, no la de Moisés. Esta derogación no significa, sin embargo, que la ley sea inútil, sino más bien que sigue aplicándose cuando Cristo y el NT las repite (p. ej.: nueve de los Diez Mandamientos, excluido el *sabbat*).

La relación entre Israel y la iglesia

Por una parte, a causa de un pacto de gracia administrado a través de diferentes pactos, el de la teología argumenta que la naturaleza de la iglesia es básicamente la misma que la de Israel (continuidad): una relación de extensión, sustitución o cumplimiento.[11] En otras palabras, aunque Romanos 9–11 enseña una restauración futura para el Israel étnico (pero no nacional), que algunos sostienen en la teología del pacto, todas las promesas y bendiciones de Israel en el AT se trasladan a la iglesia. Por otra parte, el principio necesario del

---

9. Sencillamente, la teonomía argumenta que la ley moral y civil que Dios dio a Israel en el AT debería ser la ley en todas las naciones de hoy. Para una crítica de la teonomía, ver Thomas R. Schreiner, *40 Questions About Christians and Biblical Law,* 40 Questions Series, ed. Benjamin L. Merkle (Grand Rapids, Kregel, 2010), Pregunta 39.

10. Respecto a la ley moral, civil y ceremonial, Francis Turretin escribe: "La ley dada por Moisés suele distinguirse en tres especies: moral (que trata la moralidad o los deberes perpetuos para con Dios y nuestro prójimo); ceremonial (de las ceremonias o ritos relacionados con las cosas sagradas que se han de observar bajo el Antiguo Testamento); y civil, que constituye el gobierno civil del pueblo israelita. Francis Turretin, *Institutes of Elenctic Theology,* ed. J. T. Dennison Jr., trad. G. M. Giger (Phillipsburg, NJ: P&R, 1994), 2:145.

11. 11. Ver, p. ej., Herman Bavinck, *Holy Spirit, Church, and the New Creation,* vol. 4 de *Reformed Dogmatics,* ed. John Bolt, trad. John Vriend (Grand Rapids: Baker, 2008), 277-279, 665-667; Charles Hodge, *Systematic Theology* (Grand Rapids: Eerdmans, 1982), 3:548-52; Edmund P. Clowney, *The Church,* Contours of Christian Theology (Downers Grove, IL: InterVarsity, 1995), 42-44; Michael Horton, *Introducing Covenant Theology* (Grand Rapids: Baker, 2006), 129-135; cp. Brent E. Parker, "The Israel-Christ-Church Relationship", en Wellum y Parker, *Progressive Covenantalism,* 39.

dispensacionalismo es la distinción entre Israel y la iglesia (discontinuidad), tanto en el presente como en el estado milenario futuro. Es decir, Israel será restaurado como entidad nacional en la tierra prometida bajo su rey davídico y tendrá función de mediador para las naciones. Así, las líneas de continuidad y discontinuidad no podrían ser más evidentes cuando se trata de la relación entre Israel y la iglesia.

El pactualismo progresivo y la continuidad/discontinuidad

Una posición mediadora más reciente es el pactualismo progresivo.[12] Aquí es donde encaja en el espectro teológico.[13]

Camino de continuidad y discontinuidad

← **Continuidad**　　　　　　　　　　　　　**Discontinuidad** →

Teonomía	Teología del pacto	Pactualismo progresivo	Formas de dispensacionalismo Progresivo-Revisado-Clásico

Pensamos que el pactualismo progresivo provee un relato más exacto de la relación entre los pactos. Los diversos pactos tienen su lugar señalado por Dios en el desarrollo de su plan redentor y se cumplen, en última instancia, en el nuevo pacto en Cristo, de un modo "ya, pero todavía no". Es decir, los diversos componentes de los pactos alcanzan su meta y su fin en Cristo, el último Adán, el Hijo obediente, el descendiente de Abraham, el que cumple la ley, el verdadero templo y el mejor profeta, sacerdote y rey. Como resultado, la iglesia de Jesucristo, formada por judíos y gentiles, recibe toda bendición espiritual en los lugares celestiales por medio del Espíritu Santo, la garantía de nuestra herencia venidera (Ef. 1:1-14): la nueva creación. Así, la progresión de los pactos revela el plan unificado de Dios que se desarrolla a lo largo del tiempo, en el que crea a un pueblo para que sea su posesión, un reino formado de sacerdotes reales que morarán con Él en su bendito reino bajo el Señor Jesucristo. A diferencia de la teología del pacto, el pactualismo progresivo no resalta las distinciones entre un pacto de obras frente a un pacto de gracia, la ley frente al evangelio ni el pacto incondicional frente al condicional. En su lugar, el único plan divino de redención se revela de manera progresiva por medio de cada pacto, empezando por Adán en la

---

12. Ver Gentry y Wellum, *Kingdom through Covenant*; Wellum y Parker, *Progressive Covenantalism*. Es preciso observar que el pactualismo progresivo es similar a la teología del nuevo pacto, pero esa etiqueta no es la preferida, ya que son opiniones divergentes sobre el pacto de la creación, la obediencia activa y pasiva de Cristo, la imputación de la justicia de Cristo a los creyentes y la función de las órdenes del nuevo pacto en la vida cristiana.
13. Tomado de Meyer, "Mosaic Law, Theological Systems", 71.

creación y culminando en el postrer Adán, Jesucristo. Además, la tensión escala conforme avanza la historia bíblica, hasta la plenitud del tiempo cuando "Dios envió a su Hijo, nacido de mujer y nacido bajo la ley, para que redimiese a los que estaban bajo la ley, a fin de que recibiésemos la adopción de hijos" (Gá. 4:4-5).[14] Además, el pactualismo progresivo no considera a la iglesia como una extensión o cumplimiento de Israel. Más bien, *Cristo* es el antitipo de Israel, quien cumple la identidad, el propósito y la misión de Israel, de tal manera que, *en Cristo,* la iglesia hereda todas las bendiciones del pacto. En otras palabras, el movimiento no es Israel → iglesia, sino más bien (Adán →) Israel → *Cristo* → iglesia, con la función representativa de Cristo como pieza fundamental.

En cuanto a la ley mosaica, mientras que la mayoría de los teólogos del pacto dividen la ley en tres partes (moral, civil y ceremonial), el pactualismo progresivo (junto con la teología dispensacional) rechaza esta dirección "tripartita", porque los autores bíblicos no hacen estas distinciones.[15] En realidad, en un sentido todos los mandamientos son morales porque proceden *de Dios.* Por consiguiente, las Escrituras describen la ley mosaica como un conjunto unificado, toda ella relacionada con los cristianos *solo por medio de Cristo.* Por ejemplo, Hebreos 7:11-12 (NVI) declara: "Si hubiera sido posible alcanzar la perfección mediante el sacerdocio levítico (pues bajo este se le dio la ley al pueblo), ¿qué necesidad había de que más adelante surgiera otro sacerdote, según el orden de Melquisedec y no según el de Aarón? Porque cuando cambia el sacerdocio, también tiene que cambiarse la ley". La ley y el sacerdocio están vinculados entre sí. Si uno cambia, el otro también. Es

---

14. La tensión entre la promesa de Dios y la necesidad de un socio obediente en la relación de pacto se vuelve más clara y firme a medida que progresa la trama. En última instancia, la gracia de Dios (no la obediencia de Abraham o de su descendencia, Israel) es lo fundamental. Sin lugar a duda, Dios se encargará de que se cumplan las exigencias del pacto. No obstante, si el pecado es algo innato en la humanidad caída, podemos afirmar con seguridad que el cumplimiento del pacto y, por tanto, las bendiciones de este serán llevadas a cabo por alguien obediente que trasciende el horizonte de Abraham y de Israel. Por tanto, el estudiante de las Escrituras debe esperar un socio obediente del pacto que cumpla las condiciones de este con el fin de traer bendición sobre sí mismo y, por medio de Él, sobre las naciones. Esta tensión es crucial para entender la naturaleza y la progresión de los pactos cuando alcanzan su *télos* en Cristo, quien inaugura un pacto nuevo y mejor en su propia sangre. Es decir, cuando se considera la trama canónica más amplia, Dios mismo cumple las condiciones al enviar a su Hijo dispuesto y obediente, la verdadera simiente de Abraham e Hijo por excelencia, para satisfacer las exigencias del pacto. En realidad, todas las promesas de Dios son Sí en Cristo (2 Co. 1:20), quien obtendrá la bendición de una nueva creación para toda la descendencia de Abraham. Para más sobre esta idea, ver Gentry y Wellum, *Kingdom through Covenant,* 663-665.

15. Cp. D. A. Carson, "The Tripartite Division of the Law: A Review of Philip Ross, *The Finger of God*", en *From Creation to New Creation: Essays on Biblical Theology and Exegesis,* eds. Daniel M. Gurtner y Benjamin L. Gladd (Peabody, MA: Hendrickson, 2013), 223-236.

un paquete completo.[16] Por tanto, el centro del pactualismo progresivo es la persona y la obra de Cristo, en quien todos los pactos alcanzan su objetivo.

En resumen

Los pactos bíblicos son un medio crucial por los que Dios establece la comunión con sus criaturas y dirige la historia con el fin de cumplir sus propósitos redentores. Sin embargo, es importante estudiar la relación entre los pactos y la manera en que progresan por las Escrituras conforme Dios cumple sus propósitos en Cristo. En lugar de enfatizar la continuidad a expensas de la discontinuidad (teología del pacto), o la discontinuidad a expensas de la continuidad (teología dispensacional), el pactualismo progresivo enfatiza *tanto* la continuidad *como* la discontinuidad.

Preguntas para la reflexión

1. ¿Por qué son importantes lo pactos a lo largo de las Escrituras?
2. ¿Cómo se desarrollan los diversos pactos para cumplir los propósitos salvadores de Dios en Cristo?
3. ¿De qué formas enfatiza la teología dispensacional la discontinuidad y la teología del pacto la continuidad?
4. ¿Qué problemas surgen cuando los lectores de las Escrituras malinterpretan la relación entre los pactos?
5. ¿De qué formas cumple el Señor Jesucristo los pactos?

---

16. Para más sobre esta idea, ver Schreiner, *40 Questions About Christians and Biblical Law.* Ver también Pregunta 25.

¿Cómo debe rastrear la teología bíblica las promesas y su cumplimiento?

Andrew David Naselli

Rastrear las promesas y su cumplimiento es una de las formas superpuestas de establecer conexiones orgánicas en la historia de la salvación.[1] Se sobrepone en especial con la tipología.[2] Ilustramos cómo funciona la teología bíblica para los temas y los pasajes clave en la tercera y la cuarta parte más adelante. A continuación, algunos ejemplos de temas clave que descifraremos:

- Pregunta 21. ¿Qué función tiene el "misterio" en la teología bíblica?
- Pregunta 22. ¿Qué es una teología bíblica de los pactos?
- Pregunta 25. ¿Qué es una teología bíblica de la ley?
- Pregunta 26. ¿Qué es una teología bíblica del *sabbat*?
- Pregunta 27. ¿Qué es una teología bíblica del templo?
- Pregunta 29. ¿Qué es una teología bíblica de la tierra?

Una de las formas principales de entender la Biblia como un conjunto es conectar lo que Dios promete con la forma en que cumple sus promesas en Cristo.[3] Por ello, Mark Dever tituló sus sermones publicados sobre cada libro de la Biblia *Promises Made* [Promesas hechas] y *Promises Kept* [Promesas cumplidas].[4] Por este motivo, el Reformed Theological Seminary tituló sus introducciones al Antiguo y al Nuevo Testamento como *The Gospel Promised* [El evangelio prometido] y *The Gospel Realized* [El

---

1. Ver Pregunta 1.
2. Ver Pregunta 8.
3. Predicción y cumplimiento (p. ej., Mi. 5:2 predice que el Mesías nacería en Belén y Mateo 2 lo cumple) es una subcategoría de promesa y cumplimiento.
4. Mark Dever, *The Message of the Old Testament: Promises Made* (Wheaton, IL: Crossway, 2006). Mark Dever, *The Message of the New Testament: Promises Kept* (Wheaton, IL: Crossway, 2005).

evangelio cumplido].[5] Y, por ello, el título del comentario conversacional de Greg Gilbert sobre la trama de la Biblia es *Story of Redemption Bible: A Journey through the Unfolding Promises of God* [Biblia de la historia de la redención: Una travesía por el desenlace de las promesas de Dios].[6] Algunos utilizan este paradigma como la forma principal de presentar la teología bíblica.[7]

De modo que, ¿cómo realizamos el rastreo de promesas y de su cumplimiento? Existen al menos tres formas.

Estudie los pasajes clave donde Dios hace promesas

Las promesas más relevantes en la Biblia para la teología bíblica son las que los teólogos denominan *pactos*.[8] Los pactos principales son cinco:

1. el pacto adámico-noético (Gn. 1–2; 6; 9);
2. el pacto abrahámico (Gn. 12; 15; 17; 22);
3. el antiguo pacto mosaico, sinaítico o israelita (Éx. 19–31);
4. el pacto davídico (2 S. 7; 1 Cr. 17; Sal. 89);
5. el nuevo pacto (Jer. 31; Ez. 36; He. 7–10).

Esas promesas gloriosas no son las únicas que Dios hace,[9] pero todo lo que Él promete (tanto de bendición como de maldición) está conectado a estos pactos de alguna manera. Son la espina dorsal de la trama de la Biblia. En este punto de la historia de la salvación, todas las promesas divinas ya son "Sí" en Cristo, pero no se han cumplido del todo (cp. 2 Co. 1:20).[10]

Estudie los pasajes clave donde Dios cumple lo que prometió

¿Cómo se relacionan entre sí los cinco pactos principales (ver secciones anteriores)? Peter Gentry y Stephen Wellum describen de un modo gráfico el tiempo y el alcance de un miembro de estos pactos (ver fig. 7.1).

---

5. Miles V. Van Pelt, ed., *A Biblical-Theological Introduction to the Old Testament: The Gospel Promised* (Wheaton, IL: Crossway, 2016); Michael J. Kruger, ed., *A Biblical Theological Introduction to the New Testament: The Gospel Realized* (Wheaton, IL: Crossway, 2016).

6. Greg Gilbert, *ESV Story of Redemption Bible: A Journey through the Unfolding Promises of God* (Wheaton, IL: Crossway, 2018).

7. Thomas R. Schreiner, *New Testament Theology: Magnifying God in Christ* (Grand Rapids: Zondervan, 2008).

8. Ver Pregunta 22.

9. Ver también John Piper, *Future Grace: The Purifying Power of the Promises of God*, en *The Collected Works of John Piper*, eds. David Mathis y Justin Taylor (Wheaton, IL: Crossway, 2017), 4:13-419.

10. Ver Pregunta 37.

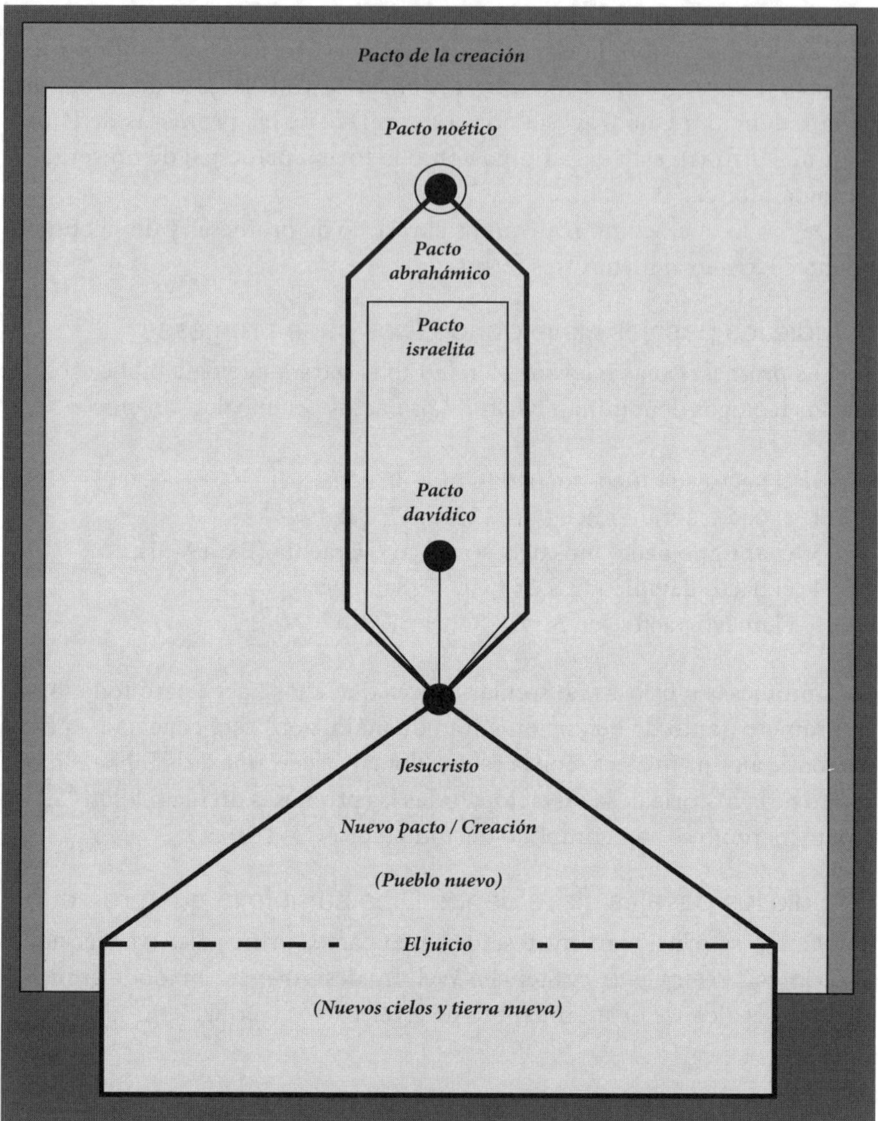

Fig. 7.1. El tiempo frente al alcance de la membresía del pacto[11]

Gentry y Wellum explican cómo interpretar la figura:

La línea correspondiente al pacto abrahámico está en negritas para mostrar que tanto el pacto israelita como el nuevo pacto son los medios

____

11. Peter J. Gentry y Stephen J. Wellum, *Kingdom through Covenant: A Biblical-Theological Understanding of the Covenants*, 2.ª ed. (Wheaton, IL: Crossway, 2018), 673 (usado con permiso de Jason T. Parry).

de cumplir el pacto abrahámico. El pacto davídico es una sola línea porque, de manera formal, fue establecido entre Dios y David. El pacto abrahámico promete bendecir a las naciones; el pacto israelita sitúa a Israel en el puente de tierra entre Mesopotamia y Egipto; y el pacto davídico es un estatuto para la humanidad. De modo que todos tienen, en principio, implicaciones a nivel mundial, pero el gráfico trata de manera específica el alcance de la membresía del pacto. La nueva creación acaba sustituyendo por completo a la antigua creación. En el Antiguo Testamento, Dios conforma primero al pueblo (Israel) y después la tierra (Palestina) y, en el Nuevo Testamento, Dios conforma primero al pueblo (los cristianos) y después la tierra (los nuevos cielos y tierra).[12]

Gentry y Wellum explican cómo se relacionan los pactos en su brillante libro de 959 páginas, *Kingdom through Covenant* [El reino mediante el pacto].[13]

A veces, las conexiones importantes entre las promesas y su cumplimiento involucran la tipología. Este suele ser el caso; por ejemplo, el Evangelio de Mateo afirma que unos acontecimientos en particular *cumplen* pasajes del Antiguo Testamento (ver Mt. 2:17, 23; 3:15; 4:14; 5:17; 8:17; 12:17; 13:35; 21:4; 26:54, 56; 27:9). El verbo *cumplir* traduce *pleróo* (πληρόω), que no siempre se refiere a un cumplimiento directo. En Miqueas 5:2 tenemos un ejemplo de cumplimiento directo: el profeta predice que el Mesías nacería en Belén, y Jesús nace en dicha ciudad (Mt. 2:5-6). Sin embargo, el verbo *cumplir* es mucho más amplio. Significa "llevar a su fin designado".[14] Douglas Moo y Andrew Naselli explican: "Los autores del NT usan este término como forma general para describir la relación entre el AT y el NT. Explica cómo la nueva revelación culminante de Dios en Cristo 'llena' o lleva a su terminación pretendida la totalidad del AT (la revelación preparatoria, incompleta a Israel y por medio de él)".[15]

La conexión entre el Evangelio de Mateo y el Antiguo Testamento es evidente desde el comienzo con la genealogía de apertura.[16] El Evangelio de Mateo

---

12. Gentry y Wellum, *Kingdom through Covenant*, 673.

13. Condensan su enfoque a trescientas páginas en Peter J. Gentry y Stephen J. Wellum, *God's Kingdom through God's Covenants: A Concise Biblical Theology* (Wheaton, IL: Crossway, 2015). Y Wellum hace equipo con un pastor para relatar la historia de la Biblia de una manera más popular: Trent Hunter y Stephen J. Wellum, *Christ from Beginning to End: How the Full Story of Scripture Reveals the Full Glory of Christ* (Grand Rapids: Zondervan, 2018).

14. BDAG 828.

15. Douglas J. Moo y Andrew David Naselli, "The Problem of the New Testament's Use of the Old Testament", en *The Enduring Authority of the Christian Scriptures,* ed. D. A. Carson (Grand Rapids: Eerdmans, 2016), 710.

16. Cp. Mark Alan Minnick, "The Mattean Genealogy and Birth Account of Jesus Christ" (disertación PhD., Bob Jones University, 1983), 5: "La tesis de esta disertación es que Mateo seleccionó y dispuso el contenido de su primer capítulo con el fin de responder a las preguntas judías sobre los orígenes de Jesús y, así, instar a que respondieran a Él como Mesías".

presenta a Jesús como el supremo rey davídico y el profeta como Moisés. Suya es la máxima autoridad. Mark Strauss escribe:

> Aunque el Mesías davídico sirve de categoría fundamental en Mateo, en modo alguno agota su retrato mesiánico de Jesús. Como hemos visto, para el evangelista, Jesús también es el hijo de Abraham, el Hijo de Dios, el Hijo del hombre, el Siervo sufriente, el nuevo Moisés y el Israel verdadero. ¿Qué tienen en común todos estos títulos y tipologías? Están relacionadas de manea íntima con el Antiguo Testamento y con el tema de las promesas y su cumplimiento. Todas apuntan a la llegada de la salvación disponible por medio de Jesús. Para Mateo, Jesús lo cumple todo: todas las promesas de Dios y sus pactos con Abraham, Moisés y David. Él satisface la función escatológica de Israel, del Siervo y del Hijo del hombre. Es la culminación de la historia de la salvación, el inaugurador del reinado de Dios. No es del todo correcto decir que Mateo subsume estos otros títulos e imágenes bajo la del Mesías. Es más exacto afirmar que la forma en que Mateo concibe al Mesías se ensancha para incluir estos motivos veterotestamentarios. Jesús el Mesías no solo cumple una parte de las Escrituras, sino su totalidad.[17]

En el Evangelio de Mateo, Jesús cumple el Antiguo Testamento en al menos veintitrés maneras específicas (ver fig. 7.2):

Acontecimiento de la vida de Jesús en el Evangelio	Mateo	Pasaje del AT
El nacimiento virginal y el nombre de Jesús	1:22-23	Is. 7:14; 8:8, 10
El lugar de nacimiento de Jesús, Belén	2:5-6	Mi. 5:2
La huida a Egipto	2:15	Os. 11:1
La masacre de niños a manos de Herodes	2:18	Jer. 31:15
Jesús fue llamado nazareno ("renuevo")	2:23	Is. 11:1; 53:2
Ministerio de Juan el Bautista	3:3; 11:10	Is. 40:3; Mal. 3:1
La tentación de Jesús	4:1-11	Dt. 6:13, 16; 8:3
Comienzo del ministerio de Jesús	4:15-16	Is. 9:1-2

---

17. Mark Strauss, *Four Portraits, One Jesus: An Introduction to Jesus and the Gospels* (Grand Rapids: Zondervan, 2007), 240.

Acontecimiento de la vida de Jesús en el Evangelio	Mateo	Pasaje del AT
Ministerio de sanidad de Jesús	8:17; 11:5; 12:17-21	Is. 53:4; 35:5-6; 42:18; 61:1
Jesús provoca división	10:35-36	Mi. 7:6
El amable estilo ministerial de Jesús	12:17-21	Is. 42:1-4
Muerte, sepultura, resurrección de Jesús	12:40	Jon. 1:17
Respuesta endurecida a Jesús	13:14-15; 15:7-9; 21:33, 42	Is. 5:1-2; 6:9-10; 29:13; Sal. 118:22-23
Jesús enseña en parábolas	13:35	Sal. 78:2
Entrada triunfal de Jesús	21:5, 9	Is. 62:11; Sal. 118:26
Jesús purifica el templo	21:13	Is. 56:7; Jer. 7:11
Jesús como Hijo y Señor de David	1:1; 22:44	Sal. 110:1
Lamento sobre Jerusalén	23:38-39	Jer. 12:7; 22:5; Sal. 118:26
Judas traiciona a Jesús	26:15	Zac. 11:12
Negación de Pedro	26:31	Zac. 13:7
Arresto de Jesús	26:54, 56	"Las Escrituras de los profetas"
Muerte de Judas	27:9-10	Zac. 11:12-13; Jer. 32:6-9
Jesús, el justo sufriente	27:34-35, 39, 43, 46, 48	Sal. 22:1, 7-8, 18; 69:21

Fig. 7.2. Jesús cumple la profecía del AT en el Evangelio de Mateo[18]

Esto resalta el tema de promesas y su cumplimiento en solo *un* libro del Nuevo Testamento, pero que destaca a lo largo del resto del Nuevo Testamento. Por ejemplo, en Lucas a Hechos[19] y en Hebreos[20] destaca especialmente.

---

18. Andreas J. Köstenberger, L. Scott Kellum y Charles L. Quarles, *The Cradle, the Cross and the Crown: An Introduction to the New Testament*, 2.ª ed. (Nashville: B&H, 2016), 260. Usado con permiso.

19. Ver "The God of Promise, Fulfillment, and Salvation: Synthesis of Texts on the Plan of God", cap. 6 en Darrell L. Bock, *A Theology of Luke and Acts: God's Promised Program, Realized for All Nations*, Biblical Theology of the New Testament (Grand Rapids: Zondervan, 2012), 121-148.

20. Ver Aubrey M. Sequeira, "The Hermeneutics of Eschatological Fulfillment in Christ: Biblical-Theological Exegesis in the Epistle to the Hebrews" (PhD diss., Southern Baptist Theological Seminary, 2017).

Reconozca el misterio: La impresionante tensión entre las estrategias de promesa y cumplimiento y de ocultar y revelar

Piense en un niño que conozca a quien le encante leer historias.[21] Imagine que celebrará su cumpleaños en unos meses y usted decide comprarle un regalo con antelación, una novela de fantasía y aventura de la que él no haya oído hablar jamás, pero que *le encantará* leer. ¿Debería usted hablarle del regalo? Dispone de al menos dos opciones:

1. La primera opción es la estrategia de *promesa y cumplimiento*. Usted deja caer algunas pistas sobre el regalo de cumpleaños. Podría provocarlo de forma juguetona: "Adivina una cosa. ¡Te he comprado un presente de cumpleaños que te va a encantar! Es algo que te gustará leer. Es una historia de aventura en un mundo encantado imaginario". Esto estimularía al niño y, de manera simultánea, lo animaría al decirle que disfrutará de verdad lo que está por llegar. Pero el niño todavía no entenderá por completo de qué se trata hasta que usted le entregue el libro y él lo disfrute.

2. La segunda opción es la estrategia de *ocultar y revelar*. Usted podría esconder el libro en algún lugar y sorprenderlo con él en su cumpleaños. Planearía con meses de adelanto darle el libro, pero el chico no lo sabría. Solo se enterará cuando usted se lo entregue, pero no antes. El niño no tendrá la menor idea de lo que le espera.

¿Qué tiene esto que ver con el rastreo de promesas y su cumplimiento en la Biblia? Las Escrituras contienen una tensión impresionante en las estrategias de promesa y cumplimiento y de ocultar y revelar. Esta es una forma de explicar cómo encaja toda la Biblia, cómo es coherente, cómo el Nuevo Testamento está orgánicamente arraigado en el Antiguo. Es una tensión fundamental en las cartas de Pablo.

1. *Promesa y cumplimiento.* En el Antiguo Testamento, Dios promete gloriosas experiencias para su pueblo y Pablo explica que muchas de ellas ya se han cumplido. D. A. Carson escribe: "Pablo sostiene que las Escrituras del antiguo pacto anticipan a Cristo, que dan testimonio de Él, que profetizan de su venida y de su muerte y resurrección y que todo fluye de Él, incluida la existencia de la iglesia como pueblo judío

---

21. Ver también Naselli, *How to Understand and Apply the New Testament*, 250-254.

y gentil de Dios, los verdaderos hijos de Abraham".[22] En otras palabras, Jesús (y todo lo que fluye de Él) cumple el Antiguo Testamento.

2. *Ocultar y revelar.* Carson señala que, según Pablo, "varios elementos del evangelio y hasta el evangelio mismo estaban escondidos en el pasado y que solo se han revelado con la venida de Cristo".[23] Estas gloriosas verdades estaban ocultas en la época veterotestamentaria y solo se han revelado ahora. Pablo las denomina *misterios*.[24]

Esto podría dar lugar a confusión, porque lo que *Pablo* quiere decir por *misterio,* no es lo que *nosotros* solemos entender. Para nosotros, un *misterio* alude por lo general a algo difícil de descifrar o imposible de comprender. Implica secretismo u oscuridad. Podría tratarse de una persona o cosa cuya identidad o naturaleza es desconcertante o desconocida. De modo que existe un género de ficción llamado "novelas de misterio", con frecuencia historias que resuelven un misterio descubriendo quién cometió un asesinato. No es a lo que el apóstol se refiere con el término.

Para Pablo, *misterio* alude a algo que estaba escondido, pero que Dios revela. No es algo desconcertante. No es algo que podamos resolver. La única forma de saberlo es si Dios lo revela.

La tensión se debe a que algunas de estas promesas, ahora cumplidas, son las *mismas* que estaban ocultas y que ahora se han revelado. Es decir, pertenecen simultáneamente a ambas categorías. *Promesa y cumplimiento* enfatiza la continuidad, mientras que *ocultar y revelar* resalta la discontinuidad.[25]

Por ejemplo, esta tensión aparece en Efesios 3:1-6. Por una parte, el Antiguo Testamento promete que Dios extendería sus bendiciones a las naciones gentiles y que estos se voltearían al Dios de Israel, y serían salvos. Es una promesa y cumplimiento. Por otro lado, judíos y gentiles formarían una unidad orgánica; los gentiles creyentes estarían en un plano de igualdad con los judíos creyentes. Esto estaba oculto y, ahora, se ha revelado. Muchos judíos cristianos no tenían problema con que Dios incluyera a los gentiles como parte de su pueblo, *pero no como iguales.* Los judíos cristianos dieron por sentado que merecían más las bendiciones de Dios por descender físicamente de Abraham. El misterio en Efesios 3 (la noticia que Dios nos ha revelado y que no habríamos podido

---

22. D. A. Carson, "Mystery and Fulfillment: Toward a More Comprehensive Paradigm of Paul's Understanding of the Old and New", en *The Paradoxes of Paul,* vol. 2 de *Justification and Variegated Nomism,* eds. D. A. Carson, Peter T. O'Brien y Mark A. Seifrid, 2 vols., WUNT 2/181 (Grand Rapids: Baker Academic, 2004), 397.

23. Carson, "Mystery and Fulfillment", 397.

24. Ver Pregunta 21. Ver también G. K. Beale y Benjamin L. Gladd, *Hidden but Now Revealed: A Biblical Theology of Mystery* (Downers Grove, IL: InterVarsity, 2014).

25. Ver Pregunta 6.

conocer de otra manera) es que los judíos cristianos y los gentiles cristianos no solo forman parte del mismo cuerpo, sino que son *igualmente* parte del mismo cuerpo (cp. Ef. 2:12).

En resumen

La teología bíblica rastrea la promesa y el cumplimiento en al menos tres formas. (1) Estudia pasajes clave donde Dios hace promesas. (2) Estudia pasajes clave donde Dios cumple lo prometido. (3) Reconoce el misterio: la tensión imponente entre promesa y cumplimiento y ocultar y revelar.

Preguntas para la reflexión

1. ¿Cuáles son las promesas más relevantes de la Biblia para la teología bíblica?
2. ¿Qué significa *cumplir* en el Evangelio según Mateo?
3. ¿Qué tiene que ver el *misterio* con la promesa y su cumplimiento?
4. ¿Qué pasaje de la Biblia (si tuviera que mencionar solo uno) le interesa más estudiar ahora mismo con el fin de rastrear mejor la promesa y su cumplimiento a lo largo de las Escrituras?
5. La forma en que toda la Biblia encaja es inagotablemente interesante. ¿Cómo le hace sentir esto respecto a Dios?

¿Cómo debe la teología bíblica aproximarse a la tipología?

Andrew David Naselli

La tipología analiza cómo en las personas, los acontecimientos y las instituciones (es decir, los antitipos) del NT se cumplen las personas, los acontecimientos y las instituciones (es decir, los tipos) del AT, repitiendo las situaciones a un nivel más profundo y culminante en la historia de la salvación. David L. Baker define los términos de un modo muy útil:

- Un *tipo* es un acontecimiento, persona o institución bíblica que sirve de ejemplo o de patrón para los demás acontecimientos, personas o instituciones.
- La *tipología* es el estudio de los tipos y de la correspondencias históricas y teológicas entre ellos.
- La *base* de la tipología es la actividad sistemática de Dios en la historia de su pueblo escogido.[1]

La tipología incluye al menos cuatro elementos.

Analogía: El tipo y el antitipo son análogos

Un tipo (como Moisés, el éxodo o el sistema sacrificial) y su antitipo (Jesús) se corresponden de un modo análogo. Es decir, se comparan entre sí de una forma relevante. La analogía es el punto de partida básico. La tipología involucra *más* que la analogía (ver a continuación), pero no menos.

Historicidad: El tipo y el antitipo figuran en la historia real

Ni el tipo ni su antitipo son alegóricos. Aparecen en la historia real. La alegoría crea un mundo simbólico que no se basa necesariamente en la historia verdadera, pero la tipología siempre se fundamenta en la realidad.[2] El

---

1. David L. Baker, *Two Testaments, One Bible: The Theological Relationship between the Old and New Testaments*, 3.ª ed. (Downers Grove, IL: InterVarsity, 2010), 180.
2. Ver también Richard M. Davidson, *Typology in Scripture: A Study of Hermeneutical Τύπος Structures*, Andrews University Seminary Doctoral Dissertation Series 2 (Berrien Springs, MI: Andrews University Press, 1981), 398.

significado de una alegoría depende de un trasfondo extratextual,[3] pero el significado de la tipología depende de los acontecimientos históricos que el texto narra y explica.[4] G. K. Beale y D. A. Carson explican:

> Por supuesto, se necesita alguna clase de secuencia histórica bajo la providencia de un Dios soberano para casi cualquier hermenéutica tipológica, pero hay algo más. Por ejemplo, en Gálatas 3, Pablo modifica la relevancia comúnmente aceptada de la ley a través del sencillo recurso de ubicarla tras la promesa abrahámica, que ya había establecido la importancia de la justificación por fe y que ya había prometido bendecir a los gentiles. Por tanto, en lugar de formular una pregunta atemporal como: "¿Cómo complace uno a Dios?" y responder: "Obedeciendo la ley", el apóstol insiste en leer los puntos de inflexión de la historia del AT en su secuencia cronológica y aprender algunas lecciones interpretativas de ella. Esta clase de dependencia en la historia de la salvación aflora en otros lugares del NT (p. ej.: Ro. 4) y no solo en Pablo (p. ej.: He. 4:1-13; 7). Así pues, el cumplimiento escatológico ha comenzado con la primera venida de Cristo y se consumará en su última venida.[5]

Adán es otro ejemplo. Pablo argumenta que este es un tipo de Cristo: Adán es la cabeza representativa de la creación original y Cristo es la cabeza representativa de la nueva creación (Ro. 5:12-21; 1 Co. 15:21-22, 45-49).[6] El argumento paulino implica necesariamente que Adán existió de verdad como primer ser humano.[7]

---

3. Ver también D. A. Carson, "Mystery and Fulfillment: Toward a More Comprehensive Paradigm of Paul's Understanding of the Old and New", en *The Paradoxes of Paul,* vol. 2 de *Justification and Variegated Nomism,* eds. D. A. Carson, Peter T. O'Brien y Mark A. Seifrid, 2 vols., WUNT 2/181 (Grand Rapids: Baker Academic, 2004), 404: "Las interpretaciones alegóricas, en el sentido contemporáneo de la alegoría, suelen depender de un trasfondo extratextual, una llave extratextual, para garantizar su explicación. Filón afirma sin problema que Abraham, Isaac y Jacob son personas reales, pero insiste en que su *significado* es la 'trinidad educativa' afirmada por Aristóteles (y es muy difícil ver cómo se puede establecer ese vínculo a partir del texto de Génesis o de cualquier otro libro del Antiguo Testamento)".

4. Ver también Brent E. Parker, "Typology and Allegory: Is There a Distinction? A Brief Examination of Figural Reading", *Southern Baptist Journal of Theology* 21, núm. 1 (primavera de 2017): 57-83.

5. G. K. Beale y D. A. Carson, introducción a *Commentary on the New Testament Use of the Old Testament,* ed. G. K. Beale y D. A. Carson (Grand Rapids: Baker Academic, 2007), xxvi.

6. Ver Joshua M. Philpot, "How Does Scripture Teach the Adam-Christ Typological Connection?", *Southern Baptist Journal of Theology,* 21, núm. 1 (primavera de 2017): 145-152.

7. Ver también Hans Madueme y Michael Reeves, eds., *Adam, the Fall, and Original Sin: Theological, Biblical, and Scientific Perspectives* (Grand Rapids: Baker Academic, 2014); Guy Prentiss Waters, "Theistic Evolution Is Incompatible with the Teachings of the New Testament", en *Theistic Evo-*

Presagio: Dios designó de forma soberana el tipo para presagiar el antitipo

Dios, en su soberanía, diseñó los tipos para prefigurar de manera predictiva a Cristo, quien cumple el Antiguo Testamento. ¿Cómo funciona la intención autorial aquí entre Dios y los autores humanos?[8] El antitipo es coherente con lo que el autor humano del tipo pretendía comunicar.

En ocasiones, el autor humano de un tipo podría ser consciente de que aquello que escribe está proféticamente más adelante, si miramos de forma predictiva. Es decir, el autor es consciente de que lo que escribe forma parte de una trayectoria tipológica que culminará en el Mesías.

No obstante, a veces, el autor humano original podría no darse cuenta de que sus escritos forman parte de una trayectoria tipológica que culminará en el Mesías. Esa conexión tipológica podría hacerse evidente solo *en retrospectiva*. Sin embargo, este vínculo estaba planeado por Dios en su soberanía y Él escogió revelarlo a su debido tiempo:

Dada su naturaleza *indirecta*, la tipología no solo exige una cuidadosa exégesis en su contexto inmediato, sino que también podría no reconocerse del todo como tipo hasta que, más tarde, los autores recogen el patrón y se conoce con mayor claridad. Sin embargo, en un sentido ontológico, la tipología está *en* el texto, se descubre de un modo exegético. Por otro lado, en un sentido epistemológico, solo se admite como tal cuando los autores veterotestamentarios *posteriores* asumen el patrón. Luego, en Cristo, el velo se retira y se ve el patrón en toda su gloria incólume.

En una nota, los autores explican:

Los tipos son *predictivos* y *prospectivos* por naturaleza (ontología), porque están diseñados por Dios. Sin embargo, epistemológicamente, son *retrospectivos* por cuanto los autores posteriores reconocen los tipos como patrones pretendidos por Dios mediante el desarrollo interbíblico. Si los tipos son retrospectivos en sentido ontológico, entonces no obedecen a la intención de Dios, sino que son una mera analogía de construcción humana y, por tanto, son arbitrarios y una forma de alegoría.[9]

---

lution: *A Scientific, Philosophical, and Theological Critique*, eds. J. P. Moreland et al. (Wheaton, IL: Crossway, 2017), 902-907.

8. Ver Pregunta 14.

9. Peter J. Gentry y Stephen J. Wellum, *Kingdom through Covenant: A Biblical-Theological Understanding of the Covenants*, 2.ª ed. (Wheaton, IL: Crossway, 2018), 132 y nota 64. Ver también G. K. Beale, *Handbook on the New Testament Use of the Old Testament: Exegesis and Interpretation* (Grand Rapids: Baker Academic, 2012), 14-15:

Un ejemplo de tipología retrospectiva es el uso que Pablo hace de Isaías y Job en Romanos 11:34-35.[10]

De modo que, ¿cómo se relacionan los autores divinos y humanos respecto a lo que pretendían comunicar? *Dios puede pretender más, aunque no menos, que lo que los autores humanos deseaban comunicar.* Si un autor humano de cualquier tipo fuera capaz de ver adelante en el tiempo y percibir cómo interpretaría un autor futuro las personas, los acontecimientos y las instituciones a la luz de lo que él escribió originalmente, el primer autor humano podría responder algo parecido a: "¡Es hermoso! No comprendía del todo lo que implica todo lo que escribí. No era del todo consciente de cómo aquello que escribí formaba parte de una trayectoria tipológica que culmina en el Mesías. Pero ahora veo que mis escritos son maravillosamente coherentes con lo que escribió este autor posterior. ¡Gloria a Dios por designarlo de un modo tan magistral!".[11]

En 1 Corintios 10, Pablo argumenta que los tipos presagian, miran al futuro, son prospectivos y proféticos de forma inherente.[12] Por ello, uno de los eruditos del Antiguo Testamento etiqueta la tipología como "profecía de imagen", es decir, la imagen apunta a algo más importante y no es idéntica a aquello que señala, sino que lo ilustra.[13] Y, a veces, podemos reconocer *la*

Por "retrospección" nos referimos a la idea de que fue después de la resurrección y bajo la dirección del Espíritu que los escritores apostólicos entendieron que ciertas narrativas históricas del AT sobre personas, acontecimiento o instituciones eran profecías indirectas de Cristo o de la iglesia [...]. Aun cuando el contexto inmediato de un pasaje no indique que algo se esté considerando de manera tipológica a partir del punto de vista consciente del autor del AT, el contexto canónico más amplio del AT suele proporcionar pistas o indicaciones de que el pasaje es tipológico [...]. Los escritores del NT pueden interpretar que algunas porciones históricas del AT tienen un sentido prospectivo a la luz de todo el contexto canónico veterotestamentario.

Ver también R. T. France, "Relationship between the Testaments", en *Dictionary for Theological Interpretation of the Bible,* ed. Kevin J. Vanhoozer (Grand Rapids: Baker Academic, 2005), 669: "Este nuevo significado no es algo inherente a los textos mismos del AT, de modo que cualquier exégesis objetiva, judía o cristiana, debería percibirlo del modo adecuado. En su lugar, es un nuevo nivel de relevancia que trasciende lo que el escritor del AT y los lectores originales podrían haber percibido, que ahora se ha descubierto mediante la reflexión retrospectiva a la luz de los acontecimientos del NT. La tipología no depende tanto de la exégesis del sentido original como de una retrospectiva teológica alimentada por el compromiso con Cristo como culmen de la obra de salvación de Dios. Procede de la fe y no del análisis literario objetivo".

10. Ver Pregunta 33.

11. Ver también Robert L. Plummer, "Righteousness and Peace Kiss: The Reconciliation of Authorial Intent and Biblical Typology", *SBJT* 14, núm. 2 (verano de 2010): 54-61; G. K. Beale: "The Cognitive Peripheral Vision of Biblical Authors: J. Gresham Machen Chair Installation Lecture", *WTJ* 76, núm. 2 (diciembre de 2014): 283.

12. Ver también Andrew David Naselli: "1 Corinthians", en *Romans-Galatians,* vol. 10 de *ESV Expository Commentary* (Wheaton, IL: Crossway, 2020), 302-305.

13. Michael P. V. Barrett, *Beginning at Moses: A Guide to Finding Christ in the Old Testament,* 2.ª ed. (Grand Rapids: Reformation Heritage, 2018), 225-274.

profecía de imagen solo en retrospectiva. "Así pues, el 'axioma hermenéutico' del NT más básico de todos es la convicción del autor respecto a que el Dios que ha hablado en el AT siguió hablándoles, y que fue este contexto divino final de todas las Escrituras el que determina el significado de cualquier texto en particular".[14] Esta perspectiva de la tipología se basa en un axioma interpretativo fundamental: "Dios ordenó la historia del AT para prefigurar y anticipar sus actos redentores culminantes y el NT es el registro inspirado por Él de aquellos actos redentores".[15]

Intensificación: El antitipo intensifica al tipo desde la sombra hacia la realidad, mediante su culminación en Jesús

El antitipo eclipsa al tipo. El tipo no es más que una sombra; el antitipo es la sustancia. Como lo afirma Pablo: "Todo lo cual es sombra de lo que ha de venir; pero el cuerpo es de Cristo" (Col. 2:17). Dios diseñó algunos tipos para que se repitieran y desarrollaran a través de los pactos progresivos, antes de culminar en Jesús.[16] "El antitipo *siempre* es mayor que los tipos anteriores —explica Stephen J. Wellum—, aunque la intensificación a lo largo del tiempo *no* se produce de manera gradual desde el tipo original, pasando por cada aparición y, finalmente, pasando por Cristo, como un crecimiento linear. En cambio, la intensificación ocurre plenamente con la venida de Cristo".[17]

La Biblia es una gran historia sobre Jesús. Jesús el Mesías cumple el Antiguo Testamento. Todo el AT apunta a Él. Es el punto culminante de toda trayectoria tipológica (ver Lc. 24:27, 44; Jn. 5:39; 2 Co. 1:20; He. 1:1-3).[18] Si usted interpreta la Biblia de un modo que no señala a Jesús, no estará interpretándola como Él mismo indicó que debíamos hacerlo. Esto no significa que todo pasaje del Antiguo Testamento o del Nuevo apunten del mismo modo exacto a Jesús. Pero cada uno de ellos lo hace de alguna manera, y la teología bíblica investiga de manera inductiva *cómo* lo hace. La tipología es una de las formas principales de hacerlo.

Interpretar la Biblia con Cristo en el centro no es ciségesis. Es exégesis que requiere teología bíblica. No inventa cosas de manera creativa hasta llegar a

---

14. Douglas J. Moo y Andrew David Naselli, "The Problem of the New Testament's Use of the Old Testament", en *The Enduring Authority of the Christian Scriptures*, ed. D. A. Carson (Grand Rapids: Eerdmans, 2016), 737.

15. Moo y Naselli, "Problem of the New Testament's Use of the Old", 730.

16. Ver Aubrey M. Sequeira y Samuel C. Emadi, "Biblical-Theological Exegesis and the Nature of Typology", *Southern Baptist Journal of Theology* 21, núm. 1 (primavera de 2017): 22-25; David Schrock, "From Beelines to Plotlines: Typology That Follows the Covenantal Topography of Scripture", *Southern Baptist Journal of Theology* 21, núm. 1 (primavera de 2017): 35-56; Gentry y Wellum, *Kingdom through Covenant*, 120 26, 135 137.

17. Gentry y Wellum, *Kingdom through Covenant*, 134-135 (énfasis original).

18. Ver Pregunta 4.

Jesús de una forma imaginativa, sino que rastrea temas y trayectorias correctas que están directamente en el texto, si Dios da ojos para verlas. Y cuando las percibe, usted adora a Dios por su sabiduría. Él inspiró las Escrituras por medio de individuos que no siempre entendían cada matiz de las trayectorias tipológicas a las que estaban contribuyendo. Y todo el producto acabado es brillantemente coherente.

Debemos interpretar la Biblia del mismo modo en que los autores neotestamentarios interpretan el Antiguo Testamento.[19] Ellos no consiguen un pase libre para interpretaciones absurdas, simplemente porque lo que escribieron estaba inspirado por Dios. No, son el *modelo* de cómo interpretar cualquier parte de la Biblia a la luz de su totalidad.

Algunos argumentan que podemos identificar a una persona, un acontecimiento o institución como tipo *solo* si el Nuevo Testamento lo etiqueta de manera específica como tal. Por ejemplo, Roy B. Zuck, un dispensacionalista tradicional, asevera: "El Nuevo Testamento debe designar en cierto modo el tipo y el antitipo" y, por consiguiente, tan solo identifica diecisiete tipos en la Biblia (ver fig. 8.1).

Tipo	Antitipo	Pasaje
Personas		
1. Melquisedec	El sacerdocio perpetuo de Cristo	He. 7:3, 15-17
2. Aarón	El ministerio sacerdotal de Cristo	He. 5:4-5
Acontecimientos		
3. La fiesta de la Pascua	Cristo, nuestro sacrificio	1 Co. 5:7
4. La fiesta de los panes sin levadura	El andar santo del creyente	1 Co. 5:7-8
5. La fiesta de las primicias	La resurrección de Cristo como promesa de la resurrección de los creyentes	1 Co. 15:20-23
6. La fiesta de Pentecostés	La venida del Espíritu Santo	Jl. 2:28; Hch. 2:1-47

---

19. Contra Richard N. Longenecker, *Biblical Exegesis in the Apostolic Period,* 2.ª ed. (Grand Rapids: Eerdmans, 1999); y Robert L. Thomas, "The New Testament Use of the Old Testament", *MSJ* 13, núm. 1 (primavera de 2002): 79-98.

Tipo	Antitipo	Pasaje
7. La fiesta de las trompetas	La reunión de Israel	Mt. 24:21-23
8. El día de la expiación	La conversión nacional de Israel por la sangre de Cristo	Zac. 12:10; Ro. 11:26-27; He. 9:19-28
9. La fiesta de los tabernáculos	La provisión de Dios para la necesidad humana (con Israel en el reino)	Jn. 7:2, 37-39
10. El *sabbat*	El reposo espiritual del cristiano	Col. 2:17; He. 4:3, 9, 11
Cosas		
11. El tabernáculo	Cristo, el acceso del creyente a Dios y la base de la comunión con Él	He. 8:5; 9:23-24
12. El velo del tabernáculo	Cristo, el acceso del creyente a Dios	He. 10:20
13. El holocausto	Cristo se ofrece a sí mismo como sacrificio perfecto	Lv. 1; He. 10:5-7; Ef. 5:2
14. Ofrenda de grano	Cristo se ofrece a sí mismo como sacrificio perfecto de calidad suprema	Lv. 2; He. 10:8
15. Ofrenda de comunión	Cristo se ofrece a sí mismo como la base para la comunión con Dios	Lv. 3; Ef. 2:14; Col. 1:20
16. Ofrenda por el pecado	La muerte de Cristo por el pecador en relación con la culpa del pecado	Lv. 4:1–5:13; He. 13:11-12
17. Ofrenda por la culpa	La muerte de Cristo como expiación por el agravio del pecado	Lv. 5:14–6:7; He. 10:12

Fig. 8.1. Tipos y antitipos en las Escrituras según Zuck[20]

El enfoque de Zuck puede parecer seguro, limpio y ordenado, pero es demasiado restrictivo. Cuando el autor de Hebreos menciona varios tipos relacionados con el tabernáculo, hace una nota al margen: "De las cuales cosas no se puede ahora hablar en detalle" (He. 9:5). Esto implica que existen conexiones tipológicas que las Escrituras no explican del todo. Uno de los

---

20. Roy B. Zuck, *Basic Bible Interpretation* (Wheaton, IL: Victor, 1991), 179-80.

gozos de interpretar la Biblia es rastrear las conexiones tipológicas de un modo responsable, siguiendo el ejemplo de los autores neotestamentarios: tipos como el diluvio noético,[21] la tierra[22] y José.[23] La tipología no es una técnica elaborada para interpretar la Biblia, sino el simple resultado de extraer el significado de los pasajes bíblicos a la luz de la totalidad de las Escrituras:

> *La tipología puede denominarse exégesis contextual dentro de la estructura del canon, ya que involucra principalmente la interpretación y la elucidación del significado de partes anteriores de las Escrituras en porciones posteriores* [...]. En lugar de interpretar un texto solo a la luz de su contexto literario inmediato dentro de un libro, ahora estamos interpretando el pasaje en consideración del contexto canónico más amplio [...]. Hoy no podemos reproducir la *certeza* inspirada de nuestras interpretaciones tipológicas como pudieron hacer los escritores del AT o del NT, pero el uso sistemático de este método por parte de los autores bíblicos a lo largo de centenares de años de historia sagrada sugiere firmemente que es un sistema viable que todos los santos pueden utilizar hoy.[24]

En resumen

La tipología incluye al menos cuatro elementos: analogía, historicidad, presagio e intensificación. Dios diseñó tipos que anunciaran a Jesús.

<hr>

Preguntas para la reflexión

1. ¿Está usted, o no, de acuerdo con que Dios puede pretender más, aunque no menos, que lo que deseaban comunicar los autores humanos? ¿Por qué?
2. ¿Cómo le explicaría a un niño qué es la tipología?
3. ¿Cuál es su tipo favorito en la Biblia? ¿Por qué?
4. ¿Qué tipo le gustaría estudiar más? ¿Por qué?
5. Cuando medita en cómo Dios, en su soberanía, diseñó los tipos para relacionarlos con Jesús, ¿qué siente hacia Él?

<hr>

21. Ver Scott T. Yoshikawa, "The Prototypical Use of de Noahic Flood in the New Testament" (diss. PhD., Trinity Evangelical Divinity School, 2004). La disertación es una obra extensa de 726 páginas.
22. Ver Pregunta 29.
23. Ver Samuel Emadi, "Covenant, Typology, and the Story of Joseph: A Literary-Canonical Examination of Genesis 37–50" (diss. PhD., Southern Baptist Theological Seminary, 2016).
24. Beale, *Handbook,* 25 (énfasis original).

PREGUNTA **9**

¿Cómo enfoca la teología bíblica el uso que hacen las Escrituras posteriores de las más tempranas?

Andrew David Naselli

El Antiguo y el Nuevo Testamento son un solo libro coherente.[1] Podría parecer que contienen demasiadas diferencias como para integrarse, pero lo hacen. Dios los diseñó para que se completaran de forma brillante.

La preocupación fundamental de la teología bíblica es cómo las Escrituras posteriores usan las anteriores. Esto incluye cómo se utiliza el Antiguo Testamento en el mismo Antiguo Testamento,[2] pero lo más relevante es cómo se emplea el Antiguo Testamento en el Nuevo.[3] El Nuevo Testamento puede citar o aludir al Antiguo.[4] Cuando un autor neotestamentario cita o alude al Antiguo Testamento, usted puede analizarlo en seis pasos.[5]

---

1. Ver también Andrew David Naselli, *How to Understand and Apply the New Testament: Twelve Steps from Exegesis to Theology* (Phillipsburg, NJ: P&R, 2017), 174-180, 235-237.
2. Ver Pregunta 31.
3. Ver Preguntas 31-35. La introducción más útil a cómo se usa el AT en el NT es G. K. Beale, *Handbook on the New Testament Use of the Old Testament: Exegesis and Interpretation* (Grand Rapids: Baker Academic, 2012). Ver también dos volúmenes de referencias sobre el AT en el NT que se suplementan entre sí: G. K. Beale y D. A. Carson, eds., *Commentary on the New Testament Use of the Old Testament* (Grand Rapids: Baker Academic, 2007); G. K. Beale, D. A. Carson, Benjamin L. Gladd y Andrew David Naselli, eds., *Dictionary of the New Testament Use of the Old Testament* (Grand Rapids: Baker Academic, de próxima publicación). DeRouchie, Martin y Naselli están contribuyendo con artículos a este diccionario de próxima publicación.
4. Ver Beale, *Handbook,* 29-40. Beale distingue de forma muy útil las citas de las alusiones: "Una cita es la mención directa de un pasaje del AT fácilmente reconocible por su paralelismo verbal claro y único" (29) y una alusión es cuando "un autor, de forma breve, consciente e intencionada, expresa algo y lo hace depender de un pasaje del AT" (31). No es tan útil distinguir los ecos de las alusiones (32-35). Para un manual básico del modo en que muchos eruditos distinguen las citas, las alusiones y los ecos, ver Christopher A. Beetham, *Echoes of Scripture in the Letter of Paul to the Colossians,* BibInt (Leiden: Brill, 2008), 11-40.
5. Estamos siguiendo a Beale y Carson, introducción a *Commentary,* xxiv-xxvi. Beale desarrolla más tarde este método en nueve pasos: Beale, *Handbook,* 41-54.

Estudie el contexto del Nuevo Testamento

Realice la exégesis del pasaje neotestamentario. Esto podría incluir investigar al menos ocho componentes de la exégesis:[6]

1. *Género.* Establezca directrices para interpretar el estilo literario de un pasaje.
2. *Crítica textual.* Establezca la redacción original.
3. *Traducción.* Compare las traducciones.
4. *Gramática griega.* Entienda cómo se comunican las frases mediante palabras, expresiones y cláusulas.
5. *Diagrama del argumento.* Rastree el argumento lógico usando arcos, corchetes o fraseo.
6. *Contexto histórico-cultural.* Entienda la situación en la que el autor compuso la literatura y cualquier detalle histórico-cultural que el autor mencione o probablemente dé por sentado.
7. *Contexto literario.* Entienda la función de un pasaje en la totalidad de su libro.
8. *Estudio de palabras.* Descifre las palabras, las expresiones y los conceptos clave.

Estudie el contexto del Antiguo Testamento

Realice la exégesis del pasaje o pasajes del Antiguo Testamento. Como cuando se estudia el contexto del Nuevo Testamento, esto implica investigar múltiples componentes de la exégesis.[7] A veces, es necesario reflexionar sobre cómo se usa el Antiguo Testamento en el mismo Antiguo Testamento (p. ej.: cómo se usa Éxodo en Isaías).[8]

Estudie los usos relevantes del pasaje del Antiguo Testamento en la literatura judía extrabíblica

Podría ser importante considerar cómo se interpretaron ciertos textos veterotestamentarios en la literatura judía aproximadamente contemporánea. Dedicaremos un poco más de espacio a este paso, no porque sea lo más importante (no lo es), sino porque es menos familiar para los cristianos que leen la Biblia.[9]

¿Qué fuentes judías primarias podrían incluir los usos más relevantes de

---

6. Ver Naselli, *Understand and Apply the New Testament,* 1-229.
7. Ver DeRouchie, *Understand and Apply the Old Testament,* 1-343.
8. Ver Pregunta 31.
9. Ver también Beale, *Handbook,* 103-32.

los pasajes del Antiguo Testamento? Seis cuerpos de literatura judía son los más relevantes.

1. *Los apócrifos del Antiguo Testamento* es una colección de unos quince libros que datan del siglo III a. C. al siglo I d. C.: 1-2 Esdras, Tobías, Judit, Adiciones en Ester, Sabiduría de Salomón, Eclesiástico (Sirácida), Baruc, Epístola de Jeremías, La Oración de Azarías y el Cántico de los Tres Jóvenes, Susana, Bel y el Dragón, Oración de Manasés, 1–2 Macabeos. La Iglesia Católica Romana y la Iglesia Ortodoxa consideran que estos libros son canónicos, no así los judíos y los protestantes.[10]

2. *Los pseudoepígrafos del Antiguo Testamento* es una amplia y diversa colección de escritos antiguos judíos y helenísticos que datan, en su mayoría, del período intertestamentario. Muchos de los libros usan pseudónimos, es decir, afirman que su autor es una figura bíblica muy conocida como Enoc, Esdras, Abraham, Isaac o Jacob.

3. *Los rollos del Mar Muerto* es una colección de unos 850 manuscritos judíos (en su mayoría fragmentos) descubiertos por pastores de ovejas en 1947 en cuevas de la región de Qumrán, cerca del Mar muerto. Estos rollos no solo incluyen textos de todos los libros del Antiguo Testamento, a excepción de Ester, sino también otros escritos como comentarios de los libros veterotestamentarios y otras obras. Estos escritos son especialmente relevantes para entender una corriente del judaísmo que, según se supone, los escribieron: los esenios, un grupo que Josefo señala que vivió en Israel durante la época del Nuevo Testamento.

4. *Filón* era un filósofo judío helenista y exégeta del Antiguo Testamento, originario de Alejandría y que vivió del 20 a. C. al 50 d. C., aproximadamente. Sus escritos más relevantes para los estudios bíblicos incluyen sus comentarios sobre Génesis y Éxodo, llenos de alegoría. Su hermenéutica alegórica puede ser tan creativa que resulta (tristemente) entretenida.

5. *Josefo* fue un historiador judío que vivió del 37 al 110 d. C. Aparte de la Biblia, sus cuatro libros son la fuente más importante para entender el mundo judío del siglo I: (1) *Vida de Flavio Josefo* es su autobiografía; (2) *Contra Apión* es una apologética del judaísmo; (3) *Antigüedades judías* narra la historia de los judíos desde la creación del mundo hasta

---

10. Los apócrifos del Antiguo Testamento son muy diferentes de los apócrifos del Nuevo, que incluyen Evangelios apócrifos, cartas y literatura apocalíptica que fueron escritos entre el siglo II y el VI d. C.

la guerra contra Roma; y (4) *La guerra de los judíos* describe la guerra judía contra Roma. En general (no siempre) es un historiador fiable.

6. *Los tárgumim y la literatura rabínica* son ventanas a la manera en que la comunidad judía primitiva interpretaba el Antiguo Testamento. Los tárgumim traducen e interpretan el Antiguo Testamento en arameo y se escribieron en torno al siglo III d. C. La literatura rabínica (es decir, la Mishná, los Talmudes y la Midrash) recoge la enseñanza de los rabinos o sabios judíos. La Mishná recopila la ley oral; los Talmudes palestino y babilónico son comentarios sobre la Mishná; y la Midrash ofrece comentarios sobre el Antiguo Testamento. Sin embargo, estos escritos voluminosos son muy difíciles de fechar con precisión. No queda claro, por ejemplo, si las creencias y las prácticas judías que describen datan de la época del Nuevo Testamento o si se desarrollaron con posterioridad.

¿Por qué, pues, es relevante la literatura judía extracanónica para estudiar el Nuevo Testamento? Existen muchas razones. Una de las más relevantes es que nos ayuda a comprender mejor cómo se usa el Antiguo Testamento en el Nuevo. G. K. Beale y D. A. Carson proporcionan cinco razones para ello:[11]

1. Puede enseñarnos cómo fuentes más o menos contemporáneas del NT entendían los textos del AT. En unos cuantos casos, la trayectoria del entendimiento puede rastrearse, pertenezcan o no los documentos neotestamentarios a esa trayectoria.
2. En ocasiones, demuestran que las mismas autoridades judías estaban divididas en cuanto a la interpretación de ciertos pasajes veterotestamentarios. A veces, la diferencia queda determinada, en parte, por el género literario. Por ejemplo, la literatura sapiencial no trata algunos temas de la misma manera que las fuentes apocalípticas. Cuando se puede rastrear el razonamiento, este revela importantes percepciones de cómo se estaban leyendo las Escrituras.
3. En algunos casos, las interpretaciones del judaísmo temprano proporcionan un contraste con las interpretaciones cristianas primitivas. Por tanto, las diferencias exigen explicaciones hermenéuticas y exegéticas; por ejemplo, si dos grupos entienden los mismos textos de maneras completamente diferentes, ¿qué justifica estas desigualdades en la interpretación? ¿La técnica exegética? ¿Las presuposiciones hermenéuticas?

---

11. Beale y Carson, introducción a *Commentary,* xxiv (números y formato añadidos).

¿Los géneros literarios? ¿Oponentes diferentes? ¿Distintas responsabilidades pastorales?

4. Incluso cuando no hay una dependencia literaria directa, algunas veces el lenguaje del judaísmo primitivo provee estrechos paralelos al de los escritores del Nuevo Testamento sencillamente por la proximidad cronológica y cultural.

5. En unos pocos casos, los escritores del Nuevo Testamento manifestaron, al parecer, una dependencia directa de las fuentes pertenecientes al judaísmo primitivo y su manejo del Antiguo Testamento (p. ej.: Judas). ¿Qué debemos deducir de semejante dependencia?

¿Cómo debemos usar estas fuentes judías de un modo responsable? A continuación, seis sugerencias:

1. *Proceder con sensibilidad literaria.* No sacar un pasaje de su contexto literario. No saquear los textos extrabíblicos.

2. *Reconocer que el mundo judío era diverso.* ¿Ha oído decir a alguien: "Todos los judíos de la época de Pablo creían…"? Es posible acabar estas frases de manera responsable, pero, por lo general, quien se expresa así está pintando con una brocha demasiado ancha. Los grupos de persona y las ideologías son diversas. El judaísmo del siglo i era complejo e incluía distintas ideologías y tradiciones para problemas diferentes.

3. *Tener cuidado con la paralelomanía.*[12] Así es como nos volvemos culpables de la paralelomanía: (1) concluir que algunos recursos judíos son paralelos a un pasaje del Nuevo Testamento; (2) asumir que una conexión literaria orgánica directa proveyó los paralelos; y (3) concluir que el flujo va en una dirección específica, a saber, que esos recursos judíos influyeron de forma directa en Pablo y no a la inversa. Existe una gran diferencia entre las dos frases siguientes: (1) "Pedro tomó esta idea prestada de…" y (2) "Lo que Pedro afirma aquí podría reflejar una idea que también aparece en…". La primera declaración da por sentado que usted sabe que Pedro se estaba apoyando en una fuente específica. Cuidado con no hacer conclusiones demasiado generales con base en tan solo un pequeño puñado de supuestos paralelos.

4. *Especificar cómo ayuda una fuente a comprender el Nuevo Testamento.* A continuación, enumero cuatro opciones comunes en orden decreciente. Un recurso judío o grecorromano podría (1) reflejar el medio cultural que le ayuda a entender mejor un pasaje del Nuevo Testamento,

---

12. Samuel Sandmel popularizó esta palabra. Ver Samuel Sandmel, "Parallelomania", *JBL* 81, núm. 1 (marzo 1962): 1-13.

(2) usar un lenguaje similar al de un pasaje del Nuevo Testamento, (3) influir de un modo indirecto en un pasaje del Nuevo Testamento, o (4) influir directamente en un pasaje del Nuevo Testamento.

5. *Ser corregible*. Estar dispuesto a corregir y a humildemente reformar su opinión. Esto es importante por al menos cuatro razones: (1) La información es incompleta. Los recursos con los que trabajamos no son más que una fracción de la información sobre el mundo neotestamentario. Hay mucho que desconocemos. (2) Usted depende de los demás para acceder a la información e interpretarla. (3) Usted puede interpretar de un modo incorrecto sus propias suposiciones histórico-culturales en los textos antiguos. (4) Es probable que no entienda estos recursos judíos tan bien como la Biblia.

6. *Leer uno mismo las fuentes primarias*. Desde luego, debe usar buenas fuentes secundarias sobre el contexto histórico-cultural.[13] Son increíblemente útiles y nos ahorran una cantidad enorme de tiempo. Pero no se apoye en ellas de manera exclusiva. Es eficiente y sabio empezar por las fuentes secundarias y permitir que ellas lo señalen hacia importantes fuentes primarias. Pero las fuentes secundarias deben ser una entrada a las primarias que localice y lea usted mismo.

Estudie las cuestiones textuales

La crítica textual estudia las evidencias de manuscritos para establecer la redacción original. Reúne y organiza los datos, compara y evalúa las variantes en la redacción y reconstruye la historia de la transmisión. Al estudiar las cuestiones textuales para ver cómo se usa el AT en el NT, la crítica textual consta de dos niveles:[14]

---

13. Por ejemplo, Craig A. Evans y Stanley E. Porter eds., *Dictionary of New Testament Background* (Downers Grove, IL: InterVarsity, 2000); Larry R. Helyer, *Exploring Jewish Literature of the Second Temple Period: A Guide for New Testaments Students* (Downers Grove, IL: InterVarsity, 2002). Clinton E. Arnold, ed., *Zondervan Illustrated Bible Backgrounds Commentary: New Testament*, 4 vol. (Grand Rapids: Zondervan, 2002); Everett Ferguson, *Backgrounds of Early Christianity*, 3.ª ed. (Grand Rapids: Eerdmans, 2003); Craig A. Evans, *Ancient Texts for New Testament Studies: A Guide to the Background Literature*, 2.ª ed. (Peabody, MA: Hendrickson, 2005); George W. E. Nickelsburg, *Jewish Literature between the Bible and the Mishnah: A Literary and Historical Introduction*, 2.ª ed. (Minneapolis: Fortress, 2005); John J. Collins y Daniel C. Harlow, eds., *The Eerdmans Dictionary of Early Judaism* (Grand Rapids: Eerdmans, 2010); Joel B. Green y Lee Martin McDonald, eds., *The World of the New Testament: Cultural, Social, and Historical Contexts* (Grand Rapids: Baker Academic, 2013); Craig S. Keener, *The IVP Bible Background Commentary: New Testament*, 2.ª ed. (Downers Grove, IL: InterVarsity, 2014); Edwin M. Yamauchi y Marvin R. Wilson, eds. *Dictionary of Daily Life in Biblical and Post-Biblical Antiquity*, 4 vol. (Peabody, MA: Hendrickson, 2014-2016).

14. Ver también W. Edward Glenny, "The Septuagint and Biblical Theology", *Them* 41, núm.2 (agosto de 2016): 263-278.

1. Estudiar las cuestiones textuales en el texto masorético, la LXX y el Nuevo Testamento griego.[15]
2. Comparar las cuestiones textuales en el texto masorético, la LXX y el Nuevo Testamento griego entre sí. Por ejemplo, ¿qué versión del Antiguo Testamento está citando el Nuevo Testamento?

En ocasiones, es polémico si el Nuevo Testamento cita explícitamente el Antiguo Testamento o si se limita a aludir a él.[16]

Este paso podría muy bien aparecer como el paso 1, 2 o 3. Lo importante es que los pasos 1-4 se produzcan antes del 5 y el 6, donde está el "meollo" del estudio.

Discernir la justificación hermenéutica del autor del Nuevo Testamento para usar el Antiguo Testamento

Los autores del Nuevo Testamento usan el Antiguo Testamento de formas diversas. G. K. Beale destaca (e ilustra) doce:[17]

1. Para indicar el cumplimiento directo de una profecía del Antiguo Testamento.
2. Para indicar el cumplimiento indirecto de una profecía tipológica del Antiguo Testamento.
3. Para indicar la confirmación de que una profecía del Antiguo Testamento aún no cumplida, sin duda, se cumplirá en el futuro.
4. Para indicar un uso analógico o ilustrativo del Antiguo Testamento.
5. Para indicar un uso simbólico del Antiguo Testamento.
6. Para indicar una autoridad actual acarreada del Antiguo Testamento.
7. Para indicar un uso proverbial del Antiguo Testamento.
8. Para indicar un uso retórico del Antiguo Testamento.
9. Para indicar un uso de un segmento del Antiguo Testamento como modelo o prototipo de un segmento del Nuevo Testamento.
10. Para indicar un uso textual alterno del Antiguo Testamento.
11. Para indicar un uso asimilado del Antiguo Testamento.

---

15. El Texto masorético es el texto recibido y estándar de las Escrituras hebreas. Una escuela de escribas judíos llamada los masoretas trabajaron en este texto del 500 al 1000 d. C. La LXX es la Septuaginta, la traducción griega del Antiguo Testamento hebreo.
16. Citar con exactitud, palabra por palabra es un ideal relativamente moderno. Ver R. T. France, "Relationship between the Testaments", en *Dictionary for Theological Interpretation of the Bible*, ed. Kevin J. Vanhoozer (Grand Rapids: Baker Academic, 2005), 667-668.
17. Ver Beale, *Handbook*, 55-93. Cp. Douglas J. Moo y Andrew David Naselli, "The Problem of the New Testament's Use of the Old Testament", en *The Enduring Authority of the Christian Scriptures*, ed. D. A. Carson (Grand Rapids: Eerdmans, 2016), 702-746.

12. Para indicar un uso irónico o invertido del Antiguo Testamento.

En un principio, podría parecer que un autor del Nuevo Testamento cita el Antiguo como "texto prueba"; es decir, que cita de forma selectiva un texto sacado de su contexto original. Estos textos nos exigen reflexionar sobre cómo se integran el Antiguo y el Nuevo Testamento. A veces, el autor neotestamentario puede incluir de manera implícita el contexto más amplio veterotestamentario cuando cita tan solo una pequeña parte de este.[18]

Discernir cómo usa el autor neotestamentario el Antiguo Testamento de forma teológica

¿Qué está haciendo el autor del Nuevo Testamento con el Antiguo? ¿Qué idea teológica está exponiendo? Por ejemplo, ¿qué conclusión saca cuando un pasaje del Nuevo Testamento toma un texto del Antiguo sobre el pueblo de Dios bajo el antiguo pacto y lo aplica directamente al pueblo de Dios bajo el nuevo pacto?

Beale explica que los autores del Nuevo Testamento presuponen cinco creencias relevantes que forman su interpretación teológica del Antiguo Testamento:[19]

1. Existe la aparente suposición de una *solidaridad corporativa* o *representación*.
2. A la luz de la solidaridad corporativa o representación, Cristo como Mesías se considera representante del *verdadero Israel* del AT *y* el verdadero Israel, la iglesia, en el NT.
3. *La historia se unifica* mediante un plan sabio y soberano, de manera que las partes anteriores están diseñadas para corresponder y apuntar a las posteriores (cp. p. ej.: Mt. 5:17; 11:13; 13:16-17).
4. La era del *cumplimiento escatológico* ha llegado en Cristo.
5. Como consecuencia de la presuposición precedente, resulta que las partes posteriores de la historia bíblica funcionan como contexto más amplio para interpretar las partes anteriores, porque todas tienen al mismo autor divino supremo que inspira a los diversos autores huma-

---

18. Ver también C. H. Dodd, *According to the Scriptures: The Sub-Structure of New Testament Theology* (Londres: Nisbet, 1952), 126: "El método incluía, primero, la *selección* de ciertas porciones extensas de las Escrituras veterotestamentarias, en especial de Isaías, Jeremías y ciertos Profetas menores, así como de los Salmos. Estas secciones se entendían como *conjuntos* y los versículos o frases específicas se citaban a partir de ellos y más como indicadores de la totalidad del contexto que como testimonios constituidos en y por sí mismos. Al mismo tiempo, se podía aducir frases sueltas de otras partes del Antiguo Testamento para ilustrar o elucidar el significado de la sección principal que se está considerando. Sin embargo, en los pasajes fundamentales, lo que está a la vista es el *contexto total* y este es la base del argumento".
19. Beale, *Handbook*, 95-102 (citando 96-97, énfasis original).

nos.[20] Una deducción de esta premisa es que Cristo es la meta hacia la que el AT señalaba y es el centro de la historia redentora de los tiempos postreros. Esta es la *clave para interpretar las porciones más tempranas del AT y sus promesas.*

En resumen

Cuando un autor del Nuevo Testamento cita el Antiguo o alude a él, se lo puede analizar en seis pasos:

1. Estudiar el contexto del Nuevo Testamento.
2. Estudiar el contexto del Antiguo Testamento.
3. Estudiar los usos relevantes del pasaje veterotestamentario en la literatura judía extrabíblica.
4. Estudiar las cuestiones textuales.
5. Discernir la justificación hermenéutica del autor neotestamentario para usar el Antiguo Testamento.
6. Discernir cómo usa el autor neotestamentario el Antiguo Testamento de manera teológica.

El orden de los pasos 1-4 no es tan importante, pero se debe completar las etapas 1-4 antes de las 5-6.

Preguntas para la reflexión

1. ¿Por qué es importante para la teología bíblica estudiar la manera en que el Antiguo Testamento se usa en el Nuevo?
2. ¿Qué significa estudiar el contexto literario de un pasaje?
3. ¿Por qué podría la literatura judía extracanónica ser relevante para estudiar el Nuevo Testamento?
4. ¿Cuáles son las diversas justificaciones hermenéuticas para la manera en que los autores del Nuevo Testamento usan el Antiguo?
5. ¿Le gustaría explorar algún pasaje en concreto del Nuevo Testamento que cite el Antiguo Testamento o que aluda a él? ¿Cómo procedería a estudiar la manera en que se usa el Antiguo Testamento en el pasaje del Nuevo Testamento?

---

20. O, de un modo más preciso, Dios inspira los escritos (2 Ti. 3:16) y el Espíritu Santo mueve a los autores humanos (2 P. 1:21).

SEGUNDA PARTE

Metodología de la teología bíblica

¿Cuáles son las distintas formas en que los evangélicos hacen teología bíblica?

Andrew David Naselli

Existen dos formas básicas de definir a un evangélico: desde un enfoque sociológico o teológico.[1]

1. El enfoque sociológico es descriptivo y la mayoría de los historiadores lo adoptan. ¿Quién se autoidentifica como evangélico?
2. El enfoque teológico es prescriptivo y algunos teólogos lo adoptan. ¿Quién cree el evangelio según la Biblia?

Nosotros definimos a un evangélico mediante el método teológico. Una forma resumida de definir el evangelio es que Jesús vivió, murió y resucitó por los pecadores y que Dios salvará a aquellos que acudan a Jesús y confíen en Él.[2] Las personas que tenemos en mente, que creen esas buenas nuevas, presuponen al menos tres verdades: (1) La Biblia es inspirada por Dios, totalmente veraz y nuestra autoridad final.[3] (2) Debemos leer cualquier parte de la Biblia a la luz de la totalidad unificada y sin contradicciones. (3) La teología bíblica es una forma productiva de interpretar parte de la Biblia a la luz del conjunto.[4] Estas tres presuposiciones son importantes porque muchos eruditos bíblicos las rechazan y, por consiguiente, interpretan partes de la Biblia de un modo muy diferente al que explicamos en este libro.[5] Como lo expresa D. A. Carson: "La teología bíblica debe presuponer un canon coherente y acorde".[6]

---

1. Ver Andrew David Naselli, conclusión a *Four Views on the Spectrum of Evangelicalism*, eds. Andrew David Naselli y Collin Hansen, Counterpoints (Grand Rapids: Zondervan, 2011), 209-210.
2. Ver Andrew David Naselli, *How to Understand and Apply the New Testament: Twelve Steps from Exegesis to Theology* (Phillipsburg, NJ: P&R. 2017), 296-300.
3. Ver D. A. Carson, ed., *The Enduring Authority of the Christian Scriptures* (Grand Rapids: Eerdmans, 2016).
4. Ver Pregunta 1.
5. Respecto a la compleja historia de la teología bíblica, ver Charles H. H. Scobie, "History of Biblical Theology", en *New Dictionary of Biblical Theology*, eds. T. Desmond Alexander y Brian S. Rosner (Downers Grove, IL: InterVarsity, 2000), 11-20; James K. Mead, *Biblical Theology: Issues, Methods, and Themes* (Louisville: Westminster John Knox, 2007).
6. D. A. Carson, "Current Issues in Biblical Theology: A New Testament Perspective", *BBR* 5 (1995): 27.

Los evangélicos hacen teología bíblica de al menos tres formas superpuestas: (1) analizan el mensaje, (2) rastrean los temas y (3) cuentan la historia.[7] Es ideal estudiar la teología bíblica siguiendo esos tres pasos: (1) analizar el mensaje teológico de cada libro de la Biblia y el mensaje de sus secciones; (2) rastrear los temas centrales a lo largo de la Biblia; y (3) ver cómo encaja todo en la gran trama. Si empieza narrando la historia sin haber estudiado el mensaje y los temas centrales del modo adecuado, lo más probable es que no pueda explicar aspectos importantes del relato.[8]

Estas tres formas de hacer teología bíblica se *superponen* porque no son completamente distintas unas de otras. Algunos autores combinan los tres enfoques.[9]

Analizar el mensaje

Estos son los dos enfoques básicos: (1) analizar el mensaje de la totalidad de la Biblia y (2) analizar el mensaje de los libros o secciones de la Biblia.

Analizar el mensaje de la totalidad de la Biblia

El mensaje de un libro es la tarea global del autor. No siempre es lo mismo que su contenido (¿sobre qué está escribiendo el autor?) ni que su propósito (¿por qué escribe el autor?). La forma más completa de analizar todo el mensaje de la Biblia es con una teología bíblica de toda la Biblia. Esto implica estudiar el mensaje literario y teológico de cada libro o sección de la Biblia.[10]

---

7. Ver también Vern Sheridan Poythress, "Kinds of Biblical Theology", *WTJ* 70, núm. 1 (primavera de 2008): 134-137. Respecto a cómo presentan e ilustran Edward W. Klink III y Darian R. Lockett cinco tipos de teología bíblica, ver Pregunta 1.

8. Ver también Andreas J. Köstenberger, "The Promise of Biblical Theology: What Biblical Theology Is and What It Isn't", *Midwestern Journal of Theology* 17, núm. 1 (primavera de 2018).

9. Ilustramos el primero de los dos enfoques a la teología bíblica más adelante, en parte en alusión a volúmenes de la serie New Studies in Biblical Theology editada por D. A. Carson (publicado por Apollos e InterVarsity). En el prefacio de la serie, Carson explica: "New Studies in Biblical Theology es una serie de monografías que tratan cuestiones clave en la disciplina de la teología bíblica. Las contribuciones a la serie se centran en uno o más de tres ámbitos: (1) la naturaleza y el estatus de la teología bíblica, incluidas sus relaciones con otras disciplinas (p. ej. la teología histórica, la exégesis, la teología sistemática, la crítica histórica, la teología narrativa); (2) la articulación y la exposición de la estructura de pensamiento de un escritor bíblico o corpus en particular; y (3) la delineación del tema bíblico a lo largo de todo o parte del corpus bíblico". Ver la página informativa de The Gospel Coalition sobre la serie: https://www.thegospelcoalition .org/article/new-studies-in-biblical-theology/. Este sitio web enlaza con una hoja de cálculo en Excel que es un índice general de pasajes para la serie New Studies in Biblical Theology. La hoja de cálculo coloca un asterisco junto a cada número de página donde existe una explicación en lugar de una mera referencia o un breve comentario. Recurso disponible solo en inglés.

10. P. ej.: Thomas R. Schreiner, *The King in His Beauty: A Biblical Theology of the Old and New Testaments* (Grand Rapids: Baker Academic, 2013).

Analizar el mensaje de los libros o secciones de la Biblia

Una forma menos completa de analizar el mensaje de la Biblia es centrarse en partes de ella. Esto incluye rastrear temas que forman parte del mensaje literario y teológico de un libro o sección:[11]

- un libro de la Biblia[12]
- una sección del Antiguo Testamento: por ejemplo, el Pentateuco,[13] la literatura sapiencial[14]
- todos los libros/secciones del Antiguo Testamento (es decir, una teología del Antiguo Testamento)[15]
- una sección del Nuevo Testamento; por ejemplo, Marcos;[16] Lucas-Hechos;[17] Juan;[18] Pablo;[19] Santiago, Pedro y Judas[20]
- todos los libros/secciones del Nuevo Testamento (es decir, una teología del Nuevo Testamento)[21]

---

11. Ver esp. Alexander y Rosner, *New Dictionary of Biblical Theology,* 113-363.

12. P. ej.: J. Gary Millar, *Now Choose Life: Theology and Ethics in Deuteronomy,* NSBT 6 (Downers Grove, IL: InterVarsity, 1998); Daniel C. Timmer, *A Gracious and Compassionate God: Mission, Salvation and Spirituality in the Book of Jonah,* NSBT 26 (Downers Grove, IL: InterVarsity, 2011); James M. Hamilton Jr., *With the Clouds of Heaven: The Book of Daniel in Biblical Theology,* NSBT 32 (Downers Grove, IL: InterVarsity, 2014); Peter H. W. Lau y Gregory Goswell, *Unceasing Kindness: A Biblical Theology of Ruth,* NSBT 41 (Downers Grove, IL: InterVarsity, 2016); Brian J. Tabb, *All Things New: Revelation as the Climax of Biblical Prophecy,* NSBT (Downers Grove, IL: InterVarsity, 2019).

13. P. ej.: John Sailhamer, *The Meaning of the Pentateuch: Revelation, Composition, and Interpretation* (Downers Grove, IL: InterVarsity, 2009).

14. P. ej.: Richard P. Belcher Jr., *Finding Favour in the Sight of God: A Theology of Wisdom Literature,* NSBT 46 (Downers Grove, IL: InterVarsity, 2018).

15. P. ej.: Roy B. Zuck, ed., *A Biblical Theology of the Old Testament* (Chicago: Moody, 1991); Paul R. House, *Old Testament Theology* (Downers Grove, IL: InterVarsity, 1998); Stephen G. Dempster, *Dominion and Dynasty: A Biblical Theology of the Hebrew Bible,* NSBT 15 (Downers Grove, IL: InterVarsity, 2003); Eugene H. Merrill, *Everlasting Dominion: A Theology of the Old Testament* (Nashville: B&H, 2006), caps. 12–20; Bruce K. Waltke, con Charles Yu, *An Old Testament Theology: An Exegetical, Canonical, and Thematic Approach* (Grand Rapids: Zondervan, 2007); Jason S. DeRouchie, ed., *What the Old Testament Authors Really Cared About: A Survey of Jesus' Bible* (Grand Rapids: Kregel, 2013).

16. P. ej.: David E. Garland, *A Theology of Mark's Gospel: Good News about Jesus the Messiah, the Son of God,* Biblical Theology of the New Testament (Grand Rapids: Zondervan, 2015).

17. P. ej.: Darrell L. Bock, *A Theology of Luke and Acts: God's Promised Program, Realized for All Nations,* Biblical Theology of the New Testament (Grand Rapids: Zondervan, 2012).

18. P. ej.: Andreas J. Köstenberger, *A Theology of John's Gospel and Letters: The Word, the Christ, the Son of God,* Biblical Theology of the New Testament (Grand Rapids: Zondervan, 2009).

19. P. ej.: Thomas R. Schreiner, *Paul, Apostle of God's Glory in Christ: A Pauline Theology* (Downers Grove, IL: InterVarsity, 2001).

20. P. ej.: Peter H. Davids, *A Theology of James, Peter, and Jude: Living in the Light of the Coming King,* Biblical Theology of the New Testament (Grand Rapids: Zondervan, 2014).

21. P. ej.: George Eldon Ladd, *A Theology of the New Testament,* ed. Donald A. Hagner, 2.ª ed. (Grand Rapids: Eerdmans, 1993); Zuck, *Biblical Theology of the New Testament;* I. Howard Marshall, *New Testament Theology: Many Witnesses, One Gospel* (Downers Grove, IL: InterVarsity, 2004); Frank

Rastrear temas

Existen dos enfoques básicos: (1) rastrear temas a lo largo de toda la Biblia y (2) rastrear temas a lo largo de parte de la Biblia.

Rastrear temas a lo largo de toda la Biblia

Algunos evangélicos rastrean varios temas a lo largo de toda de la Biblia.[22] Algunos lo hacen al narrar la historia de la Biblia: T. Desmond Alexander empieza de forma creativa con Apocalipsis 21–22 y trabaja hacia atrás para mostrar cómo aquello que precede conecta con la forma en que culmina la historia,[23] mientras que G. K. Beale muestra cómo culmina la historia en la nueva creación ("ya") inaugurada y alcanza su clímax en la nueva creación final ("todavía no").[24]

Algunos rastrean un solo tema destacado en toda la Biblia.[25] Entre los más prominentes, se encuentran:

- la expiación[26]
- la circuncisión[27]
- la etnicidad[28]

Thielman, *Theology of the New Testament: A Canonical and Synthetic Approach* (Grand Rapids: Zondervan, 2005); Craig L. Blomberg, *A New Testament Theology* (Waco, TX: Baylor University Press, 2018).

22. P. ej.: Charles H. H. Scobie, *The Ways of Our God: An Approach to Biblical Theology* (Grand Rapids: Eerdmans, 2002); Scott J. Hafemann y Paul R. House, eds., *Central Themes in Biblical Theology: Mapping Unity in Diversity* (Grand Rapids: Baker Academic, 2007); Chris Bruno, *The Whole Message of the Bible in 16 Words* (Wheaton, IL: Crossway, 2017).

23. T. Desmond Alexander, *From Eden to the New Jerusalem: An Introduction to Biblical Theology* (Grand Rapids: Kregel, 2008).

24. G. K. Beale, *A New Testament Biblical Theology. The Unfolding of the Old Testament in the New* (Grand Rapids: Baker Academic, 2011). Se podría clasificar la teología del Nuevo Testamento de Beale como teología bíblica de toda la Biblia, ya que dedica mucho espacio a realizar la exégesis de los textos clave del Antiguo Testamento y a conectarlos con el Nuevo.

25. Ver, en especial, Alexander y Rosner, *New Dictionary of Biblical Theology*, 365-863. Ver también los diez volúmenes de próxima publicación en la serie Essential Studies in Biblical Theology, editada por Benjamin L. Gladd (InterVarsity) y la serie Short Studies in Biblical Theology editada por Dane Ortlund y Miles Van Pelt (Crossway). Respecto a la existencia de un tema global, ver Pregunta 15.

26. P. ej. Graham A. Cole, *God the Peacemaker: How Atonement Brings Shalom*, NSBT 25 (Downers Grove, IL: InterVarsity, 2009).

27. P. ej.: Karl Deenick, *Righteous by Promise: A Biblical Theology of Circumcision*, NSBT 45 (Downers Grove, IL: InterVarsity, 2018); John D. Meade, "Circumcision of Flesh to Circumcision of Heart: The Typology of the Sign of the Abrahamic Covenant", en *Progressive Covenantalism: Charting a course between Dispensational and Covenant Theologies*, eds. Stephen J. Wellum y Brent E. Parker (Nashville: B&H, 2016), 127-158.

28. P. ej.: Daniel Hays, *From Every People and Nation: A Biblical Theology of Race*, NSBT 14 (Downers Grove, IL: InterVarsity, 2003).

- la ciudad de Dios[29]
- el pacto[30]
- la idolatría[31]
- la imagen de Dios[32]
- la encarnación[33]
- la gloria de Dios en la salvación por medio del juicio[34]
- el reino[35]
- la tierra[36]
- la ley[37]
- el matrimonio[38]
- el misterio[39]

---

29. P. ej.: T. Desmond Alexander, *The City of God and the Goal of Creation*, Short Studies in Biblical Theology (Wheaton, IL: Crossway, 2018).

30. P. ej.: Paul R. Williamson, *Sealed with an Oath, Covenant in God's Unfolding Plan*, NSBT 23 (Downers Grove, IL: InterVarsity, 2007); Thomas R. Schreiner, *Covenant and God's Purpose for the World*, Short Studies in Biblical Theology (Wheaton, IL: Crossway, 2017); Peter J. Gentry y Stephen J. Wellum, *Kingdom through Covenant: A Biblical-Theological Understanding of the Covenants*, 2.ª ed. (Wheaton, IL: Crossway, 2018). Ver Pregunta 22.

31. P. ej.: G. K. Beale, *We Become What We Worship: A Biblical Theology of Idolatry* (Downers Grove, IL: InterVarsity, 2008).

32. P. ej.: Richard Lints, *Identity and Idolatry: The Image of God and Its Inversion*, NSBT 36 (Downers Grove, IL: InterVarsity, 2015).

33. P. ej.: Graham A. Cole, *The God Who Became Human: A Biblical Theology of Incarnation*, NSBT 30 (Downers Grove, IL: InterVarsity, 2013).

34. P. ej.: John Piper, "El propósito de Dios en la historia de la redención", en *Sed de Dios: Meditaciones de un hedonista cristiano*, trad. Elena Flores Sanz (Barcelona: Andamio, 2001), 293-308; James M. Hamilton Jr., *God's Glory in Salvation through Judgment: A Biblical Theology* (Wheaton, IL: Crossway 2010); Thomas R. Schreiner, "A Biblical Theology of the Glory of God", en *For the Fame of God's Name: Essays in Honor of John Piper*, eds. Sam Storms y Justin Taylor (Wheaton, IL: Crossway, 2010), 215-234.

35. P. ej.: Christopher W. Morgan y Robert A. Peterson, eds. *The Kingdom of God*, Theology in Community (Wheaton, IL: Crossway, 2012); Jeremy R., Treat, *The Crucified King: Atonement and Kingdom in Biblical and Systematic Theology* (Grand Rapids: Zondervan, 2014); Patrick Schreiner, *The Kingdom of God and the Glory of the Cross*, Short Studies in Biblical Theology (Wheaton, IL: Crossway, 2018.

36. P. ej.: Oren R. Martin, *Bound for the Promised Land: The Land Promise in God's Redemptive Plan*, NSBT 34 (Downers Grove, IL: InterVarsity, 2015). Ver Pregunta 29.

37. P. ej.: Douglas J. Moo, "The Law of Christ as the Fulfillment of the Law of Moses: A Modified Lutheran View", en *Five Views on Law and Gospel*, ed. Wayne G. Stickland, Counterpoints (Grand Rapids; Zondervan, 1996), 319-376 (también 83-90, 165-173, 218-225, 309-315); Thomas R. Schreiner, *40 Questions about Christians and Biblical Law*, 40 Questions (Grand Rapids: Kregel, 2010). Ver Pregunta 25.

38. P. ej.: Raymond C. Ortlund, *God's Unfaithful Wife: A Biblical Theology of Spiritual Adultery*, NSBT 2 (Downers Grove, IL: InterVarsity, 1996). Ray Ortlund, *Marriage and the Mystery of the Gospel*, Short Studies in Biblical Theology (Wheaton, IL: Crossway, 2016).

39. P. ej.: G. K. Beale y Benjamin L. Gladd, *Hidden but Now Revealed: A Biblical Theology of Mystery* (Downers Grove, IL: InterVarsity, 2014). Ver Pregunta 21.

- las posesiones[40]
- la oración[41]
- el arrepentimiento[42]
- la resurrección[43]
- la serpiente[44]
- el pastor[45]
- el templo[46]
- el trabajo[47]

Rastrear temas a lo largo de parte de la Biblia

Algunos evangélicos no rastrean un tema o temas de modo exhaustivo a lo largo de toda la Biblia, sino tan solo en parte de ella:

- parte de un libro de la Biblia[48]
- un libro de la Biblia[49]
- una sección del Antiguo Testamento[50]

---

40. P. ej.: Craig L. Blomberg, *Neither Poverty nor Riches: A Biblical Theology of Possessions*, NSBT 7 (Downers Grove, IL: InterVarsity, 1999).

41. P. ej. J. Gary Millar, *Calling on the Name of the Lord: A Biblical Theology of Prayer*, NSBT 38 (Downers Grove, IL: InterVarsity, 2016).

42. P. ej.: Mark J. Boda, *"Return to Me": A Biblical Theology of Repentance*, NSBT 35 (Downers Grove, IL: InterVarsity, 2015).

43. P. ej.: N. T. Wright, *The Resurrection of the Son of God*, Christian Origins and the Question of God 3 (Londres: SPCK, 2003). Ver Pregunta 30.

44. P. ej.: Andrew David Naselli, *The Serpent and the Serpent Slayer*, Short Studies in Biblical Theology (Wheaton, IL: Crossway, 2020). Ver Pregunta 23.

45. . P. ej.: Timothy Laniak, *Shepherds after My Own Heart: Pastoral Traditions and Leadership in the Bible*, NSBT 20 (Downers Grove, IL: InterVarsity, 2006).

46. P. ej.: G. K. Beale, *The Temple and the Church's Mission: A Biblical Theology of the Dwelling Place of God*, NSBT 17 (Downers Grove, IL: InterVarsity, 2004). Ver Pregunta 27.

47. P. ej.: James M. Hamilton Jr., *Work and Our Labor in the Lord*, Short Studies in Biblical Theology (Wheaton, IL: Crossway, 2017).

48. P. ej.: Daniel J. Estes, *Hear, My Son: Teaching and Learning in Proverbs 1-9*, NSBT 4 (Downers Grove, IL: InterVarsity, 1997).

49. P. ej.: Robert S. Fyall, *Now My Eyes Have Seen You: Images of Creation and Evil in the Book of Job*, NSBT 12 (Downers Grove, IL: InterVarsity, 2002); Peter G. Bolt, *The Cross from a Distance: Atonement in Mark's Gospel*, NSBT 18 (Downers Grove, IL: InterVarsity, 2004); Andreas J. Köstenberger y Scott R. Swain, *Father, Son and Spirit: The Trinity and John's Gospel*, NSBT 24 (Downers Grove, IL: InterVarsity, 2008); W. Ross Blackburn, *The God Who Makes Himself Known: The Missionary Heart of the Book of Exodus*, NSBT 28 (Downers Grove, IL: InterVarsity, 2012); Andrew G. Shead, *A Mouth Full of Fire: The Word of God in the Words of Jeremiah*, NSBT 29 (Downers Grove, IL: InterVarsity, 2012); Andrew T. Abernethy, *The Book of Isaiah and God's Kingdom: A Thematic-Theological Approach*, NSBT 40 (Downers Grove, IL: InterVarsity, 2016).

50. P. ej.: el tema del templo en el Pentateuco: T. Desmond Alexander, *From Paradise to the Promised Land: An Introduction to the Pentateuch*, 3.ª ed. (Grand Rapids: Baker Academic, 2012), 119-133, 224-236.

- el Antiguo Testamento: un tema único[51] o varios temas relevantes (es decir, una teología del Antiguo Testamento)[52]
- una sección del Nuevo Testamento: por ejemplo, los Evangelios,[53] Lucas-Hechos,[54] Pablo[55]
- el Nuevo Testamento: un tema único[56] o varios temas relevantes (es decir, una teología del Nuevo Testamento)[57]

Contar la historia

Algunos evangélicos hacen teología bíblica al contar la grandiosa historia de la Biblia que se va desarrollando. Graeme Goldsworthy adopta este enfoque en su introducción popular a la teología bíblica.[58] Este planteamiento se solapa con los otros dos porque, mientras cuenta la historia, usted rastrea los temas centrales y, a veces, analiza el mensaje de partes de la Biblia o de toda ella. Unos siguen a Goldsworthy, por ejemplo, y narran la historia general con el reino de Dios como tema unificador.[59] Es lo que hacen Nick Roark y Robert Cline con quince titulares:[60]

---

51. P. ej.: William J. Dumbrell, *Covenant and Creation: An Old Testament Covenant Theology*, 2.ª ed. (Milton Keynes, UK: Paternoster, 2013).
52. P. ej.: Ronald Youngblood, *The Heart of the Old Testament: A Survey of Key Theological Themes*, 2.ª ed. (Grand Rapids: Baker, 1998); Merrill, *Everlasting Dominion*, caps. 2–11; Elmer A. Martens, *God's Design: A Focus on Old Testament Theology*, 4.ª ed. (Eugene, OR: Wipf & Stock, 2015).
53. P. ej.: Craig L. Blomberg, *Contagious Holiness: Jesus' Meals with Sinners*, NSBT 19 (Downers Grove, IL: InterVarsity, 2005).
54. P. ej.: Alan J. Thompson, *The Acts of the Risen Lord Jesus: Luke's Account of God's Unfolding Plan*, NSBT 27 (Downers Grove, IL: InterVarsity, 2011).
55. P. ej.: Thomas R. Schreiner, *The Law and Its Fulfillment: A Pauline Theology of Law* (Grand Rapids: Baker Academic, 1993); Frank Thielman, *Paul and the Law: A Contextual Approach* (Downers Grove, IL: InterVarsity, 1994); Mark A. Seifrid, *Christ, Our Righteousness: Paul's Theology of Justification*, BSBT 9 (Downers Grove, IL: InterVarsity, 2000); David W. Pao, *Thanksgiving: An Investigation of a Pauline Theme*, NSBT 13 (Downers Grove, IL: InterVarsity, 2002); Trevor J. Burke, *Adopted into God's Family: Exploring a Pauline Metaphor*, NSBT 22 (Downers Grove, IL: InterVarsity, 2006); Jason C. Meyer, *The End of the Law: Mosaic Covenant in Pauline Theology*, NAC Studies in Bible and Theology 7 (Nashville: B&H, 2009), Brian S. Rosner, *Paul and the Law: Keeping the Commandments of God*, NSBT 31 (Downers Grove, IL: InterVarsity, 2013).
56. P. ej.: David Peterson, *Possessed by God: A New Testament Theology of Sanctification and Holiness*, NSBT 1 (Downers Grove, IL: InterVarsity, 1995); Murray J. Harris, *Slave of Christ: A New Testament Metaphor for Total Devotion to Christ*, NSBT 8 (Downers Grove, IL: InterVarsity, 1999); Jonathan I. Griffiths, *Preaching in the New Testament: An Exegetical and Biblical-Theological Study*, NSBT 42 (Downers Grove, IL: InterVarsity, 2017).
57. P. ej.: Donald Guthrie, *New Testament Theology* (Downers Grove, IL: InterVarsity, 1981); Schreiner, *New Testament Theology*.
58. Graeme Goldsworthy, *Estrategia divina: una teología bíblica de la salvación: el desarrollo de la revelación divina en la Biblia* (Barcelona: Andamio, 2011).
59. P. ej.: Vaughan Roberts, *God's Big Picture: Tracing the Storyline of the Bible* (Downers Grove, IL: InterVarsity, 2002).
60. Nick Roark y Robert Cline, *Biblical Theology: How the Church Faithfully Teaches the Gospel*, 9Marks (Wheaton, IL: Crossway, 2018), 31-74.

1. El rey crea y pacta.
2. El rey maldice.
3. El rey juzga.
4. El rey bendice.
5. El rey rescata.
6. El rey ordena.
7. El rey dirige.
8. El rey gobierna.
9. El rey expulsa.
10. El rey promete.
11. El rey llega.
12. El rey sufre y salva.
13. El rey envía.
14. El rey reina.
15. El rey regresa.

Los libros de teología bíblica más útiles para niños utilizan un método narrativo.[61] A los adultos también les encanta una buena historia, y algunos libros presentan la teología bíblica contando la historia general de una forma teológicamente documentada.[62] (N. T. Wright tiene mucho talento para contar la historia de forma envolvente,[63] aunque también ha sido objeto de algunas críticas constructivas[64]).

---

61. P. ej.: David R. Helm, *The Big Picture Story Bible* (Wheaton, IL: Crossway, 2004); Sally Lloyd-Jones. *The Jesus Storybook Bible: Every Story Whispers His Name* (Grand Rapids: Zonderkidz, 2007); Champ Thornton, *God's Love: A Bible Storybook* (Whitakers, NC: Positive Action Bible Curriculum, 2012); James M. Hamilton Jr., *The Bible's Big Story: Salvation History for Kids* (Fearn, Escocia: Christian Focus, 2013); Kevin DeYoung, *The Biggest Story: How the Snake Crusher Brings Us Back to the Garden* (Wheaton, IL: Crossway, 2015).

62. P. ej.: D. A. Carson, *The Gagging of God: Christianity Confronts Pluralism* (Grand Rapids: Zondervan, 1996), 193-314; D. A. Carson, *The God Who Is There: Finding Your Place in God's Story* (Grand Rapids: Baker, 2010); Sigurd Grindheim, *Introducing Biblical Theology* (Londres: Bloomsbury T&T Clark, 2013); Chris Bruno, *The Whole Story of the Bible in 16 Verses* (Wheaton, IL: Crossway, 2015); Matthew Y. Emerson, *The Story of Scripture: An Introduction to Biblical Theology* (Nashville: B&H, 2017); Trent Hunter y Stephen J. Wellum, *Christ from Beginning to End: How the Full Story of Scripture Reveals the Full Glory of Christ* (Grand Rapids: Zondervan, 2018).

63. P. ej.: N. T. Wright, "The Plot, the Plan and the Storied Worldview", en *Paul and the Faithfulness of God*, Christian Origins and the Question of God 4 (Londres: SPCK, 2013), 1:456-537.

64. P. ej.: Douglas J. Moo, *"Paul and the Faithfulness of God"*, *The Gospel Condition*, 6 de noviembre 2013, https//www.thegospelcoalition.org/reviews/paul-faithfulness-god; Thomas R. Schreiner, "N. T. Wright under Review: Revisiting the Apostle Paul and His Doctrine of Justification". *Credo* 4, núm. 1 (2014): 26-56, Simon J. Gathercole, *"Paul and the Faithfulness of God:* A Review", *Reformation21*, julio de 2014, http://www.reformation21.org/articles/paul-and-the-faithfulness-of-god-a-review.php.

En resumen

Los evangélicos hacen teología bíblica de tres formas superpuestas:

1. Analizan el mensaje de los libros de la Biblia, de sus secciones (p. ej.: el Pentateuco o las cartas de Pablo) y de su totalidad.
2. Rastrean los temas a lo largo de los libros de la Biblia de sus secciones y de su totalidad.
3. Cuentan la gran historia de la Biblia.

Preguntas para la reflexión

1. En sus propias palabras, ¿cuáles son las tres formas superpuestas principales en que los evangélicos hacen teología bíblica?
2. ¿Cuál es su forma favorita de hacer teología bíblica? ¿Por qué?
3. ¿Cómo definiría usted el mensaje de toda la Biblia en una sola frase?
4. ¿Qué tema le encanta rastrear a lo largo de la Biblia? ¿Por qué?
5. ¿Por qué podría ser peligroso hacer teología bíblica contando la historia si no ha analizado suficientemente el mensaje y rastreado los temas principales?

¿Qué debemos presuponer para hacer teología bíblica?

Oren R. Martin

Hacer teología bíblica significa interpretar toda la Biblia como Escrituras *cristianas*. Dios no las reveló a través de los autores bíblicos solo para historiadores y críticos textuales, sino para los seguidores de Cristo, "para nuestra enseñanza se escribieron, a fin de que por la paciencia y la consolación de las Escrituras, tengamos esperanza" (Ro. 15:4; cp. 1 Co. 10:11). Así pues, los cristinos traen su fe en Cristo a la tarea de la teología bíblica. Como resultado, debemos leer la Biblia teniendo en mente ciertas realidades, con una fe que busque entender. Los cristianos deben recibir y comprender conforme a Cristo.

Presuposiciones y teología bíblica

No existe teología *sin* presuposiciones. La hermenéutica moderna ha ayudado a los lectores a entender que el proceso interpretativo nunca es neutral, porque numerosos factores han afectado a cada persona.[1] Influencias como los padres, la crianza, la cultura, las relaciones, la educación, las experiencias, la tradición y el entorno de la iglesia moldean cómo lo comprendemos todo, incluidas las Escrituras. Dicho de otro modo, nuestro entendimiento previo, nuestras creencias y nuestras ideas influyen en nosotros cada vez que buscamos observar, comprender y evaluar. La pregunta no es si traemos suposiciones y presuposiciones a las Escrituras, sino si estas están de acuerdo con el texto bíblico. Por consiguiente, es imperativo reconocerlas y evaluarlas bajo la autoridad de la Palabra de Dios y, a continuación, permitir que ella nos moldee y nos dé nueva forma. Richard Lints explica:

Parte de la tarea de la teología consiste en reflexionar sobre aquel que lee el texto bíblico. La teología trata sobre Dios, pero también sobre aquellos que han sido creados a su imagen y que se han convertido en imágenes distorsionadas. Una teología bíblica genuina afirmará con

---

1. Ver, p. ej., Kevin Vanhoozer, *Is There a Meaning in this Text? The Bible, The Reader, and the Morality of Literary Knowledge* (Grand Rapids: Zondervan, 1998), caps. 7–8; Grant R. Osborne, *The Hermeneutical Spiral: A Comprehensive Introduction to Biblical Interpretation*, rev. y exp. (Downers Grove, IL: InterVarsity, 2006), 29.

fuerza que los seres humanos (cristianos o no) están inevitablemente influenciados por su propia cultura, tradición y experiencia. A menos que la comunidad cristiana no lidie con este hecho de un modo más serio, no vencerá los prejuicios irreflexivos que caracterizan la apropiación evangélica de la Biblia.[2]

Sin duda, identificar y defender cada influencia que da forma a la interpretación es algo que trasciende el ámbito de este capítulo. No obstante, las presuposiciones cristianas son justificables porque se basan en el Dios Trino que se ha dado a conocer con generosidad, que creó a la humanidad a su imagen por su benevolencia, que actuó en amor en favor de la humanidad por medio de la persona y la obra de Jesucristo y que, por gracia, regaló su Espíritu a aquellos que creen "para que sepamos lo que Dios nos ha concedido" (1 Co. 2:12).

Cuando hacemos teología bíblica, lo que debemos presuponer incluye el compromiso con el Dios Trino, que es veraz y fiable en su Palabra;[3] la autoría humana y divina de las Escrituras;[4] la posibilidad de "una teología bíblica de toda la Biblia";[5] y la unidad del plan salvador de Dios que se desarrolla progresivamente mediante la diversidad literaria de la Biblia.[6] Podríamos dedicar un libro entero a descifrar lo que debemos presuponer al recibir la Palabra de Dios como la Palabra *de Dios*, pero este capítulo tan solo desarrolla brevemente algunos de los temas, muestra cómo surgen de las Escrituras e identifica por qué son importantes para entender la Palabra vivificadora de Dios con fidelidad y para disfrutar de ella.

El Dios que es

Los cristianos deben leer las Escrituras como lo que son: la Palabra *de Dios*. San Agustín exhorta: "Tratemos las escrituras como escrituras: como

---

2. Richard Lints, *The Fabric of Theology: A Prolegomena to Evangelical Theology* (Grand Rapids: Eerdmans, 1993), 27.

3. Las Escrituras son coherentes y forman un canon de sesenta y seis libros, "una colección de textos históricos escritos durante el transcurso de un largo período de tiempo, que utiliza diferentes formas literarias y manifiesta diversas perspectivas, y como la palabra de Dios que habla y sigue hablando por medio de sus libros". Eckhard J. Schnabel, "Scripture", en *New Dictionary of Biblical Theology*, en adelante *NBDT*, ed. T. Desmond Alexander, Brian S. Rosner, D. A. Carson y Graeme Goldsworthy (Downers Grove, IL: InterVarsity, 2000), 36.

4. Ver Pregunta 14 y Timothy Ward, *Words of Life: Scripture as the Living and Active Word of God* (Downers Grove, IL: InterVarsity, 2009).

5. Ver, p. ej., Brian Rosner, "Biblical Theology", en *NDBT*, 3-11.

6. Ver, p. ej., Craig L. Blomberg, "The Unity and Diversity of Scripture", en *NDBT*, 64-72; D. A. Carson, "Unity and Diversity in the New Testament: The Possibility of Systematic Theology", en *Scripture and Truth*, eds. D. A. Carson y John D. Woodbridge (Grand Rapids: Baker, 1992), 65-95.

lo que Dios habla".[7] La tarea de interpretarlas debe tener en mente al Dios que ha actuado en la historia y que se ha revelado a sí mismo en sus obras y sus palabras, en especial porque ellas nos revelan su identidad, el Dios Trino. En otras palabras, si el Dios que es Padre, Hijo y Espíritu Santo no se hubiera dado a conocer, nosotros no podríamos conocerlo ni su plan "de reunir todas las cosas en Cristo, en la dispensación del cumplimiento de los tiempos, así las que están en los cielos, como las que están en la tierra" (Ef. 1:10). Por tanto, una presuposición fundamental al hacer teología es que existe un Dios que se ha dado conocer a sí mismo y sus propósitos. Pero ¿quién es *este* Dios, y cómo se ha dado a conocer? En estos últimos días, Dios se ha dado a conocer en su Hijo por su Espíritu (Jn. 1:1-18; He. 1:1-2; Jn. 14–16). Fred Sanders explica: "En la plenitud del tiempo, Dios no nos proporcionó hechos sobre sí mismo, sino que se nos entregó en la persona del Padre que envió, del Hijo que fue enviado y del Espíritu Santo que fue derramado. Estos acontecimientos iban acompañados de palabras orales explicativas inspiradas, pero lo último depende de lo primero".[8] Como resultado, los cristianos han confesado desde hace mucho tiempo que solo en Cristo conocemos verdaderamente a Dios por el Espíritu.

La teología bíblica es posible por el carácter alegre y abundante del Dios verdadero vivo que se comunica a sí mismo y que tiene vida en sí mismo (Sal. 36:9[10]; cp. Jn. 5:26). Como ha confesado la iglesia a lo largo de los siglos, la vida eterna de Dios (*ad intra*) consiste en relaciones personales animadas: El Padre engendra al Hijo, el Hijo es engendrado y el Espíritu procede del Padre y del Hijo.[9] Estas relaciones o secuencias marcan la vida perfecta de Dios y se dan a conocer en las misiones (*ad extra*) del envío del Hijo (desde el Padre) y del Espíritu (desde el Padre y el Hijo).[10] Esta presencia reveladora y comunicativa posibilita la teología bíblica y forma el contexto en el que acomete su servicio.

La teología bíblica se centra en el Dios que se ha dado generosamente a conocer, y la disciplina no está completa hasta alcanzar su centro y objetivo en Dios Hijo, Jesucristo, quien cumple las promesas salvadoras divinas, revela a Dios de un modo más definitivo y pleno (Jn. 1:1-18; He. 1:1-2) y envía (con el Padre) al Espíritu Santo para que dé un testimonio veraz sobre Él (Jn. 15:26). En este sentido, la teología bíblica es una exposición del evangelio que revela al Dios Trino y que es revelado por el Dios Trino. Por tanto, si el evangelio de Jesucristo da forma a la teología bíblica y si el evangelio revela al Dios de la

---

7. San Agustín, *Sermons* 162C.15.
8. Fred Sanders, *The Triune God* (Grand Rapids: Zondervan, 2016), 41.
9. Ver Sanders, *Triune God*, cap. 2.
10. Ver John Webster, *God Without Measure: Working Papers in Christian Theology*, vol. 1: *God and the Works of God* (Londres: T&T Clark, 2016).

Trinidad, entonces la teología bíblica debe presuponer al único Dios que es Padre, Hijo y Espíritu Santo.

El Dios que habla y las personas que escuchan

Las Escrituras no solo son la Palabra *de Dios,* sino también la *Palabra* de Dios. Aquel que posee la vida es quien la da, quien pronuncia palabras de vida, inicialmente en la creación y, de un modo más pleno, en Jesucristo, que es el camino, la verdad y la vida (Jn. 14:6). Así pues, de la primera presuposición fluye que el Dios Trino habla y ha hablado, y esto da forma a la práctica de la teología bíblica.

El contenido de la teología bíblica es la autorrevelación de Dios por gracia; es decir la autopresentación del Dios que se entrega generosamente a nosotros para nuestro mayor gozo. No es el mero registro de una experiencia religiosa con Dios. La revelación es la forma de hablar de esas palabras y obras en las que Él se da a conocer y se hace presente. Por ejemplo, Dios habla a Adán y a Eva (Gn. 1–2), a Abram (Gn. 12), a Moisés (Éx. 3), a los israelitas en el monte Sinaí (Éx. 19), a los profetas (Elías, Isaías, Jeremías, Ezequiel, los Doce) y por medio de ellos y, finalmente, en el profeta por excelencia, Jesucristo. Esto resulta en una comunión salvadora, mediante un pacto con sus criaturas. En otras palabras, Dios está presente en y por medio de su Palabra viva.

La revelación de Dios tiene un propósito. Su objetivo no es un espectáculo celestial, sino vencer la rebelión y la idolatría, la alienación y el orgullo, la independencia y la falsedad humanas, y sustituirlas por verdadero conocimiento, adoración, amor, humildad y comunión consigo mismo. En la trama bíblica, la revelación no es producto de la caída; más bien, precede a la redención y a la reconciliación, resulta de no poder comprender a Dios y es posible porque Él condesciende por su gracia a hablar a su pueblo y a estar con este por medio de su Palabra.

Desde la eternidad pasada, Dios se comunica. "En el principio era el Verbo, y el Verbo era con Dios, y el Verbo era Dios" (Jn. 1:1). La amorosa comunión eterna y gloriosa entre el Padre y el Hijo (Jn. 17:5, 24) es compartida por el Espíritu Santo, quien procede del Padre y del Hijo (Jn. 14:26; 15:26) y lo escudriña todo, "aun lo profundo de Dios" (1 Co. 2:10). Posteriormente, el Espíritu de Dios mora en los cristianos "para que sepamos lo que Dios nos ha concedido" (2:12). En su bondad, por su libre decisión, Dios determinó revelarse a sí mismo y comunicarse con sus criaturas para que pudiéramos participar de su comunión trina (Jn. 17:20-26). Esta comunicación empezó en la economía de la creación, cuando se generaron todas las cosas de la nada por la palabra de Dios: "Sea" (Gn. 1:3; 6, 9, 11, 14, 20, 24, 26, 28, 29). Su palabra es, por tanto, independiente de la creación, poderosa, autoritativa, eficaz y llena de propósito.

Además, la Palabra de Dios es buena porque fluye de la naturaleza misma de Dios, quien sencillamente *es* bueno (Sal. 135:3) y declara que todas las cosas son buenas (Gn. 1:4, 10, 12, 18, 21, 25, 31). No obstante, en lugar de creer la palabra a Dios, Adán y Eva prefirieron escuchar otra palabra, la pronunciada por la serpiente que trajo separación de Dios y muerte (Gn. 3). Sin embargo, en medio del juicio de Dios sobre el pecado (Gn. 3:14-19), Él prometió que un día proveería un descendiente de la mujer que triunfaría sobre la serpiente (3:15), que vendría del linaje de Abraham (Gn. 12–17; cp. Gá. 3:16). Después, a través del largo y arduo arco de la historia de Israel, "cuando vino el cumplimiento del tiempo, Dios envió a su Hijo, nacido de mujer y nacido bajo la ley, para que redimiese a los que estaban bajo la ley, a fin de que recibiésemos la adopción de hijos" (Gá. 4:4-5). En cada punto de la historia, la revelación divina acompañó e interpretó su redención. En otras palabras, la revelación progresa porque la redención también lo hace, del primer éxodo al mejor éxodo en Cristo. Y esta revelación llegó en el Verbo hecho carne (Jn. 1:14; He. 1:1-2), quien habitó entre nosotros para redimirnos y reconciliarnos con Dios. Posteriormente, por la obra redentora de Cristo, una vez y para siempre, Dios ha autorizado que su Palabra fuera escrita en el NT, que anuncia y testifica del Verbo vivo, Jesucristo (2 P. 1:16-21).

Cuando entendemos la revelación de Dios de esta manera, ocurren muchas cosas. Las Escrituras declaran que Dios ha hablado en muchas ocasiones y de muchas maneras (He. 1:1). Algunas de esas veces y formas incluyen que Dios habla de manera directa y personal a las personas en visiones y sueños, por medio de acontecimientos históricos, de experiencias personales, de la investigación y la labor literarias y de sus profetas y apóstoles autorizados y comisionados. Y, aunque la noción de la revelación es una categoría mucho más amplia que la palabra escrita de Dios en las Escrituras, estas son un componente vital (en realidad la manifestación verbal suprema) de la revelación divina, porque es el relato fijo de la de revelación de Dios de sí mismo que, de principio a fin, da testimonio de Cristo. Así, la Palabra escrita de Dios es a la vez un libro plenamente divino y plenamente humano,[11] diseñado de forma

---

11. La mayoría de los cristianos que afirman la veracidad total de las Escrituras han defendido que son, a la vez, el producto de una autoría divina y humana. La teoría concursiva o discurso de doble agencia asevera: "Dios, en su soberanía, supervisó de tal modo los escritos libremente compuestos por hombres que denominamos Escrituras que el resultado fue nada más y nada menos que las palabras de Dios y, por tanto, totalmente veraces". D. A. Carson: "Recent Developments in the Doctrine of Scripture", en *Hermeneutics, Authority, and Canon*, eds. D. A. Carson y John D. Woodbridge (Eugene, OR: Wipf&Stock, 1986), 45. En otras palabras, las Escrituras son la Palabra de Dios en lenguaje humano. Como afirma Scott Swain: "Dios es condescendiente con nosotros

soberana para servir a los propósitos eternos en Cristo para crear, establecer, sustentar y perfeccionar la comunión del pacto con Dios Padre por medio de Dios Hijo, en Dios Espíritu Santo.[12]

Dado que todas las Escrituras proceden de Dios, podemos deducir al menos cinco implicaciones para hacer teología bíblica. Primero, ya que son inspiradas por Dios (2 Ti. 3:15-16), desde su conjunto hasta cada una de sus partes, la teología bíblica es posible porque existe una unidad teológica y cristológica de principio a fin, desde la creación en Génesis 1 hasta la nueva creación en Apocalipsis 21–22.

Aun así, en segundo lugar, la unidad de las Escrituras no debería descuidar su diversidad. La revelación de Dios es progresiva. No la dio a conocer de golpe. Más bien, la fue desvelando a lo largo del tiempo por medio de lenguas, culturas, géneros y personas diferentes; esto le exige al lector que tenga en cuenta estas cosas. Además, a través de la rica diversidad de las Escrituras, el plan redentor de Dios en desarrollo culmina en la persona y en la obra de Jesucristo (Gá. 4:4-7) y los que pertenecen a Cristo poseen por fe el Espíritu que los capacita para entender y recibir la Palabra de Dios, porque "no hemos recibido el espíritu del mundo, sino el Espíritu que proviene de Dios, para que sepamos lo que Dios nos ha concedido, lo cual también hablamos, no con palabras enseñadas por sabiduría humana, sino con las que enseña el Espíritu, acomodando lo espiritual a lo espiritual" (1 Co. 2:12-13).

En tercer lugar, los cristianos pueden confiar en que la Palabra de Dios es completamente veraz y fiable en todo lo que expone (Sal. 119:60; Jn. 17:17), porque da testimonio de Aquel que es la verdad y se cumple en Él (Jn. 14:6). Y ya que la verdad está en Jesús (Ef. 4:21), Dios nunca nos engañará ni nos

---

en la comunicación del pacto porque hace lo mismo con su amistad del pacto. Y los amigos deben hablar la misma lengua". Scott R. Swain, *Trinity, Revelation, and Reading: A Theological Introduction to the Bible and Its Interpretation* (Londres: T&T Clark, 2011), 69. Para algunos, la idea de que Dios hable a la humanidad mediante la lengua de las criaturas demerita su comunicación. Timothy Ward responde a esta acusación relacionando al Dios Trino con la creación de los seres humanos a su imagen. Señala: "Es bastante razonable suponer que [el lenguaje humano] tiene la capacidad de hablar de Dios de una forma veraz porque nos fue dado por un Dios que habla dentro de sí mismo como tres personas eternas, y también porque nuestra posesión del lenguaje, al ser hechos a imagen de Dios, es análoga a su actividad comunicativa. Dios puede hacer que nuestro lenguaje hable con verdad sobre Él porque este tiene su origen en Él y, de alguna manera, es como el suyo". Ward, *Words of Life*, 34-35: Además, "Los agentes autorizados de Dios son ministros adecuados de la Palaba que Él es, así como instrumentos apropiados de la misión que Él realiza" por medio de su Hijo, "el *agente* personal de la palabra de Dios (*enviado* por Dios para hablar) y, a la vez, la *encarnación* personal de la palabra de Dios (Él *es* el discurso de Dios)" (Swain, *Trinity, Revelation, and Reading*, 2011, 37). En otras palabras, el fundamento para la posibilidad de la verdad, el significado y la interpretación es el Dios Trino que crea y habla a los portadores de su imagen y por medio de ellos.

12. Ver Swain, *Trinity, Revelation, and Reading*, cap. 3.

llevará por mal camino. Él es digno de confianza y, por lo tanto, su Palabra también lo es.

En cuarto lugar, la Palabra de Dios es suficiente. Dios nos ha dado "todas las cosas que pertenecen a la vida y a la piedad [...] por su divino poder, mediante el conocimiento de aquel que nos llamó por su gloria y excelencia" (2 P. 1:3). No nos ha dado todo lo que hay por saber, pero sí nos ha proporcionado todo lo que necesitamos saber con el fin de vivir par su gloria en Cristo.

Y, finalmente, la Palabra de Dios es clara. Aunque el corazón humano está oscurecido por el pecado, los que han confiado en Cristo han nacido de nuevo por el Espíritu y han recibido el don del Espíritu para entender las cosas que Él ha revelado. Por tanto, esta obra regeneradora y renovadora del Espíritu posibilita que entendamos y recibamos las Escrituras cada vez con menos distorsiones. Sin embargo, hay algunas cosas "difíciles de entender" (2 P. 3:16). Aunque decir que las Escrituras son claras no es una afirmación respecto a cada pasaje, sí significa que sus perfiles principales son claros, porque Dios se ha asegurado de ello para que podamos conocerlo (Dt. 29:29) y porque Él, por su Espíritu, "resplandeció en nuestros corazones, para iluminación del conocimiento de la gloria de Dios en la faz de Jesucristo" (2 Co. 4:6). Esto quiere decir que el significado de las Escrituras se nos revela con la máxima claridad en todo su contexto: el canon bíblico.[13] Esta clase de interpretación "nos prepara para leer las diversas partes de la Biblia a la luz del conjunto y con la mirada en su objetivo comunicativo supremo".[14]

En resumen

La tarea de la teología bíblica pertenece a peregrinos en el exilio que no han alcanzado aún su hogar final, no solo a los que ya han llegado allí.[15] Sin embargo, la confianza está más adelante en su viaje, porque Dios ha hablado en Cristo y los está conduciendo a casa, mediante su Espíritu. Sin duda, existen más presuposiciones de las que podemos hablar, pero las recogidas en este capítulo proveen la estructura para la práctica de la teología bíblica. Ya que el Dios Trino habla y es Señor de su Palabra, debemos abordar las Escrituras con gozo y asombro (Sal. 119:7, 16, 18, 24), humildad (Is. 66:1-2), confianza

---

13. Para más sobre la relevancia del canon a la hora de hacer teología bíblica, ver Pregunta 16. Para más sobre el canon de las Escrituras en general, ver Roger T. Beckwith. "The Canon of Scripture", en *NDBT*, 27-34; Roger T. Beckwith, *The Old Testament Canon of the New Testament Church* (Londres: SPCK, 1985); Michael Kruger, *The Question of Canon: Challenging the Status Quo in the New Testament Debate* (Downers Grove, IL: InterVarsity, 2013); Edmon L. Gallagher y John D. Meade, *The Biblical Canon Lists from Early Christianity: Texts and Analysis* (Oxford: Oxford University Press, 2017).

14. Swain, *Trinity, Revelation, and Reading*, 110.

15. Swain, *Trinity, Revelation, and Reading*, 10.

(Lc. 1:4), fe (Ro. 10:17), diligencia y dependencia (2 Ti. 2:7, 15). Al actuar así, experimentaremos gran gozo, porque Él tiene palabras de vida (Jn. 6:68-69; Hch. 5:20).

Preguntas para la reflexión

1. ¿Por qué es importante ser conscientes de nuestras presuposiciones cuando nos acercamos a las Escrituras?
2. ¿Qué sucedería si nos acercáramos a las Escrituras con presuposiciones opuestas (p. ej.: que Dios no existe, que es distante y que no se involucra, que no ha hablado o que Cristo no cumple todas sus promesas de salvación)?
3. ¿Cómo revelan las Escrituras al Dios Trino, y viceversa?
4. ¿Cómo debemos recibir la Palabra de Dios?
5. ¿Por qué podemos acercarnos a la Palabra de Dios confiadamente?

¿De qué forma se compara la teología bíblica con las demás disciplinas teológicas?

Oren R. Martin

Es extraordinario que nuestro Señor trascendente nos haya hablado para poder establecer la comunión del pacto con nosotros, sus criaturas. Aunque un día nos encontraremos con Dios, no por medio de las Escrituras, sino cara a cara y lo conoceremos como somos conocidos (1 Co. 13:12), porque lo veremos tal como Él es (1 Jn. 3:2), interpretar la Biblia en la actualidad es un ejercicio activo de santos redimidos que aprenden lo que significa ser hijos de Dios en Cristo, mientras lo siguen a su morada eterna. Por consiguiente, existen varias herramientas en este viaje que nos sirven de equipamiento para nuestro destino: la exégesis, la teología bíblica, la teología sistemática, la teología histórica y la teología práctica.[1] No obstante no debemos considerar estos diversos elementos como pasos mecánicos, que solo se suceden para dejar atrás los anteriores, y cuyo resultado es el conocimiento perfecto de Dios. En su lugar, cada uno complementa, documenta y moldea los anteriores a medida que vamos conociendo más a Dios. Respecto a este proceso, Andrew Naselli escribe:

> Es como preguntarle a LeBron James cómo juega al baloncesto. Él no piensa: "Bueno, el paso uno es botar la pelota. Paso dos, caminar y botar la pelota al mismo tiempo", etc. Las facetas del baloncesto de élite son demasiadas. Por esta razón, los jugadores pueden mejorar su juego general centrándose en ámbitos individuales, como botar y esprintar, cortar y pasar, tirar bandejas, ganchos, tiros de corta y media cancha, tiros libres y triples, planear la jugada, hacer pases pantalla, bloqueos, levantar pesas para estar más fuerte y estudiar estrategias para ganar. Pero en el fragor del momento durante el partido, los juga-

---

1. Horton matiza: "No fue hasta el siglo XVIII que se dividió el estudio teológico en subdisciplinas distintas que ahora son familiares en la educación teológica: teología bíblica, sistemática, histórica, práctica y, en ocasiones, también apologética (filosófica)", Michael S. Horton, "Historical Theology", en *Dictionary for Theological Interpretation of the Bible*, ed. Kevin J. Vanhoozer (Grand Rapids: Baker Academic, 2005), 293.

dores de baloncesto no están pensando "Paso 1: haz esto. Paso 2: haz esto otro". En ese momento, solo juegan por instinto y emplean de la mejor manera posible todas las habilidades que han desarrollado. Siguen el flujo del juego y se ajustan a los esquemas defensivos de sus oponentes, y elaboran una estrategia para mejorar en ambos extremos de la cancha […]. Lo mismo ocurre con la exégesis y la teología.[2]

D. A. Carson explica de manera similar:

Sería conveniente que pudiéramos operar de forma exclusiva según la dirección del siguiente diagrama:

Exégesis → Teología Bíblica → [Teología histórica] → Teología sistemática

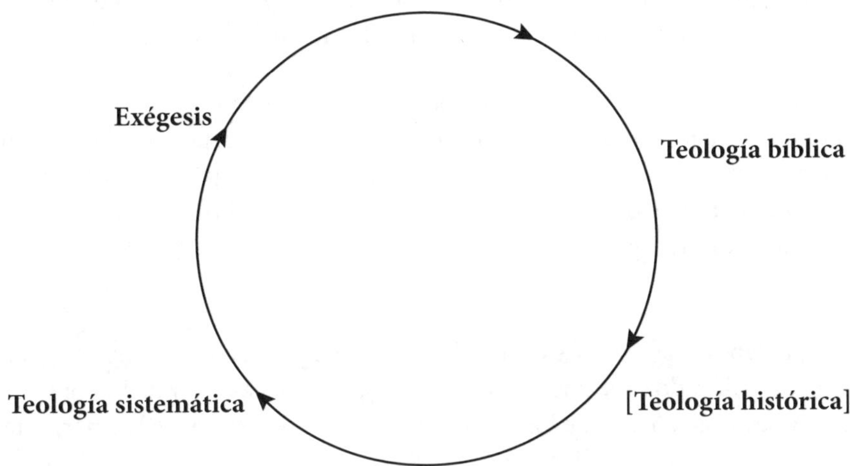

(Los corchetes alrededor del tercer elemento sugieren que, en este paradigma, la teología histórica realiza una contribución directa al avance de la teología bíblica a la teología sistemática, pero no forma en sí misma parte de esa línea). En realidad, aunque claro, este paradigma es ingenuo. No hay forma de hacer exégesis en un vacío. Si todo teísta es, en cierto sentido, un sistemático, lo es *antes* de iniciar su exégesis. ¿Estamos, pues, encerrados en un círculo hermenéutico como el siguiente?

---

2. Andrew Naselli, *How to Understand and Apply the New Testament: Twelve Steps from Exegesis to Theology* (Phillipsburg, NJ: P&R, 2017), 4. Como originario de Houston, preferiría que Naselli usara de ejemplo a Hakeem Olajuwon, de los Houston Rockets, pero su idea sigue siendo válida.

No; existe una forma mejor. Se podría representar del modo siguiente:

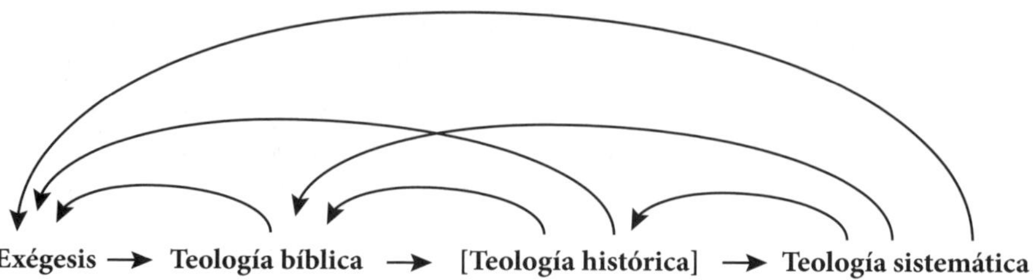

Es decir, existen líneas de retroalimentación (y, en realidad, más líneas que van hacia adelante). Es absurdo negar que la teología sistemática de uno afecte la exégesis. No obstante, la línea final de control es directa de la exégesis a la teología sistemática, pasando por la teología bíblica y la histórica. La autoridad final son únicamente las Escrituras.[3]

De manera que cada componente ejercido en comunión con el Dios trino moldea y forma los demás a medida que buscamos, con dependencia y humildad, un conocimiento más pleno de Dios. Y, conforme pensamos en lo que Él ha dicho, Él nos dará entendimiento (2 Ti. 2:7). Dicho esto, describamos ahora cada disciplina.

Exégesis

La palabra *exégesis,* que deriva del verbo griego *exegéomai,* tiene un abanico de significados que pueden denotar dirigir, explicar o exponer. Por ejemplo, en Lucas 24:35, dos de los discípulos después de verlo y oírlo interpretar "en todas las Escrituras lo que de él decían" (24:27), "contaban" a los demás cómo se les dio a conocer. También en Hechos 21:19, Pablo "contó" a los demás cristianos las muchas cosas que Dios había hecho en su misión de llevar el evangelio a los gentiles. Tal vez la expresión más brillante de esta palabra se encuentra en Juan 1:18, que afirma que, aunque nadie haya visto jamás a Dios, el Verbo eterno que se hizo carne, Jesucristo, "le ha dado a conocer". En otras palabras, podríamos afirmar que Jesús es la exégesis de Dios. Es decir, si usted quiere ver la expresión más completa de Dios y saber lo que Él pretende, mire a Jesús.

Hacer exégesis de las Escrituras es el proceso de descubrir el significado del texto bíblico en su contexto literario y de la historia de la salvación, por

---

3. D. A. Carson, "Unity and Diversity in the New Testament: The Possibility of Systematic Theology", en *Scripture and Truth,* ed. D. A. Carson y John D. Woodbridge (Grand Rapids: Zondervan, 1983), 91-92.

medio del análisis de las palabras y sus relaciones, con el fin de discernir lo que el autor pretendía comunicar. Por una parte, dado que las Escrituras proceden de Dios y fueron reveladas y escritas por el Espíritu (2 Ti. 3:16; 2 P. 1:20-21) por medio de personas autorizadas y comisionadas por Dios a lo largo del tiempo, escuchar lo que las Escrituras afirman por medio de Moisés, Isaías, Lucas o Pablo, o cualquier otro autor bíblico es escuchar lo que *Dios* dice, porque al final es *su* Palabra.[4] Por lo tanto, existe una unidad dada por Dios que abarca las páginas de las Escrituras de principio a fin. Por otra parte, ya que diversas personas dieron y escribieron esta revelación a lo largo del tiempo, crecemos para conocer las riquezas de la Palabra escrita de Dios y somos transformados por ella, solo cuando profundizamos en su rica diversidad. Como resultado, existen varios componentes de la exégesis que incluyen el análisis del género, la crítica textual, la traducción, la gramática, el diagrama del argumento, el contexto histórico-cultural, el contexto literario y los estudios de palabra.[5] Este proceso exegético se centra en entender y recibir el propósito comunicativo del Autor/autor. Sim embargo, la exégesis también tiene preocupaciones mayores, porque no solo trata con texto aislados, sino también con las relaciones entre ellos, a las que nos dirigiremos ahora.

Teología bíblica[6]

La teología bíblica funciona desde los textos bíblicos individuales (exégesis) hasta la totalidad de las Escrituras y presta atención a *cómo* reveló Dios las Escrituras. Al establecer conexiones entre los textos, la teología bíblica permite que las Escrituras establezcan el programa y sus propias categorías.

Brian Rosner define la teología bíblica como "la interpretación teológica de las Escrituras en y para la iglesia. Comienza con la sensibilidad histórica y literaria y procura analizar y sintetizar la enseñanza de la Biblia sobre Dios y sus relaciones con el mundo en sus propios términos, manteniendo en perspectiva la narrativa dominante de la Biblia y un enfoque cristocéntrico".[7] Esta definición tiene algunos componentes importantes que se deben dilucidar para entender y practicar de un modo adecuado la teología bíblica.

En primer lugar, la *naturaleza* de la teología bíblica es la exégesis a la luz del

---

4. Ver Pregunta 14.
5. Para un análisis expandido de la naturaleza y del proceso de la exégesis, ver Jason S. DeRouchie, *How to Understand and Apply the Old Testament: Twelve Steps from Exegesis to Theology* (Phillipsburg, NJ: P&R, 2017), caps. 1–9; y Naselli, *Understand and Apply the New Testament*, caps. 1–8.
6. Ver también Pregunta 1.
7. Brian Rosner, "Biblical Theology", en *New Dictionary of Biblical Theology,* de aquí en adelante *NDBT,* eds. T. Desmond Alexander, Brian S. Rosner, D. A. Carson y Graeme Goldsworthy, (Downers Grove, IL: InterVarsity, 2000), 10 (énfasis eliminado del original).

canon completo de las Escrituras, porque el contexto final de todo texto es la totalidad de la Palabra escrita de Dios. Las Escrituras vienen a nosotros como la Palabra de Dios que se autodefine y, por tanto, exigen que se interpreten como tal. Todas las Escrituras, incluso escritas por medio de la intermediación voluntaria de autores humanos, debe recibirse y entenderse como la Palabra de Dios. Al margen de la realidad de la revelación de Dios de sí mismo en las Escrituras, la idea de teología bíblica se convierte en un ejercicio de vanidad religiosa. Es decir, Dios deben haberse revelado *por escrito* para que sea posible siquiera hacer teología en sentido verdadero. Como resultado, existe una *unidad* entre el Antiguo y el Nuevo Testamento que, juntos, declaran los propósitos infalibles de Dios por medio de Cristo en este mundo.

En segundo lugar, la *misión* de la teología bíblica consiste en rastrear la revelación progresiva y orgánica de Dios en la historia. Dios revela de forma progresiva su presencia y sus actos salvadores. Redime a lo largo del tiempo (p. ej.: Gn. 3:15; Éx. 13–14), no de golpe y no de manera uniforme. En cambio, su salvación llega con giros y vueltas extrañas y en fases separadas, aunque relacionadas. Son facetas ampliamente marcadas por los actos principales de Dios y sus pactos redentores (p. ej.: la creación, el éxodo, el exilio; o los pactos adámico-noético, abrahámico, mosaico, davídico y nuevo). Sin embargo, la era redentora fundamental y final de las Escrituras comienza con la encarnación y culmina en la obra de Jesucristo en la cruz. Así pues, el punto focal de la teología bíblica no es meramente cómo se ha revelado Dios a sí mismo a lo largo de la historia, sino también la forma tan culminante como Jesús cumple todas las palabras orgánicamente relacionadas de Dios (cp. Lc. 16:16; Gá. 4:4-5; He. 1:1-2; 9:24-28). La teología bíblica mantiene la mirada en lo que vino antes para entender mejor el texto que tiene delante. Sin embargo, no se detiene ahí, porque el contexto final de todo texto es la totalidad de las Escrituras centradas en Jesús. Por tanto, la teología bíblica debe prestar una atención canónica a lo que viene *antes* y *después* de un texto para comprender cómo encaja en los propósitos redentores finales de Dios en Jesús.

Por ejemplo, cuando estudiamos a los Profetas posteriores, no debemos perder de vista lo que sucedió con anterioridad para entender lo que ocurre en ese contexto histórico particular.[8] El motivo de esta atención es que los

---

8. En el canon hebreo, la sección del AT a la que se alude como los Profetas se divide en dos partes: "Los Profetas anteriores constan de Josué, Jueces, Samuel y Reyes, que continúan con la narrativa de la Torá a partir de la conquista y hasta el exilio en Babilonia [...]. Los Profetas posteriores, que inician la segunda mitad [del AT hebreo], abarcan Jeremías, Ezequiel, Isaías y los Doce, que son extensas antologías de discursos proféticos pronunciados sobre todo durante el tiempo descrito en la última parte de libro de los Reyes". Stephen G. Dempster, "Geography and Genealogy,

Profetas posteriores explican la historia de Israel con el trasfondo de la fidelidad de Dios y la infidelidad del pueblo a sus pactos anteriores. En el aspecto teológico, los Profetas proclaman la palabra de Dios en el contexto del pacto, principalmente como lo define el Pentateuco, y la desobediencia de Israel resulta en la promesa de maldiciones del pacto por la falta de obediencia (cp. Lv. 26:14-39; Dt. 28:15-68). Los Profetas posteriores comentan sobre la gran historia desde la creación hasta el exilio y muestran tanto el juicio justo como la misericordia gratuita de Dios. No obstante, los Profetas no solo apuntan al pasado, porque Dios revela acontecimientos orientados hacia el futuro que ofrecen un sobrio comentario sobre el estado presente de Israel, así como la promesa de su futuro glorioso. Es decir, contribuyen de manera relevante a los temas del exilio, el éxodo, el pueblo, la tierra, el juicio y la salvación. De ahí que los Profetas proporcionaran un anticipo de esperanza para el establecimiento del reino de Dios por medio de su Rey Siervo venidero.

Este ejemplo es una forma de hacer teología bíblica, pero también existen otras.[9] La teología bíblica también puede rastrear palabras, conceptos y temas a lo largo de toda Biblia (p. ej.: pacto, reino, tierra, templo) o por partes concretas de ella, ya sean unidades (como la Ley, los Profetas, los Evangelios), libros individuales (p. ej.: Levítico, Isaías, Marcos), una colección autorial (p. ej.: las cartas de Juan o de Pablo), o el Antiguo o Nuevo Testamento.[10] Lo que debemos recalcar es que la teología bíblica no está completa hasta que trata la Biblia *en sus propios términos,* con sus propias estructuras y categorías, y considera cómo estas alcanzan su meta en Cristo.

Por consiguiente, al hacer teología bíblica es vital tener en mente que Dios es el Señor de la historia y que la redención avanza hacia su objetivo y sus propósitos en el Hijo, que el Espíritu completa (Jn. 14–16). Esta calidad orgánica de revelación explica tanto la unidad como la diversidad de las Escrituras. De modo que, al contrario de la idea de que la variación y diversidad de las Escrituras socava su autoridad y su veracidad, su naturaleza integral la establece. Dios moldeó a los autores humanos, por medio de quienes ha revelado su Palabra y dio forma a lo que escribieron, la Palabra inspirada por Dios que es completamente suficiente para la fe y la práctica (2 Ti. 3:16-17).

Dominion and Dynasty: A Theology of the Hebrew Bible", en *Biblical Theology: Retrospect and Prospect,* ed. Scott J. Hafemann (Downers Grove, IL: InterVarsity, 2002), 75.

9. Ver Pregunta 10.

10. Nuestro objetivo es "teología bíblica de toda la Biblia", no una mera teología que es bíblica, aunque ciertamente tampoco menos que esto. Esta frase retoma la disciplina de la teología bíblica que, tal como afirma D. A. Carson, "aunque funciona de manera inductiva a partir de los diversos textos de la Biblia, busca destapar y articular la unidad de todos los textos bíblicos tomados juntos, recurriendo de forma primordial a las categorías de esos textos mismos". D. A. Carson, "Systematic Theology and Biblical Theology", en *NDBT,* 100; ver también Rosner, "Biblical Theology", 3-11.

Teología sistemática

La teología bíblica funciona de manera intertextual para interpretar las Escrituras en sus propios términos, al rastrear cómo se desarrollan de un modo histórico y redentor desde el principio (la creación en Gn. 1) hasta el final (la nueva creación en Ap. 21–22). Por el contrario, la teología sistemática opera a partir de las Escrituras y realiza conexiones intrasistemáticas principalmente en relación con su fuente, el Dios Trino, y de manera secundaria a todas las cosas en relación con Él.[11] Es decir, la teología sistemática conserva el significado de los términos, de las estructuras y de las categorías en la teología bíblica, pero va más allá mediante la transformación de estos términos en una estructura conceptual para las personas de hoy. Junta todas las "piezas" conceptuales para manifestar la anatomía de sus relaciones y proporciones. Así, conecta toda realidad a la Palabra y a las obras de Dios, porque "de él, y por él, y para él, son todas las cosas" (Ro. 11:36). Conforme a esto, la teología sistemática está ordenada en torno a la Palabra y las obras de Dios, que es la razón por la que la mayoría de las teologías sistemáticas exhiben esta clase de lógica en su índice.

A manera de detalle, Dios revela (doctrina de revelación) quién es Dios (doctrina de la Trinidad y de sus atributos) y lo que Él ha creado (doctrina de la creación y de la humanidad). Y, aunque los seres humanos han pecado contra Él (doctrina del pecado), Dios Padre ha provisto una solución por gracia al enviar a Dios Hijo, quien se encarnó y fue enviado en semejanza de carne de pecado para condenar el pecado en la carne y ser como nosotros en todos los sentidos, aunque sin pecado (doctrinas de la persona y de la obra de Cristo) para nosotros y para nuestra redención (doctrina de salvación). Como resultado, Dios Padre y Dios Hijo enviaron, por gracia, a Dios Espíritu Santo, quien mora en su pueblo, lo llena y lo dota para servir (doctrina de la iglesia) hasta el día cuando Cristo regrese para completar lo que comenzó por su vida, muerte, resurrección y ascensión para hacernos entrar en una nueva creación (doctrina de las últimas cosas).

Al practicar la fe que busca el entendimiento, los primeros padres de la iglesia procuraban protegerla de la herejía, preparar a los nuevos conversos para el bautismo y la Santa Cena y discipular a los cristianos en la fe. Por consiguiente, la teología se vivía. No era por amor a la teoría de atar cabos sueltos doctrinales; más bien, era cuestión de vida y muerte por el bien del evangelio. Así, una comprensión sistemática de la fe se ocupa del conjunto de las Escrituras y busca entender las partes en relación con el todo, donde el

---

11. Ver John Webster, "Principles of Systematic Theology", en *The Domain of the Word: Scripture and Theological Reason* (Londres: T&T Clark, 2012).

todo es la historia completa de la relación de Dios con el mundo desde el acto inicial de la creación hasta su consumación final en Cristo.[12] Como resultado, existen numerosos componentes importantes en la teología sistemática.

En primer lugar, trata el conjunto. Las Escrituras son la Palabra de Dios que cuenta la historia de un Rey y de su reino, un Rey que reina mediante pactos sobre sus siervos/reyes. Es más, llega a nosotros por diversas épocas de la historia de la redención, géneros y pactos iniciados por Dios. Por tanto, la teología presta una atención y una reflexión santificadas a exhibir cómo este todo unificado se relaciona con toda la vida delante de Dios. Además, intenta conectar el conjunto con lo que podría descubrirse y aprenderse fuera de las Escrituras mediante la revelación general de Dios. Sin embargo, no solo se ocupa del conjunto de las Escrituras, sino que también presta atención a sus relaciones. Es decir, no solo desarrolla lo que la Biblia enseña sobre la fe o sobre la obediencia (obras), considerando cómo cada tema se desenvuelve por el canon de las Escrituras (más cercano a la teología bíblica), sino que también pregunta: "¿Cuál es la relación entre fe *y* obras?". Acto seguido, busca justificar cómo se relacionan la fe y las obras de un modo coherente. Esta relación explica la organización de la teología sistemática. O, por dar otro ejemplo, la teología sistemática desarrolla lo que las Escrituras enseñan sobre Dios Padre, Hijo y Espíritu Santo, pero también pregunta: "¿Cuál es la relación entre el Padre, el Hijo y el Espíritu Santo?". En este punto, la teología emplea conceptos y herramientas conceptuales que proveen coherencia con lo que las Escrituras enseñan sobre Dios, que es a la vez uno (en naturaleza) y tres (en persona). Y, por último, la teología sistemática fija su atención en las proporciones. Es decir, distingue asuntos de primera importancia, como el evangelio (1 Co. 15:3), de otros temas de importancia secundaria o terciaria.[13] Por tanto, la teología sistemática busca reflejar los propios énfasis de la Biblia y sus prioridades en su atención a la enseñanza bíblica y su presentación.[14]

Teología histórica

La teología histórica analiza el pasado con el propósito de vivir en el presente. Es decir, examina cómo la iglesia ha entendido y vivido la Palabra de Dios tanto con fidelidad como con infidelidad, a fin de obtener sabiduría y evitar la necedad. Michael Horton escribe:

---

12. Kevin J. Vanhoozer, "Systematic Theology", en *DTIB*, 776.
13. Cp. Gavin Ortlund, *Finding the Right Hills to Die On: Theological Triage in Pastoral Ministry* (Wheaton, IL: Crossway, 2020).
14. Scott R. Swain, "Dogmatics as Systematic Theology", en *The Task of Dogmatics: Explorations in Theological Method*, eds. Oliver D. Crisp y Fred Sanders (Grand Rapids: Zondervan, 2017), 50.

Mientras que la teología bíblica traza una línea a lo largo de la historia redentora y la teología sistemática hace un círculo para demostrar la coherencia intrasistemática de las doctrinas bíblicas, la teología histórica recuerda a ambas que nunca se sale del círculo hermenéutico, sencillamente realiza la exégesis de las Escrituras y descubre sus doctrinas en la abstracción de una historia comunal de la interpretación. Por tanto, a diferencia de la teología bíblica y de la sistemática, se puede describir la teología histórica como el estudio de la *historia de la exégesis* (descriptivo) en lugar del acto de exégesis bíblica en sí (prescriptivo). El objetivo no consiste en determinar lo que la iglesia está autorizada a decir, sino en determinar lo que ha afirmado en realidad en sus formulaciones dogmáticas a lo largo de su desarrollo orgánico.[15]

A nivel limitado, la teología histórica nos recuerda las confesiones de fe que se han entregado a los santos mediante los credos y concilios ecuménicos. En ellos, Dios guio a su iglesia a la verdad por medio de la confesión fiel de quien Él es como Dios Trino, lo que ha hecho por los pecadores por medio de la persona y la obra del Dios hombre, Jesucristo, y la manera en que ha dado el Espíritu Santo a su pueblo en Cristo como garantía de su herencia futura (Ef. 1:14).[16] Aunque la teología protestante afirma con sinceridad *sola scriptura* (solo las Escrituras) como su autoridad final y suprema, esto no implica que carezca de otros recursos con autoridad derivativa, siempre que resuman con fidelidad lo que las Escrituras enseñan y proclamen lo que la iglesia ha confesado. Por consiguiente, la teología histórica sierve a la iglesia como una guía ministerial importante, aunque no magisterial.

Cabría preguntarse la utilidad o el beneficio de la teología histórica. Aunque Naselli enumera diez beneficios,[17] yo me limitaré a tres. Primero, la teología histórica protege del *elitismo*. Muchos se sienten tentados a pensar que la era dorada ha llegado y que, como resultado, las generaciones anteriores eran inferiores o deficientes. No obstante, en cada generación ha habido santos y

---

15. Horton, "Historical Theology", *DTIB*, 293.

16. Para una introducción accesible a los credos y concilios más importantes, ver Justin S. Holcomb, *Know the Creeds and Councils* (Grand Rapids: Zondervan, 2014); para un estudio más profundo, ver Leo Donald Davis, *The First Seven Ecumenical Councils (325-787): Their History and Theology* (Wilmington, DE: Michael Glazier, 1988).

17. Los diez beneficios de Naselli son: (1) Ayuda a distinguir entre la ortodoxia y la herejía; (2) manifiesta el fruto de la ortodoxia y de la herejía; (3) puede fomentar la unidad que glorifica a Dios cuando otros cristianos disientan en cuestiones no esenciales; (4) ayuda a pensar de manera global; (5) puede revelar tus puntos ciegos teológicos; (6) da perspectiva sobre tendencias aparentemente novedosas; (7) cultiva la humildad; (8) protege del esnobismo cronológico; (9) inspira; y (10) recuerda que Dios lo controla todo de manera soberana para su gloria y para nuestro bien. Naselli, *Understand and Apply the New Testament*, cap. 10.

pecadores y la teología histórica pone a cada cristiano y comunidad a los pies de la cruz de Cristo.

Segundo, la teología histórica protege de la *desesperación*. Si un extremo es el orgullo intelectual o espiritual, el otro es pensar que Dios está ausente en medio del sufrimiento y de la dificultad. Sin embargo, la historia del cristianismo global está llena de una larga fila de cristianos que han gustado y visto que el Señor es bueno. Este recordatorio es útil para los que se encuentran en medio del padecimiento y nos alienta a perseverar al enfrentar dificultades, porque sabemos que Aquel que comenzó la buena obra la perfeccionará hasta el día de Jesucristo (Fil. 1:6).

Tercero, la teología histórica protege de un *biblicismo* ingenuo. Ningún intérprete vive en una isla, y Dios ha proporcionado guías maravillosos y dotados que nos han precedido y que han provisto el fruto de sus tareas interpretativas. Depender de ellas de forma exclusiva podría ser idólatra, pero no prestarles atención es pretencioso. Estudiar la teología histórica nos recuerda a aquellos que fueron antes de nosotros e interpretaron la Palabra de Dios para nosotros, de modo que, al considerar su conducta, podamos imitar su fe (He. 13:7).

Teología práctica

Si estudiar cómo las diversas partes de las Escrituras (exégesis) conforme se desarrollan en el canon en dirección a Cristo (teología bíblica) se relacionan entre sí de un modo coherente (teología sistemática), entonces no solo podemos aprender del pasado (teología histórica), sino que también podemos conseguir sabiduría para vivir en el presente (teología práctica). Kevin Vanhoozer afirma, con razón: "El final adecuado del drama de la doctrina es la sabiduría: el conocimiento vivido, la representación de la verdad".[18] Es decir, en respuesta a la Palabra y la obra de Dios, una teología cristiana fiel es inherentemente práctica, de modo que en este sentido fluye de las secciones previas. La teología práctica formula una pregunta en particular: "¿Cómo vivir en el mundo actual?". Por consiguiente, tiene que ver con predicación, enseñanza, consejería, soltería, matrimonio, evangelismo, plantación de iglesias, misiones, etc. En otras palabras, *la teología práctica es discipulado*.

Además, *la teología práctica es lírica*. Después que Dios se reveló a sí mismo a Moisés y a los israelitas y los liberó del yugo de los egipcios para que pudieran saber que Él es Jehová su Dios (Éx. 6:7), observe lo que sigue: ¡un cántico (Éx. 15:1-18)! Kelly Kapic escribe: "La teología significa saber cómo entonar

---

18. Kevin J. Vanhoozer, *The Drama of Doctrine: A Canonical Linguistic Approach to Christian Theology* (Louisville: Westminster John Knox, 2005), 21.

el cántico de la redención: saber cuándo gritar, cuándo lamentar, cuándo guardar silencio y cuándo esperar".[19]

Finalmente, *la teología práctica es misional* porque Jesús declaró: "Toda potestad me es dada en el cielo y en la tierra. Por tanto, id, y haced discípulos a todas las naciones, bautizándolos en el nombre del Padre, y del Hijo, y del Espíritu Santo; enseñándoles que guarden todas las cosas que os he mandado; y he aquí yo estoy con vosotros todos los días, hasta el fin del mundo" (Mt. 28:18-20). Esta comisión dirigió los primeros concilios de la iglesia a medida que los cristianos llevaban a cabo con fidelidad la Gran Comisión. Contextualizaron la Trinidad, al Señor Jesucristo encarnado y al Espíritu Santo vivificador en las formas de pensamiento y lenguaje de su tiempo, con el fin de hacer justicia a la enseñanza de las Escrituras. Y los cristianos deben actuar así hoy, desde Texas hasta Nueva Inglaterra, el Asia oriental y Nigeria (hasta los confines de la tierra), sin transigir con las verdades de las Escrituras hasta ese día cuando personas de toda tribu, lengua, pueblo y nación se reúnan alrededor del trono para adorar al Cordero que fue inmolado (Ap. 5:9) para quitar el pecado del mundo (Jn. 1:29). De manera que el objetivo de la teología es a la vez vertical (amar, conocer, disfrutar, adorar y glorificar a Dios) y horizontal (amar a los demás).

En resumen

Dios es nuestro Creador y, al mismo tiempo, nuestro Redentor en Cristo y nos ha dado su Espíritu y su Palabra para que podamos conocerlo. Como criaturas finitas, nunca poseeremos *por completo* el conocimiento perfecto de Dios, porque es infinitamente maravilloso y perfecto. Sin embargo, ya que Él nos ha hablado en su misericordia a través de su Verbo, Jesucristo, y su Palabra escrita, las Escrituras, podemos conocerlo *de verdad*. Este conocimiento es vida (Jn. 17:3). Que podamos, pues, con humildad y gozo, aprovechar todos los medios que Él nos ha dado y que nuestra meta sea vivir las palabras de Jeremías 9:23-24: "Así dijo Jehová: No se alabe el sabio en su sabiduría, ni en su valentía se alabe el valiente, ni el rico se alabe en sus riquezas. Mas alábese en esto el que se hubiere de alabar: en entenderme y conocerme, que yo soy Jehová, que hago misericordia, juicio y justicia en la tierra; porque estas cosas quiero, dice Jehová".

---

19. Kelly M. Kapic, *A Little Book for New Theologians: Why and How to Study Theology* (Downers Grove, IL: InterVarsity, 2012), 23.

Preguntas para la reflexión

1. En sus propias palabras, ¿cómo describiría la exégesis, la teología bíblica, la teología sistemática, la teología histórica y la teología práctica?

2. ¿De qué maneras moldea y forma cada una de estas disciplinas a las demás?

3. ¿Por qué la teología histórica es más importante para la exégesis, la teología bíblica y la teología sistemática?

4. ¿Por qué es importante la teología sistemática para la comunión con Dios?

5. ¿De qué manera es moldeada la vida cristiana por doctrinas específicas? Por ejemplo, ¿cómo debería dar forma la doctrina de la Trinidad a la manera de orar de un cristiano (ver Ef. 3:14-21)? O, ¿cómo debería la encarnación producir humildad (ver Fil. 2:1-11)?

¿Cómo difieren y a la vez funcionan juntas la teología bíblica y la teología sistemática?

Oren R. Martin

El capítulo anterior describe y compara la exégesis, la teología bíblica, la teología sistemática, la teología histórica y la teología práctica. Este capítulo hace un examen más específico al hablar sobre cómo difieren y funcionan juntas la teología bíblica y la sistemática. En resumen, no son enemigas, sino amigas, porque se asocian para formar a discípulos maduros de Cristo que, por su Espíritu, lo siguen en cada ámbito de la vida.

Para empezar, algunos postulan la brecha irreparable que existe entre la teología bíblica y la teología sistemática.[1] Sin embargo, estudios más recientes en la teología evangélica han confirmado lo que la iglesia ha estado practicando desde el comienzo, a saber, que la teología bíblica y la teología sistemática van siempre juntas, aunque no se etiqueten como tal. En realidad, la iglesia primitiva practicó algo parecido a estas teologías cuando respondieron a varias herejías. En otras palabras, siempre ha habido una reflexión sistemática disciplinada sobre la historia de la redención en lo que concierne a Dios y su obra en Cristo. Por ejemplo, los debates trinitarios y cristológicos de la iglesia primitiva involucraban más que poner la totalidad del canon a la luz de la historia de la salvación, al intentar responder a la pregunta de quién es Dios, qué ha hecho en la redención y cómo "encajan" Jesucristo y el Espíritu Santo en su identidad divina. Más adelante, procuraron desafiar las cuestiones contemporáneas de su tiempo, lo que, en un sentido, es una sección de la teología sistemática por cuanto implicaba un enfrentamiento entre cosmovisiones. Sobre esta idea, Michael Horton escribe:

---

1. Por ejemplo, muchos señalan un discurso fundamental de Johann Phillip Gabler, "An Oration on the Proper Distinction between Biblical and Dogmatic Theology and the Specific Objectives of Each" (1787), reproducido en Ben C. Ollenburger, ed., *Old Testament Theology: Flowering and Future,* 2.ª ed., Sources for Biblical and Theological Study 1 (Winona Lake, IN: Eisenbrauns, 2004), 497-506. Para una descripción de esta brecha, así como para una propuesta de no separar lo que Dios ha unido, ver Kevin J. Vanhoozer, "From Canon to Concept: 'Same' And 'Other' in the Relation between Biblical and Systematic Theology", *Scottish Bulletin of Evangelical Theology,* 12, núm. 2 (otoño de 1994): 96-124.

La doctrina de la Trinidad no cayó del cielo en un instante, sino que fue revelada poco a poco a medida que se desarrolló el plan de Dios en la historia. La teología bíblica sigue ese desarrollo orgánico, mientras que la teología sistemática recoge estas percepciones en un dogma formal y relaciona la Trinidad con las demás doctrinas de las Escrituras. Si la teología bíblica es más como un mapa topográfico, la teología sistemática es más parecida a un plano callejero que indica la conexión lógica entre diversas doctrinas desplegadas por todas las Escrituras. Sin teología bíblica, la teología sistemática rinde con facilidad el dinamismo de la revelación a las verdades atemporales; sin teología sistemática, la teología bíblica cede la coherencia interna de la Biblia: la relación de las partes con el conjunto.[2]

De hecho, la teología bíblica y la sistemática han sido compañeras desde el principio. Por consiguiente, lo que sigue rememora brevemente el capítulo anterior y, a continuación, provee un caso de estudio para demostrar cómo difieren y, a la vez, funcionan juntas la teología bíblica y la sistemática.

Teología bíblica

El capítulo anterior observa que la teología bíblica funciona de manera intertextual al rastrear cómo las Escrituras se desarrollan *en sus propios términos.* En su carácter histórico y redentor, la Biblia se desenvuelve desde Génesis hasta Apocalipsis. A partir de esta descripción, merece la pena señalar cuatro convicciones de la teología bíblica.

En primer lugar, la teología bíblica tiene en cuenta la unidad de la revelación de Dios. Las Escrituras son su palabra escrita y revelan su plan unificado de redención de principio a fin. Sin embargo, el plan redentor divino no sucedió de golpe, de modo que su revelación no llegó de una vez. Más bien, "habiendo hablado muchas veces y de muchas maneras en otro tiempo a los padres por los profetas" (He. 1:1), Él los dirigió hacia su redención suprema en Cristo. Esta estructura presupone que las Escrituras constituyen un texto unificado con una historia que se va desarrollando. La Palabra de Dios revela e interpreta sus actos redentores que se van produciendo a lo largo del tiempo, de principio a fin. Por tanto, la teología bíblica debe conservar la mirada en la naturaleza de la revelación y de la historia de la redención de las Escrituras. Sin embargo, no solo la revelación de Dios tiene que ver con la historia de la redención, sino que también está orientada hacia el futuro. Es decir, tiene

---

2. Michael S. Horton, *The Christian Faith: A Systematic Theology for Pilgrims on the Way* (Grand Rapids: Zondervan, 2011), 29.

una *meta* divina. Michael Horton tiene razón cuando afirma que, cuando se interpreta la Biblia, "la escatología debe ser una lente y no tan solo una meta".[3] Por ejemplo, la promesa de la simiente de la mujer que triunfaría sobre la serpiente (Gn. 3:15) se desarrolla en diversas formas extraordinarias a lo largo de las Escrituras hasta que Cristo la cumple. Esta faceta orientada al futuro está arraigada en un Dios soberano que mueve la historia según sus fines predeterminados, tanto para sus propósitos redentores para la humanidad (uno de los fines) como para su propia gloria (el fin supremo). Como resultado, la teología bíblica presta atención a la unidad de la revelación redentora divina e interpreta las partes a la luz del conjunto.

Segundo, dado que la revelación unificada de Dios llegó con el paso del tiempo, la teología bíblica presta atención a la diversidad de las Escrituras. Esta diversidad está marcada por diferentes autores, lenguas, géneros, culturas, épocas, pactos y Testamentos. La diversidad de las Escrituras manifiesta la maravilla de la hermosura de Dios, pero en la rica variedad bíblica hay una unidad subyacente que abarca sus páginas desde el comienzo hasta el final.

Tercero, la teología bíblica interpreta las Escrituras en sus propios términos; es decir, guiada por ellos, por sus conceptos, estructuras y categorías (p. ej.: creación, imagen, pacto, templo). No impone categorías extrabíblicas al texto, sino que más bien deja que sean las Escrituras las que marquen la pauta.[4]

Finalmente, la teología bíblica es cristológica. Es decir, toda la revelación *apunta a Cristo y se cumple en Él* (Ef. 1:10). Los tratos pasados de Dios con su pueblo sirven de patrones, o tipos, para los futuros. Por tanto, todos los acontecimientos, las instituciones, los pactos, las personas y los cargos en la era redentora del AT apuntan al suceso, sacrificio, pacto, persona, profeta, sacerdote y rey salvadores finales. Más tarde, los autores del NT reconocieron al Señor Jesucristo como quien cumplía estas esperanzas proféticas o servía de antitipo de ellas.[5]

Teología sistemática

La teología sistemática ayuda a la totalidad de la revelación de Dios y junta todas las piezas conceptuales a partir de la teología bíblica con el fin de manifestar la anatomía de sus relaciones. Kevin Vanhoozer describe la teología sistemática como "una investigación de los conceptos básicos de la fe

---

3. Michael S. Horton, *Covenant and Eschatology: The Divine Drama* (Louisville: Westminster John Knox, 2002), 5.

4. Ver Pregunta 1.

5. Ver Pregunta 8.

cristiana".[6] Como resultado, existen importantes componentes de la teología sistemática.

En primer lugar, la teología sistemática no solo asiste al conjunto de las Escrituras y las relaciona con nuestro mundo, sino que también presta atención a las relaciones internas de las Escrituras. Por ejemplo, la teología sistemática no solo desarrolla lo que enseña la Biblia sobre la deidad o la humanidad de Cristo, teniendo en cuenta cómo se desenvuelve cada una en sus páginas (esto está más cerca de la teología bíblica), sino que también pregunta: "¿Cuál es la relación entre la deidad y la humanidad de Cristo en su persona (única)?". El resultado es que la iglesia ha empleado términos como "unión hipostática" para resumir de manera conceptual y capturar lo que las Escrituras enseñan respecto a la persona de Cristo.[7] Además, la teología sistemática procura proporcionar un relato de cómo se relacionan su deidad y su humanidad de un modo coherente, así como su relación con otras doctrinas, como la Trinidad o la salvación. Por esta razón, la teología sistemática usa conceptos y herramientas conceptuales que brindan coherencia a lo que las Escrituras enseñan sobre Cristo, como la distinción de definiciones entre la persona y la naturaleza (conseguido por los concilios de la iglesia).

En segundo lugar, la teología sistemática tiene en cuenta la teología histórica y está formada por ella, porque cada persona enfoca el texto con ciertos compromisos (confesionales).[8] La teología no está formulada en un vacío ni es mera teoría. Más bien, escucha el pasado, aprende de él, lo analiza y lo incorpora con el fin de conocer a Dios y de darlo a conocer en el presente.

Finalmente, la teología sistemática presta atención a las proporciones. Es decir, distingue asuntos que son de importancia primordial, como el evangelio (1 Co. 15:3) o la persona de Cristo (1 Jn. 4:2-3), de otras cuestiones secundarias o terciarias (Mt. 23:23; 1 Co. 1:14-17). De ahí que la teología busque reflejar los énfasis y las prioridades de la propia Biblia en su atención santificada y disciplinada a la enseñanza bíblica y a su presentación.[9]

Trabajan juntas para nuestro beneficio

La teología bíblica da lugar a la teología sistemática. Graeme Goldsworthy escribe:

---

6. Vanhoozer, "From Canon to Concept", 101.
7. Ver, p. ej., Stephen J. Wellum, *God the Son Incarnate: The Doctrine of Christ, Foundations for Evangelical Theology*, ed. John S. Feinberg (Wheaton, IL: Crossway, 2016), cap. 9.
8. Grant R. Osborne, *The Hermeneutical Spiral: A Comprehensive Introduction to Biblical Interpretation*, rev. y exp. (Downers Grove, IL: InterVarsity, 2006), 265-266.
9. Scott R. Swain, "Dogmatics as Systematic Theology", en *The Task of Dogmatics: Explorations in Theological Method*, eds. Oliver D. Crisp y Fred Sanders (Grand Rapids: Zondervan, 2017), 50.

Desde un punto de vista, la teología bíblica es lo que hace que la dogmática sea necesaria. De no ser por la naturaleza progresiva de la revelación, todos los textos tendrían la misma relación general con el creyente. La dogmática es la disciplina de afirmar lo que toda la actividad redentora y reveladora de Dios significa para nosotros ahora. Reconoce que todos los textos no tienen ahora la misma relación con nosotros, pero que, a la vista de la unidad de la revelación, sí tienen una relación identificable con los demás textos y, en consecuencia, con nosotros. La teología bíblica examina la diversidad dentro de la unidad [...]. La base dogmática de la teología bíblica radica en que ningún dato empírico de la exégesis tiene un significado independiente, como tampoco lo tiene ningún dato de la teología ni de la interpretación.[10]

En otras palabras, la teología sistemática amplía la teología bíblica en sus formulaciones teológicas. Cuando los sistemáticos basan su teología en la Biblia, deben hacerlo de maneras que honren su esencia y, a la vez, de la manera en que la reveló Dios. En otras palabras, deben hacer teología bíblica. Sobre esta idea, Michael Williams escribe:

La estructura narrativa de la Biblia, la historia de la relación de Dios con su creación (desde Adán, pasando por el Cristo crucificado y resucitado, hasta el Cristo triunfante en la restauración de todas las cosas en el reino de Dios) forma el principio regulador y la clave interpretativa para la teología sistemática, no menos que para la teología bíblica. Esto sugiere que una teología sistemática orientada a la narrativa y a las formas bíblicas de obtener conocimiento debería estar fundamentada en la historia de la redención, en lugar de ser ordenada.[11]

Richard Lints expone una forma útil de describir este proceso interpretativo y teológico, que denomina los tres horizontes de la interpretación redentora: el *textual* (contexto inmediato a nivel gramático-histórico), *de época* (contexto del período de la revelación) y *canónico* (contexto de la totalidad de la revelación.[12] Para alcanzar conclusiones bíblicas y teológicas sanas, los

---

10. Graeme Goldsworthy, "'Thus Says the Lord!' — The Dogmatic Basis of Biblical Theology", en *God Who Is Rich in Mercy: Essays Presented to D. B. Knox*, eds. P. T. O'Brien y D. G. Peterson (Grand Rapids: Baker, 1986), 37.
11. Michael Williams, "Systematic Theology as a Biblical Discipline", en *All for Jesus: A Celebration of the 50th Anniversary of Covenant Theological Seminary*, eds. Robert A. Peterson y Sean M. Lucas (Fearn, Ross Shire, UK: Christian Focus, 2005), 199.
12. Richard Lints, *The Fabric of Theology: A Prolegomenon to Evangelical Theology* (Grand Rapids: Eerdmans, 1993), 293-311.

intérpretes deben hacer un estudio igual de todos los textos, prestando una cuidadosa atención a los géneros literarios e interpretando del modo correcto cada pasaje dentro de sus contextos respectivos y en el lugar general en la historia redentora y en el canon. De manera similar, cuando los teólogos bíblicos sacan conclusiones teológicas de las Escrituras (¡algo que deben hacer!), tienen que hacerlo respetando el complejo conjunto de las cuestiones históricas, filosóficas, culturales y doctrinales que ayudan a tales conclusiones. En otras palabras, deben hacer teología sistemática.

Caso de prueba: El Dios Trino

Por dar un ejemplo, la teología bíblica y la sistemática funcionan juntas para entender con fidelidad al Dios Trino y vivir ante Él. Para Moisés, la santa revelación de Dios desde la zarza ardiente lo impulsó a esconder su rostro, pues tenía miedo de contemplar a Dios (Éx. 3:6). Del mismo modo, es fundamental que la santa reverencia y el asombro como el de un niño sean las características de quienes son testigos de la revelación de Dios de sí mismo en su Palabra como Dios Trino.[13]

La teología bíblica afirma que la revelación de Dios tiene un largo recorrido que empezó en la creación y que continúa después de la caída hasta que culmina en Cristo. Así pues, existe progreso y desarrollo en la confesión de la existencia de Dios cuando pasamos del AT al NT. La confesión de Israel respecto al único Dios verdadero formó el fundamento de su fe. Por ejemplo, la revelación del nombre de Dios es el testimonio más pleno y fiel de la inagotable realidad de su naturaleza (3:13-14). Es decir, el nombre de Dios indica la realidad del ser de Dios.[14] No es de sorprender, pues, por qué Él no comparte su gloria con nadie (Is. 48:11). Pasajes como Éxodo 20:3 y Deuteronomio 6:4 afirman el monoteísmo exclusivo en agudo contraste con las naciones politeístas de los alrededores. La revelación del nombre de Dios y la posterior elaboración de este a lo largo del AT dejan claro que solo Él es eterno e independiente, la causa, el creador y el sustentador de todo lo que existe, así como inmutable en su naturaleza, propósitos y carácter (Éx. 3:14-15; Nm. 23:19; Is. 44:24; Zac. 14:9).

Sin embargo, la revelación de Jehová como el único Dios verdadero no se restringe al AT. El NT sigue la trayectoria del AT al afirmar que "el Señor uno es" (Mr. 12:29) y que "no hay otro fuera de él" (12:32). Pablo añade al testimonio bíblico cuando concuerda con lo que los cristianos corintios saben, que los ídolos no son dioses reales, porque "solo hay un Dios, el Padre, del cual

---

13. Herman Bavinck, *Our Reasonable Faith* (Grand Rapids: Eerdmans, 1956), 143.
14. Scott R. Swain, "Divine Trinity" en *Christian Dogmatics: Reformed Theology for the Church Catholic* (Grand Rapids: Baker, 2016), 83.

proceden todas las cosas, y nosotros somos para él" (1 Co. 8:6). De hecho, solo hay una forma para que tanto los judíos como los gentiles se reconcilien con Dios "porque Dios es uno" (Ro. 3:30; cp. Stg. 2:19). Además, Él llama a los cristianos a mantener la unidad ya que hay "un Señor [...] un Dios y Padre de todos, el cual es sobre todos, y por todos, y en todos" (Ef. 4:5-6). Sin embargo, no solo la identidad de Dios es única; Él también es sustancialmente diferente a cualquier otro ser. Posee atributos invisibles; a saber, eterno poder y deidad (Ro. 1:20). Es independiente, autoexistente y autosuficiente (Hch. 17:24-25). Es inmortal e invisible (1 Ti. 1:17), y bendito, soberano e invisible (6:16). Atributos como estos proveen un campo fértil para que los cristianos en todo siglo afirmen que la realidad de Dios (su naturaleza, esencia o ser) es exclusivamente suya, su vida. Por tanto, los credos y las confesiones cristianos históricos confiesan que Dios es uno.

No obstante, incluso en el AT, los cristianos han señalado varias referencias a Dios en plural, así como pasajes donde se atribuye deidad a diversas personas individuales. El primer conjunto de ejemplos incluye, en particular, el pronunciamiento divino en Génesis 1:26: "Hagamos al hombre a nuestra imagen, conforme a nuestra semejanza". Se añade aún más peso a este pronunciamiento a la luz de los primeros versículos del capítulo uno, cuando Dios crea por su palabra mientras el Espíritu está presente. Conforme progresa la revelación divina, Salmos 33:6 y Juan 1:1-3 aclaran con mayor profundidad quién es Dios (cp. Col. 1:16-17; He. 1:1-3). El segundo conjunto de pasajes del AT alude a personas distintas a quienes se asigna un estatus divino. David escribe: "Jehová dijo a mi Señor: Siéntate a mi diestra, hasta que ponga a tus enemigos por estrado de tus pies" (Sal. 110:1; cp. 45:6-7[7-8]), que los escritores del NT aplican a Cristo (He. 1:8-9; Mt. 22:41-46; Hch. 2:34-35). Los lugares donde operan diversos intermediarios en nombre de Dios están estrechamente relacionados y, de un modo misterioso, se identifican con Dios (p. ej.: Gn. 16:7-13; caps. 18–19; Éx. 3:2-6). En última instancia, existen pasajes a lo largo de los Profetas que vinculan la venida del Señor con un siervo davídico. Además, hacia el final del AT, la esperanza de salvación de Israel está anclada en una figura divina *y* humana. Por ejemplo, Isaías habla de una salvación mundial que llegará por medio de un rey divino y humano (9:1-7), Ezequiel alude a un pastor divino y humano que alimentará al pueblo de Dios (34:20-24) y Miqueas anticipa el tiempo cuando el gobernante y salvador de Israel, que nacerá en Belén, será aquel cuyas "salidas son desde el principio, desde los días de la eternidad." (Mi. 5:2). Estos misterios están ocultos y no se explican hasta las primeras páginas del NT (p. ej.: Lc. 1:31-34).

¿Qué conclusión deberíamos sacar de estos pasajes? Por una parte, habría que tener cuidado con ejemplos como estos para demostrar la doctrina de la Trinidad solo con el fundamento del AT, porque existen interpretaciones alternativas que confirman de manera plausible tanto el monoteísmo como el trinitarianismo ortodoxo. Por otra parte, el efecto acumulativo de estos pasajes provee un terreno trinitario fértil para el cumplimiento del tiempo cuando Dios enviará a su Hijo (Gá. 4:4) y, a su vez, cuando el Padre con el Hijo envíen al Espíritu Santo para que dé testimonio sobre el Cristo. En este tiempo, distintas personas divinas emergen para revelar de un modo más completo quién es Dios como Padre, Hijo y Espíritu Santo. Así, la revelación sigue a la redención, porque Dios lleva a cabo sus grandes propósitos según el designio de su voluntad en Cristo (Ef. 1:10-11). Como resultado, la identidad de Dios y su forma de ser se dan a conocer poco a poco para que su pueblo pueda confesarlo según quien se ha revelado ser.

Aunque confesamos que Dios es *uno,* también reconocemos que su nombre pertenece a *tres* (Mt. 28:19-20). En la narrativa bíblica, principalmente, identificamos tres personas divinas distintas. Es decir, en las obras de Dios en la creación y la salvación, reconocemos la pluralidad dentro de la Deidad. Por ejemplo, en Isaías 48:16, el orador no identificado ("yo") enviado por Dios el Señor, junto con su Espíritu, es el Siervo del Señor, que también aparece en 42:1-13 y 49:1-6. A la luz del testimonio del NT, los cristianos deben ver esto como la referencia a estas personas de la Deidad. Pasajes como Isaías 63:10 dan a entender la personalidad distinta del Espíritu Santo y muestran a Dios identificando su Espíritu consigo mismo (cp. Ef. 4:30). Más aún, la personalidad del Espíritu y su presencia divina se expresan con gran fuerza narrativa en su movimiento creador sobre la faz de las aguas en el momento de la creación (Gn. 1:2) y en su concepción creadora sobre María que daría a luz al Hijo de Dios, Jesús, en su encarnación (Lc. 1:35). Como el Siervo de Jehová, el Espíritu de Jehová es una persona divina distinta que también es Jehová.

Conforme se desarrolla la historia de la redención, el NT deja claro que el misterio una vez oculto ahora ha sido revelado. Los primeros cristianos no llegaron a la doctrina de la Trinidad mediante la especulación teológica. Más bien, se vieron confrontados con la persona y la obra de Jesucristo, que no solo afirmó ser igual a Dios (Jn. 10:30), sino que también demostró que hablaba con verdad por medio de su autoridad divina sobre la naturaleza (Mt. 8:23-27), la enfermedad (9:18-26), el pecado (Mr. 2:1-12) y la muerte (Jn. 11:1-44). Juan 1 empieza con ecos de Génesis 1: "En el principio era el Verbo, y el Verbo era con Dios, y el Verbo era Dios. Este era en el principio con Dios. Todas las cosas por él fueron hechas, y sin él nada de lo que ha sido hecho, fue hecho" (1:1-3). Aquí, el Verbo a la vez es distinto a Dios y se identifica como Dios. Es el "unigénito del Padre" (1:14) y "el unigénito Dios, que está en el seno del Padre, Él lo ha dado a conocer" (1:18, NBLA). Se le confiesa como "¡Señor mío, y Dios mío!" (Jn. 20:28), la "imagen del Dios invisible, el primogénito de toda creación", quien creó todas las cosas, es antes que ellas y las mantiene unidas (Col. 1:15-20). También se le adora junto con Dios (Ap. 5) y es "el resplandor de su gloria, y la imagen misma de su sustancia, y quien sustenta todas las cosas con la palabra de su poder" (He. 1:3).

Del mismo modo, el Espíritu, que es distinto al Padre y al Hijo, se identifica con ambos como Dios. Al Espíritu se le atribuyen obras que pertenecen propiamente a Dios en la creación (Gn. 1:1-2; Sal. 33:6), la providencia (Sal. 104:30), la regeneración (Jn. 3:3-6; Tit. 3:5), la resurrección (Ro. 8:11), la justificación (1 Co. 6:11), la morada en el creyente (Ro. 8:9-11) y la intercesión (8:26-34). Mentir al Espíritu Santo es mentir a Dios (Hch. 5:3-4); la bendición divina fluye del Padre, del Hijo y del Espíritu (2 Co. 13:14); y el Espíritu obra con el Padre y el Hijo en el único plan redentor de Dios (Jn. 14:16–16:15; Ef. 1:3-14; 2 Ts. 2:13-15). Por último, el Espíritu participa de los atributos divinos como la omnisciencia (1 Co. 2:10), la omnipresencia (Sal. 139:7-10), los milagros (Mt. 12:28) y la eternidad (He. 9:14). Dios es uno y su nombre pertenece a tres: Padre, Hijo y Espíritu Santo.

Conforme el cristianismo se extendió en cumplimiento de la Gran Comisión de Jesús, un problema recurrente en el pensamiento trinitario primitivo fue encontrar las palabras y los conceptos correctos para proclamar, a la vez, la unidad y la triunidad de Dios. Como resultado, la necesidad de una teología sistemática fue creciendo para prestar una atención conceptual a las relaciones y proporciones de las Escrituras. En consecuencia, el lenguaje se empleaba para confirmar que, en su unidad, Dios es uno en naturaleza, esencia o ser, que posee los atributos o perfecciones que pertenecen solo a Dios (p. ej.: independencia, inmutabilidad, eternidad, omnipresencia, sencillez). Por consiguiente, lo que es común al Padre, al Hijo y al Espíritu Santo es la naturaleza divina única y sencilla (Jn. 10:30) y la comparten al morar (es decir, *pericóresis*) las personas de la Trinidad las unas en las otras (Jn. 10:38). De modo que Dios existe eternamente en tres personas. El Padre es totalmente Dios, el Hijo es totalmente Dios y el Espíritu es totalmente Dios. Sin embargo, son un único Dios. Las tres personas son iguales en naturaleza, poder, autoridad, voluntad y gloria, porque cada una participa de una sola esencia divina.

Asimismo, las distinciones entre las personas pueden verse desde dos perspectivas: las procesiones divinas (Dios en sí mismo) y las misiones divinas (Dios hacia nosotros en sus obras de creación y salvación). En primer lugar, lo que distingue a las personas es su nombre y sus relaciones de origen. Es decir, el Padre engendró eternamente al Hijo, el Hijo es engendrado eternamente por el Padre y el Espíritu Santo procede eternamente del Padre y del Hijo (Jn. 1:14; 3:16; 15:26). En otras palabras, el Padre tiene la propiedad personal de la paternidad, el Hijo de la filiación y el Espíritu de la procesión o espiración. Estas propiedades personales fluyen del testimonio bíblico para aportar coherencia conceptual al Dios Trino frente a diversas herejías. En segundo lugar, las procesiones divinas se expresan en las misiones divinas de creación y salvación, en la que cada obra de Dios tiene una triple causa. Es decir, como reflejo del patrón de las relaciones de origen, "el Padre envía al Hijo para llevar a cabo su misión redentora y el Padre, con el Hijo, envía a su Espíritu para realizar su misión santificadora".[15] De modo que, en la creación, Dios crea el mundo por medio del Hijo en el Espíritu (Gn. 1:1-2; Jn. 1:1-3; Col. 1:15-17), y en la salvación, Dios el Padre envía a su Hijo, quien en obediencia se encarnó, sufrió, murió e hizo expiación por el pecado, para redimir a sus escogidos en Cristo y sellarlos con su Espíritu Santo, la garantía de su herencia eterna para alabanza de la gloria de su gracia (Ef. 1:3-14). En realidad, la buena nueva es que Dios *nos* ha abierto, por gracia, su vida eterna Trina para convertirse en un Padre adoptivo en Cristo por su Espíritu *por nosotros*.[16]

En resumen

La teología bíblica y la sistemática no son enemigas, sino amigas, porque son actividades interdependientes en la tarea integrada de conocer a Dios y vivir delante de Él en su mundo. La teología bíblica busca interpretar las diversas formas canónicas en sus propios términos, mientras que la teología sistemática procura preservar esas formas canónicas y transformarlas en una estructura coherente, conceptual para hoy. Al final, la estructura teológica fija de las Escrituras (teología bíblica) da lugar a una visión teológica para toda la vida (teología sistemática).[17]

Preguntas para la reflexión

1. ¿En qué difieren la teología bíblica y sistemática?
2. ¿Qué sucede si se descuida la teología bíblica o la teología sistemática?

---

15. Scott R. Swain, "Define Trinity", en *Christian Dogmatics Reformed Theology for the Church Catholic*, eds. Michael Allen y Scott R. Swain (Grand Rapids: Baker, 2016), 104.
16. Para más sobre la doctrina de la Trinidad, ver Herman Bavinck, *Reformed Dogmatics*, vol. 2: *God and Creation* (Grand Rapids: Baker, 2004), cap. 6; Fred Sanders, *The Deep Things of God: How the Trinity Changes Everything*, 2.ª ed. (Wheaton, IL: Crossway, 2017); Fred Sanders, *The Triune God*, New Studies in Dogmatics, eds. Michael Allen and Scott R. Swain (Grand Rapids: Zondervan, 2016).
17. Para más sobre pasar de una estructura teológica (teología bíblica) a una visión teológica (teología sistemática), ver Lints, *Fabric of Theology*.

3. ¿De qué manera dependen las disciplinas entre sí y cómo se forman
   mutuamente?
4. Además del caso de prueba más arriba, ¿puede proporcionar otros
   ejemplos (p. ej.: la persona y la obra de Cristo)?
5. ¿Cómo funcionan juntas las disciplinas para formar una visión teológica de la vida?

¿Qué función tiene la intención autorial en la teología bíblica?

Oren R. Martin

La teología bíblica trata sobre conocer a Dios por medio de su Palabra vivificante. En este sentido, como afirma Richard Lints, debe tratarse primero de una conversación con Dios: "Esta conversación empezó en la creación y adoptó dimensiones trágicas en la caída. Se convirtió en una conversación incómoda, porque cuando Dios se reveló a sí mismo, la humanidad caída se vio mucho más lamentable en comparación con su gloria. Aun así, la conversación prosiguió y alcanzó el apogeo redentor en la persona y la obra de Cristo".[1]

Como resultado, la redención por fe en Cristo produce renovación mediante la morada del Espíritu en nosotros y la obra iluminadora, quien capacita poco a poco a su pueblo para convertirse en mejores interlocutores conforme son transformados de gloria en gloria (2 Co. 3:18). Así pues, la teología bíblica trata de escuchar, de prestar oído a lo que Dios ha hablado sobre sí mismo en la persona de su Hijo (He. 1:1-2).

La dificultad ha surgido, sin embargo, al considerar la naturaleza de lo que Dios ha hablado en su Palabra. De manera más específica, la Biblia nos ha llegado de la mano de varios autores humanos en una diversidad de formas a lo largo del tiempo (p. ej.: culturas, idiomas, géneros). Esta dimensión de las Escrituras suele ser donde la interpretación comienza y, en ocasiones, donde acaba. No obstante, subyacente a esta extraordinaria diversidad se encuentra una unidad inspirada por Dios, porque procede *de Él* (2 Ti. 3:16). Es decir, las Escrituras son al mismo tiempo una palabra plenamente divina y plenamente humana. Como resultado, hacer teología bíblica implica escuchar lo que los distintos autores bíblicos han plasmados en sus palabras para entender en última instancia lo que el autor divino ha expresado finalmente sobre su Hijo, el Verbo eterno (Jn. 1:1-18; He. 1:1-2).

Por ello, este capítulo consta de tres pasos que proporcionan la estructura para entender la función de la intención autorial al hacer teología bíblica. Primero, expone un relato teológico de la inspiración de las Escrituras. Segundo,

---

1. Richard Lints, *The Fabric of Theology: A Prolegomenon to Evangelical Theology* (Grand Rapids: Eerdmans, 1993), 58.

explica la función de la intención autorial en la teología bíblica. Y, finalmente, suministra controles interpretativos para hacer teología bíblica a la luz de la intención autorial.

La intención autorial y la naturaleza de las Escrituras

A lo largo de los siglos, los cristianos han afirmado la veracidad total de la Palabra de Dios como producto de una autoría divina y humana a la vez.[2] La autoría dual de las Escrituras afirma que "Dios, en su soberanía, supervisó de tal modo los escritos libremente compuestos por hombres, denominados Escrituras, que el resultado fue nada más y nada menos que las palabras de Dios y, por tanto, totalmente veraces".[3] En otras palabras, las Escrituras son la Palabra de Dios en lengua humana.[4] Pero *¿qué* significa esta descripción y *cómo* la lleva a cabo Dios? Esta pregunta llega al meollo de la inspiración bíblica.[5]

La iglesia ha apuntado con frecuencia a dos textos cruciales y complementarios para afirmar que las Escrituras en su totalidad proceden de Dios. Primero, 2 Timoteo 3:16 afirma: "Toda la Escritura es inspirada por Dios, y útil para enseñar, para redargüir, para corregir, para instruir en justicia". Además, 2 Pedro 1:20-21 explica *cómo* ha dado Dios su Palabra a su pueblo cuando el apóstol escribe: "Ninguna profecía de la Escritura es de interpretación privada, porque nunca la profecía fue traída por voluntad humana, sino que los santos hombres de Dios hablaron siendo inspirados por el Espíritu Santo". Sin embargo, no es como si las Escrituras fueran la obra *exclusiva* del Espíritu.[6] Como afirma Scott Swain: "Aunque Dios es el *autor principal* de las Sagradas Escrituras, los profetas y los apóstoles pueden considerarse *autores secundarios*".[7] Sin embargo, esta realidad no elimina los elementos humanos lo largo de las Escrituras. Una vez más, Swain escribe:

---

2. Ver, p. ej., John D. Woodbridge, *Biblical Authority: A Critique of the Rogers/McKim Proposal* (Grand Rapids: Zondervan, 1982); D. A. Carson, ed., *The Enduring Authority of the Christian Scriptures* (Grand Rapids: Eerdmans, 2016).

3. D. A. Carson, "Recent Developments in the Doctrine of Scripture", en *Hermeneutics, Authority, and Canon,* eds. D. A. Carson y John D. Woodbridge (Eugene, OR: Wipf & Stock, 1986), 45.

4. Para algunos, la idea de que Dios hable a la humanidad y por medio de esta en lengua humana menoscaba la comunicación autoritativa y verdadera de Dios. Ver, sin embargo, Scott R. Swain, *Trinity, Revelation, and Reading: A Theological Introduction to the Bible and Its Interpretation* (Londres: T&T Clark, 2011), 70; Timothy Ward, *Words of Life: Scripture as the Living and Active Word of God* (Downers Grove, IL: InterVarsity, 2009), 34-35; E. J. Schnabel, "Scripture", en *New Dictionary of Biblical Theology,* eds. T. Desmond Alexander y Brian S. Roser (Downers Grove, IL: InterVarsity, 2000), 34-43; Vern S. Poythress, "Divine Meaning of Scriptures", *WTJ* 48 (1986): 241-279.

5. Estoy en deuda con Scott Swain por lo que sigue. Para mas, ver Swain, *Trinity, Revelation, and Reading,* 62-71.

6. Por ello, por ejemplo, las Escrituras anteriores pueden atribuirse unas veces a Dios como autor divino (p. ej., He. 3:7) y en otras ocasiones al autor humano (p. ej., 4:7).

7. Swain, *Trinity, Revelation, and Reading,* 66.

La presencia y la operación del señorío soberano del Espíritu en la producción de las Sagradas Escrituras no conducen a la supresión o la denegación de los emisarios humanos en su ejercicio de racionalidad y libertad autorial. Más bien, su señorío soberano lleva a su vivificación y capacitación santificada. El Espíritu que creó la mente y la personalidad no las destruye cuando las emplaza a su servicio. Todo lo contrario. El Espíritu libera esa mente y esa personalidad de su ceguera y esclavitud al pecado para que puedan ser un testimonio verdaderamente libre, concienzudo y autoconsciente de todo lo que Dios es para nosotros en Cristo. Él da *su* testimonio vivo y, *por tanto*, los profetas y los apóstoles *también* dan *su propio* testimonio vivo (Jn. 15:26-27). Al comunicar la verdad del evangelio, el Espíritu crea una *comunión* divina y humana, una posesión y colaboración comunes (Jn. 16:13-15).[8]

Ya sea por medio de la Ley, los Profetas, los Salmos, los Evangelios o las Epístolas, la inspiración de las Escrituras es, sencillamente (¡aunque en toda profundidad!) la afirmación de que Dios, por su Espíritu, por medio de su sabiduría perfecta y su poder, ha producido un libro que procede de Él y que, por consiguiente, es autoritativo, veraz, claro y suficiente. Así pues, la teología bíblica debe tener en cuenta la autoría dual de las Escrituras para hacer justicia plena a todo lo hablado por Dios a través de los profetas y los apóstoles en ellas.

Intención autorial y teología bíblica

La naturaleza progresiva de la revelación de la historia de la redención dada por Dios y escrita por autores humanos en las Escrituras implica que el "significado" de un texto evoluciona a través del canon hasta que alcanza su plenitud en la persona y la obra de Cristo.[9] Esta evolución está arraigada en el texto de las Escrituras, ya que los autores bíblicos posteriores, que "hablaron siendo inspirados por el Espíritu Santo" (2 P. 1:21), interpretaron a los anteriores a la luz del plan progresivo de redención de Dios.[10] Por tanto, el proceso de entender el significado de un texto empieza con la interpretación del contexto histórico gramatical inmediato, continúa a través del carácter de la historia de la redención de las Escrituras al contemplar en retrospectiva

---

8. Swain, *Trinity, Revelation, and Reading*, 67 (énfasis original).

9. Ver la obra magistral de Kevin Vanhoozer, *Is There a Meaning in This Text? The Bible, the Reader, and the Morality of Literary Knowledge* (Grand Rapids: Zondervan, 1998), en la que reubica con firmeza el significado en la intención autorial que incluye la naturaleza de las Escrituras como texto de doble autoría.

10. Para una explicación más elaborada de esta idea, ver Aubrey Sequeira y Samuel C. Emadi, "Biblical-Theological Exegesis and the Nature of Typology", *SBJT* 21, núm. 1 (primavera de 2017): 11.34.

la revelación anterior y alcanza su significado pleno en el contexto de todo el canon. Esta forma de interpretación honra la naturaleza de las Escrituras como palabra plenamente divina y plenamente humana.

Entonces, ¿cómo encaja esta aproximación de la teología bíblica con el concepto de la intención autorial? El significado no se limita en exclusiva a la intención del autor humano, sino también a la de Dios, que se aclara conforme progresa la revelación hasta llegar a su plenitud a nivel canónico. Es decir, la naturaleza de las Escrituras y la exégesis en la teología bíblica deben permitir un sentido más pleno que no esté en desacuerdo ni en contra de lo que el autor humano escribió. En realidad, se extiende y evoluciona hasta su cumplimiento en Cristo.[11] Douglas Moo y Andrew Naselli escriben:

> Cuando Dios inspira sus palabras a través de autores humanos, sin duda sabe cuál será el significado definitivo de lo que escribirán, pero no ha creado un doble sentido ni ocultado el significado en ellas que solo podamos destapar mediante una revelación especial. El "significado añadido" que el texto adopta es producto de la forma canónica suprema [...]. A menudo podemos comprobar el "sentido más pleno" que el NT descubre en el AT al leer los textos veterotestamentarios como hacen los autores neotestamentarios: como parte de un conjunto canónico completo.[12]

Por consiguiente, al citar el AT, los autores recibieron percepción, por medio del Espíritu Santo, del significado que Dios pretendía que tuvieran las Escrituras anteriores. Así pues, la obra de los tiempos postreros de Dios en Cristo y el don del Espíritu capacitó a los autores del NT para leer el AT con nuevos

---

11. La categoría de "misterio" (ver p. ej., Ro. 11:25-27, 16:25-27; 1 Co. 2; 15:50-55) presentada por Carson, Beale y otros es útil para comprender esta idea. Carson escribe: "El contenido del misterio es un componente, tal vez incluso una implicación, del evangelio cristiano y [...] los ingredientes básicos están basados en las Escrituras mismas". Ver D. A. Carson, "Mystery and Fulfillment: Toward a More Comprehensive Paradigm of Paul's Understanding of the Old and the New", en *Justification and Variegated Nomism: The Paradoxes of Paul,* eds. D. A. Carson, Peter T. O'Brien y Mark A. Seifrid (Tübingen: Mohr Siebeck, 2004), 422; ver también G. K. Beale y Benjamin J. Gladd, *Hidden but Now Revealed: A Biblical Theology of Mystery* (Downers Grove, IL: InterVarsity, 2014); y Jared Compton, "Shared Intentions? Reflections on Inspiration and Interpretation in Light of Scripture's Dual Authorship", *Themelios* 33, núm. 3 (diciembre de 2008): 23-33. Ver también Pregunta 21 del presente volumen. La intención suprema de Dios en la revelación anterior fue ocultada, o "escondida a plena vista" hasta la plenitud del tiempo, cuando los propósitos redentores finales de Dios se cumplieran y se revelaran en Cristo y fueran escritos para nosotros en el NT.
12. Douglas J. Moo y Andrew David Naselli, "The Problem of the New Testament's Use of the Old Testament", en *The Enduring Authority of the Christian Scriptures,* ed. D. A. Carson (Grand Rapids: Eerdmans, 2016), 736.

ojos, llenos del Espíritu y cristológicos.[13] Por tanto, este mismo Espíritu Santo regenera e ilumina a los lectores de las Escrituras canónicas para entender lo que Dios ha hablado en su Hijo, quien cumple sus promesas salvadoras escritas para la mirada de la fe (1 Co. 2:10-16).

Controles interpretativos para hacer teología bíblica

Esta forma de entender la función de la intención autorial en la teología bíblica proporciona importantes controles interpretativos para comprender todo el consejo de Dios.

Primero, la teología bíblica debe realizar un relato teológico de la inspiración de las Escrituras.

Segundo, la teología bíblica debe considerar las etapas progresivas de la revelación junto con la estructura bíblica de pactos que escalan desde la anticipación en el AT (ocultos) hasta el cumplimiento del NT (revelados) en la persona y la obra de Cristo en el nuevo pacto.[14]

Tercero, la teología bíblica debe valorar cómo se usa el AT en el NT.[15]

Cuarto, la teología bíblica debe considerar la tipología, que implica los patrones textuales pretendidos por los autores y las correspondencias entre las personas, los acontecimientos y las instituciones con las posteriores.[16] Por ejemplo, los escritores del AT anticiparon y esperaron, entre otras cosas, un nuevo profeta, rey, éxodo, pacto, tierra, templo y ciudad de Dios. Más adelante, los autores del NT vieron en Cristo y en su obra el cumplimiento o antitipo de estas esperanzas proféticas, aunque en una estructura de "ya, pero todavía no".

Finalmente, la teología bíblica debería mantener en mente la totalidad del canon, incluso al estudiar las distintas partes. Es decir, debemos leer cada pasaje en el contexto del canon completo de las Escrituras, ya que la intención de Dios desde el principio fue que sus palabras posteriores ampliaran las anteriores y las llevaran a su cumplimiento. En cierto modo, la totalidad de la Biblia representa un proceso largo y diverso, aunque unificado, de comunicación divina.[17]

En resumen

Dios ha hablado a los escritores bíblicos y por medio de ellos. De esta forma, nos ha dado el maravilloso regalo de las Escrituras. Como resultado,

---

13. Sequeira y Emadi, "Nature of Typology", 15.
14. Ver Preguntas 6 y 22.
15. Ver Pregunta 10; ver también G. K. Beale, *Handbook on the New Testament Use of the Old Testament: Exegesis and Interpretation* (Grand Rapids: Baker, 2012); Moo y Naselli, "New Testament's Use of the Old Testament".
16. Ver Pregunta 8.
17. Ver Poythress, "Divine Meaning of Scripture", 267-268.

debemos escucharlas, entenderlas y recibir la totalidad de ellas en su gran unidad y diversidad literarias y teológicas para que podamos vivir en Él.

Preguntas para la reflexión

1. ¿Cómo debe ser moldeada o gobernada la teología bíblica por la inspiración de las Escrituras?
2. ¿De qué maneras muestran las Escrituras que proceden *de Dios* (es decir, que son inspiradas por Dios)?
3. ¿Cómo manifiestan las Escrituras unidad y diversidad?
4. ¿Cómo debe influir que las Escrituras sean, a la vez, plenamente humanas y plenamente divinas en nuestro enfoque de la interpretación bíblica?
5. ¿Por qué son importantes los controles interpretativos para hacer teología bíblica?

¿Tiene la Biblia un tema central?

Andrew David Naselli

¿Tiene la Biblia un *centro*, un único tema central? Esta cuestión es un continuo debate entre los teólogos bíblicos.

Algunos teólogos bíblicos proponen un tema central para la Biblia

Los teólogos bíblicos han propuesto muchos temas centrales (ver fig. 15.1).

Para el Antiguo Testamento	Para el Nuevo Testamento	Para toda la Biblia
1. la comunión entre Dios y los seres humanos	1. la comunión entre Dios y los seres humanos	1. la comunión entre Dios y los seres humanos
2. el pacto	2. el pacto	2 la fidelidad del pacto de Dios
3. el pacto y la nueva creación	3. la cruz y la resurrección	3. el pacto
4. el diseño de Dios	4. la escatología	4. la creación y la nueva creación
5. la teología deuteronomista de la historia	5. la fe	5. la elección
6. la elección de Israel como pueblo de Dios	6. la gloria de Dios	6. el éxodo y el nuevo éxodo
7. la exclusividad de Dios expresada en el primer mandamiento	7. el evangelio	7. la gloria de Dios en la salvación por medio del juicio
8. geografía y genealogía, dominio y dinastía	8. Jesús el Mesías	8. Dios
9. Dios	9. la justificación	9. la gracia y la obediencia
10. Dios como Señor	10. el reino (o supremacía) de Dios	10. Jesús el Mesías
11. la santidad de Dios	11. el reino de la nueva creación	11. el reino (o supremacía) de Dios
12. el reino (o supremacía) de Dios	12. la vida	12. el pueblo de Dios
13. el amor de Dios	13. el amor de Dios	13. promesa y cumplimiento

Para el Antiguo Testamento	Para el Nuevo Testamento	Para toda la Biblia
14. los actos poderosos de Dios	14. la humanidad	14. la salvación
15. la presencia de Dios	15. la misión	15. historia de la salvación
16. la promesa	16. la nueva creación	16. tipo y antitipo
17. la justicia	17. la nueva Jerusalén/ Sion	
18. la rectitud y la justicia	18. el pueblo de Dios	
19. la revelación de Dios de sí mismo en la historia	19. la presencia de Dios	
20. la soberanía de Dios	20. la promesa	
21. Jehová el Dios de Israel e Israel, el pueblo de Jehová	21. la reconciliación	
	22. la redención	
	23. el templo	
	24. la salvación	
	25. la historia de la salvación	

Fig. 15.1. Algunos temas centrales sugeridos[1]

Un tema central para la Biblia parece reduccionista

La teología bíblica demuestra cómo la totalidad de la Biblia exalta a Jesús, de modo que en un sentido podemos afirmar que el tema central de la Biblia es Jesús.[2] Sin embargo, decir que este es el tema no parece lo bastante específico. La inmensa mayoría de los teólogos bíblicos coinciden en que sugerir un único tema central para la Biblia es reduccionista. A continuación, una muestra (en la que la teología del AT y la del NT son subconjuntos de la teología bíblica de la totalidad de la Biblia):

---

1. Ver también Gerhard F. Hasel, *New Testament Theology: Basic Issues in the Current Debate* (Grand Rapids: Eerdmans, 1978), 140-170; Gerhard F. Hasel, *Old Testament Theology: Basic Issues in the Current Debate*, 4.ª ed. (Grand Rapids: Eerdmans, 1991), 139-171; Craig L. Blomberg, "The Unity and Diversity of Scripture", en *New Dictionary of Biblical Theology*, eds. T. Desmond Alexander y Brian S. Rosner (Downers Grove, IL: InterVarsity, 2000), 65-66, James M. Hamilton Jr., "The Glory of God in Salvation through Judgment: The Centre of Biblical Theology?", *TynBul* 57, núm. 1 (mayo de 2006): 65-70; Gregory K. Beale, *A New Testament Biblical Theology: The Unfolding of the Old Testament in the New* (Grand Rapids: Baker, 2012), 86, 162, 171.

2. Ver también Graeme Goldsworthy. "Biblical Theology as the Heartbeat of Effective Ministry", en *Biblical Theology: Retrospect and Prospect*, ed. Scott J. Hafemann (Downers Grove, IL: Inter-Varsity Press, 2002), 284: "El núcleo de la iglesia y de la vida del creyente es Jesucristo, el Señor crucificado y resucitado. No solo es el centro hermenéutico de la totalidad de la Biblia, sino que también, según el testimonio bíblico, da un sentido supremo a cada hecho en el universo. Por tanto, Él es el principio hermenéutico de toda realidad". (Gracias a Miles Van Pelt por compartir esta cita con nosotros.)

- D. A. Carson sobre la teología del NT: "La búsqueda del centro de la teología del NT consta de tres retos [...] (1) ¿Qué significa 'centro' y cómo podría descubrirse? ¿Se refiere al tema más común determinado por un recuento estadístico, al tema dominante o a las presuposiciones teológicas fundamentales de los escritores del NT, hasta donde se pueden discernir? ¿Cómo se determina con precisión qué es un 'tema dominante'? ¿Es legítima la búsqueda del 'centro' en la literatura que todas las partes admiten ser ampliamente ocasional? (2) ¿Cómo se evitan las meras generalidades? Se podría afirmar que el centro de la teología del NT es Jesucristo, pero, aunque en cierto grado esto equivale a decirlo todo, a otro nivel es como decir nada. O bien, podríamos afirmar (junto con Dunn) que el principio fundamental de la cristología del NT es creer que la premuerte de Jesús debe identificarse con su posresurrección, pero esto también se queda demasiado corto. (3) ¿Cómo debemos evitar la tendencia a elevar un libro o corpus del NT y domesticar el resto, colgándolos de una correa sostenida por los temas de primero, por lo general el libro o corpus en el que el teólogo bíblico ha invertido más energía y erudición? [...]. La búsqueda del centro es una quimera. La teología del NT está tan entretejida que uno puede pasar de cualquier tema a otro. Progresaremos mejor si buscamos grupos de temas ampliamente comunes que podrían no ser comunes a todos los libros del NT".[3]

- Thomas R. Schreiner sobre la teología del NT: "¿Existe un solo centro para la teología del NT? Hace mucho tiempo que se debate esta pregunta y se han sugerido muchos temas centrales. Creo que podemos afirmar que ninguno de ellos alcanzará jamás un consenso. En un sentido, tener varios centros es útil, ya que se puede estudiar la teología del NT desde varias perspectivas diferentes. Al entrelazarse muchas perspectivas, sin excluirse mutuamente, existe una diversidad de formas de explorar el NT. Además, examinar el NT desde diferentes ángulos permite arrojar nueva luz sobre el texto. Dado que el tema principal de la teología del NT es Dios mismo, no nos sorprende saber que nuestros esfuerzos de erudición no agotarán jamás el tema".[4]

---

3. D. A. Carson, "New Testament Theology", en *Dictionary of the Later New Testament and Its Developments*, eds. Ralph P. Martin y Peter H. Davids (Downers Grove, IL: InterVarsity, 1997), 810.
4. Thomas R. Schreiner, *New Testament Theology: Magnifying God in Christ* (Grand Rapids: Baker, 2008), 13.

- Schreiner sobre la teología bíblica de toda la Biblia: "Por ahora, el consenso común es que ningún tema capta de modo adecuado el mensaje de las Escrituras. No es mi intención rebatir aquí esa hipótesis, porque casi cualquier tema que elijamos tiende a domesticar un tema u otro. Sostengo que hay varias formas legítimas de armar el argumento y la teología de las Escrituras. Por tanto, no debemos insistir en que un solo tema capte el todo. En realidad, el término 'centro' es ambiguo. ¿Estamos hablando del tema central de la historia o de su razón suprema?".[5]

- Gerhard F. Hasel sobre la teología del AT: "Incluso el centro único o fórmula mejor pensada demostrará finalmente ser partidista, inadecuada e insuficiente, por no decir errónea, y, por tanto, conducirá a ideas erróneas".[6]

- David L. Baker sobre la teología del AT: "Ningún concepto único puede resumir el significado de todo el Antiguo Testamento ni tampoco su relación con el Nuevo".[7]

- Frank Thielman sobre la teología del NT: "En una descripción de la teología del Nuevo Testamento, no basta con explicar tan solo el mensaje teológico individual de cada escrito o grupo de escritos. También es necesario indicar, aunque sea brevemente, cómo forman una unidad teológica. ¿Dónde convergen las Escrituras del Nuevo Testamento? ¿Qué cuestiones emergen como las más importantes al leerlas juntas como una sola unidad? En la interpretación de los escritos neotestamentarios sugerida aquí, cinco asuntos [es decir, no un único tema central] ocupan un lugar trascendental: la relevancia de Jesús, la fe como respuesta a Jesús, el derramamiento del Espíritu de Dios, la iglesia como pueblo de Dios y la consumación de todas las cosas".[8]

---

5. Thomas R. Schreiner, *The King in His Beauty: A Biblical Theology of the Old and New Testaments* (Grand Rapids: Baker, 2013), xii.

6. Hasel, *Old Testament Theology*, 155. Hasel propone que Dios es el tema central del Antiguo Testamento y que Cristo lo es del Nuevo Testamento, pero esto tampoco puede servir de principio o estructura organizadora para hacer teología bíblica. Ver Hasel, *Old Testament Theology*, 171; Hasel, *New Testament Theology*, 164.

7. David L. Baker, *Two Testaments, One Bible: The Theological Relationship between the Old and New Testaments*, 3.ª ed. (Downers Grove, IL: InterVarsity, 2014), 152.

8. Frank Thielman, *Theology of the New Testament: A Canonical and Synthetic Approach* (Grand Rapids: Zondervan, 2011), 681.

- G. K. Beale sobre la teología del AT y del NT: "Tal vez sea mejor no hablar de 'centros' porque, como lo veremos, tales sugerencias tienden a ser reduccionistas. Este tipo de esquema propuesto para el AT cuenta con los mismos problemas que otros similares para el NT. Centrarse en un solo tema puede provocar que se pasen por alto otras nociones importantes que, en ocasiones, solo pueden aparecer cuando se apela a las categorías de la teología sistemática. Algunos que están descontentos con referirse a un centro acaban, aun así, planteando su propio centro o principio fundamental. En el caso de la Biblia como narrativa y literatura es más adecuado hablar de una 'trama' tejida a lo largo de los diversos géneros del AT (narrativa histórica, profética, poética, sabiduría, etc.), de la que derivan la mayoría de las ideas más relevantes y que se deben considerar subordinadas a partes de la trama y explicativas de esta".[9]

El único teólogo conocido en la actualidad que argumente a favor de un tema central para la totalidad de la Biblia es nuestro estimado amigo Jim Hamilton, quien busca un batazo a las gradas en su teología bíblica, exegéticamente incisiva, de 640 páginas.[10] Si existe un solo tema central de la Biblia, lo que sugiere Hamilton es viable: "la gloria de Dios en la salvación a través del juicio es el centro de la teología bíblica".[11] Sin embargo, la forma en que intenta demostrar su tesis exagera su argumento con la afirmación de que la gloria de Dios en la salvación a través del juicio es el mensaje teológico de cada libro y sección de las Escrituras. Esto parece aplanar el mensaje teológico distintivo de cada parte; es decir, parece forzar un tema dominante en cada libro y sección, de la misma manera en que las hermanastras de Cenicienta intentaban encajar su pie en la pequeña zapatilla de cristal.[12]

---

9. G. K. Beale, *A New Testament Biblical Theology: The Unfolding of the Old Testament in the New* (Grand Rapids: Baker, 2012), 86.

10. James M. Hamilton Jr., *God's Glory in Salvation through Judgment: A Biblical Theology* (Wheaton, IL: Crossway, 2010).

11. Hamilton, *God's Glory in Salvation through Judgment*, 41.

12. Ver también Stephen G. Dempster, "Review of James M. Hamilton Jr., *God's Glory in Salvation through Judgment*", *9Marks* 8, núm. 1 (febrero de 2011): 42-48; Eugene H. Merrill, "Review of James M. Hamilton Jr., *God's Glory in Salvation through Judgment*", *BSac* 168, núm. 672 (octubre-diciembre de 2011): 478-479: Preston M. Sprinkle, "Review of James M. Hamilton Jr., *God's Glory in Salvation through Judgment*", *JETS* 54, núm. 4 (diciembre de 2011): 827-829; Andreas J. Köstenberger, "The Present and Future of Biblical Theology", *Them* 37, núm. 3 (noviembre de 2012): 452-455.

La Biblia tiene una trama central con un mensaje teológico dominante

Parece reduccionista sugerir un único tema central para la totalidad de la Biblia, pero esto no significa que su diversidad carezca de unidad teológica.[13] Las Escrituras tienen una trama central con un mensaje teológico dominante. "Es preferible y más sensible respecto a la Biblia como literatura hablar de 'trama' y no de un solo 'centro'".[14]

Pablo le señaló a la iglesia de Éfeso: "No he rehuido anunciaros todo el consejo de Dios" (Hch. 20:27). Por tanto, es posible resumir y descifrar el mensaje teológico de la Biblia.[15] De modo que, en lugar de en un solo tema central, los teólogos bíblicos deben concentrarse en integrar los temas más destacados de las Escrituras[16] de la forma más precisa, ya que resumen (1) la trama central y (2) el mensaje teológico dominante.

¿Cuál es la trama central de la Biblia?

La historia consta de cuatro puntos de inflexión principales: la creación, la caída, la redención y la consumación. Los protagonistas son tres: el Dios Trino, el pueblo de Dios y los enemigos de Dios.

---

13. En oposición a los teólogos bíblicos no evangélicos que argumentan que la diversidad de la Biblia es tan grande que hablar de su unidad es absurdo. Ver también el erudito católico romano Roland E. Murphy, "Once Again—The 'Center' of the Old Testament", *BTB* 31, núm. 3 (otoño de 2001): 88 (énfasis añadido): "Un cristiano podría abogar por Jesucristo como 'centro' de, al menos, el Nuevo Testamento. Sin embargo, esta literatura no puede ser reducida a Jesucristo como 'centro' sin ridiculizarla. También se podría afirmar que Dios es el centro de la Biblia, como se ha hecho (Hasel: 168), pero esto no resuelve nada. La literatura es literatura y la teología es temática. El Antiguo Testamento en particular es demasiado diversificado para ser limitado a un único tema o centro esencial, por amplio (p. ej., la presencia) o por importante (p. ej., el pacto) que sea. *La búsqueda de la unidad en los escritos bíblicos fracasa porque la literatura no tiene mitad ni unidad.* Se compuso a lo largo de un período de siglos y refleja las circunstancias más variadas. Es rica en su diversidad. El plan de Dios, el diseño histórico del Dios adorado en ambos Testamentos, no es lo mismo que la literatura generada por el pueblo de Dios. La unidad del diseño divino no es la unidad de la literatura que da testimonio, uno variado (Torá, Profetas, Libros Sapienciales) del propósito mismo". Para un mejor enfoque, ver Blomberg, "Unity and Diversity of Scripture", 64-72.
14. Beale, *New Testament Biblical Theology,* 163. Beale reconoce: "Las tramas sumativas también están abiertas a la crítica de ser reduccionistas y por las mismas razones que los centros propuestos: 1) se podría preguntar por qué se eligen ideas o acontecimientos específicos y se consideran más dominantes en concepto que otros; 2) además, la idea de una trama podría no ser lo bastante representativa, ya que algunas porciones relevantes de las Escrituras no son narrativas (p. ej., la literatura sapiencial, el material apocalíptico y epistolar); 3) los temas elegidos son el resultado de intérpretes que solo ven según han sido culturalmente condicionados, ya que muchos creen que todo conocimiento está condicionado por la cultura" (165).
15. Ver Beale, *New Testament Biblical Theology,* 164; Daniel J. Brendsel, "Plots, Themes, and Responsibilities: The Search for a Center of Biblical Theology Reexamined", *Them* 35, núm. 3 (noviembre de 2010): 400-412.
16. Ver Beale, *New Testament Biblical Theology,* 161-184.

Podemos contar la historia centrándonos en un solo tema (p. ej.: Dios el Rey[17] o Dios el Aniquilador de la serpiente[18]) o una combinación de temas (p. ej.: el reino a través del pacto para la gloria de Dios).[19] El enfoque multitemático es más exhaustivo. Por ejemplo, Charles H. H. Scobie identifica cuatro temas principales (la orden de Dios, el siervo de Dios, el pueblo de Dios y el camino de Dios) y agrupa subtemas bajo cada uno de ellos.[20]

Beale resume cada Testamento en una sola frase (¡densa!) y dedica la mayoría de su teología bíblica de 1072 páginas a explicar las dos frases siguientes:

[Argumento del AT] Dios [...] restaura progresivamente del caos su reino de la nueva creación sobre un pueblo pecador por su palabra y por su Espíritu, a través de la promesa, el pacto y la redención, y el resultado es la comisión a los fieles del mundo entero de hacer avanzar su reino y su juicio (derrota o exilio) para los infieles, para su gloria [...].

[Argumento del NT] La vida de Jesús, sus procesos judiciales y, en especial, su resurrección por el Espíritu han inaugurado el cumplimiento del reinado escatológico del "ya, pero todavía no" de la nueva creación, concedido por gracia, por medio de la fe, y que resulta, para los fieles, en la comisión mundial de hacer avanzar este reinado de la nueva creación y, para los incrédulos, en juicio, para gloria del Dios trino.[21]

Beale argumenta que el tema del reino de la nueva creación resume por completo la trama:

(1) el caos de la pre-creación y la creación/comisión de Adán como rey, seguida por la caída; (2) el caos del diluvio y la re-creación/comisión de Noé, seguida por la caída (pecados de Noé y sus hijos); (3) el caos de la cautividad en Egipto y las plagas de de-creación, seguido por la re-creación (en el éxodo)/comisión a Israel (anticipada por el encargo a los patriarcas), seguida por la caída (el becerro de oro); (4) el caos de la cautividad en Babilonia y en el propio territorio de Israel, seguido por la re-creación/comisión de Jesús, el Israel verdadero (en su vida, muerte y resurrección), seguido por ninguna caída suya como postrer Adán y

---

17. Ver Pregunta 10.
18. Ver Pregunta 23.
19. Ver Pregunta 19
20. Charles H. H. Scobie, *The Ways of Our God: An Approach to Biblical Theology* (Grand Rapids: Eerdmans, 2003), 93-99.
21. Beale, *New Testament Biblical Theology*, 16.

por la exitosa consumación de la re-creación inicial en un nuevo cielo y una nueva tierra eternos.[22]

"A lo largo de este libro —explica Beale— relaciono el argumento de la nueva creación y del reino con el tema principal de todos los corpus y libros principales del NT".[23] Beale aclara que no está sugiriendo un tema central para toda la Biblia en torno al cual giran todos los hilos temáticos principales.[24] Tampoco propone ese argumento como centro de la totalidad de la Biblia, "sino más bien la hebra primaria del hilo argumental alrededor del cual están entretejidas y sujetadas otras hebras narrativas y conceptuales secundarias más delgadas".[25]

¿Cuál es el mensaje teológico dominante de la Biblia?[26]

Así es como resumimos el mensaje teológico de toda la Biblia en una frase: *Dios reina, salva y satisface por medio del pacto para su gloria en Cristo.* Podemos detallarlo en cuatro partes: contenido, medio, meta y agente.[27]

1. *Contenido.* ¿De qué trata la Biblia? Revela a Dios como rey supremo. De manera más específica, no solo lo presenta como el que reina, sino que también como el que salva y satisface. Él reina como rey soberano sobre todos (tanto su pueblo como sus enemigos) y sobre todo. Y tiene una relación especial con su pueblo, a quien salva y satisface. No solo lo libra del pecado, de la muerte y del infierno; lo satisface consigo mismo.[28] "Al que tuviere sed", dice el Alfa y la Omega, "yo le daré gratuitamente de la fuente del agua de la vida" (Ap. 21:6; cp. 22:17).

2. *Medio.* ¿De qué manera reina, salva y satisface Dios? Por medio de los pactos.[29] Desde la creación hasta la consumación, la historia progresa

---

22. Beale, *New Testament Biblical Theology,* 169-170.
23. Beale, *New Testament Biblical Theology,* 170.
24. Beale, *New Testament Biblical Theology,* 61.
25. Beale, *New Testament Biblical Theology,* 87.
26. Ver también Jason S. DeRouchie, *How to Understand and Apply the Old Testament: Twelve Steps from Exegesis to Theology* (Phillipsburg, NJ: P&R, 2017), 368-369; Andrew David Naselli, *How to Understand and Apply the New Testament: Twelve Steps from Exegesis to Theology* (Phillipsburg, NJ: P&R, 2017), 193, 237.
27. O marco, forma, enfoque y eje. Ver DeRouchie, *Understand and Apply the Old Testament,* 368-370.
28. Ver John Piper, *Desiring God: Meditations of a Christian Hedonist,* en *The Collected Works of John Piper,* eds. David Mathis y Justin Taylor (Wheaton, IL: Crossway, 2017), 2:11-359.
29. Ver Pregunta 22. Coincidimos con la forma en que Peter J. Gentry y Stephen J. Wellum argumentan en su obra de 959 páginas *Kingdom through Covenant:* "No estamos afirmando que los pactos bíblicos sean el centro de la teología bíblica ni meramente un tema unificador de las Escrituras. Más bien, afirmamos que *el progreso de los pactos* forma la espina dorsal de la metanarrativa

por medio de los pactos entre Dios y el hombre (adámico, noético, abrahámico, mosaico, davídico, nuevo) y la iglesia primitiva da nombre a dos Testamentos por el contraste entre el antiguo pacto (mosaico) y el nuevo (es decir, El Antiguo y el Nuevo *Testamentos* = pactos).

3. *Meta.* ¿Cuál es la meta suprema por la que Dios reina, salva y satisface por medio del pacto? Él lo hace todo para su gloria: "Porque de él, y por él, y para él, son todas las cosas. A él sea la gloria por los siglos. Amén" (Ro. 11:36).

4. *Agente.* ¿Quién cumple esta gran misión? Jesús el Mesías. La frase preposicional *en Cristo* no es un añadido superfluo a nuestro resumen de una frase. Lo es todo. El nuevo pacto es mejor y su intermediario es Jesús el Mesías. Dios cumple sus antiguas promesas en Cristo. La Biblia es una gran historia que trata sobre Jesús. Él cumple el Antiguo Testamento y todo apunta a Él (Jn. 5:39; Lc. 24:27, 44; 2 Co. 1:20). Jesús es el clímax de la revelación de Dios (He. 1:1-3). De modo que si se interpreta la Biblia de una manera que no señale a Jesús, no se la está interpretando como Dios mismo ordena. Esto no significa que cada pasaje del Antiguo o del Nuevo Testamento apunte a Jesús de la misma manera exacta, pero todos lo hacen de algún modo y la teología bíblica investiga *cómo* de forma inductiva.[30]

A continuación, otros diecisiete resúmenes de una oración del mensaje teológico de la Biblia que deben considerarse:[31]

1. *Craig L. Blomberg:* Dios está en el proceso de volver a crear el universo corrompido por el pecado y ha posibilitado que solo aquellos que siguen a Jesús formen parte de la comunidad magnífica y eterna que resultará.

---

bíblica, la realidad relacional que hace avanzar la historia según el diseño y el plan final de Dios para la humanidad y toda la creación y, a menos que 'armemos' los pactos del modo correcto, no discerniremos con exactitud 'todo el consejo de Dios' (Hch. 20:27). [Nota 2:] No explicaremos la espinosa cuestión del centro de la teología bíblica. Se han hecho muchas propuestas y todas tienden al reduccionismo […]. Nuestra afirmación es más modesta: Los pactos bíblicos forman la espina dorsal de la metanarrativa bíblica y, a menos que entendamos cada pacto en su contexto inmediato y después con relación a su cumplimiento en Cristo, es posible malentender el mensaje global de la Biblia y aplicar las Escrituras a nuestra vida de manera errónea". Peter J. Gentry y Stephen J. Wellum, *Kingdom through Covenant: A Biblical-Theological Understanding of the Covenants,* 2.ª ed. (Wheaton, IL: Crossway, 2018), 31-32 (énfasis original).

30. Ver Pregunta 4. Ver también *Southern Baptist Journal of Theology* 22, núm. 3 (otoño de 2018); la cuestión es predicar a Cristo a partir del Antiguo Testamento.

31. La fuente de estas frases (excepto las de Brendsel y Rigney) es Dane Ortlund, "What's the Message of the Bible in One Sentence?", *Strawberry-Rhubarb Theology,* 12 de enero de 2011, https://dogmadoxa.blogspot.com/2011/01/whats-message-of-bible-in-one-sentence.html.

2. *Darrell L. Bock:* La Biblia relata cómo el amoroso Dios Creador restauró a una humanidad perdida y al cosmos mediante el restablecimiento de su gobierno por medio de Jesucristo y de la provisión de vida, para su honra.

3. *Daniel J. Brendsel:* El Dios trino participa activamente para aumentar (y encarnar) su presencia entre su pueblo, una presencia que implica la responsabilidad para su pueblo de adorar, en la cuádruple historia de la creación, la caída, la redención y la consumación.[32]

4. *Mark Dever:* Dios ha hecho promesas de llevar a su pueblo a sí mismo y las está cumpliendo todas por medio de Cristo.

5. *Kevin DeYoung:* Un Dios santo envía a su Hijo justo a morir por los pecadores injustos para que podamos vivir en santidad y felices con Él para siempre.

6. *John M. Frame:* Dios se glorifica a sí mismo en la redención de los pecadores.

7. *Scott J. Hafemann:* El Dios Trino es el principio, el centro y el final de todo, "porque de él (como Creador) y por él (como Sustentador y Redentor) y para él (como Juez) son todas las cosas" (Ro. 11:36).

8. *David R. Helm:* Jesús es el Rey y Salvador prometido.

9. *Paul House:* [La historia avanza] desde la creación hasta la nueva creación a través de la obra redentora del Padre, del Hijo y del Espíritu, que salva y cambia a las personas y los lugares corrompidos para su gloria y para bien de ellos.

10. *R. Kent Hughes:* Dios está redimiendo a su creación al ponerla bajo el señorío de Jesucristo.

11. *Dane Ortlund:* A pesar de la constante rebelión por nuestra parte, el santo Dios del universo se niega a dejar que nos revolquemos en nuestro pecado y finalmente, de forma culminante, se convierte en uno de nosotros y se sumerge en el barro moral para restaurarnos a la gloria, si queremos recibir su amor en confiada contrición.

12. *Ray Ortlund:* El amante de nuestra alma no permitirá que muera el romance, sino que lo sigue encendiendo para siempre.

13. *Joe Rigney:* ¡Mata al dragón, salva a la doncella![33]

14. *Thomas R. Schreiner:* Dios reina sobre todas las cosas para su gloria, pero solo disfrutaremos de su reino salvador en los nuevos cielos y la nueva tierra si nos arrepentimos y creemos en el evangelio de

---

32. Daniel J. Brendsel, "Plots, Themes, and Responsibilities: The Search for a Center of Biblical Theology Reexamined", *Themelios* 35, núm. 3 (noviembre de 2010): 412.

33. Rigney acuñó esta frase poco después de leer el resumen en una frase de Douglas Wilson (ver más abajo). Rigney empezó incluyendo esta coletilla al final de sus correos electrónicos.

Jesucristo, el Señor crucificado y resucitado que se entregó en la cruz por nuestra salvación.

15. *Erik Thoennes:* El único Dios verdadero está manifestando su gloria principalmente en la redención y la restauración de su creación caída, mediante el cumplimiento de sus promesas y sus mandamientos del pacto, por medio de la gloriosa persona y de la obra expiatoria de Cristo.

16. *Douglas Wilson:* Las Escrituras nos cuentan la historia de cómo un Huerto se transforma en una Ciudad Huerto, pero solo después que un dragón lo convirtió en un terrible desierto, en guarida de lechuzas y chacales hasta la llegada de un guerrero elegido para matar al dragón, el cual dio su vida en el proceso, pero cuya sangre efectuó la transformación del desierto en Ciudad Huerto.

17. *Robert W. Yarbrough:* Él (Dios en Cristo) reinará por los siglos de los siglos; por tanto, si escucha hoy su voz no endurezca su corazón, sino crea la buena nueva, tome su cruz y siga a Jesús.

En resumen

Algunos teólogos bíblicos sugieren un tema central para la totalidad de la Biblia, pero esto parece reduccionista. Un mejor planteamiento consiste en integrar los temas más prominentes de las Escrituras con un resumen (1) del argumento y (2) del mensaje teológico de la Biblia.

Preguntas para la reflexión

1. Si tuviera que identificar un solo tema central para toda la Biblia, ¿cuál sugeriría?

2. ¿Cuál de los diecisiete resúmenes anteriores de una sola frase prefiere? ¿Por qué?

3. ¿Qué tres o cuatro temas le parecen más destacados en la Biblia?

4. ¿Cómo resumiría el argumento central de la Biblia en una sola frase?

5. ¿Cómo resumiría el mensaje teológico dominante de la Biblia en una sola frase?

¿Es relevante el orden del canon para hacer teología bíblica?

Jason S. DeRouchie

Brevard Childs observa con razón: "Es históricamente inexacto suponer que la actual forma impresa de la Biblia hebrea y cristiana represente tradiciones antiguas y totalmente estandarizadas. En realidad, la estabilidad presente respecto al orden de los libros depende, en gran medida, de las técnicas modernas de imprenta y no tiene peso teológico significativo alguno".[1] Las comunidades religiosas han sido responsables del orden *actual* de los libros bíblicos, pero debemos preguntar si deberíamos atribuir una prioridad histórica y teológica a una estructura canónica por encima de otra, en específico cuando hacemos teología bíblica. ¿Importa el orden del canon cuando se trata de evaluar cómo progresa, se integra y culmina la Biblia en Cristo?

Varios factores nos impulsan a responder con un "Sí" matizado y nuestra respuesta se presentará en tres fases. Primero, este estudio revisa la naturaleza y los límites del canon bíblico. Segundo, evalúa cómo las comunidades israelitas/judías antiguas conscientes del canon no solo incluyeron los libros, sino también su orden. Tercero, considera formas en que la disposición canónica podría y debería moldear las conclusiones interpretativas del cristiano en relación con la teología bíblica.

La naturaleza y los límites del canon bíblico

El canon cristiano es la colección autoritativa de libros sagrados de la iglesia (Ro. 1:2; 2 Ti. 3:15; 2 P. 3:16). Dios, por medio de agentes humanos, es el autor de todo el canon (2 Ti. 3:16; 2 P. 1:21), que consta de lo que ahora denominamos Antiguo y Nuevo Testamento. El canon protestante del AT está formado por treinta y nueve libros y la Biblia judía es idéntica en contenido, pero consiste en veinticuatro libros divididos y dispuestos

---

1. Brevard S. Childs, *Biblical Theology of the Old and New Testaments: Theological Reflection on the Christian Bible* (Minneapolis: Fortress, 1993), 74.

de un modo diferente.[2] El NT tiene veintisiete libros con alguna variación conocida en su orden.[3]

Histórica y teológicamente, los conceptos de canon y de pacto tienen correlación. La esencia del canon está vinculada a la palabra autoritativa escrita de un señor del pacto.[4] Es decir, los textos escritos no se canonizaron por decisión de los receptores, sino a la luz de su fuente, de manera que reconocemos que las Escrituras son canónicas (es decir, autoritativas), porque son, por naturaleza, la palabra misma del Dios vivo.[5]

---

2. Las Escrituras judías juntan algunos de los libros de nuestra Biblia en tomos únicos (p. ej., 1 y 2 Samuel, 1 y 2 Reyes, los Doce Profetas menores, Esdras-Nehemías, 1 y 2 Crónicas). Al menos en el caso de los libros de Samuel, Reyes y Crónicas, la razón por la que más tarde se separaron en dos libros parece ser meramente pragmática: la Biblia hebrea solo usaba consonantes y, al traducirla al griego, que incluía vocales, los libros fueron demasiado largos para un solo rollo. En las diferentes tradiciones existen variaciones menores: El AT católico romano consta de cuarenta y seis libros (añade Tobías, Judit, Baruc, Ben Sira, Sabiduría y 1 y 2 Macabeos, con adiciones a Daniel y Ester) y la Iglesia Ortodoxa tiene cuarenta y ocho (al añadir 1 Esdras y 3 Macabeos). Para una revisión completa de las listas canónicas del AT en la iglesia primitiva con un argumento para un canon cerrado mucho antes de la era cristiana, ver Roger T. Beckwith, *The Old Testament Canon of the New Testament Church and Its Background in Early Judaism* (Grand Rapids: Eerdmans, 1985); Edmon L. Gallagher y John D. Meade, *The Biblical Canon Lists from Early Christianity: Texts and Analysis* (Oxford: Oxford University Press, 2017).

3. Para un panorama general de las pruebas con el argumento de que el canon del NT quedó fijo ya en el 125 d. C., ver David Trobisch, *Paul's Letter Collection: Tracing the Origins* (Minneapolis: Fortress, 1994); David Trobisch, *The First Edition of the New Testament* (Oxford: Oxford University Press, 2000); Michael J. Kruger, *Canon Revisited: Establishing the Origins and Authority of the New Testament Books* (Wheaton, IL: Crossway, 2012); Michael J. Kruger, *Canon Revisited: Establishing the Origins and Authority of the New Testament Books* (Wheaton, IL: Crossway, 2012); Michael J. Kruger, *The Question of Canon: Challenging the Status Quo in the New Testament* (Downers Grove, IL: InterVarsity, 2013); cp. Charles E. Hill, "'The Truth above All Demonstration': Scripture in the Patristic Period to Augustine", en *The Enduring Authority of the Christian* Scriptures, ed. D. A. Carson (Grand Rapids: Eerdmans, 2016), 43-88, esp. 69-72; Gallagher y Meade, *Biblical Canon Lists*.

4. Meredith G. Kline, "The Correlation of the Concepts of Canon and Covenant", en *New Perspectives on the Old Testament*, ed. J. Barton Payne (Waco, TX: Word, 1970), 265-279; Meredith G. Kline, *The Structure of Biblical Authority*, 2.ª ed. (Eugene, OR: Wipf&Stock, 1997), 27-44. De manera similar, Cole escribe, "El canon es un corolario de revelación especial y un canon escrito es un corolario de inspiración divina". Graham A. Cole, "Why a Book? Why This Book? Why the Particular Order within This Book? Some Theological Reflections on Canon", en Carson, *Enduring Authority of the Christian Scriptures*, 467.

5. Como asevera Webster: "Así pues, la canonización debe entenderse como asentimiento y no como autorización, como acto de recepción y sumisión y como compromiso de ser gobernado por la norma textual dada a la iglesia". John Webster, "Canon", *Dictionary for Theological Interpretation of the Bible*, 99. Metzger escribió sobre el canon del NT: "Ni los individuos ni los concilios crearon el canon; más bien, llegaron a reconocer y admitir que la calidad de estos escritos se autentifica a sí misma y que estos se autoimponen sobre la iglesia como canónicos". Bruce M. Metzger, *The New Testament: Its Background Growth, and Content*, 3.ª ed. rev. y ampliada (Nashville: Abingdon, 2003), 318. De manera similar, Hill observa respecto al canon del NT que la iglesia primitiva "entendió que no 'determinaban' los documentos que les parecieran sumamente útiles, sino que 'reconocían' y 'recibían' lo que Dios había dado por medio de Jesús y sus apóstoles [...]. La actitud (demostrable en la segunda mitad del siglo II, aunque sin duda ya existía antes) parece ser que

Evidencias de una consciencia temprana del canon

Una visión correcta del canon exige entender que Dios no solo nos dio libros, sino que, de manera progresiva, dio forma a un Libro (es decir, las Escrituras en su totalidad con un Antiguo Testamento y un Nuevo Testamento) cuyo significado se ve influenciado por el orden y la relación de sus partes. Vemos un respaldo de esta tesis en la rica consciencia del canon que los antiguos tenían con respecto a las Escrituras. Tanto dentro como fuera de la Biblia, los autores antiguos identifican un cuerpo canónico sagrado de material e incluyen listas de libros bíblicos.[6]

En primer lugar, el concepto del canon es evidente en la manera en que hablaban los judíos de su colección sagrada de textos. Se referían de diversas formas a lo que hoy denominamos AT. A veces, usaban títulos para una parte como "la ley" (p. ej.: Jn. 10:34; 12:34; Ro. 3:19; 1 Co. 14:34),[7] "las santas/ Sagradas Escrituras" (Ro. 1:2; 2 Ti. 3:15),[8] o solo "las Escrituras" (Lc. 24:45; 1 Co. 15:3). Otras veces empleaban una designación para dos partes como "la ley y los profetas" (Mt. 5:17; 7:12; 11:13; 22:40; Lc. 16:16; Hch. 13:15; 24:14), "Moisés y los profetas" (Lc. 16:29, 31; 24:27; Hch. 26:22), o "la ley de Moisés y los profetas" (Jn. 1:45; Hch. 28:23).[9] Y, en otros casos, adoptaban un título de tres partes como "la ley de Moisés, los profetas y los salmos" (Lc. 24:44), "la ley, los profetas y el resto de los libros" o "el libro de Moisés, los libros de los profetas y David".[10] La presencia misma de tales designaciones identifica una alta consciencia del canon.

---

las Escrituras son dadas por Dios y que solo Él puede determinar lo que son. La función de la iglesia es, por tanto, básicamente receptiva y reconoce lo que Él ha dado". Charles E. Hill, "The New Testament Canon: *Deconstructio Ad Absurdum?*", *JETS* 52 (2009): 105, 119. Para numerosas afirmaciones de una fuente primaria que respalde estas opiniones de los primeros siglos de la Era Común, ver Hill, "Truth above All Demonstration", 46-53.

6. Otras dos evidencias claras de la consciencia canónica son los testimonios de la Biblia de su propia autoridad (p. ej., Jn. 10:33-36) y el hecho de que, ya desde finales del siglo ii o principios del siglo iii d. C., los escribas usaban una flecha o una sigla en forma de cuña en el margen de los manuscritos (llamada "diple") para distinguir las citas del Antiguo y el Nuevo Testamento de otras fuentes que no formaban parte del canon. Para una descripción, ver Hill, "Truth above All Demonstration", 68-69.

7. Cp. 1 Mac. 2:50, 64.

8. Cp. Josefo, *Ag. Ap.* 1.10.

9. Cp. 2 Mac. 15:9; 4: Mac. 18:10; 1QS 1.2-3; 8.15-16; CD 7.15-17; 4QMMT 16.

10. Ver el prólogo a Sirácida 1, 8-10, 24-25; 4QMMT 10; cp. Sir. 39:1-2; 2 Mac. 2:1, 13. Dempster observa que la diferencia entre las designaciones de dos y tres partes es probablemente cuestión de preferencia: "El canon ya es tripartito y se puede usar dos designaciones para describirlo: una forma breve ('Moisés y las palabras de los profetas') y otra larga ('Moisés, las palabras de los profetas y David'). Stephen G. Dempster, "From Many Texts to One: The Formation of the Hebrew Bible", en *The World of the Aramaeans,* vol. 1 de *Biblical Studies in Honour of Paul-Eugène Dion,* eds. P. M. Michèle Daviau, John W. Wevers y Michael Weigl (Sheffield: Sheffield Academic, 2001), 33; cp. Stephen G. Dempster, "The Old Testament Canon, Josephus, and Cognitive Environment", en Carson, *Enduring Authority of the Christian Scriptures,* 338. Para una lista más completa de

En segundo lugar, tenemos una serie de listas primitivas de los libros del Antiguo y del Nuevo Testamento que resaltan juntas que ciertos escritos eran sagrados y que se consideraban en ciertos agrupamientos y órdenes. Con respecto al AT, dos de las primeras listas de las Escrituras hebreas son judías (ver fig. 16.1). Aunque describen dos disposiciones diferentes, son tripartitas y, a la vez, apoyan juntas la convicción de que la profecía había cesado de manera temporal después de Malaquías (ver 1 Mac. 9:27; cp. 4:45-6; 14:41) y que mucho antes de la era del NT, lo que llamamos AT ya era un estándar canónico fijo.[11]

Josefo *Contra Apión* 8.37-43 (c. 94–117 d. C.)	Talmud babilónico *Baba Batra* 14b (c. 1–200 d. C.)	Antiguo Testamento moderno
Cinco libros de Moisés	*La Ley (sobreentendida)*	*El Pentateuco*
Génesis Éxodo Levítico Números Deuteronomio	Génesis Éxodo Levítico Números Deuteronomio	Génesis Éxodo Levítico Números Deuteronomio

---

designaciones, ver Beckwith, *Old Testament Canon of the New Testament Church*, 105-109. Para más sobre el desarrollo de la designación de tres partes, ver Stephen G. Dempster, "Torah, Torah, Torah: The Emergence of the Tripartite Canon", en *Exploring the Origins of the Bible: Canon Formation in Historical, Literary, and Theological Perspective*, eds. Craig A. Evans y Emanuel Tov (Grand Rapids: Baker Academic, 2008).

11. Para más sobre esta interpretación de las evidencias, ver, p. ej., Sid Z. Leiman, *The Canonization of Hebrew Scripture: The Talmudic and Midrashic Evidence* (Hamden, CT: Archon Books, 1976); Beckwith, *Old Testament Canon of the New Testament Church*; E. Earle Ellis, *The Old Testament in Early Christianity: Canon and Interpretation in the Light of Modern Research*, WUNT 2/54 (Tübingen: Mohr Siebeck, 1991); Andrew E. Steinmann, *The Oracles of God: The Old Testament Canon* (St. Louis: Concordia, 2005); Peter J. Gentry, "The Text of the Old Testament", *JETS* 52 (2009): 19-45; Dempster, "Old Testament Canon, Josephus". En concordancia con una referencia de finales del siglo I en 4 Esdras 14:44-48 respecto a que Esdras reunió las Escrituras tras el exilio babilónico, la tradición cristiana fechó la terminación del canon del AT en los días de Esdras; ver, p. ej., Irineo, *Haer.* 3.21.2; Clemente de Alejandría, *Strom.* 1.22; Tertuliano, *Cult. Fem.* 1.3. El *Prólogus Galeatus* de Jerónimo observa que, empezando en el siglo III d. C., la iglesia primitiva identificó que los judíos tenían dos enumeraciones distintas para el mismo canon, una de veintidós libros y la otra de veinticuatro. Dempster, "Old Testament Canon, Josephus", 336 n43.

Trece libros de los Profetas que incluyen la historia de su época (orden posible)[12]	Los Profetas		Historia	
	Josué Jueces Samuel Reyes		Josué Jueces Rut 1 y 2 Samuel 1 y 2 Reyes 1 y 2 Crónicas Esdras Nehemías Ester	
Josué Jueces-Rut Samuel Reyes Isaías Jeremías-Lamentaciones Ezequiel Daniel Los Doce Job Crónicas Esdras-Nehemías (= Esdras) Ester	Jeremías Ezequiel Isaías Los Doces			
	Los escritos		**Poesía/Sabiduría**	
	Rut Salmos Job Proverbios Eclesiastés Cantar de los Cantares Lamentaciones		Job Salmos Proverbios Eclesiastés Cantar de los Cantares	
			Profetas	
Cuatro libros restantes de himnos e instrucciones (orden posible)	Daniel Ester Esdras-Nehemías Crónicas		Isaías Jeremías Lamenta-ciones Ezequiel Daniel Oseas Joel Amós Abdías	Jonás Miqueas Nahúm Habacuc Sofonías Hageo Zacarías Malaquías
Salmos Proverbios Eclesiastés Cantar de los Cantares				

Fig. 16.1. Las listas más tempranas de la Biblia judía en hebreo

La primera lista hebrea procede del historiador judío Josefo en *Contra Apión* 8.37-43 (c. 94–117 d. C.). No registró los libros mismos, pero sí habló de una lista cerrada de veintidós libros inspirados que habían guiado a los judíos durante siglos y que tenían una estructura tripartita. En consonancia con su función como historiador, agrupó los libros bíblicos por género y cronología y, al parecer, usó las veintidós letras del alfabeto hebreo para fijar su número:

---

12. Para otras diversas propuestas respecto a las disposiciones de los "Profetas" de Josefo, ver Gallagher y Meade, *Biblical Canon Lists,* 63-64.

los cinco libros de Moisés desde al principio hasta su muerte, trece profetas que registraron la historia desde la muerte de Moisés hasta el reinado de Artajerjes (uniendo probablemente Jueces-Rut y Jeremías-Lamentaciones) y cuatro libros restantes que incluían varios himnos e instrucciones.[13] Gallagher y Meade observan: "Muchos judíos (todos, según Josefo) recibían estos libros como autoritativos hacia final del siglo I y no es probable que esta recepción constituyera un cambio radical de la situación previa, sobre todo en ausencia de afirmaciones antiguas que se opusieran al estatus de estos libros".[14]

La segunda lista judía es el *Baba Batra* 14b, una Baraita rabínica antigua, una tradición en la ley oral judía, pero no incorporada a la Mishná. El *Baba Batra* 14b procede de los eruditos rabínicos conocidos como Tanaim, que vivieron durante los dos primeros siglos después de Cristo y cuya obra se incluyó con posterioridad en el Talmud babilónico.[15] Es una lista de veinticuatro libros bíblicos y también demuestra una estructura tripartita ("la ley, los profetas, los escritos"). Sin embargo, aquí la cronología, la teología y la maestría literaria guían la disposición,[16] de manera más notable con Rut y Crónicas que forman parte de la tercera división y los libros narrativos históricos (la Ley, los Profetas anteriores, los Escritos posteriores) que enmarcan lo que podemos denominar libros "de comentario" no narrativos (los Profetas posteriores, los Escritos anteriores) (ver fig. 16.2); es decir, libros cuyo propósito no consiste en detallar el progreso de la historia redentora, sino explicar, interpretar y dirigir nuestra interpretación de estos.[17] Los Profetas mayores no están en orden cronológico (es decir, no Isaías, Jeremías, Ezequiel); Rut está totalmente separado de su contexto temporal después de Jueces; Daniel no está entre los Profetas; y Crónicas y Esdras-Nehemías están en sentido cronológico inverso. La narrativa sigue la cronología desde Génesis hasta Reyes, hace una pausa desde Jeremías hasta Lamentaciones y, después, retoma desde Daniel hasta Esdras-Nehemías. A continuación, Crónicas recuerda la historia desde Adán hasta el decreto de Ciro que ampara el regreso de Israel. En cuanto al comentario, los Profetas posteriores estructuran los cuatro libros del más al menos extenso y los Escritos anteriores siguen el mismo patrón, excepto Rut,

---

13. Para más sobre el alfabeto como elemento estructural, ver Dempster, "Old Testament Canon, Josephus", 340.
14. Gallagher y Meade, *Biblical Canon Lists,* 20.
15. Beckwith, *Old Testament Canon of the New Testament Church,* 26-27.
16. Dempster, "Old Testament Canon, Josephus", 339. Datado alrededor de la época de *Contra Apión* de Josefo, 4 Esd. 14:44-48 distingue veinticuatro libros para lectura pública y, por tanto, canónicos, de entre otros setenta que solo eran para usos privados. De manera similar, en torno a la segunda mitad del siglo II, el Evangelio asceta no canónico de Tomás representa a los discípulos de Jesús diciéndole: "Veinticuatro profetas han hablado en Israel y todos hablaron de ti" (Ev. Tom. 52).
17. Respecto a esta descripción, ver Stephen G. Dempster, *Dominion and Dynasty: A Biblical Theology of the Hebrew Bible,* NSBT 15 (Downers Grove, IL: InterVarsity, 2003), 45-51.

que funciona como prefacio al Salterio, y Lamentaciones, más largo, sigue al Cantar de los Cantares. El primer cambio sitúa el Salterio en el contexto de la esperanza davídica, y el segundo permite (1) que los escritos de Jeremías enmarquen la totalidad de la unidad del comentario, (2) que los tres tomos de Salomón (Proverbios, Eclesiastés y Cantar de los Cantares) permanezcan juntos y (3) que Lamentaciones vuelva a orientar al lector hacia el contexto exílico en el punto donde Reyes detuvo el relato y donde Daniel lo retoma.

Ley	Profetas anteriores	Profetas posteriores	Escritos anteriores	Escritos posteriores
Génesis Éxodo Levítico Números Deuteronomio	Josué Jueces 1 y 2 Samuel 1 y 2 Reyes	Jeremías Ezequiel Isaías Los Doce	Rut-Salmos Job Proverbios Eclesiastés Cantar de los Cantares Lamentaciones	Daniel Ester Esdras- Nehemías 1 y 2 Crónicas
Narración	**Narración**	**Comentario**	**Comentario**	**Narración**

Fig. 16.2. La disposición de la Biblia hebrea en el *Baba Batra* **14b**

Fuera de estas dos listas, no encontramos disposiciones judías alternativas de las Escrituras hebreas hasta mucho más tarde, a la mitad del período medieval a partir de la tradición masorética occidental (p. ej.: el Códice de Alepo, c. 925 d. C.; el Códice Leningrado, c. 1008/9 d. C.) y, después del período medieval, en la segunda Biblia rabínica del siglo XVI. Además, de las dos listas judías tempranas, el *Baba Batra* 14b concuerda de modo más cercano con el testimonio interno del NT respecto a la estructura de la Biblia de Jesús y, por tanto, es más probable que represente el listado estándar encontrado en el templo.[18]

De manera específica, la Biblia judía que Jesús y los apóstoles usaban constaba de una estructura tripartita que incluía los Salmos como el libro más extenso y el primero importante en la tercera división (Con Rut, aparentemente, como prefacio). En Lucas 24:44 tenemos evidencia de esa estructura ya que Jesús parece usar "Salmos" como título de toda la tercera división. Asimismo, las evidencias bíblicas sugieren que la Biblia de la iglesia primitiva empezaba con Génesis y acababa con Crónicas, igual que el *Baba Batra* 14b. Cuando Jesús enfrentó a los fariseos, habló del martirio de los profetas del AT,

---

18. Lo más probable es que testifique del orden estándar del que Judas Macabeo dio testimonio alrededor del 164 a. C. (ver 2 Mac. 2:14-15). Esto la convertiría en la lista más antigua de los libros del AT descubierta hasta la fecha. Ver también Beckwith, *Old Testament Canon of the New Testament Church,* 121-127.

"desde la sangre de Abel hasta la sangre de Zacarías" (Lc. 11:51; cp. Mt. 23:35). Esta no es una simple afirmación "de la A la Z", porque el nombre de Zacarías no comienza con la última letra del alfabeto de ninguna lengua bíblica. Asimismo, no es estrictamente una afirmación cronológica porque, aunque Abel fue el primer mártir (Gn. 4:4, 8), el último mártir veterotestamentario fue Urías, hijo de Semaías, quien murió durante el reinado de Joaquín (609–598 a. C; ver Jer. 26:20-23). Jesús parece haber estado hablando canónicamente al mencionar al primer y último mártir en la estructura literaria de su Biblia. De manera específica, de la misma manera que Génesis narra el homicidio de Abel (Gn. 4:2-8), el final de Crónicas destaca a un cierto Zacarías que fue asesinado en el atrio del templo durante el reinado de Joás (835–796 a. C.; ver 2 Cr. 24:20-21).

Con respecto al NT, muchas de las primeras listas cristianas, griegas o latinas, incluyen ambos Testamentos o solo el NT.[19] Sin embargo, el registro completo más temprano de veintisiete libros aparece en el 367 d. C. en la trigésima novena obra de Atanasio, *Carta festiva* (*Epistula festalis* 39.15-21), en la que identificó los libros canónicos del NT con el fin de distinguir a los que no tenían semejante autoridad. Su registro es muy similar al de nuestra Biblia actual, excepto que sitúa las siete Epístolas generales o católicas (Santiago-Judas) directamente después de Hechos y, a continuación, incluye Hebreos con las cartas de Pablo (algo bastante común en el Oriente) y coloca Hebreos antes de las epístolas pastorales. Sin embargo, ya en el siglo II, la iglesia había aceptado de forma generalizada las colecciones de los cuatro Evangelios, las siete Epístolas generales y las cartas de Pablo (con trece en Occidente y catorce en el Oriente, +/-Hebreos), junto con Hechos y Apocalipsis.[20] Aunque es difícil de valorar debido a la escasez de evidencias para las Epístolas generales antes del siglo IV d. C., Trobisch argumenta que el canon del NT quedó fijo ya desde el 125 d. C. y, en origen, tenía la estructura que concuerda con la lista de Atanasio (ver fig. 16.3).[21]

---

19. Eusebio recoge las listas más tempranas que se remontan a varios comentarios de Orígenes a la mitad del siglo II d. C. (230, 248/249, 250 d. C.). Juntas, mencionan los cuatro "Evangelios" y después distinguen las "Epístolas y Apocalipsis", que Eusebio registra como Pedro (dos), Santiago, Judas, Juan (plural), Pablo (catorce, incluida Hebreos) y Apocalipsis (Eusebio, *Hist. eccl.* 6.25.3-6, 7-10). Gallagher y Meade, *Biblical Canon Lists,* también identifica el propio registro de Eusebio (*Hist. eccl.* 3.25, 325 d. C.), el de Cirilo de Jerusalén (*Catechesis* 4.33-36, 350 d. C.) y el Fragmento muratoriano, que probablemente data de la mitad del siglo II o principios del siglo III. Ver C. E. Hill, "The Debate over the Muratorian Fragment and the Development of the Canon", *WTJ* 57 (1995): 437-452.

20. Gallagher y Meade, *Biblical Canon Lists,* 30-31.

21. Trobish, *Paul's Letter Collection;* Trobisch, *First Edition of the New Testament. The Greek New Testament* mantiene la tradición temprana de situar las epístolas generales directamente después de Hechos, seguidas por las Epístolas de Pablo y, después, Hebreos. Dirk Jongkind, ed., *The Greek New Testament: Produced at Tyndale House, Cambridge* (Wheaton, IL: Crossway, 2017).

Atanasio de Alejandría *Epistula festalis 39.15-21* (c. 367 d. C.)		**Nuevo Testamento moderno**
Los cuatro Evangelios		*Evangelios*
1. Mateo		1. Mateo
2. Marcos		2. Marcos
3. Lucas		3. Lucas
4. Juan		4. Juan
5. Hechos de los Apóstoles		5. Hechos
Sieten cartas católicas		*Epístolas de Pablo y Hebreos*
6. Santiago		6. Romanos
7. 1 y 2 Pedro		7. 1 Corintios
8. 1, 2 y 3 Juan		8. 2 Corintios
9. Judas		9. Gálatas
Catorce cartas de Pablo [+ Hebreos]		10. Efesios
		11. Filipenses
10. Romanos		12. Colosenses
11. 1 y 2 Corintios		13. 1 Tesalonicenses
12. Gálatas		14. 2 Tesalonicenses
13. Efesios		15. 1 Timoteo
14. Filipenses		16. 2 Timoteo
15. Colosenses		17. Tito
16. 1 y 2 Tesalonicenses		18. Filemón
17. Hebreos		19. Hebreos
18. 1 y 2 Timoteo		*Epístolas generales*
19. Tito		20. Santiago
20. Filemón		21. 1 Pedro
21. Apocalipsis de Juan		22. 2 Pedro
		23. 1 Juan
		24. 2 Juan
		25. 3 Juan
		26. Judas
		27. Apocalipsis

Fig. 16.3. Lista completa más temprana del NT cristiano (griego)

Atanasio también enumera veintidós libros en su lista del AT. La única división importante que señala es "los Profetas", en la que incluye a Baruc, Lamentaciones y la Carta de Jeremías, y podría incorporar junto con Daniel tanto Susana como Bel y el Dragón. Además, enumera siete "libros que se deben leer": Sabiduría de Salomón, Sirácida, Ester, Judit, Tobías, Didaché, El Pastor de Hermas; así como cuatro "libros apócrifos" que, con toda probabilidad, incluyen el Libro de Enoc, el Testamento de Moisés, el Apocalipsis de Elías y la Ascensión de Isaías. Ver Gallagher y Meade, *The Biblical Canon Lists from Early Christianity*, 120, 127.

La relevancia de la disposición canónica para la teología bíblica

Igual que el libro de Salmos, que Dios inspiró durante un período de mil años y que culminó en la forma final de cinco "libros" guiada por Dios, es posible que debamos pensar en la totalidad de las Escrituras de esta misma forma: Dios no solo dirigió a los autores individuales para que nos proporcionaran libros, sino que también guio a los editores para que nos dieran un libro al que dieron, poco a poco, forma en dos partes: Antiguo y Nuevo Testamento. La consciencia canónica parece haber incluido la disposición, y no solo la presencia, de libros individuales.[22] Además, cuando Jesús, Pedro y Pablo aseveraron que sus Escrituras anunciaban un mensaje unificado sobre la tribulación, el triunfo del Mesías y la misión que Él iniciaría (Lc. 24:44-47; Hch. 3:18, 24; 26:22-23; 1 P. 1:10-11), su Biblia incluía varios rasgos relacionados con la disposición que ayudaban a proclamar ese mensaje de un modo distintivo. Como comprobaremos, ignorar la relevancia de esto hará que nos desviemos al hacer teología bíblica.[23] En el intento por interpretar las Escrituras del AT como Jesús y los apóstoles, parece más natural que queramos leer todo el conjunto en la disposición tripartita que moldeó su pensamiento. Y existen al menos cuatro formas en las que esto importa cuando uno acomete la disciplina de la teología bíblica.

En primer lugar, un método adecuado para hacer teología bíblica exige que prioricemos la Ley de Moisés en el AT y los Evangelios en el Nuevo, porque cada agrupación de libros detalla la manera en que Dios estableció el pacto fundamental (es decir, antiguo y nuevo) que da forma a nuestro modo de entender cada Testamento. En el AT, todos los libros escritos después de Moisés dan por sentada la presencia de sus palabras en Génesis-Deuteronomio y el contexto del pacto que describen. Lo que Moisés escribe guía la manera

---

22. John Sailhamer, *Introduction to Old Testament Theology: A Canonical Approach* (Grand Rapids: Zondervan, 1995), 249; Dempster, *Dominion and Dynasty*, 28; Rolf Rendtorff, *The Canonical Hebrew Bible: A Theology of the Old Testament* (Leiden: Deo, 2005), 2.

23. A este respecto, Dempster escribe sobre la Biblia de Jesús: "Los recopiladores finales del texto bíblico se aseguraron de que este fuera entendido como una unidad. No solo existen agrupamientos muy importantes de los libros, sino 'empalmes' editoriales que unen las agrupaciones principales de libros entre sí. Por tanto, las ideas teológicas y literarias se exponen de manera simultánea". Dempster, *Dominion and Dynasty*, 31-32. Para un resumen Amplio de los tipos de rasgos a los que Dempster se refiere, ver Stephen G. Dempster, "An 'Extraordinary Fact': Torah and Temple and the Contours of the Hebrew Canon, Part 1", *TynBul* 48 (1997): 23-56; Stephen G. Dempster, "An 'Extraordinary Fact' Torah and Temple and the Contours of the Hebrew Canon, Part 2", *TynBul* 48 (1997): 191-218; Dempster, *Dominion and Dynasty*. Para un enfoque similar en el NT, ver Matthew Y. Emerson, *Christ and the New Creation: A Canonical Approach to the Theology of the New Testament* (Eugene, OR: Wipf & Stock, 2013). No estamos convencidos de que los editores posteriores hayan alterado los libros ya fijados, sino que más bien los ubicaron con intencionalidad e hicieron que su nuevo material aludiera al precedente, permitiendo así los tipos de conexiones que Dempster observa.

en que detallaron los narradores más adelante la historia de Israel a partir de la conquista hasta la caída de Jerusalén y a lo largo del exilio hasta la restauración inicial (p. ej.: Jos. 1:8-9; 2 R. 17:13-15; Dn. 6:5; Neh. 1:7-9). Además, la historia señala que los reyes fieles retuvieron un alto nivel de consciencia respecto al canon (1 R. 2:3; 2 R. 22:11), mientras que los infieles no lo hicieron (Jer. 36:24), y que la ruina de la nación fue un acto de maldición divina según el pacto por causa de que Israel y Judá no hicieron caso a las palabras de Moisés proclamadas por medio de los profetas (2 R. 17:13-15; Dn. 9:11). Los profetas anunciaron sus acusaciones, sus instrucciones y sus predicciones de castigo o de bendición y restauración a la luz de la Ley de Moisés,[24] y los sabios construyeron sus oraciones y su sabiduría sobre ella (p. ej.: Sal. 1; 19; 119; Pr. 3:1-2; 6:20-23; Ec. 12:13). Los cinco libros de Moisés dan forma a los problemas que Cristo resuelve y formalizan o anticipan todos los pactos de las Escrituras. La mayoría de los temas de la teología bíblica y gran parte de las sombras tipológicas se originan en la Ley. Probablemente por ello, todas las listas y órdenes canónicos conocidos empiezan por la Ley.

Además, como lo describen los cuatro Evangelios, las enseñanzas y la obra de Jesús moldean y aclaran toda instrucción adicional y proporcionan la lente para una interpretación fiel de las Escrituras como conjunto. Hechos y Apocalipsis narran la historia de la iglesia identificando cómo el reino de Dios, inaugurado por Cristo, se expande mediante su Espíritu y culminará en el juicio final y en un glorioso estado consumado (Hch. 1:1-3, 8; Ap. 1:4-6). El libro de Hebreos empieza afirmando su fundamento: "En estos postreros días [Dios] nos ha hablado por el Hijo, a quien constituyó heredero de todo [...] habiendo efectuado la purificación de nuestros pecados por medio de sí mismo, se sentó a la diestra de la Majestad en las alturas" (He. 1:2-3). Pablo conocía bien las enseñanzas de Cristo (p. ej.: Hch. 20:35 con Mt. 10:8; 1 Co. 7:10 con Mt. 5:32; 1 Ti. 5:18 con Mt. 10:10; Lc. 10:7) y recalca muchas veces que su encuentro con el Jesús resucitado transformó por completo su perspectiva de toda la realidad (p. ej.: Hch. 22:14-15; 26:16-18; 1 Co. 9:1; 15:8; 2 Co. 3:14; Gá. 1:11-12). Aunque el NT no se inspira de forma explícita en los Evangelios al mismo nivel que el AT lo hace con la Ley de Moisés, no existiría el NT de no ser por la vida, la muerte y la resurrección de Cristo y el empoderamiento del Espíritu que su ascensión aseguró. Por tanto, para tomar las Escrituras en sus propios términos,

---

24. Para las acusaciones y las instrucciones, ver, p. ej., Is. 2:3; Jer. 2:8; Ez. 7:26; Os. 4:6; Am. 2:4; Hab. 1:4; Sof. 3:4; Zac. 7:12; Mal. 4:4[3:22]. Los oráculos de advertencia/castigo y esperanza/salvación surgen todos de las bendiciones, maldiciones y bendiciones de restauración de Moisés detalladas en Levítico 26 y Deuteronomio 27–32. Para una lista completa, ver Jason S. DeRouchie, *How to Understand and Apply the Old Testament: Twelve Steps from Exegesis to Theology* (Phillipsburg, NJ: P&R, 2017), 48-49.

es necesario que usemos el retrato de Cristo en los Evangelios como lente para interpretar el resto del NT y como lente para interpretar el AT.

En segundo lugar, un método adecuado de teología bíblica exige leer la historia bíblica en orden. Los libros *narrativos* históricos encuadran tanto la Biblia de Jesús como el NT. El pueblo que Dios usó de manera providencial para disponer estos libros los colocó de forma intencionada en sucesión cronológica para aclarar la perspectiva divina respecto a la relación de las personas y los acontecimientos del espacio y el tiempo con los propósitos de su reino. La historia avanza desde la creación original hasta la nueva creación, del antiguo mundo maldito en Adán al mundo nuevo y bendito en Cristo.[25] El progreso de cinco pactos (adámico-noético, abrahámico, mosaico, davídico, nuevo) impulsa esta gran historia. Todos estos pactos avanzan, se integran y culminan en Cristo.[26] Construir conexiones orgánicas dentro del canon mismo nos exige leer esta historia redentora en orden, con Cristo como su fin y meta supremas (Mt. 2:15; Gá. 4:4), su ley (Mt. 5.17-18; Ro. 10:4) y sus promesas (Hch. 3:18; 2 Co. 1:20). Todas las Escrituras señalan hacia Cristo y, al cumplir todas las anticipaciones previas, Él proporciona la lente para la interpretación del conjunto. Sin embargo, solo veremos y comprenderemos su función central si leemos la historia en su orden adecuado.

Es importante recalcar que la Biblia cristiana incluye más que narrativa histórica. Incluso sus porciones *narrativas* contienen diversos subgéneros, como mandamientos (p. ej.: Éx. 20:1-17; Dt. 12–26; Mt. 5:20–7:27; 1 Co. 14:37), oráculos (p. ej.: Nm. 23–24; He. 5:11-12; 1 P. 4:11), bendiciones y maldiciones (p. ej.: Lv. 26; Dt. 28; Mt. 25:31-46; Lc. 6:20-26), cánticos (p. ej.: Éx. 15; Dt. 32; Ap. 5:9-10), acertijos (p. ej.: Jue. 14:14; Jn. 2:19; 16:16-19), parábolas (p. ej.: 2 S. 12:1-4; Mr. 4:3-9) y visiones apocalípticas (p. ej.: Dn. 7; Ap. 1). No obstante, las Escrituras también incluyen los Profetas posteriores, los Escritos anteriores, las Epístolas generales, las Epístolas paulinas y Hebreos, cuatro grandes grupos de libros poéticos, proféticos y hortatorios que, juntos, proveen el *comentario* sobre la trama e informan y guían nuestro entendimiento de la trama más amplia. Así, captamos el mensaje dominante de las Escrituras con mayor claridad cuando leemos la narrativa y los libros de comentarios de modo complementario.

En tercer lugar, cuando abordamos la teología bíblica, debemos justificar el cambio del Antiguo Testamento al Nuevo y permanecer centrados en la

---

25. En palabras de Emerson: "La estructura es principalmente narrativa. Existe una metanarrativa dominante que la estructura de la Biblia saca a la luz [...]. Esta narrativa tiene un enfoque cristocéntrico y está articulada de manera típica en alguna forma de la creación, la caída, la redención, la restauración". Emerson, *Christ and the New Creation*, 11-12.

26. Ver Preguntas 6 y 22.

persona y la obra de Jesús. Las Escrituras enseñan que solo existen dos épocas principales en la historia de la redención: antes y después de Cristo. "La ley y los profetas eran hasta Juan; desde entonces el reino de Dios es anunciado" (Lc. 16:16; cp. Mt. 11:12). "La ley ha sido nuestro ayo, para llevarnos a Cristo, a fin de que fuésemos justificados por la fe. Pero venida la fe, ya no estamos bajo ayo" (Gá. 3:24-25). Una teología bíblica adecuada exige que justifiquemos la manera en que las Escrituras progresan, se integran y culminan en Jesús. Lo que Él y los apóstoles enseñan en el NT es el fundamento de la enseñanza de la iglesia (Mt. 17:5; 28:20; Hch. 2:42; Ef. 2:20). Lo que Dios reveló mediante la muerte y la resurrección de Jesús es lo que provee la lente necesaria para entender el AT de la forma correcta, como era la intención de Dios (Ro. 16:25-26; 2 Co. 3:14; cp. Jn. 2:20-22; 12:13-16).[27] La tarea de la teología bíblica requiere que leamos el AT como el fundamento de la manera en que Cristo cumple, en el NT, las promesas de Dios; de la misma manera, nos pide que veamos en Cristo el misterio revelado que desbloquea el significado completo del AT (Ro. 16:25-26; 2 Co. 3:14).

En cuarto lugar, hacer teología bíblica nos exige evaluar conexiones intertextuales que siempre dependen de la ubicación de un libro, independientemente de cómo se disponga el canon con que se cuenta. Como observa Goswell: "El lugar donde un libro está ubicado respecto a los demás influye inevitablemente en la opinión del lector en cuanto a este, en la suposición de que los libros yuxtapuestos están de algún modo relacionados y que, por tanto, se aclaran entre sí. Un orden prescrito de los libros es la interpretación *de facto* del texto".[28] Por ejemplo, conforme a la disposición de nuestra Biblia en español, muchos planes de lectura bíblica sitúan 1 y 2 Crónicas directamente después de 1 y 2 Reyes; esto puede hacernos sentir que se está contando la misma historia solo que con palabras distintas. Sin embargo, cuando Crónicas se separa de Reyes y se sitúa al final de las Escrituras hebreas, su mensaje se considera más esperanzador de una forma natural y señala al futuro cumplimiento de las promesas del reino davídico y a la satisfacción en la presencia de Dios que el NT cumple por medio de Jesús. Sin importar

---

27. Para más respecto a esto, ver Charles E. Hill, "God's Speech in These Last Days: The New Testament Canon as an Eschatological Phenomenon", en *Resurrection and Eschatology: Theology in Service of the Church; Essays in Honor of Richard B. Gaffin Jr.,* eds. Lane G. Tipton y Jeffrey C. Waddington (Phillipsburg, NJ: P&R, 2008), 203-254; Hill, "New Testament Canon", 107-113.

28. Gregory Goswell, "Two Testaments in Parallel: The Influence of the Old Testament on the Structuring of the New Testament Canon", *JETS* 56, núm. 3 (2013): 459-460. Dempster afirma: "Una secuencia en particular sugiere relevancia hermenéutica". Dempster, *Dominion and Dynasty,* 34; cp. Rolf Rendtorff, *The Old Testament: An Introduction,* trad. John Bowden (Filadelfia: Fortress, 1991), 290; Emerson, *Christ and the New Creation,* 21.

el orden canónico utilizado, la posición en la que se lee un libro en concreto probablemente afectará la teología bíblica.

En resumen

Douglas Stuart escribe: "Un entendimiento ortodoxo de la canonización sostiene que el contenido del canon bíblico es cuestión de inspiración divina, pero que el orden específico de este pudo haberse dejado, en gran medida, a la intermediación humana".[29] Aunque esta opinión común explica la existencia de tantos órdenes primitivos distintos de los libros entre listas y manuscritos, no justifica al menos algunos de los rasgos explícitos del canon mismo y de la naturaleza de su lectura, por lo cual es necesario que la teología bíblica considere la ubicación canónica al menos de forma matizada. Junto con buscar aproximarnos a las Escrituras según la disposición que Jesús y sus apóstoles tuvieron en cuenta, la Biblia exige que tratemos los cinco libros de Moisés y los cuatro Evangelios como libros fundamentales para nuestra forma de interpretar el resto de las Escrituras. En segundo lugar, debemos leer la historia de la salvación en orden, tal como se relata en los libros narrativos, a la vez que permitimos que los mensajes de los libros no narrativos de comentarios moldeen nuestra interpretación. En tercer lugar, debemos considerar siempre que el AT es la base teológica del NT, y la revelación neotestamentaria de Cristo como la meta señalada en el AT y la lente a través de la que este se interpreta. En cuarto lugar, debemos reconocer que la ubicación de un libro en cualquier estructura canónica modifica nuestra interpretación al hacer teología bíblica.

Preguntas para la reflexión

1. ¿Cuál es la definición de "canon" y cómo se correlaciona el concepto del canon con el del pacto?
2. ¿Cuáles son algunas de las evidencias de que la consciencia temprana del canon incluía su disposición?
3. ¿De qué manera afecta nuestra forma de entender el AT comprender que la Biblia de Jesús estaba ordenada de un mundo distinto a la nuestra?
4. ¿Cuáles son cuatro de las razones por las que importa la disposición canónica cuando hacemos teología bíblica?

---

29. Douglas Stuart, *Hosea–Jonah*, WBC 31 (Dallas: Word, 1987), xliii; cp. Greg Goswell, "The Order of the Books in the Hebrew Bible", *JETS* 51 (2008): 677, 688; Emerson, *Christ and the New Creation*, 21, 29.

5. La tradición judía demuestra una diversidad de ubicaciones para
   el libro de Rut; por ejemplo, después de Jueces y antes de Samuel
   (Josefo, Biblias modernas), como prefacio a los Salmos al inicio de
   los Escritos (*Baba Batra* 14b) y directamente después de Proverbios
   como el primero de los "cinco rollos" (Rut, Cantar de los Cantares,
   Eclesiastés, Lamentaciones, Ester) (como en el Código Leningrado
   y la *Biblia Hebraica Stuttgartensia*). ¿De qué formas influye la ubicación en el mensaje y en la función del libro?

¿Qué comprensión tiene la teología dispensacional de la teología bíblica?

Oren R. Martin

Desde mitades del siglo XIX, un sistema de interpretación de la Biblia conocido como dispensacionalismo ha influido en la manera en que los cristianos ven las doctrinas de la iglesia (eclesiología) y de las últimas cosas (escatología).[1] El dispensacionalismo considera el progreso del plan de Dios basándose en cómo el NT usa el término *oikonomía* (ver, p. ej.: Gá. 3–4 y Ef. 3), que Charles Ryrie define como "una forma de trabajo distinguible en el cumplimiento del propósito de Dios".[2] En otras palabras, los diversos pactos a lo largo de las Escrituras no proveen la estructura básica de su trama, por importantes que sean respecto la manera en que Dios se relaciona con la humanidad.[3] En cambio, las diversas dispensaciones revelan los cambios en la administración divina de su soberanía sobre la creación a lo largo de la historia. Aunque los dispensacionalistas difieren en el orden de la historia, podría resumirse en tres fases: pasado (Israel antes de Pentecostés), presente (la era de la iglesia) y futuro (el milenio). Kreider escribe:

> El dispensacionalismo considera al mundo una casa dirigida por Dios. En ella, Él está dispensando o administrando sus negocios según su propia voluntad y en diversas fases de revelación durante el proceso del tiempo. Estas etapas diversas delimitan las distintas formas de trabajo en el cumplimiento de su propósito total; estas formas de trabajo son las dispensaciones. Es fundamental entender las distintas formas de

---

1. Svigel presenta una historia útil, concisa y clara del dispensacionalismo y asevera con razón: "Aunque podemos hablar en términos de *dispensacionalismo* como movimiento teológico definible y distinguible, en cierto modo debemos hablar también de *dispensacionalismos* con variedades distintas dentro de una especie más amplia. Es un movimiento que sigue creciendo, reproduciéndose y desarrollándose hasta la actualidad". Michael J. Svigel, "The History of Dispensationalism in Seven Eras", en *Dispensationalism and the History of Redemption: A Developing and Diverse Tradition*, eds. D. Jeffrey Bingham y Glenn R. Kreider (Chicago: Moody, 2014), 93.

2. Charles C. Ryrie, *Dispensationalism*, 2.ª ed. (Chicago: Moody, 2007), 33.

3. Glenn R. Kreider, "What Is Dispensationalism? A Proposal", en Bingham y Kreider, *Dispensationalism and the History of Redemption*, 20.

trabajo de Dios para poder interpretar de manera adecuada su revelación dentro de esas diversas formas de trabajo.[4]

Aunque existe cierto nivel de continuidad en el plan redentor de Dios, *su forma* de relacionarse con (su) pueblo cambia de una era a la siguiente. Los elementos de discontinuidad no indican formas distintas de salvación, porque los dispensacionalistas sostienen que Dios siempre salva por gracia, por medio de la fe en el Mesías (prometido), el Señor Jesucristo.[5] Además, lo más importante para los dispensacionalistas no es el número ni el nombre de las diversas dispensaciones, porque existen diferencias incluso entre ellos; más bien, la importancia se centra en lo que la era anterior a Cristo reveló sobre los propósitos predominantes de Dios, en especial sus intenciones para la nación de Israel. Craig Blaising escribe: "Los dispensacionalistas no creen que la dispensación con Israel fuera simplemente una 'sombra' de realidad revelada en la iglesia; más bien, Israel y la iglesia revelaron propósitos distintos en el plan de Dios".[6] Esta distinción llega hasta el corazón del dispensacionalismo.

Variedades de dispensacionalismo

El dispensacionalismo no es monolítico. Ha experimentado tres cambios relevantes en su historia relativamente breve.[7]

1. *Dispensacionalismo clásico.* En un principio, el dispensacionalismo clásico (p. ej.: John Nelson Darby, Lewis Sperry Chafer) enfatizó un dualismo radical entre Israel (el pueblo terrenal de Dios) y la iglesia (el pueblo espiritual de Dios). Esta distinción constaba de dos programas redentores separados, uno relacionado con la tierra (los judíos) y el otro con el cielo (la iglesia). Afirmaron que este dualismo se ve en el modo en que el NT distingue el reino de Dios y el reino de los cielos, y también sostenían que el nuevo pacto en Jeremías 31 se aplica tan solo a Israel y no a la iglesia. Además, en el futuro, cuando Dios consume su plan redentor, ambos pueblos permanecerán separados.[8]

---

4. Kreider, "What Is Dispensationalism?", 34-35.

5. Kreider, "What Is Dispensationalism?", 17, 26. En respuesta a la acusación de que los dispensacionalistas sostienen distintas maneras de salvación, John Feinberg argumenta que existe continuidad en el fundamento (la obra de Cristo), el requisito (la fe) y el objeto (Dios) de la salvación y, sin embargo, hay discontinuidad o cambios en el contenido revelado de la salvación. John S. Feinberg, "Salvation in the Old Testament", en *Tradition and Testament: Essays in Honor of Charles Lee Feinberg,* eds. John S. Feinberg y Paul D. Feinberg (Chicago: Moody, 1981), 39-77.

6. Craig A. Blaising, "Dispensation, Dispensationalism", en *Evangelical Dictionary of Theology,* 3.ª ed., ed. Daniel J. Treier y Walter A. Elwell (Grand Rapids: Baker Academic, 2017), 248.

7. Para un enfoque más detallado, ver Craig A. Blaising y Darrell L. Bock, *Progressive Dispensationalism* (Grand Rapids: Baker, 1993), 9-56.

8. Blaising, "Dispensation, Dispensationalism", 248.

2. *Dispensacionalismo revisado o tradicional.* Los dispensacionalistas revisados (p. ej.: Charles Ryrie, John Walvoord, Nueva Biblia de Estudio Scofield) modificaron el dispensacionalismo clásico eliminando el lenguaje cosmológico celestial/terrenal, pero mantuvieron aún dos entidades antropológicas distintas: Israel y la iglesia. Por ejemplo, aunque la iglesia participa ahora de forma parcial en el nuevo pacto, Israel experimentará el cumplimiento total del nuevo pacto en un milenio terrenal futuro, que incluso continuará hasta el estado eterno cuando Jesús se siente y gobierne en el trono de David.[9] Por tanto, como grupos distintos, esta separación entre Israel y la iglesia continuará durante toda la eternidad, aunque ambas partes experimenten bendiciones en el nuevo pacto.

3. *Dispensacionalismo progresivo.* Los dispensacionalistas progresivos (p. ej.: Craig Blaising, Darrell Bock, Robert Saucy) ven más continuidad entre Israel y la iglesia en lo tocante a las diversas dispensaciones. Las consideran como los peldaños ascendentes de una escalera y no como eras distintas no relacionadas, en las que Dios trata con diferentes grupos antropológicos.[10] Es decir, entienden un único plan de salvación divino en Cristo para los judíos y los gentiles y hacen hincapié en bendiciones espirituales plenas para ambos grupos en el nuevo pacto, que es un paso adelante en la naturaleza progresiva de la redención. Asimismo, sostienen que Dios ha inaugurado su reino en el presente por medio de la vida, muerte, resurrección, ascensión y sesión de Cristo. Por tanto, el reino de Dios *ya* ha irrumpido en la historia a través del Rey Jesús, pero *todavía* no está presente en su plenitud. Cuando Cristo regrese, introducirá por fin su gobierno salvador.[11] Según Blaising y Bock:

Los progresivos no consideran la iglesia como una categoría antropológica en la misma clase que términos como Israel, naciones gentiles, judíos y pueblo gentil. La iglesia no es ni una raza diferente de la humanidad (en contraste con judíos y gentiles) ni una nación que compite

---

9. Cp. R. Bruce Compton, "Dispensationalism, the Church and the New Covenant", *Detroit Baptist Seminary Journal* 8 (2003): 3-48.

10. Svigel, "History of Dispensationalism in Seven Eras", 87.

11. Debido a la distinción entre Israel y la iglesia, el dispensacionalismo se aferra de manera típica al premilenialismo pretribulacional, que enseña que la segunda venida de Cristo consiste en dos etapas. La primera es un "arrebatamiento" secreto (1 Ts. 4:17), cuando Cristo venga *por sus santos* y para llevarse a la iglesia (en su mayoría gentil) antes del periodo de siete años de tribulación. La segunda es cuando Cristo aparezca de forma visible *con sus santos* después de la tribulación para gobernar la tierra como Rey davídico durante mil años; durante ese tiempo, cumplirá sus promesas del AT a la nación de Israel (p. ej., algunos argumentan en favor de reconstruir el templo y restituir el sistema sacrificial con fines recordatorios). Transcurridos los mil años, llegará el juicio final, el nuevo cielo y la nueva tierra. Para más sobre estas opiniones distintas de las cosas postreras, ver Eckhard Schnabel, *40 Questions About the End Times* (Grand Rapids: Kregel, 2011).

junto con Israel y las naciones gentiles […]. La iglesia es precisamente la misma humanidad redimida (tanto judíos como gentiles) tal como existe en esta dispensación antes de la venida de Cristo.[12]

En otras palabras, tanto Israel como la iglesia son el pueblo de Dios *en Cristo*. Sin embargo, aunque judíos y gentiles en Cristo disfrutan en el presente de estas bendiciones espirituales, sigue habiendo "distinciones funcionales" para el Israel nacional en el milenio, como la tierra prometida, cuando el reino davídico de Jesús sea por fin consumado.[13] Así pues, con respecto a las promesas de Dios, los dispensacionalistas progresivos defienden cuatro ideas clave:

1. Dios cumple inicialmente sus promesas del AT en la simiente suprema, Jesucristo, el gobernante abrahámico y davídico que cumple las promesas salvadoras tanto para los judíos como para los gentiles.
2. La inclusión que Dios hace de los gentiles en el pueblo único de Dios no cancela sus promesas a la nación de Israel.
3. El pueblo de Dios, judíos y gentiles, son uno en Cristo.
4. Dios restaurará a la nación de Israel en el futuro.

Distintivos del dispensacionalismo

A pesar de estas diferencias dentro del dispensacionalismo, es posible destilar las columnas de la teología dispensacional en un núcleo esencial.[14] Es decir, todas las formas de esta disciplina derivan una teología bíblica a partir de un conjunto de convicciones interconectadas.[15] En primer lugar, el *sine qua non* del dispensacionalismo es la forma en que distingue entre la nación de Israel y la iglesia.[16] En segundo lugar, los dispensacionalistas creen

---

12. Blaising y Bock, *Progressive Dispensationalism,* 49.
13. Michael J. Vlach, *Dispensationalism: Essential Beliefs and Common Myths* (Los Ángeles: Theological Studies Press, 2008), 12.
14. Blaising y Bock enumeran ocho "rasgos comunes" del dispensacionalismo, aunque no todos le sean exclusivos: (1) la autoridad de las Escrituras, (2) las dispensaciones, (3) la naturaleza única de la iglesia, (4) la relevancia práctica de la iglesia universal, (5) la relevancia de la profecía bíblica, (6) el premilenialismo futurista, (7) el regreso inminente de Cristo y (8) un futuro nacional para Israel. Blaising y Bock, *Progressive Dispensationalism,* 13-21.
15. Estas ideas fueron adaptadas de John S. Feinberg, "Systems of Discontinuity", en *Continuity and Discontinuity: Perspectives on the Relationship between the Old and New Testaments,* ed. John S. Feinberg (Wheaton: Crossway, 1988), 63-86; y Michael Vlach, "What Is Dispensationalism?" en *Christ's Prophetic Plans: A Futuristic Premillennial Primer,* eds. John MacArthur y Richard Mayhue (Chicago: Moody, 2012), 24-35.
16. Ryrie, *Dispensationalism,* 46; Craig A. Blaising, "Dispensationalism: The Search for Definition", en *Dispensationalism, Israel and the Church,* eds. Craig A. Blaising y Darrell L. Bock (Grand Rapids: Zondervan, 1992), 23. Feinberg observa que, aunque muchos sistemas teológicos distinguen en cierto modo a Israel de la iglesia, lo que diferencia al dispensacionalismo es la forma de esta distinción. Para Feinberg, lo que es único en el pensamiento dispensacional es el reconocimiento de

que Dios debe cumplir sus promesas incondicionales en el pacto abrahámico a la nación de Israel en el futuro. Por ejemplo, la tierra prometida "incluye al menos el reinado milenario de Cristo y, para algunos dispensacionalistas, se extiende también hasta el estado eterno".[17] Subyacente a esta creencia, se encuentra la convicción de que, si "se hace una profecía o promesa de manera incondicional en el AT a un cierto pueblo y sigue sin cumplirse aun en la era del NT, entonces, aún debe cumplirse en el futuro".[18] En tercer lugar, el dispensacionalismo cree que una hermenéutica adecuada exige que interpretemos la Biblia "literalmente" empleando un enfoque gramático histórico limitado que se centra en lo que el autor humano pretendía. Es decir, el NT no reinterpreta ni espiritualiza las promesas a Israel para aplicarlas a la iglesia.[19] Una vez más, Feinberg escribe: "La falta de repetición en el NT no invalida una enseñanza del AT durante la era del NT siempre que nada la anule explícita o implícitamente".[20] La afirmación de Feinberg se aplica también a la tipología. Dicho de otro modo, tanto el tipo como el antitipo deben tener su propio significado, aunque exista una relación tipológica entre ellos. Como resultado, el antitipo o cumplimiento del NT no anula el significado del tipo del AT.[21] Por consiguiente, los dispensacionalistas priorizan el Antiguo Testamento sobre el Nuevo.[22] Sobre esto, Vlach escribe:

> Las suposiciones prioritarias de un intérprete en cuanto al testamento son especialmente relevantes al interpretar el uso del AT que hacen los autores del NT. Los dispensacionalistas quieren mantener un punto

---

cuatro sentidos de la simiente/descendencia abrahámica: (1) biológica, étnica, nacional; (2) política; (3) espiritual; (4) y tipológica. Esta distinción opera en ambos Testamentos, "combinada con la exigencia de que ningún sentido (en especial el espiritual) es más importante que cualquier otro y que ninguno cancela el significado y las implicaciones de los demás. Mientras más enfatice uno la distinción y la importancia de los diversos sentidos, más dispensacional y orientado a la discontinuidad se vuelve su sistema, porque los sentidos distintos hacen necesario hablar de Israel étnica, política y espiritualmente, así como de la iglesia". Feinberg, "Systems of Discontinuity", 72-73. Bruce Ware define esta distinción cuando escribe: "Israel y la iglesia comparten ricos e importantes elementos teológicos en común, aunque al mismo tiempo mantienen identidades distintas". Bruce A. Ware, "The New Covenant and the People(s) of God", en Blaising y Bock, *Dispensationalism, Israel, and the Church*, 92.

17. Blaising, "The Extent and Varieties of Dispensationalism", en Blaising y Bock, *Progressive Dispensationalism*, 21.

18. Feinberg, "Systems of Discontinuity", 76. Ver también Craig A. Blaising, "The Structure of the Biblical Covenants", en Craig A. Blaising y Darrell L. Bock, *Progressive Dispensationalism* (Grand Rapids: Baker, 1993), 132-134.

19. Robert L. Saucy, *The Case for Progressive Dispensationalism: The Interface between Dispensational and Non-Dispensational Theology* (Grand Rapids: Zondervan, 1993), 30-31.

20. Feinberg, "Systems of Discontinuity", 76.

21. Feinberg, "Systems of Discontinuity", 79.

22. Feinberg, "Systems of Discontinuity", 79.

de referencia en el Antiguo Testamento. Desean hacer justicia a la intención autorial original de los escritores veterotestamentarios de acuerdo con la hermenéutica histórico gramatical. Por otro lado, los no dispensacionalistas enfatizan el Nuevo Testamento como punto de referencia para entender el Antiguo.[23]

De este modo, los dispensacionalistas se distinguen de los no dispensacionalistas cuando afirman que "el AT tiene que tomarse en sus propios términos y no reinterpretarse a la luz del NT".[24] Por ejemplo, si Dios prometió a Israel en Ezequiel 40–48 la reconstrucción del templo y la restauración de los sacrificios y esto sigue sin cumplirse en el NT, entonces, Dios *debe* cumplir en el futuro lo que les prometió.[25] Por tanto, para los dispensacionalistas, Dios demuestras su fidelidad cumpliendo sus promesas a la nación de Israel.

En resumen

El dispensacionalismo ha cambiado y progresado de manera relevante desde su comienzo en cuestiones como la interpretación bíblica, la relación entre los Testamentos, el uso del AT en el NT, la naturaleza del reino y la relación entre Israel y la iglesia. Sin embargo, lo que queda por verse es si el NT cumple o no el AT sin reinterpretarlo, espiritualizarlo ni contravenirlo.[26]

> ## Preguntas para la reflexión

1. ¿Cómo definiría usted el dispensacionalismo?
2. ¿Cómo ha evolucionado el dispensacionalismo a lo largo del tiempo?
3. ¿Cuáles son los puntos fuertes del dispensacionalismo? ¿Cuáles son sus puntos débiles?
4. ¿Cómo describe el NT a la iglesia en relación con Israel (p. ej.: elegidos, templo, asamblea)?
5. ¿Deberían priorizar los intérpretes cristianos de las Escrituras un Testamento sobre el otro, por ejemplo, el AT sobre el NT? ¿Por qué sí o por qué no?

---

23. Vlach, *Dispensationalism*, 17.
24. Feinberg, "Systems of Discontinuity", 75.
25. Para una breve respuesta a este argumento, ver Pregunta 29. Para una respuesta más exhaustiva, ver Oren R. Martin, *Bound for the Promised Land: The Land Promise in God's Redemptive Plan*, NSBT 34 (Downers Grove, IL: InterVarsity, 2015).
26. Ver Pregunta 19.

¿Qué comprensión tiene la teología del pacto de la teología bíblica?

Oren R. Martin

Una forma vital que Dios usa para relacionarse con sus criaturas es por medio de los pactos bíblicos.[1] Además de reconocer los diversos pactos a lo largo de las Escrituras, la teología del pacto desarrolla el concepto del pacto en una estructura arquitectónica.[2] La Confesión de Fe de Westminster resume este esquema organizativo:

> La distancia entre Dios y la criatura es tan grande que, aunque las criaturas racionales le deben obediencia como a su Creador, sin embargo, nunca tendrían disfrute alguno de Dios como bienaventuranza y galardón, a no ser por una condescendencia voluntaria de parte de Dios, la cual le ha agradado expresar por medio del pacto. El primer pacto hecho con el hombre fue un pacto de obras, en el cual se le prometió la vida a Adán y en él, a su posteridad, bajo la condición de obediencia perfecta y personal. Por su caída, el hombre, se hizo a sí mismo incapaz de la vida mediante aquel pacto, por lo que agradó a Dios hacer un segundo pacto, comúnmente llamado el pacto de gracia, en el cual Dios, por medio de Jesucristo, ofrece gratuitamente la vida y la salvación a los pecadores, requiriéndoles fe en él para que sean salvos, y prometiendo dar su Santo Espíritu a todos aquellos que están ordenados para vida eterna, a fin de darles la voluntad y capacidad de creer. En la Escritura, este pacto de gracia frecuentemente se enuncia con el nombre de testamento, en referencia a la muerte de Cristo Jesús el testador, y a la herencia eterna, con todas las cosas pertenecientes a ella, que en aquel testamento son legadas. Este pacto fue administrado en diferentes formas en el tiempo de la ley y en el del Evangelio: bajo la ley se administraba mediante promesas, profecías, sacrificios, la circuncisión, el cordero pascual y otros tipos y ordenanzas entregados al pueblo judío. Todo lo cual señalaba, de antemano, al Cristo

---

1. Ver Preguntas 5 y 22.
2. Al igual que con el dispensacionalismo, es mejor hablar de *teologías* de pacto y no de *teología* del pacto, ya que existen variaciones, algunas de las cuales mostraremos más adelante.

que había de venir; y para aquel tiempo, a través de la operación del Espíritu Santo, eran suficientes y eficaces para instruir y edificar a los elegidos por la fe en el Mesías prometido, por quien tenían la plena remisión de pecados y la salvación eterna. Este pacto se denomina el Antiguo Testamento. Bajo el Evangelio, cuando Cristo, la sustancia, fue manifestado, las ordenanzas por las cuales este pacto se dispensa son: la predicación de la Palabra y la administración de los sacramentos del bautismo y la Santa Cena, los cuales, aunque inferiores en número y administrados con más simplicidad y menos gloria externa, no obstante, en ellos este pacto es ofrecido con más plenitud, evidencia y eficacia espiritual, a todas las naciones, tanto a judíos como a gentiles. Este Pacto se denomina el Nuevo Testamento. Por lo tanto, no hay dos pactos de gracia que difieran en sustancia, sino uno y el mismo bajo varias dispensaciones (CFW 7.1-6, © 2010 CLIR).

Al igual que el dispensacionalismo, la teología del pacto es una forma de interpretar las partes individuales de las Escrituras a la luz del conjunto. Su estructura arquitectónica resalta la continuidad del pacto de gracia que se extiende desde Génesis 3:15 hasta Apocalipsis 22, y bajo el cual se subsumen los demás pactos bíblicos. Este capítulo trata sobre la manera en que la teología del pacto entiende la teología bíblica a través de su lente de tres pactos: los pactos de redención, de obras y de gracia.

El pacto de redención

El pacto de redención alude al decreto soberano del Dios Trino y a su plan desde la eternidad pasada que está llevando a cabo en la historia al establecer pactos para su gloria. La revelación del plan eterno de Dios está arraigada en textos bíblicos como Efesios 1:3-6:

Bendito sea el Dios y Padre de nuestro Señor Jesucristo, que nos bendijo con toda bendición espiritual en los lugares celestiales en Cristo, según nos escogió en él antes de la fundación del mundo, para que fuésemos santos y sin mancha delante de él, en amor habiéndonos predestinado para ser adoptados hijos suyos por medio de Jesucristo, según el puro afecto de su voluntad, para alabanza de la gloria de su gracia, con la cual nos hizo aceptos en el Amado.

Así, como afirma Scott Swain, el pacto de redención "concierne el medio mesiánico ordenado por Dios donde el Padre, 'por cuya causa son todas las cosas' busca manifestar su gloria '[llevando] a muchos hijos a la gloria'

(He. 2:10)".[3] Herman Bavinck resume de un modo útil el pacto de redención que se lleva a cabo en la historia tanto en el pacto de obras como en el de gracia.

> El pacto de gracia revelado en el tiempo no cuelga del aire, sino que descansa sobre un fundamento eterno e inmutable. Está basado con firmeza en el consejo y en el pacto del Dios trino y su aplicación y ejecución es su resultado infalible. De hecho, en el pacto de gracia establecido por Dios con la humanidad en el tiempo, los seres humanos no son los iniciadores ni los actores activos, sino que una vez más es el Dios trino quien, habiendo designado la obra de la re-creación, ahora la efectúa. Que Dios estableciera su primer pacto con Adán y Noé, con Abraham e Israel y solo al final con Cristo es una falsa percepción; el pacto de gracia ya estaba preparado desde la eternidad en el pacto de salvación de las tres personas y fue Cristo quien lo llevó a cabo desde el momento de la caída. Cristo no empieza a obrar tan solo en su encarnación y después de esta, así como el Espíritu Santo no comienza a obrar con el derramamiento el día de Pentecostés. Más bien, así como la creación fue un trabajo trinitario, también la re-creación fue desde su inicio un proyecto de las tres personas. Toda la gracia extendida a la creación después de la caída procede del Padre, por medio del Hijo, en el Espíritu Santo. El Hijo apareció inmediatamente después de la caída, como Mediador, como segundo y postrer Adán que ocupa el lugar del primero, restaura lo que este corrompió y logra lo que no consiguió hacer. Y el Espíritu Santo actuó de forma inmediata como el Paracleto, aquel que aplica la salvación adquirida por Cristo. En consecuencia, el único cambio que se produce, todo desarrollo y progreso en perspectiva y conocimiento, sucede por parte de la criatura. En Dios no hay mudanza, ni sombra de variación (Stg. 1:17). El Padre es el Padre eterno, el Hijo es el Mediador eterno, el Espíritu Santo es el Paracleto eterno.[4]

Dado que el Dios Trino ordena, planea, promete y ejecuta sus propósitos redentores, la teología del pacto ha hablado de un pacto intertrinitario de redención. Por consiguiente, Swain caracteriza el pacto de redención mediante cuatro rasgos principales:

---

3. Scott R. Swain, "The Covenant of Redemption", en *Christian Dogmatics: Reformed Theology for the Church Catholic,* eds. Michael Allen y Scott R. Swain (Grand Rapids: Baker, 2016), 16-17.
4. Herman Bavinck, *Reformed Dogmatics,* vol. 3: *Sin and Salvation in Christ,* eds. John Bolt, trad. John Vriend (Grand Rapids: Baker Academic, 2006), 215-216.

1. la voluntad del Padre y del Hijo, expresada por medio del pacto, respecto a
2. la obediencia hasta la muerte del Hijo encarnado
3. en favor de sus hermanos elegidos para quienes Él sirve como redentor y cabeza, y
4. para la gloria eterna prometida por el Padre al Hijo como recompensa por su obediencia encarnada.[5]

Para la teología del pacto, el pacto de redención "es una de las expresiones más profundas y tranquilizadora del amor y compromiso mutuos entre el Padre y el Hijo en el Espíritu, en la planificación y la ejecución del decreto redentor de Dios".[6] Además, basa tanto el pacto de obras como el de gracia en la teología del pacto.

El pacto de obras

Dios inició el pacto de obras en la creación, con Adán y Eva, quienes vivieron en comunión con Dios bajo su gobierno.[7] Dios prometió justicia y vida si obedecían, y amenazó con juicio y muerte si desobedecían. No obstante, Adán se rebeló (Gn. 3) y el resultado fue que su pecado no solo acarreó juicio y muerte para él, sino también para su posteridad, porque actuaba como su representante (Ro. 5:12-21). Como resultado, el Señor exilió a la pareja fuera del Edén y del árbol de la vida.

Sin embargo, los trágicos acontecimientos de la caída no fueron el final de la historia. La buena noticia miraba hacia atrás, hacia arriba y hacia adelante. Por una parte, miraba hacia atrás y hacia arriba, al Dios Trino en el pacto de redención. Sin embargo, por otro lado, miraba hacia el futuro pacto de gracia. Es decir, en lugar del pacto de obras que dice: "Hagan esto y vivirán" (Lv. 18:5;

---

5. Swain, "Covenant of Redemption", 117-118. Para más razonamiento bíblico y trinitario que respalda el pacto de redención y que incluye respuestas a la acusación de triteísmo, ver Swain, "Covenant of Redemption", 118-122.

6. Swain, "Covenant of Redemption", 123.

7. Aunque algunos argumentarían que no debemos utilizar el término "pacto", no es inadecuado considerar la relación iniciada por Dios en el huerto en un contexto de pacto. Cuando consideramos los conceptos y no estrictamente las palabras, hay suficiente justificación para considerarla una relación de pacto. En primer lugar, el relato de la creación está encuadrado en un patrón o estructura de pacto. Es decir, existe un título o preámbulo (Gn. 1:1), un prólogo histórico (1:2-29), estipulaciones (1:28; 2:16-17), testigos (1:31; 2:1) y bendiciones/maldiciones (1:28; 2:3, 17). En segundo lugar, aunque no aparece el término "pacto", sí aparecen sus elementos relacionales básicos. Dios está claramente comprometido con los portadores de su imagen, incluso después de su desobediencia. En tercer lugar, el pacto noético en Génesis 6–9 no parece comenzar algo nuevo, sino confirmar a Noé y a sus descendientes el compromiso anterior de Dios con la humanidad iniciado en la creación (ver también Is. 24:4-6; Os. 6:7).

cp. Ro. 10:5), Dios inició un pacto de gracia que progresaría en y por medio de la historia y que culminaría en la venida de Cristo.[8]

El pacto de gracia

El propósito eterno del Dios Trino se cumple en la historia por el pacto de gracia. Es decir, inmediatamente después de la caída, Dios prometió derramar su gracia salvadora (Gn. 3:15), que se desarrolló con posterioridad a través de la historia. Aunque hay diferencias entre los pactos con Abraham, Moisés, David y Cristo, en esencia existe un pacto dominante de gracia que se cumple a la larga en el nuevo pacto en Cristo.[9] Y aunque existe continuidad en el pacto de gracia a lo largo de la historia, la misión de Cristo y el regalo del Espíritu Santo en Pentecostés han traído riqueza de dones no conocidos ni experimentados por las generaciones precedentes.[10]

Como resultado de la continuidad del pacto de gracia, la teología del pacto considera que la naturaleza de la iglesia es similar a la de Israel; es decir, que está compuesta de creyentes y de incrédulos. Aunque la iglesia disfruta de un conocimiento más profundo del Señor por medio del nuevo pacto en Cristo y es por diseño una entidad internacional, sigue siendo una comunidad espiritualmente variada. Así como todo Israel (los varones) recibió la señal del pacto (la circuncisión), pero estaba formado por creyentes e incrédulos, la iglesia también recibe la señal del pacto (el bautismo), pero sigue estando formada por creyentes e incrédulos.

---

8. Para algunos de la teología del pacto, el contraste entre obras y gracia distingue de forma definitiva la ley y el evangelio. "Ley" se refiere al pacto de obras (asociado con Adán y el Sinaí) y "evangelio" se refiere al pacto de gracia (asociado con Abraham, David y el nuevo pacto en Cristo). Para muchos en la teología del pacto, esta distinción recorre como un hilo todas las Escrituras y sirve de medio a través del cual Dios cumplirá sus propósitos salvadores en Cristo. Es decir, la ley fue dada por gracia para exponer el pecado y revela la necesidad de un Salvador que, en última instancia, es Jesucristo, quien cumplió la ley en nuestro lugar para que Dios pudiera llevar a cabo el pacto de gracia. Para más sobre la distinción entre ley y evangelio, ver Michael S. Horton, *God of Promise: Introducing Covenant Theology* (Grand Rapids: Baker, 2006), 77-110.

9. Algunos teólogos del pacto argumentan que el nuevo pacto no es del todo nuevo, sino más bien una renovación de los anteriores. Peter Leithart escribe: "La nueva dinastía davídica no es una sustituta de la antigua, sino una transformación de ella. Ocurre lo mismo con el nuevo pacto en relación con el antiguo. Dios no ha cambiado de opinión sobre cómo quiere estructurar sus relaciones con su pueblo. Él sigue haciendo promesas, exigiendo obediencia y amenazando con sanciones contra los desobedientes. El nuevo pacto es simplemente el antiguo transformado por la muerte y la resurrección de la Cabeza representativa, Jesucristo". Peter J. Leithart, *The Kingdom and the Power: Rediscovering the Centrality of the Church* (Phillipsburg, NJ: P&R, 1993), 160-161; ver también Meredith G. Kline, *By Oath Consigned: A Reinterpretation of the Covenant Signs of Circumcision and Baptism* (Grand Rapids: Eerdmans, 1975), 75.

10. M. E. Osterhaven, "Covenant Theology", en *Evangelical Dictionary of Theology*, 3.ª ed., eds. Daniel J. Treier y Walter A. Elwell (Grand Rapids: Baker, 2017), 216.

Vemos, pues, una pregunta crucial en el debate sobre el diseño de la iglesia: ¿Qué hay de nuevo en el *nuevo* pacto en Cristo? Jeremías 31:31-34 afirma:

> He aquí que vienen días, dice Jehová, en los cuales haré nuevo pacto con la casa de Israel y con la casa de Judá. No como el pacto que hice con sus padres el día que tomé su mano para sacarlos de la tierra de Egipto; porque ellos invalidaron mi pacto, aunque fui yo un marido para ellos, dice Jehová. Pero este es el pacto que haré con la casa de Israel después de aquellos días, dice Jehová: Daré mi ley en su mente, y la escribiré en su corazón; y yo seré a ellos por Dios, y ellos me serán por pueblo. Y no enseñará más ninguno a su prójimo, ni ninguno a su hermano, diciendo: Conoce a Jehová; porque todos me conocerán, desde el más pequeño de ellos hasta el más grande, dice Jehová; porque perdonaré la maldad de ellos, y no me acordaré más de su pecado.

Algunos teólogos del pacto aseveran que Jeremías estaba previendo realidades que *todavía no* han llegado para el pueblo de Dios, de manera que la comunidad del nuevo pacto puede estar formada aún por creyentes e incrédulos.[11] Sin embargo, si como sostienen los bautistas, en el nuevo pacto *todos* tienen *ya* la ley escrita en su corazón (Jer. 31:33), conocen al Señor (31:34) y experimentan el perdón completo de los pecados (31:34) mediante confiar en Cristo y recibir el Espíritu Santo en la regeneración, entonces existen implicaciones relevantes para la forma en que se considera la naturaleza de la iglesia. Sabemos que *todas* las promesas de Dios son Sí en Cristo, quien ya ha cumplido de forma definitiva todas las esperanzas del AT (2 Co. 1:20). También sabemos que, en Cristo, el nuevo pacto está *"establecido* sobre mejores promesas" que el antiguo (He. 8:6) y que Cristo *"hizo perfectos* para siempre a los santificados" (10:14). La forma en que uno percibe la naturaleza y la estructura del nuevo pacto tiene consecuencias directas para la membresía de la iglesia y la vida cristiana.[12]

---

11. P. ej.: Richard L. Pratt Jr., "Jeremiah 31: Infant Baptism in the New Covenant", *Biblical Perspectives* 4, núm. 1 (2002), https://www.thirdmill.org/files/english/html/th/TH.h.Pratt.New.Covenant. Baptism.html; Richard L. Pratt, "Infant Baptism in the New Covenant", en *The Case for Covenantal Infant Baptism,* ed. Gregg Strawbridge (Phillipsburg, NJ: P&R, 2003), 156-174; Michael Horton, *"Kingdom through Covenant:* A Review", *The Gospel Coalition,* 13 de septiembre de 2012, https://www.thegospelcoalition.org/reviews/kingdom-covenant-michael-horton.

12. Para una crítica de la naturaleza de la iglesia en la teología del pacto, ver Peter J. Gentry y Stephen J. Wellum, *Kingdom through Covenant: A Biblical-Theological Understanding of the Covenants,* 2.ª ed. (Wheaton, IL: Crossway, 2018). Ver también la Pregunta 24, así como Samuel E. Waldron, "A Brief Response to Richard L. Pratt's 'Infant Baptism in the New Covenant'", *Reformed Baptist Theological Review* 2, núm. 1 (2005): 105-110; Jason S. DeRouchie, "Counting Stars with Abraham and the Prophets: New Covenant Ecclesiology in OT Perspective", en *Progressive Covenantalism:*

En resumen

La teología del pacto argumenta que todos los propósitos salvadores de Dios en la historia sirven al pacto eterno de redención en Cristo. En el pacto de obras, Dios estableció una relación con la humanidad en Adán, el tipo del postrer Adán, quien hizo lo que el primero y sus descendientes no lograron. A través de la santa vida encarnada de Cristo, su muerte, su sepultura, su resurrección, su ascensión y su sesión, Él guía a su pueblo, judíos y gentiles, a la vida eterna. Como resultado, todos en la iglesia están en el nuevo pacto y están bautizados; "No solo deben ser bautizados los que realmente profesan fe en, y obediencia a Cristo, sino también los infantes, hijos de uno, o de ambos padres creyentes".[13] Así pues, el pacto dominante de gracia explica por qué hay continuidad a lo largo de la historia redentora, una continuidad que establece la naturaleza de la iglesia y sus ordenanzas.

Preguntas para la reflexión

1. ¿Qué es el pacto de redención?
2. ¿Qué es el pacto de obras?
3. ¿Qué es el pacto de gracia?
4. En la teología del pacto, ¿qué de nuevo tiene el nuevo pacto?
5. ¿La circuncisión del AT se corresponde con el bautismo del NT? ¿Qué otras opiniones hay?

Charting a Course between Dispensational and Covenant Theologies, eds. Stephen J. Wellum y Brent E. Parker (Nashville: B&H, 2016), esp. 34-38.

13. CFW, 28.4, © 2010, Confraternidad Latinoamericana de Iglesias Reformadas.

¿Qué comprensión tiene el pactualismo progresivo de la teología bíblica?

Oren R. Martin

Tal como hemos visto en los dos capítulos anteriores, diversos sistemas teológicos están arraigados en el progreso, la continuidad y la discontinuidad entre los pactos. Por una parte, la teología dispensacional enfatiza la discontinuidad hasta el punto de que Israel y la iglesia son y permanecerán distintos de ciertas maneras. Así que, por ejemplo, como mínimo Israel conservará su identidad nacional definida en la tierra en el milenio y, para algunos, incluso en la eternidad. Por otra parte, la teología del pacto enfatiza la continuidad hasta hacer que Israel y la iglesia sean similares, por no decir iguales con matices sutiles. Así, por ejemplo, bajo el antiguo y el nuevo pacto, el pueblo estás compuesto de elegidos y no elegidos y todos recibirán la señal de la circuncisión y del bautismo, respectivamente.

Sin embargo, hace poco, un nuevo sistema teológico ha surgido con el propósito de ser un punto medio entre ambos: el pactualismo progresivo.[1] En él se enfatiza tanto la continuidad (p. ej.: un plan redentor de Dios, un pueblo de Dios en Cristo que participa de las mismas bendiciones, ahora y por siempre) como la discontinuidad (p. ej.: lo novedoso del nuevo pacto, la naturaleza regenerada de la iglesia, el cumplimiento de la circuncisión en la regeneración, no en el bautismo). Este capítulo analizará cómo hace teología bíblica el pactualismo progresivo.

La ubicación del pacto en la trama de las Escrituras

Las Escrituras presentan numerosos pactos en momentos cruciales a lo largo de la historia de la salvación, que sirven para (re)establecer la comunión de Dios con la humanidad, revertir las maldiciones del Edén y, poco a poco,

---

1. Ver, p. ej., Peter J. Gentry y Stephen J. Wellum, *Kingdom through Covenant: A Biblical-Theological Understanding of the Covenants*, 2.ª ed. (Wheaton, IL: Crossway, 2018); Stephen J. Wellum y Brent E. Parker, *Progressive Covenantalism: Charting a Course between Dispensational and Covenant Theologies* (Nashville: B&H Academic, 2016).

establecer y expandir el reino de Dios en la tierra. El Señor dirige cada pacto para su fin ordenado: un reino consumado.

Los pactos iniciados por Dios llegan al corazón de su plan de gracia de formar un pueblo para sí. Este plan empieza con Adán y acaba con el pueblo del postrer Adán, de cada tribu, lengua, pueblo y nación (Ap. 5:9). Por tanto, quizás una buena forma de empezar sea colocar los pactos dentro de la trama predominante de la Biblia.

Las Escrituras comienzan con una creación original y terminan con la descripción de una nueva creación más gloriosa.[2] Entre estos dos relatos se encuentra la historia de la redención. El plan de Dios para su pueblo empieza con Adán y Eva (Gn. 1–2). El relato de la creación revela el patrón del reino: el pueblo de Dios en el lugar de Dios bajo el gobierno de Dios.[3] Para que Adán y Eva pudieran disfrutar de Dios y de sus bendiciones, tenían que tomarle la palabra (1:28-30; 2:16-17). Sin embargo, menospreciaron la palabra de Dios y prefirieron creer a la serpiente, lo que los llevó a ser expulsados de la bendita presencia divina (cap. 3). Como resultado, el pecado y la muerte entraron en la creación y separaron a los seres humanos de Dios. No obstante, su plan no acabó, porque Él había prometido que, a su debido tiempo, anularía los efectos del pecado mediante la simiente de la mujer, que aplastaría la cabeza de la serpiente (3:15). Así pues, el resto de la historia se centra en la forma en que Dios reestablecerá progresivamente su reino.

Para comprender por qué las Escrituras acaban con una imagen similar al Edén, es crucial la descripción del Edén como el lugar prototípico sobre la tierra donde Dios mora con su pueblo. La creación original del Señor alcanza su cumplimiento en los nuevos cielos y la nueva tierra. El principio inaugura la visión que se consuma al final, y la nueva creación de Dios acaba cumpliendo su diseño desde el comienzo. Sin embargo, la línea histórica que conecta la portada y contraportada de la historia es fundamental para observar la (dis)continuidad entre ellas.

Tal vez uno de los rasgos más destacados del principio y del final de la historia sea el concepto del reino de Dios. La declaración de Jesús: "el reino de Dios se ha acercado" (Mr. 1:15) revela que el Señor está cumpliendo su promesa en el Edén de anular los efectos del pecado al triunfar sobre la serpiente (Gn. 3:15).[4] Además, la importancia del reino en la enseñanza de Jesús resalta por la prominencia y el lugar de lo que afirma sobre este. Cuando empieza su ministerio, Jesús proclama la llegada del reino, que sirve para destacar su

---

2. Ver Pregunta 35.
3. Ver Graeme Goldsworthy, *According to Plan: The Unfolding Revelation of God in the Bible* (Downers Grove, IL: InterVarsity, 2002).
4. Ver Pregunta 23.

centralidad en la trama bíblica. Jesús vio cómo su ministerio cumplía las promesas del AT y lo demostró anunciando: "El tiempo se ha cumplido, y el reino de Dios se ha acercado; arrepentíos, y creed en el evangelio" (Mr. 1:14-15). Jesús no presentó una teología bíblica exhaustiva del reino dentro de la historia de la salvación. No obstante, los Evangelios revelan que Jesús se vio a sí mismo actuando en todo el proceso de los propósitos redentores de Dios y cumpliéndolo. Es decir que, desde su humillación hasta su glorificación, la vida y el ministerio de Jesucristo estaban cumpliendo las promesas salvadoras de Dios. Así, el patrón del reino de Dios ofrece una estructura dentro de la cual se mueve la historia de principio a fin.

Una de las formas más importantes en que Jehová reestablece su reinado sobre la tierra es por medio de los pactos bíblicos, porque forman la espina dorsal de las Escrituras y son cruciales para entender su trama dominante, desde la creación hasta la nueva creación.[5] Es decir, los pactos bíblicos trazan el rumbo y sirven de tema unificador para el desarrollo del drama del reino. Las Escrituras presentan numerosos pactos en momentos cruciales de la historia de la salvación, y todos ellos revertirán progresivamente las maldiciones del Edén y restablecerán el reinado visible y universal del Dios. Por esta razón, cada pacto implica en cierto grado y hace avanzar la promesa del gobierno, del pueblo y del lugar de Jehová.

El desarrollo del pacto en la trama de las Escrituras

Un medio crucial que el Señor usa para llevar a cabo sus fines redentores es los pactos bíblicos, en los que hay continuidad y también discontinuidad. Un bosquejo general aclarará esta idea, pero este libro proporcionará mayor detalle más adelante.[6] El juicio y la muerte reinan después de la caída y el pecado de la humanidad, y la primera señal de que Jehová revertirá la maldición es su pacto con Noé (Gn. 6:18; 9:9-17), que reafirma lo que inició con Adán. Noé es el representante de Dios que recibe el encargo de gobernar la tierra, ser fructífero, multiplicarse y traer la bendición del Señor al mundo (9:1-17). En otras palabras, Noé es una figura similar a Adán y, del mismo modo, también fracasó (9:18-29). Por tanto, el pecado y la muerte siguen reinando y, como resultado, Jehová juzga a las naciones en la Torre de Babel (11:1-9). A pesar de ello, Dios cumple su promesa llamando a otro (Abram) para cumplir sus propósitos.

El pacto de Jehová con Abraham provee *la forma* en que Dios cumplirá sus promesas de la creación y bendecirá al mundo. Por medio de Abraham

---

5. Gentry y Wellum, *Kingdom through Covenant*, 34. Ver Pregunta 22.
6. Ver Pregunta 22.

y de su descendencia, Israel, Dios derramará bendición universal e internacional. Ahora bien, ¿cómo llegará finalmente esta bendición? La respuesta es por medio de la simiente prometida (15:4-5; 22:17-18; cp. Gá. 3). Y, tal como lo aclara Génesis 15, Dios cumpliría su promesa. Al pasar por entre los animales divididos, Jehová da su palabra, por gracia, de que cumplirá su pacto con Abraham (Gn. 15:17; cp. Jer. 34:18). El patriarca recibió la promesa divina por fe y el Señor se lo contó como justicia (Gn. 15:6); este el fundamento para la doctrina de la justificación de los autores neotestamentarios y también de la iglesia protestante (Ro. 4; Gá. 3: Stg. 2). Y por gloriosa y misericordiosa que sea la bendición de la justificación (cp. Sal. 32:1-2), este no era el final, sino solo el comienzo de la historia. Con Abraham, Dios da forma programática a su plan de hacerse un pueblo para sí (Gn. 17:8; cp. Ap. 21:3).

Sin embargo, Jehová seguía teniendo un problema que resolver. En el transcurso del tiempo, la historia demostró una y otra vez que el pecado contaminaba al pueblo de Dios y provocaba sus maldiciones, porque desobedecieron el (antiguo) pacto mosaico. Aunque estaban físicamente circuncidados en señal de pertenencia a Dios, su principal necesidad era la circuncisión de sus corazones (Dt. 30:6). Ya fuera con Abraham, Isaac, Jacob, Moisés, Israel, David o Salomón, una cosa sí era segura: era preciso que el Señor se ocupara del pecado de una vez para siempre, porque la sangre de los toros y de los machos cabríos no podían traer un perdón de pecados permanente (He. 10:4). Además, los mandamientos de Dios bajo el antiguo pacto solo exacerbaron el problema, porque por la ley vino el conocimiento del pecado (Ro. 3:20). Sin embargo, gracias sean dadas a Dios que usó al ayo de la ley hasta que Cristo vino, a fin de que fuéramos *todos* justificados por la fe, tanto judíos como gentiles (Gá. 3:23-29), y para que este grupo multiétnico pudiera convertirse en receptor de las bendiciones divinas del pacto. Es el *nuevo pacto* (Jer. 31:31-34; cp. Is. 54; Ez. 36:22-32) en la sangre de Cristo que acarrea estas bendiciones (Lc. 22:20).

En el nuevo pacto existe continuidad y discontinuidad con el antiguo que lo precedió. Vemos continuidad en que el nuevo incluye al pueblo de Dios (Jer. 31:31), enfatiza la obediencia a la ley de Dios (31:33), se centra en la descendencia (31:36) (en específico en una simiente real [Is. 55:3; Jer. 33:15-26; Ez. 37:24-25]) y, al final, cumplirá el estribillo repetitivo del pacto: "Yo seré a ellos por Dios, y ellos me serán por pueblo" (Jer. 31:33).

No obstante, a pesar de su continuidad, *no* es como el (antiguo) pacto mosaico anterior (31:32). Primero, el nuevo pacto no será quebrantado (31:32). La historia de Israel fue una repetición continua de quebrantamientos del pacto, pero en el nuevo, Jehová se asegura de que esto no vuelva a suceder. En realidad, considere el uso que Jeremías hace del pronombre en primera persona que enfatiza la obra eficaz de Dios: "Daré *mi* ley en su mente, y la escribiré en su corazón" (31:33); "no *me* volveré atrás de hacerles bien, y pondré *mi* temor en el corazón de ellos, para que no se aparten de *mí*" (32:40). El nuevo pacto revela esta inquebrantabilidad en el modo en que Cristo cumplió la ley para los que están unidos a Él por fe, y esto resulta en que Dios nos adjudica la obediencia de Jesús (Ro. 5:18-19; 8:4; 2 Co. 5:21). Además, el poder de Dios está protegiendo *ahora* a los miembros del nuevo pacto para su futura salvación (1 P. 1:5).

En segundo lugar, el nuevo pacto transforma el corazón y suple de forma permanente la morada del Espíritu en el creyente, de manera que la obediencia que fluye de adentro hacia fuera (Jer. 31:33; Ez. 36:26-27). En vez de escribir la ley en piedras y en rollos y exhortar a las personas a internalizarla, el Señor ahora plasma su ley en el corazón de las personas.

En tercer lugar, *cada* miembro del nuevo pacto es regenerado, porque *todos* conocerán al Señor (Jer. 31:33-34; cp. Is. 54:13). Aunque bajo los pactos anteriores, Dios instó a los diversos miembros a conocerlo y seguirlo, la mayoría no lo hicieron. No obstante, el nuevo pacto solo incluye a los que son enseñados por Dios en su corazón y lo conocen (Jn. 6:44-45; 1 Ts. 4:9; 1 Jn. 2:20-21, 27). "Pero Cristo, habiendo ofrecido una vez para siempre un solo sacrificio por los pecados, se ha sentado a la diestra de Dios [...]; porque con una sola ofrenda hizo perfectos para siempre a los santificados" (He. 10:12, 14).

Finalmente, todas estas bendiciones del nuevo pacto llegarán *porque* Dios ha provisto un perdón pleno y definitivo del pecado (Jer. 31:34; Ez. 36:29, 33). Así pues, Dios cumple sus promesas y asegura sus propósitos redentores para su pueblo por medio de la inauguración del nuevo pacto.

El nuevo pacto deja claro que Dios siempre acaba lo que inicia. De hecho, el cumplimiento supremo de las promesas divinas llega por medio de un siervo sufriente, un "Israel ideal". En Isaías 42:6-7, leemos que Jehová dará a su siervo "por pacto al pueblo, por luz de las naciones, para que abras los ojos de los ciegos, para que saques de la cárcel a los presos, y de casas de prisión a los que moran en tinieblas". Al ser un *pacto* (Is. 42:6; 49:8; 55:3; 59:21), el siervo suplirá los medios para que el pueblo entre en una relación de pacto con el Señor. El nuevo pacto está basado en mejores promesas que el antiguo porque el Hijo obediente de Dios lo cumple (He. 8–10).

Implicaciones para el pactualismo progresivo

¿Qué aprendemos de la continuidad y discontinuidad entre los pactos? Al menos cuatro cosas. Primero, nos enfrenta con el pecado y con la necesidad de salvación por fe en Cristo. Si hemos de ser reconciliados con Dios, debemos confiar en la provisión que Él hizo de Cristo, y solo Cristo, para el perdón de nuestros pecados. Abraham es el padre de todos los creyentes, judíos y gentiles. Pablo escribe: "Pero al que obra, no se le cuenta el salario como gracia, sino como deuda; mas al que no obra, sino cree en aquel que justifica al impío, su fe le es contada por justicia" (Ro. 4:4-5). Ahora bien, ¿cómo llega la fe? Es un don de la gracia de Dios por medio de la proclamación y de la recepción de la palabra de Cristo (3:24-25; 10:17). Que Dios nos fortalezca para que seamos fieles y prediquemos esta gloriosa buena nueva a aquellos que necesitan escucharla y ser liberados por ella.

En segundo lugar, dado que todos los miembros del nuevo pacto son regenerados, los pastores y las iglesias deben trabajar con diligencia (aunque por supuesto, con sus imperfecciones) para asegurarse de que la membresía de su iglesia solo incluya a los que hacen una profesión creíble de fe. (Sí, somos bautistas, ¡y por buenas razones!).

En tercer lugar, todas las promesas de Dios, incluido lo prometido a Abraham, son Sí en Cristo (2 Co. 1:20). Cristo es el mediador de un nuevo pacto, de manera que los que son llamados a tener comunión con Él puedan recibir la herencia eterna prometida (He. 9:15). De hecho, todas las promesas de Dios alcanzan su objetivo cuando Jesús resucita, cumpliendo así el plan salvador de Dios, que resultará nada más y nada menos que en una nueva creación para todo su pueblo redimido en Cristo, de toda tribu, lengua, pueblo y nación (Ap. 5:9). Y "él morará con ellos; y ellos serán su pueblo, y Dios mismo estará con ellos como su Dios" (21:3).

Por último, la forma en que el NT cumple las promesas del AT influye grandemente en la comprensión que tiene el pactualismo progresivo de la tipología, que considera a Cristo como el antitipo supremo de todos los tipos anteriores. Esta convicción distingue al pactualismo progresivo de la teología dispensacional con respecto a las promesas de la tierra. También lo diferencia de la teología del pacto con respecto a la promesa de la simiente. La primera cuestión está relacionada con el entendimiento escatológico del pactualismo progresivo (lo que la Biblia enseña sobre el final de los tiempos) y la segunda con su forma de ver la eclesiología (lo que la Biblia enseña sobre la iglesia).

La teología dispensacional y la promesa divina de la tierra

Los dispensacionalistas sostienen que, si las promesas de Dios a Israel son incondicionales, entonces solo el Israel nacional debe cumplirlas en el futuro, independientemente de la manera en que el NT trata las afirmaciones del AT.[7] Como resultado, algunos dispensacionalistas progresivos, que concuerdan

---

7. Ver p. ej., John S. Feinberg, "Systems of Discontinuity", en *Continuity and Discontinuity: Perspectives on the Relationship between the Old and New Testaments,* ed. John S. Feinberg (Wheaton, IL: Crossway, 1988), 77-83.

con los dispensacionalistas revisados, aunque van más allá que estos en su entendimiento de la tipología, conceden que la iglesia cumple de forma tipológica algunas de las promesas del AT para Israel. No obstante, afirman que, aunque el antitipo cumpla el tipo en un sentido real, este cumplimiento solo es parcial. Es decir, aunque la iglesia cumpla en un principio las promesas del AT, no anula el significado original del AT para Israel. En cuanto al tema de la tierra, el punto de vista del dispensacionalismo progresivo mantiene que, aunque algunos aspectos espirituales se aplican a la iglesia, Dios seguirá cumpliendo los aspectos territoriales de su promesa al Israel nacional en el futuro. Por consiguiente, las promesas originales a la nación de Israel deben seguir vigentes, aunque se apliquen a la iglesia de forma parcial.[8]

¿Entiende esta perspectiva del modo correcto cómo cumple Cristo las promesas del AT? Aunque debemos elogiar al dispensacionalismo progresivo por intentar aplicar la escatología inaugurada del NT, por diferentes razones su perspectiva no explica bien el carácter "ya pero todavía no" del reino ni la naturaleza del cumplimiento tipológico en las Escrituras. Primero, no aplican la escatología inaugurada con exactitud *en este punto*. A pesar de la naturaleza "ya, pero todavía no" del reino en el NT, esta perspectiva escatológica no significa *meramente* que parte esté presente ahora en la iglesia y otra parte (p. ej.: la tierra física) lo estará más tarde para el Israel nacional. Más bien, el NT muestra que Cristo *ya* ha cumplido *todas* las promesas salvadoras de Dios y que estas se están expandiendo donde Cristo está presente: en la iglesia ahora, que es un nuevo "hombre" compuesto por judíos y gentiles en Cristo (Ef. 2:11-22) y, finalmente, en la nueva creación consumada.

Segundo, el NT presenta a Cristo y su obra cumpliendo y completando los tipos del AT. Esta idea distingue el pactualismo progresivo de la llamada teología de la sustitución.[9] No solo se trata de que la iglesia sustituya simplemente a Israel, sino que Cristo representa y cumple la función de Israel como el verdadero Hijo obediente, el templo, la vid, el profeta, el sacerdote y el rey para después conferir bendiciones a su pueblo, a los creyentes judíos y gentiles por igual. De ahí que todos los que están incluidos *en Cristo* reciben toda bendición espiritual en Él mientras esperan su herencia futura, la nueva creación. En otras palabras, el Israel creyente no recibe menos, sino más: ¡toda la tierra![10]

---

8. Este enfoque de que resalta ambas realidades está vinculado a la escatología inaugurada aceptada por los dispensacionalistas progresivos.

9. Ver, p. ej., Michael J. Vlach, *Has the Church Replaced Israel? A Theological Evaluation* (Nashville: B&H, 2010), 104-107.

10. Sin embargo, esta idea no elimina la posibilidad de una salvación futura para los judíos étnicos (es decir, Ro. 9–11), en lo que algunos adherentes de cada sistema teológico han creído, aunque no todos. Para más sobre esta pregunta, ver Jared M. Compton y Andrew David Naselli, eds.,

Esta interpretación se alinea con la forma constante en que la Biblia trata los tipos como algo que escala o se intensifica de manera escatológica en la progresión del tipo al antitipo y de la promesa al cumplimiento. Los tipos veterotestamentarios no simplemente se corresponden de forma analógica con los antitipos del NT, sino que sirven de "sombra de los bienes venideros" (He. 10:1; cp. Col. 2:17).[11] Por lo tanto, en este punto, aunque los dispensacionalistas concuerdan en que las promesas a Israel se cumplen en el nuevo cielo y la nueva tierra, siguen queriendo sostener que Dios cumplirá sus promesas nacionalistas a Israel solo mediante un estado geopolítico para su pueblo judío redimido, que no incluye a los cristianos gentiles en la era del milenio. Pero esto es incorrecto por dos razones. Primero, Dios cumple todas sus promesas respecto a Cristo y las entrega a los judíos y gentiles creyentes *de igual manera* como iglesia (Ef. 2:11-22). En segundo lugar, otros tipos como los profetas, los sacerdotes levíticos, los reyes davídicos, la circuncisión, el templo y los sacrificios no están en espera de que Dios los cumpla en la consumación, sino que ya están cumplidos porque han alcanzado su término y *télos* en Cristo. Ya han alcanzado su final señalado por Dios, al margen del aspecto "ya, pero todavía no" de la obra de Cristo. En otras palabras, cuando venga Cristo, *Él*, como antitipo, es el verdadero Hijo, profeta, sacerdote, rey, vid, templo, pacto y sacrificio. Y dichas realidades deben afectar también nuestra forma de entender las promesas de la tierra.

La teología del pacto y la eclesiología

A causa del predominante pacto de gracia, la teología del pacto ha considerado a la iglesia como una extensión de Israel.[12] Es decir, la comunidad del nuevo pacto es sustancialmente la misma que la de las eras anteriores, porque todos los pactos bíblicos son administraciones diversas del único pacto de gracia. Como resultado, los niños nacidos en el hogar de un padre cristiano son bautizados en el nuevo pacto. De este modo, la iglesia del nuevo pacto, como el Israel del antiguo pacto, sigue siendo una comunidad de composición "mixta", creyentes e incrédulos que reciben la señal del nuevo pacto: el bautismo. El pactualismo progresivo disiente de esta opinión por varias razones.

En primer lugar, la teología del pacto no justifica de modo adecuado la *novedad* del nuevo pacto.[13] Al equiparar de forma sustancial el pacto

---

Three View son Israel and the Church: Perspectives on Romans 9-1, Viewpoints (Grand Rapids: Kregel, 2018). Para más sobre la relación del cristiano con las promesas del AT, ver Pregunta 37.

11. Respecto a la tipología, ver Pregunta 8.

12. Ver, p. ej., G. K. Beale, *A New Testament Biblical Theology: The Unfolding of the Old Testament in the New* (Grand Rapids: Baker, 2011), 656; Michael Horton, *Introducing Covenant Theology* (Grand Rapids: Baker, 2006), 130-131.

13. Ver también Pregunta 22.

abrahámico con el nuevo pacto, no se ven dos eras progresivas distintas en las que dicho pacto se cumple: "la primera nacional (Gn. 17:7-8) con un principio genealógico como su guía y la circuncisión como su señal (17:9-13); y la segunda internacional con la paternidad del patriarca establecida por adopción espiritual y no vinculada ya a la biología, la etnia o la marca distintiva de la circuncisión (17:4-6)".[14] En realidad, estas eras se corresponden con las palabras de Dios a Abram en Génesis 12:1-3, donde Abram debe ir a la tierra que será su nación santa (cumplido bajo el pacto mosaico) y, una vez allí, ser "bendición", de modo que todas las familias de la tierra sean bendecidas (cumplido en el nuevo pacto en Cristo).[15] De modo que, conforme avanza la historia redentora, los propósitos de Dios se van cumpliendo en Cristo, la verdadera simiente de Abraham (Gá. 3:16), aquel que derrota la muerte con su propia muerte y triunfa sobre el pecado y la serpiente por su vida justa y resucitada. Como resultado, acarrea bendiciones a las naciones y encarga a sus discípulos que proclamen la buena nueva de Cristo, en quien se halla la bendición. De ahí que sea evidente la superioridad de Cristo como verdadero hijo, simiente y siervo, y su obra del nuevo pacto inaugura e introduce una nueva era de salvación en la que la comunidad del nuevo pacto, llamada la iglesia, ya no es la misma que la del antiguo pacto. Es decir, la naturaleza de la iglesia ya no se identifica por el principio físico genealógico, sino que es una realidad colectiva y espiritual establecida con los que están unidos a Cristo por fe (Col. 1:11-15). Respecto a esto, DeRouchie escribe:

En Cristo, la adopción espiritual y no la descendencia física se convierte en la marca de la comunidad del nuevo pacto. Aunque las distinciones étnicas no se erradican (p. ej.: Ro. 1:16; 2:9; 9:25-27; cp. Hch. 13:46), la membresía del nuevo pacto se basa únicamente en la "identificación colectiva" con el Mesías y ya deja de suponerse por mera conexión biológica. En este y muchos otros sentidos, la obra del nuevo pacto de Cristo marca un incremento que supera todas las eras anteriores.[16]

Dicho de otro modo, en el antiguo pacto, la circuncisión era sombra de la circuncisión espiritual en el nuevo (Ro. 2:28-29; cp. Dt. 10:16; 30:6). En este nuevo pacto, Dios quita de los creyentes el corazón viejo y les da uno nuevo

---

14. Jason S. DeRouchie, "Father of a Multitude of Nations: New Covenant Ecclesiology in OT Perspective", en *Progressive Covenantalism: Charting a Course between Dispensational and Covenant Theologies,* eds. Stephen J. Wellum y Brent E. Parker (Nashville: B&H, 2016), 34. Para una expansión de este argumento, ver Jason S. DeRouchie, "Counting Stars with Abraham and the Prophets: New Covenant Ecclesiology in OT Perspective", *JETS* 58, núm. 3 (2015): 445-485.
15. DeRouchie, "Counting Stars with Abraham", 460.
16. DeRouchie, "Father of a Multitude of Nations", 36.

forjado por el Espíritu que les hace obedecer a su Palabra (Ez. 36:26-27); todo esto está arraigado en el perdón final del pecado obtenido por un mejor sacerdote y sacrificio, Jesucristo (Jer. 31:31-34; He. 7–10). Como resultado, el NT ordena a los creyentes que sean bautizados para dar testimonio de que han muerto al pecado y resucitado a la nueva vida *en Cristo,* experimentado el nuevo nacimiento y entrado a las realidades del nuevo pacto, recibido el don y la garantía del Espíritu, sido unidos al cuerpo de Cristo y apartados del mundo para Dios (Hch. 2:40-41; Ro. 6:1-11; 1 Co. 12:12-13; Gá. 2:27-29; Col. 1:11-15).

En segundo lugar, la perspectiva de la teología del pacto respecto a la iglesia y al bautismo no justifica de modo adecuado la relación de la tipología con la persona y la obra de Cristo. Por ejemplo, G. K. Beale escribe: "El bautismo [en agua] es el *equivalente* tipológico y de la historia de la redención de la circuncisión".[17] Sin embargo, esta equivalencia no considera el progreso, la intensificación y el cumplimiento de todos los tipos en su antitipo, Jesucristo. Respecto a esta idea, Brent Parker escribe:

> Por medio del antitipo principal, Cristo, la comunidad del nuevo pacto es también el antitipo de Israel. Las experiencias de Israel (1 Co. 10:1-11), sus estructuras (el templo, el sacerdocio) y su identidad central como raza elegida por Dios, simiente de Abraham y rebaño de Dios eran presentaciones adelantadas del Israel escatológico de Dios (Gá. 6:16). La iglesia el rebaño restaurado de Dios, la verdadera simiente de Abraham (Gá. 3–4; Ro. 4), el nuevo templo, el pueblo del nuevo éxodo, la raza escogida suprema, el real sacerdocio (Éx. 19:6; 1 P. 2:9; cp. Ap. 1:4) y la nación santa.[18]

En otras palabras, los que *están en Cristo por fe* son los hijos de Dios, que se han revestido de Cristo, los que están bautizados. Y si son de Cristo, también son la descendencia del Abraham, los herederos según la promesa (Gá. 3:24-29).

Conclusión

El pactualismo progresivo difiere tanto del dispensacionalismo como de la teología del pacto de maneras cruciales. Primero, en virtud del carácter novedoso del nuevo pacto, la naturaleza de la iglesia del nuevo pacto es radicalmente diferente del Israel bajo el antiguo pacto, porque en el nuevo todos tienen sus pecados perdonados y un corazón circuncidado. En segundo lugar,

---

17. G. K. Beale, *New Testament Biblical Theology,* 816.
18. Brent E. Parker, "The Israel-Christ-Church Typological Pattern: A Theological Critique of Covenant and Dispensational Theologies" (Ph.D. dis., Southern Baptist Theological Seminary, 2017), 385.

la tierra es considerada un tipo que Cristo cumple como antitipo, primero, en su persona y su obra al inaugurar una nueva era; segundo, en los creyentes como nuevo pueblo creado por Dios en el nuevo pacto (2 Co. 5:17); y, finalmente, en la nueva creación consumada (Ap. 21–22). En tercer lugar, judíos e incrédulos por igual como "un solo […] hombre" (Ef. 2:11-22) reciben del mismo modo la herencia prometida y reposan en la nueva creación gloriosa en Cristo (He. 3–4), de la cual el Espíritu Santo en el corazón es la garantía (Ef. 1:13-14).

En resumen

Nuestro Dios Trino siempre cumple sus promesas del pacto. En su ministerio, Jesús anunció que Dios estaba obrando por medio de *Él* para cumplir sus antiguas promesas de redimir, restaurar del pecado y reestablecer su reino universal e internacional. En esta época, entre el momento cuando Cristo inauguró y cuando consumará estas promesas, vivimos como peregrinos y exiliados que buscan una ciudad que está por venir, cuyo arquitecto y constructor es Dios (1 P. 2:11; He. 11:10; 13:14). Por tanto, debemos, en fe, anticipar el final definitivo en nuestra mente, en nuestro corazón y en nuestras palabras delante de los demás hasta *ese* día en que "él morará con ellos; y ellos serán su pueblo, y Dios mismo estará con ellos como su Dios" (Ap. 21:3).

Preguntas para la reflexión

1. ¿Qué nos enseña sobre el carácter de Dios la verdad de que Él inicia y entra libremente en una relación de pacto con sus criaturas?
2. ¿Cómo hace avanzar cada pacto los propósitos salvadores de Dios en Cristo?
3. ¿Qué es nuevo en el nuevo pacto? ¿Por qué necesita la humanidad un nuevo pacto?
4. ¿Por qué es el nuevo pacto en Cristo un pacto mejor (ver He. 8–10)?
5. ¿En qué difiere el pactualismo progresivo del dispensacionalismo y de la teología del pacto?

TERCERA PARTE

Ilustración de la teología bíblica: El rastreo de temas

¿Cómo puede la ficción ayudarnos a ilustrar la teología bíblica? El caso de Harry Potter

Andrew David Naselli

Harry Potter, la serie de fantasía de siete libros de J. K. Rowling es la serie más vendida de la historia, con más de quinientos millones de ejemplares vendidos.[1] Estamos usando este ejemplo para ilustrar nuestra idea, porque esa historia es el "texto compartido" del siglo XXI.[2] (Aunque algunos piensen que Harry Potter es literatura oscura que los cristianos deben evitar, estamos convencidos de que está lleno de temas cristianos implícitos o explícitos[3]).

Harry Potter ayuda a ilustrar la teología bíblica. ¡Hablamos en serio!

La primera vez que leí los libros, los escuché con mi esposa Jenni. Lo disfrutamos tanto que volvimos a leerlos dos años después, y fue el momento perfecto. Sin embargo, sucedió algo que no esperábamos (¡aunque yo debería haberlo hecho porque enseño teología bíblica!). En la primera ocasión, nos habíamos centrado en la trama: ¿Quiénes son los personajes? ¿Qué sucedió? ¿Qué pasará a continuación? No sabíamos adónde nos llevaría la historia. Solo podíamos esperar y adivinar. Tan solo nos preocupaba seguir una historia emocionante.

Sin embargo, la segunda vez, lo leímos de un modo distinto. Ya conocía-

---

1. Ver también Andrew David Naselli, *How to Understand and Apply the New Testament: Twelve Steps from Exegesis to Theology* (Phillipsburg, NJ: P&R, 2017), 238-239. Ver J. K. Rowling, *Harry Potter y la piedra filosofal* (Barcelona: Salamandra, 1997); Rowling, *Harry Potter y la cámara secreta* (Barcelona: Salamandra, 1999); Rowling, *Harry Potter y el prisionero de Azkaban* (Barcelona: Salamandra, 1999); Rowling, *Harry Potter y el cáliz de fuego* (Barcelona: Salamandra, 2000); Rowling, *Harry Potter y la orden del Fénix* (Barcelona: Salamandra, 2004); Rowling, *Harry Potter y el misterio del príncipe* (Barcelona: Salamandra, 2005); Rowling, *Harry Potter y las reliquias de la muerte* (Barcelona: Salamandra, 2007).

2. John Granger, "Book Binders: What I Learned about the Great Books and Harry Potter", *Touchstone* 21 (diciembre de 2008), http://www.touchstonemag.com/archives/article.php?id=21-10-028-f. La revista *Time Magazine* llama a John Granger el "Decano de los eruditos de Harry Potter": https://techland.time.com/2009/08/28/john-granger-dean-of-harry-potter-scholars-the-nerd-world-interview/.

3. Ver John Granger, *How Harry Cast His Spell: The Meaning behind the Mania for J. K. Rowling's Bestselling Books,* 4.ª ed. (Carol Stream, IL: Tyndale House, 2006); Jerram Barrs, *Echoes of Eden: Reflections on Christianity, Literature, and the Arts* (Wheaton, IL: Crossway, 2013), 125-146.

mos a los personajes. Sabíamos lo que sucedería. Conocíamos la dirección de la historia. Teníamos claro cómo acabaría. Pero ¿cree que eso nos estropeó la lectura? En absoluto. En realidad, hizo que fuera mejor.

Nos encantó nuestra segunda lectura desde el comienzo del primer libro. De inmediato empezamos a establecer conexiones temáticas que habíamos pasado por alto la primera vez. No dejábamos de detenernos para decir cosas como: "¿Has oído eso? Me lo perdí por completo cuando lo leímos la primera vez. Rowling retoma el tema de nuevo en el libro tres y a continuación lo desarrolla más en los libros cinco y siete". En otras palabras, empezamos a *rastrear las trayectorias temáticas* a partir del primer libro hasta el séptimo. Comenzamos a maravillarnos de lo bien que había organizado Rowling los siete libros, como una serie coherente con un tema dominante y múltiples motivos que fue ampliando con gran maestría a lo largo de la trama. (Rowling no avanzaba a tropezones mientras escribía cada novela. Había planeado todo el argumento *antes* de acabar el primer libro. No cabe duda de que fue agregando nuevos detalles por el camino, pero diseñó la trama desde el principio).

El gozo que experimentamos rastreando aquellas trayectorias temáticas es solo una pequeña muestra de lo que es leer una y otra vez la Biblia. Cada vez que leo de principio a fin los libros de Harry Potter, descubro asociaciones más ricas y profundas que no había notado antes, temas que están ahí, en el texto, pero que yo no supe ver en la primera o en la segunda lectura.[4]

Una vez que usted haya leído la Biblia de principio a fin, conocerá su trama general. Pero es imposible volverla a leer demasiado. Siempre hay algo más que ver, más asociaciones que establecer. En esto se basa la teología bíblica: en efectuar conexiones orgánicas de la historia de la salvación con la totalidad de la Biblia, en especial respecto a cómo la historia progresa, se integra y culmina en Cristo.

Esto significa que, una vez leído todo el libro, ya no será posible leerlo del mismo modo la segunda vez ni las sucesivas. *No se puede evitar leer cualquier parte de ella a la luz de su conjunto.* Y, dado que la totalidad de la Biblia es un relato coherente, debemos leerla toda, incluido el Antiguo Testamento, con ojos *cristianos*. Vivimos en esta etapa de la historia de salvación; por tanto, debemos leer cada porción bíblica a la luz de todo lo que Dios nos ha revelado. El Nuevo Testamento es la hoja de respuestas para el Antiguo Testamento. ¡Tenemos la hoja de respuestas! Entonces, ¿por qué deberíamos leer el Antiguo Testamento como si el Nuevo no existiera?

---

4. Como aclaración: tipología es un término técnico para un fenómeno en la Biblia (ver Pregunta 8). Cualquier cosa parecida fuera de la Biblia es simplemente análoga. La Biblia es única como libro divino y humano. La tipología que encierra es histórica y algo que Dios reveló de manera progresiva a lo largo de mil quinientos años.

Elegimos ilustrar esta idea con Harry Potter, pero cualquier trama épica serviría, ya sea un libro o una película. Y la historia ni siquiera tiene por qué ser épica. Algunos libros y películas están llenas de intriga la primera vez que las lees o las ves, como las que presentan a un detective que resuelve un caso (p. ej.: Sherlock Holmes). O consideremos películas como *La aldea*, *El show de Truman*, *Una mente brillante*, *El origen* e *Interestelar*. Una vez que ha visto una película de estas y que conoce la trama básica, la segunda vez puede notar detalles que ha pasado por alto la primera vez y empieza a establecer conexiones temáticas imposibles de hacer la primera vez. Una vez que ha visto la película una vez, jamás volverá a verla igual.

Dado que la Biblia es una gran historia que trata sobre Jesús el Mesías, debemos poder leer cualquier parte de ella a la luz del todo. Si no entiende una porción de ella bajo la luz de toda la trama, no podrá comprender de modo adecuado esa parte. Sería como leer solo un capítulo del tercer libro de la serie de Harry Potter, sin haber leído ni una parte de más de los siete volúmenes. No podría entender o apreciar ese capítulo porque lo estaría leyendo fuera de contexto. No le sería posible ver cómo encaja en el conjunto de la historia.

La teología bíblica muestra cómo todos los hilos que parecen sueltos en la Biblia se tejen juntos en Jesús. Él es el clímax y la consumación. Toda la historia trata sobre Él. Y ya sea el tema la creación o el pacto, la ley o la libertad, el pecado o la salvación, la felicidad o la santidad, el reposo o la justicia, todo culmina en Jesús.

Mi esposa y yo hemos leído la serie de Harry Potter juntos tres veces. Nos encanta. No ha quedado obsoleta. Es probable que volvamos a leerla juntos en el futuro, pero desde luego que no la leemos cada día.

Lo hermoso de la Biblia es que *nunca* envejece. Podemos leerla *a diario* y hacer asociaciones que no habíamos hecho antes (¡o recordar detalles y conexiones olvidadas!). Es un libro especial, como ningún otro, un libro escrito por Dios mismo. Y tenemos el placer de leerla en esta etapa de la historia de salvación: Jesús el Mesías ha venido y volverá para consumar su reinado. Por tanto, lea cada parte de ella a la luz de su totalidad.

En resumen

Cuando se lee una historia magistral como la de Harry Potter, la primera lectura es especial porque se está disfrutando de una trama fascinante. No obstante, las veces siguientes pueden ser incluso más significativas porque se puede empezar a rastrear las trayectorias temáticas que no fuimos capaces de detectar la primera vez.

Esto ilustra la manera en que hacemos teología bíblica. A medida que leemos la Biblia una y otra vez, podemos rastrear las trayectorias temáticas y establecer conexiones que el autor divino diseñó con brillantez.

Preguntas para la reflexión

1. Mencione un libro épico (o una serie de libros) de cuya lectura haya disfrutado más de una vez. ¿Qué tipo de conexiones temáticas ha establecido al leerlo una y otra vez?
2. Mencione una película épica de la que haya disfrutado más de una vez. ¿Qué clase de asociaciones temáticas ha realizado al verla en más de una ocasión?
3. ¿Cómo puede ayudar a los niños pequeños a ver conexiones en la Biblia?
4. ¿Cómo puede ayudar a los adultos que no estén familiarizados con la Biblia (p. ej.: nuevos conversos) a ver conexiones en la Biblia?
5. En su lectura y estudio recientes de la Biblia, ¿de qué nueva forma ha apreciado cómo encaja toda ella?

¿Qué función tiene el "misterio" en la teología bíblica?

Jason S. DeRouchie

El Antiguo y el Nuevo Testamento están relacionados entre sí a la vez con continuidad y discontinuidad. Por una parte, el NT cumple lo que el AT promete (continuidad). Por otro lado, el NT revela de un modo más completo lo que el AT esconde al menos en parte (discontinuidad).[1] Pablo resalta la continuidad cuando asevera que "el evangelio de Dios [...] acerca de su Hijo" fue "prometido antes por sus profetas en las santas Escrituras" (Ro. 1:1-3). Sin embargo, el apóstol también podía recalcar la discontinuidad identificando su evangelio con "la revelación del misterio [gr. *mustérion*] que se ha mantenido oculto desde tiempos eternos, pero que ha sido manifestado ahora, y que por las Escrituras de los profetas, se ha dado a conocer a todas las gentes" (16:25-26). Es decir, Pablo identificó que, de muchas formas, la vida, muerte y resurrección de Jesús proporcionaron una luz más brillante y una lente nueva para leer lo que en realidad estaba plasmado en el AT. De modo que para comprender de forma adecuada cómo las Escrituras progresan, se integran y culminan en Cristo, es necesario que leamos la Biblia hacia adelante, hacia atrás y de nuevo hacia adelante.

Definición de misterio

En el NT, el término *misterio (mustérion)* aparece veintiocho veces y es un término técnico que alude a una realidad de los tiempos postreros ampliamente escondida (aunque no del todo) en el AT, pero que ahora se ha revelado de una forma más completa en el Nuevo.[2] Todos los

---

1. Ver en especial D. A. Carson, "Mystery and Fulfillment: Toward a More Comprehensive Paradigm of Paul's Understanding of the Old and New", en *The Paradoxes of Paul*, vol. 2 de *Justification and Variegated Nomism*, eds. D. A. Carson, Peter T. O'Brien y Mark A. Seifrid, 2 vols. WUNT 2/181 (Grand Rapids: Baker Academic, 2004), 393-436.

2 . G. K. Beale y Benjamin L. Gladd, *Hidden but Now Revealed: A Biblical Theology of Mystery* (Downers Grove, IL: InterVarsity, 2014), 35; Benjamin L. Gladd, "Mystery", *Dictionary of the New Testament Use of the Old Testament*, eds. G. K. Beale, D. A. Carson, Benjamin L. Gladd y Andrew David Naselli (Grand Rapids: Baker Academic, próxima publicación).

sucesos son de naturaleza escatológica y, en cierto modo, están vinculados al AT.[3]

Las raíces del uso parecen estar en el libro de Daniel, donde el término funciona claramente como traducción del vocablo arameo *raz*, que significa *misterio* (Dn. 2:18-19, 27-30, 47[2x]; cp. 4:9[6]).[4] En Daniel 2, el rey Nabucodonosor tiene un sueño perturbador sobre una estatua gigantesca, del que obtiene una información parcial (2:31-35) y, a continuación, acude a Daniel en busca de la revelación interpretativa que incluye el conocimiento pleno (2:36-45). El "misterio [LXX = *mustérion*]" que Dios le desveló a Daniel (2:19) incluía tanto el sueño inicial como su interpretación, ya que el Dios del cielo "el cual revela los misterios [*mustéria*]" había "hecho saber al rey Nabucodonosor lo que ha de acontecer en los postreros días" (2:28; cp. 2:47).

El misterio en el Antiguo Testamento[5]

En momentos clave, el AT confirma que había niveles de "misterio" en su significado, que Dios solo revelaría en los últimos días, asociados al nuevo pacto y el Mesías. Primero, Moisés declaró respecto a la mayoría rebelde: "Hasta hoy Jehová no os ha dado corazón para entender, ni ojos para ver, ni oídos para oír" (Dt. 29:4[3]). Eran "duros de cerviz" (9:6, 13; 10:16; 31:27), "no creyeron" (1:32; 9:23; cp. 28:66) y eran "rebeldes" (9:7, 24; 31:27; cp. 1:26, 43; 9:23), y tras la muerte de Moisés, su rebeldía solo aumentaría en la tierra prometida (31:16). Por consiguiente, el Señor derramaría las maldiciones de su pacto sobre ellos (31:17, 29; cp. 28:15-68). Él no vencería su perversidad y su desviación (32:5; Hch. 2:40; Fil. 2:15) hasta que se levantara el profeta mediador del pacto como Moisés, a quien escucharían (Dt. 18:5; Mt. 17:5). En la era de la restauración, Dios cambiaría el corazón del remanente y lo capacitaría para amar (Dt. 30:6); en ese día, que ahora se ha cumplido en el nuevo pacto y en la iglesia (cp. Ro. 2:29; 2 Co. 3:6), el mensaje de Moisés en Deuteronomio sería por fin escuchado y atendido: "Y volverás y oirás la voz del Señor y cumplirás todos sus mandamientos que yo te ordeno hoy" (Dt. 30:8, traducción de DeRouchie).

Segundo, la discapacidad espiritual de Israel siguió en los días de Isaías,

---

3. Beale y Gladd, *Hidden but Now Revealed,* 321, 325-326; Gladd, "Mystery" (cp. Mt. 13:11; Mr. 4:11; Lc. 8:10; Ro. 11:25; 16:25; 1 Co. 2:1, 7; 4:1; 13:2; 14:2; 15:51; Ef. 1:9; 3:3-4, 9; 5:32; 6:19; Col. 1:26-27; 2:2; 4:3; 2 Ts. 2:7; 1 Ti. 3:9, 16; Ap. 1:20; 10:7; 17:5, 7).

4. Benjamin L. Gladd, *Revealing the Mysterion: The Use of Mystery in Daniel and Second Temple Judaism with Its Bearing on First Corinthians,* BZNW 160 (Berlin: De Gruyter, 2008); Beale y Gladd, *Hidden but Now Revealed,* 29-46; Gladd, "Mystery".

5. Ver también Jason S. DeRouchie, *How to Understand and Apply the Old Testament: Twelve Steps from Exegesis to Theology* (Phillipsburg, NJ: P&R, 2017), 417-419. Para más sobre estos textos y la relevancia del concepto de misterio para la teología bíblica, ver Jason S. DeRouchie, "The Mystery Revealed: A Biblical Case for Christ-Centered Old Testament Interpretation", *Them* 44, núm. 2 (agosto de 2019): 226-248.

cuando el "sueño" y la incapacidad de "leer" la palabra de Dios era lo que caracterizaba al pueblo; era como si la palabra escrita de Jehová por medio de Isaías fuera un rollo sellado para ellos: "Deteneos y maravillaos; ofuscaos y cegaos [...]. Porque Jehová derramó sobre vosotros espíritu de sueño [...]. Y os será toda visión como palabras de libro sellado, el cual si dieren al que sabe leer, y le dijeren: Lee ahora esto; él dirá: No puedo, porque está sellado" (Is. 29:9-11; cp. Ro. 11:7-8). Bajo el juicio de Dios (Is. 6:9), la audiencia de Isaías no podía entender por completo la palabra de Dios. Sin embargo, Jehová había prometido un día cuando "los sordos oirán las palabras del libro, y los ojos de los ciegos verán" (29:18). Ya que Dios le había dado instrucciones a Isaías de escribir sus palabras en un libro para testimonio perpetuo y al no poder entenderlas su propia audiencia, este libro quedaría principalmente para generaciones posteriores que tuvieran ojos para ver (30:8). Estas futuras generaciones serían "enseñad[as] por Jehová" (54:13), algo que Jesús recalcó que Dios estaba cumpliendo al atraer a las personas a Él (Jn. 6:44-45). A estos les sería revelado "el misterio [*mustérion*] del reino de Dios; mas a los que están fuera, por parábolas todas las cosas; para que viendo, vean y no perciban; y oyendo, oigan y no entiendan; para que no se conviertan, y les sean perdonados los pecados" (Mr. 4:11-12; citando Is. 6:9-10).

Tercero, Jehová le dijo a Jeremías que sus escritos iban dirigidos específicamente a la comunidad restaurada de Dios. "Escríbete en un libro todas las palabras que te he hablado. Porque he aquí que vienen días, dice Jehová, en que haré volver a los cautivos de mi pueblo Israel y Judá, ha dicho Jehová, y los traeré a la tierra que di a sus padres" (Jer. 30:2-3). La razón por la que era necesario que Jeremías escribiera estas palabras en un libro era porque las generaciones futuras las precisarían. Y solo sería en aquellos días postreros cuando los lectores entenderían de verdad lo que el profeta estaba escribiendo. "No se calmará el ardor de la ira de Jehová, hasta que haya hecho y cumplido los pensamientos de su corazón; *en el fin de los días entenderéis esto*. En aquel tiempo, dice Jehová, yo seré por Dios a todas las familias de Israel, y ellas me serán a mí por pueblo" (Jer. 30:24–31:1). La última cláusula se repite más adelante en el capítulo en relación con el nuevo pacto, y esto demuestra que "el fin de los días" no es otro que el que se asocia con la era de la iglesia, en el que Dios declara: "Daré mi ley en su mente, y la escribiré en su corazón; y yo seré a ellos por Dios, y ellos me serán por pueblo" (31:33; cp. Lc. 22:20; He. 8:8-12; 10:16). En ese día, el perdón de todos en el pacto significaría que "no enseñará más ninguno a su prójimo, ni ninguno a su hermano, diciendo: Conoce a Jehová; porque todos me conocerán, desde el más pequeño de ellos hasta el más grande" (Jer. 31:34; cp. He. 10:17). En Jeremías, conocer a Dios está relacionado con unirse a Él en una vida de misericordia, juicio y justicia

(Jer. 9:24; 22:15-16). Juan insiste en que *todos* los que están en Cristo disfrutan de este conocimiento (1 Jn. 2:20-21, 27-29). Incluso para profetas como Jeremías, había ciertos niveles de significado asociados con sus palabras que solo entenderían aquellos relacionados con el nuevo pacto.

Cuarto, Dios le dijo a Daniel que toda la revelación del reino que recibió debía quedar sellada en un libro hasta el momento señalado para ser desvelada a los sabios: "Pero tú, Daniel, cierra las palabras y sella el libro hasta el tiempo del fin. Muchos correrán de aquí para allá, y la ciencia se aumentará [...]. Anda, Daniel, pues estas palabras están cerradas y selladas hasta el tiempo del fin. Muchos serán limpios, y emblanquecidos y purificados; los impíos procederán impíamente, y ninguno de los impíos entenderá, pero los entendidos comprenderán" (Dn. 12:4, 9-10). El ocultamiento del significado del AT es temporal para el remanente ("los entendidos"), pero permanente para los rebeldes ("los impíos").

Estos textos veterotestamentarios de Deuteronomio, Isaías, Jeremías y Daniel identifican dos grupos distintos que no podían entender por completo los mensajes de los profetas. La mayoría rebelde no podría (por el castigo de Dios) ni querrían (por su pecaminosidad) escuchar ni atender a las palabras de los profetas (esp. Dt. 29:4[3]; Is. 29:10-11). El remanente entendió algunas de las cosas (Dn. 10:1), pero el Señor no les desvelaría todo (12:8). En cambio, estos eran los "profetas y justos" que "desearon ver lo que veis y no lo vieron; y oír lo que oís, y no lo oyeron" (Mt. 13:17; cp. Lc. 10:24). Los videntes, sabios y gobernantes de Jehová en el AT anticiparon los días postreros, cuando el Señor concedería una revelación más completa a los entendidos (Jer. 30:29; Dn. 12:10).

El misterio en el Nuevo Testamento

Dios no permitió que la mayoría de los que estaban bajo el antiguo pacto entendieran las palabras de sus profetas y, a modo de castigo, la ceguera del pueblo continuó hasta la época de Cristo (Is. 6:9-10; Mr. 4:12; cp. Mt. 13:13-15). No obstante, en cumplimiento de lo predicho en el AT (p. ej.: Dt. 30:8; Is. 29:18; Jer. 30:29; Dn. 12:10), la enseñanza y la obra de Jesús comenzaron a revelar a sus discípulos las verdades que permanecían alejadas de las multitudes: "A vosotros os es dado saber el misterio [*mustérion*] del reino de Dios; mas a los que están fuera, por parábolas todas las cosas" (Mr. 4:11). Por tanto, el "misterio" siguió escondido de forma permanente para algunos (cp. 1 Co. 2:8-9 con Is. 64:4; Ef. 1:17-18), pero solo de forma temporal para otros (ver Dn. 12:8-9, 12; Mt. 11:25).[6]

---

6. Gladd observa: "La ocultación temporal opera en el plano de la historia de la redención y concierne el descubrimiento de los sucesos de los últimos tiempos, mientras que la ocultación permanente alude a la incapacidad persistente de entender la revelación, incluso una vez revelado el misterio".

¿Y cuál era este "misterio"? En los Evangelios sinópticos, el "misterio" (Mr. 4:11) o los "misterios" del reino (Mt. 13:11; Lc. 8:10) aluden al cumplimiento inesperado, gradual, "ya, pero todavía no" del reinado de Dios en los postreros días. Aunque muchos textos del AT anticipan con claridad que el reinado de Jehová llegaría por medio de su rey siervo ungido (p. ej.: Gn. 49:8-10; Nm. 24:17-19; Is. 9:6-7; 11:10; 52:13-15; Dn. 2:44; 7:13-14; Zac. 14:9), los mismos textos no identifican de un modo tan claro un período extenso cuando el remanente, que forma parte del reino de Dios, coexistirá con la comunidad rebelde (cp. Sal. 110:1; Sof. 3:8-20).[7]

En las epístolas de Pablo, que abarcan veintiuna de las apariciones del término en el NT, el "misterio" o los "misterios" revelados se refieren a un entendimiento de los propósitos de Dios para el final de los tiempos (1 Co. 4:1; 13:2; 14:2; Ef. 1:9) y están asociados de un modo más directo con una comprensión más completa de Cristo y del evangelio (Ro. 16:25; 1 Co. 2:1, 7; Ef. 3:3-4, 9; 6:19; Col. 2:2; 4:3; 1 Ti. 3:9, 16). Este conocimiento incluía una mejor comprensión de lo que el evangelio implica para el sufrimiento de los tiempos postreros (2 Ts. 2:7) y una resurrección multifásica (1 Co. 15:51). Abarcaba asimismo apreciar lo que el evangelio implicaba para el pueblo de Dios como comunidad multiétnica adoptada (Ro. 11:25; Ef. 3:3; Col. 1:26-27) y en relación con Cristo (Ef. 5:32).[8] Algunos elementos del avance del evangelio son irónicos y un tanto inesperados, como la forma en que el Dios hombre reina en la muerte (1 Co. 1–2; cp. Is. 52:13–53:12; Dn. 9:25-26; Zac. 12:10; 13:1), la forma en que sirven los gentiles como agentes del evangelio para los judíos (Is. 11:25-26; cp. Dt. 32:21; Jer. 3:16-18; 30:8-10) y la forma en que se unen judíos y gentiles como herederos plenos de todas las promesas divinas, aparte de la ley mosaica (Ef. 3:3-4, 9; cp. Is. 56:3-8; Jer. 3:14-17; Zac. 14:16-19). Por medio de la persona y de la obra de Cristo, Dios revela el significado de cada misterio y así aporta claridad a la teología, la soteriología, la eclesiología, la escatología y otras disciplinas como estas.

Finalmente, en Apocalipsis, "misterio" aparece cuatro veces. "Los profetas" de la antigüedad (como Daniel en 11:29–12:13) anunciaron que el "misterio de Dios se consumará" (Ap. 10:7). Este "misterio" está relacionado con la naturaleza de la iglesia (1:20) y la naturaleza autodestructiva de Babilonia (17:5, 7), elementos que las cartas de Pablo también identifican (ver sección anterior).

Gladd, "Mystery"; cp. Carson, "Mystery and Fulfillment", 432; Beale y Gladd, *Hidden but Now Revealed,* 60-63.

7. Para más, ver Beale y Gladd, *Hidden but Now Revealed,* 56-83. Ver también la síntesis en Gladd, "Mystery".

8. Para un análisis completo de estos textos en Pablo, ver Beale y Gladd, *Hidden but Now Revealed,* 85-259; cp. Carson, "Mystery and Fulfillment", 412-425. Para una síntesis más breve, ver Gladd, "Mystery".

La ceguera y la sordera espirituales de Israel solo serían curadas por medio de Jesús. "El entendimiento de ellos [de los judíos] se embotó; porque hasta el día de hoy, cuando leen el antiguo pacto, les queda el mismo velo no descubierto, el cual por Cristo es quitado" (2 Co. 3:14; cp. Jn. 5:39-40; Ro. 11:7-8). Al margen de Jesús, los judíos no podían ver ni saborear del todo la hermosura de Dios en el AT, pero con la venida del Cristo, el velo se levanta y la gloria mayor del nuevo pacto proporciona claridad al significado y al propósito de los textos del antiguo pacto.

Lo que implica el misterio en la práctica de la teología bíblica

Un elemento llamativo en Romanos 16:25-26 es que el "misterio" mismo ahora revelado en y por medio de Cristo también se da ahora a conocer a todas las naciones *mediante* el AT mismo (cp. Ro. 1:2). Así, Pablo también puede afirmar: "Pero ahora, aparte de la ley, se ha manifestado la justicia de Dios, *de la que testifican la ley y los profetas*" (3:21, traducción de DeRouchie). De manera similar, en Efesios 3:4-5 Pablo escribe: "Podéis entender cuál sea mi conocimiento en el misterio de Cristo, misterio [*mustérion*] que en otras generaciones no se dio a conocer a los hijos de los hombres, como [*jós*] ahora es revelado". Sobre este texto, Benjamin Gladd observa: "El término 'como' [*jós*] es clave aquí, porque parece indicar que los autores del AT tenían *cierta* percepción del misterio desvelado que fue revelado a Pablo".[9] Al reflexionar sobre tales pasajes, G. K. Beale y Gladd identifican que el "sentido pleno o 'completo' está, en realidad, 'allí' en el texto del Antiguo Testamento; sencillamente, está parcialmente 'escondido' o latente y aguarda una revelación posterior mediante la cual se le desvelará al intérprete el significado total del texto".[10] De manera similar, D. A. Carson observa: "Pablo piensa que el evangelio que predica es, a la vez, algo predicho en tiempos pasados cuyas predicciones se han cumplido ahora y algo que ha estado oculto en el pasado y que ahora ha sido revelado".[11] Estas verdades tienen al menos tres implicaciones para la práctica de la teología bíblica.

Primero, la presencia de misterios en las Escrituras exige que interpretemos el AT a través de la luz y la lente de Cristo. En palabras de Schreiner: "leemos las Escrituras de adelante hacia atrás y de atrás hacia adelante. Siempre consideramos la historia que se está desarrollando y el final de esta".[12]

El AT está lleno de declaraciones, personajes, sucesos e instituciones que tienen sentido en sí mismos, pero cuyo significado se ve resaltado y acla-

---

9. Gladd, "Mystery" (énfasis original); cp. Beale y Gladd, *Hidden but Now Revealed*, 159-173.

10. Beale y Gladd, *Hidden but Now Revealed*, 330.

11. Carson, "Mystery and Fulfillment", 425.

12. Thomas R. Schreiner, "Preaching and Biblical Theology", *SBJT* 10, núm. 2 (verano de 2006): 28.

rado por la venida de Cristo (cp. Jn. 2:20-22; 12:13-16). Es como si el AT nos diera el principio de un patrón en el que vemos que al "2" le sigue el "4", pero necesitamos que el NT indique qué viene a continuación (2, 4, ¿?). Si el NT identifica que el AT tiene su cumplimiento en Cristo como dígito "6", entonces no solo conocemos la respuesta final, sino también que el problema del AT era "2+4". Sin embargo, si el NT establece que el siguiente dígito es el "8", entonces comprobamos que tanto la respuesta como el problema del AT eran "2×4".[13] La venida de Cristo provee tanto la hoja de respuestas como el algoritmo que aclara la forma en que el autor divino deseó, desde el principio, que leyéramos el AT.[14]

A este respecto, algunos han comparado de manera muy útil las Escrituras con las "narrativas dobles", como las historias de detectives. Peter Leithart escribe:

> Las novelas de detectives cuentan dos historias a la vez: la superficial y la real que se desvela a los sospechosos reunidos en el último capítulo. Una vez que el detective presenta su solución al crimen, el lector no puede volver atrás al primer relato; el segundo lo eclipsa por completo [...]. En estas circunstancias, leer hacia atrás no es meramente una estrategia de lectura preferida; es el único curso de acción sensato para una persona razonable.[15]

No estoy afirmando que los misterios del AT fueran algo que los santos más iluminados pudieron haber resuelto por completo. No; solo Dios podía revelar los misterios que Él escondió allí y lo hace de manera parcial a algunos en la época del AT, pero solo de forma completa por medio de Cristo. Ya sea que Dios revelara un misterio de forma directa por visión, sueño o impre-

---

13. Podríamos encontrar también en el NT " 2" (2–4) o "16" (22, 42), etc.

14. Moo y Naselli aseveran con razón: "El más básico de todos los 'axiomas hermenéuticos' del NT [...] es la convicción del autor de que el Dios que había hablado en el AT siguió hablándoles y que este contexto divino final para todas las Escrituras es lo que determina el significado de cualquier texto en particular". Douglas J. Moo y Andrew David Naselli, "The Problem of the New Testament's Use of the Old Testament", en *The Enduring Authority of the Christian Scriptures*, ed. D. A. Carson (Grand Rapids: Eerdmans, 2016), 737.

15. Peter J. Leithart, *Deep Exegesis: The Mystery of Reading Scripture* (Waco, TX: Baylor University Press, 2009), 66, según el historiador David Steinmetz. Leithart considera que los textos posteriores de hecho alteran la naturaleza misma del significado de un texto anterior. Leithart, *Deep Exegesis*, 40, 43. Por el contrario, nosotros nos sentimos más cómodos al hablar de capas de significado y de la manera en que los sucesos o los mensajes interpretados más adelante *iluminan, resaltan y extienden* el significado único que Dios pretendió desde el principio, pero que solo se cumplió de manera progresiva por medio de una revelación mayor y de un modo más completo con la tribulación y el triunfo de Jesucristo. Solo una perspectiva así mantiene el vínculo orgánico entre el tipo y el antitipo y la obra unificada, omnisciente y omnipotente del único autor divino.

sión (como en el caso de Daniel; ver Dn. 2:19) o indirecta al escudriñar e indagar diligentemente (1 P. 1:10-11), el remanente entendió algunos de los misterios divinos y quienes no lo hicieron fueron culpables delante de Dios. Sin embargo, Él eligió no descubrir otros misterios hasta que viniera Jesús y esto determina que el último "capítulo" de la Biblia (el NT) nos facilita la lente necesaria para interpretar las tres cuartas partes iniciales del modo en que Dios pretendía que lo hiciéramos. Por medio de Cristo, podemos ver y saborear elementos de la trama del AT, de su contenido y de su estructura que estaban presentes todo el tiempo, pero que no tenían sentido al margen de Él.

Segundo, la naturaleza del misterio como algo parcialmente oculto, pero ahora revelado de un modo más completo nos motiva a identificar las conexiones orgánicas entre el misterio mismo y su revelación. Es probable que los profetas del AT reconocieran de alguna manera la naturaleza futura, escatológica y mesiánica de sus proclamaciones, aunque serían los autores del NT quienes proporcionarían el significado completo del misterio. Por tanto, en textos como Romanos 16:26 y Efesios 3:4, el significado del "misterio" ahora revelado en Cristo y por medio de Él ya estaba presente, hasta cierto punto, *en* el AT mismo. Y, tal como señalan Beale y Gladd: "Dado que este nuevo sentido estaba realmente 'allí' en el Antiguo Testamento, el contexto original nunca se corta del todo. Cierto es que el significado de algunas citas veterotestamentarias es más 'nuevo' o creativo que otros, pero si se mantiene el modelo bíblico, el contexto original se retiene en cierto grado".[16]

Jesús identifica esta continuidad orgánica cuando afirma: "Abraham vuestro padre se gozó de que había de ver mi día; y lo vio, y se gozó" (Jn. 8:56). De manera similar, Daniel "comprendió la palabra, y tuvo inteligencia en la visión" (Dn. 10:1; cp. 9:23). Además, el escritor de Hebreos recalcó: "Conforme a la fe murieron todos estos sin haber recibido lo prometido, sino mirándolo de lejos, y creyéndolo, y saludándolo" (He. 11:13). A menudo, los profetas del AT imaginaron la forma misma de la que ahora disfrutamos, aunque quizás más de la manera en que una bellota anticipa una gran encina.[17] No solo vieron la sombra, sino que en muchos sentidos también aceptaron la sustancia que es Cristo (Col. 2:16-17; cp. He. 8:5; 10:1). La obra de Dios en su vida les proporcionó "luz" para percibir las verdades que Dios no reveló a otros, pero esto no fue suficiente para aclararlo todo.

---

16. Beale y Gladd, *Hidden but Now Revealed,* 335.

17. Beale escribe: "Contrario a la opinión consensuada, tanto dentro como fuera de la erudición evangélica, los autores del Antiguo Testamento podrían haber tenido cierto indicio de la forma en que se entenderían más tarde sus textos en lo que nos parecerían interpretaciones sorprendentes". G. K. Beale: "The Cognitive Peripheral Vision of Biblical Authors: J. Gresham Machen Chair Installation Lecture", *WTJ* 76 (2014): 283; Beale y Gladd, *Hidden but Now Revealed,* 359.

La lente de la historia de la salvación que culmina en Jesús sería necesaria para la revelación total.[18] Como afirma Beale:

> Cuando existe un entendimiento divino que trasciende la intención consciente del autor humano, este sigue relacionándose orgánicamente con el entendimiento del autor humano o "tipo voluntario". Lo que Dios sabía de un modo más pleno que lo que el profeta sabía de forma consciente sería una implicación interpretativa que encajarían dentro del "tipo voluntario" del autor humano. De haberle preguntado más tarde al profeta, este habría respondido: "Sí, veo que este es el significado más amplio y marcado de lo que yo pretendía comunicar originalmente". Debemos afirmar que, en todo caso, Dios tiene un entendimiento más exhaustivo del que poseían los autores bíblicos respecto a lo que escribieron.[19]

Aun si los autores del AT no siempre fueron conscientes de todo lo que Dios estaba comunicando por medio de ellos, al menos de manera retrospectiva habrían confirmado las trayectorias identificadas por los autores bíblicos posteriores.

Tercero, la presencia de misterios que requieren revelación ayuda a clarificar cómo escribió Dios el AT para los cristianos. Existen elementos en el AT que los profetas veterotestamentarios mismos sabían que las personas no entenderían hasta la era del nuevo pacto (p. ej.: Jer. 30:29: Dn. 10:12). De hecho, escribieron para las generaciones *futuras* que tendrían oídos para oír (Is. 30:8-9 con 29:18; Jer. 30:1-2). Desde esta perspectiva, Pablo afirma que Dios proporcionó el AT para los creyentes del *nuevo* pacto. Por ejemplo, justo después de identificar a Cristo como el referente en Salmos 69, el apóstol enfatiza: "Porque las cosas que se escribieron antes, *para nuestra enseñanza* se escribieron, a fin de que por la paciencia y la consolación de las Escrituras, tengamos esperanza" (Ro. 15:4; cp. 4:23-24; 1 Co. 10:11).[20] Para Pablo, el AT era las Escrituras *cristianas* y plenamente aplicables a los creyentes cuando se leían a través de la luz y la lente de Cristo. Dado que el AT forma parte de las

---

18. Aunque creo que la norma era que los profetas del AT comprendían al menos la semilla de lo que estaban proclamando, tal vez no siempre la entendieron, ya sea que haya sucedido como con Daniel (Dn. 12:8) o como con los discípulos que no entendieron las declaraciones de Cristo sobre su pasión hasta después de su muerte y resurrección (Mr. 6:51-52; Lc. 2:50; 9:45; 18:31-34; 24:16; Jn. 12:16).

19. Beale, "Peripheral Vision of Biblical Authors", 283; Beale y Gladd, *Hidden but Now Revealed*, 358.

20. Para un cuidadoso análisis que respalda la afirmación de Pablo en Romanos 15:4, ver George W. Knight III, "The Scriptures Were Written for Our Instruction", *JETS* 39 (1996): 3-13.

Escrituras cristianas, debemos seguir el patrón de los autores del NT de usar el AT para conocer a Dios y saborear a Cristo (cp. p. ej.: 1 Co. 5:13; Ef. 6:2-3; 1 Ti. 5:17-18; 1 P. 1:15-16).

Cuando Pablo afirma que el AT se escribió para instruirnos, no es explícito respecto a si los autores humanos del AT entendieron esto. Sin embargo, Pedro lo aclara:

> Los profetas que profetizaron de la gracia destinada a vosotros, inquirieron y diligentemente indagaron acerca de esta salvación, escudriñando qué persona y qué tiempo indicaba el Espíritu de Cristo que estaba en ellos, el cual anunciaba de antemano los sufrimientos de Cristo, y las glorias que vendrían tras ellos. *A estos se les reveló que no para sí mismos, sino para nosotros, administraban* las cosas que ahora os son anunciadas por los que os han predicado el evangelio por el Espíritu Santo enviado del cielo; cosas en las cuales anhelan mirar los ángeles (1 P. 1:10-12).

Los autores humanos del AT sabían que sus palabras inspiradas no eran principalmente para ellos, sino para los que vivieran después de la venida de Cristo. La presencia del misterio en el AT respalda esta verdad, porque solo los creyentes del NT comprenderían por completo los diversos símbolos y patrones del AT. La luz de Cristo nos proporciona la vista espiritual necesaria para entender las cosas de Dios (1 Co. 2:12-13; 2 Co. 3:14) y la lente de la vida, muerte y resurrección de Cristo provee la perspectiva necesaria para interpretar el significado del AT en su plenitud (Mt. 5:17-18; Mr. 4:11; Ro. 16:25-26). Dios escribió el AT para los cristianos y Él los capacita para comprender de forma más completa tanto el significado como el efecto pretendido de las tres cuartas partes iniciales de las Escrituras cristianas.

En resumen

Misterio (*mustérion*) es un término técnico en el NT que identifica un acontecimiento de los postreros días parcialmente oculto de los autores del AT y revelado de un modo más pleno solo por medio de Cristo. Un enfoque adecuado a la teología bíblica exige que tomemos en cuenta el misterio por al menos tres razones: (1) La presencia del misterio nos impulsa a interpretar el AT a través de la luz y la lente de Cristo reveladas en el NT. (2) La realidad de un misterio que solo está oculto de manera parcial requiere que interpretemos el Antiguo y Nuevo Testamento con cuidado para determinar la naturaleza precisa del misterio ahora revelado. (3) Dado que necesitamos el NT para llegar al significado completo del AT, las tres cuartas partes iniciales de la Biblia cristiana están de verdad escritas para *nosotros*, a quienes han alcanzado los fines de los siglos (1 Co. 10:11) y quienes disfrutamos de la obra regeneradora e iluminadora del Espíritu de Cristo (Ro. 16:25-26; 1 Co. 2:13-14; 2 Co. 3:14).

Preguntas para la reflexión

1. ¿De qué formas la relación entre el Antiguo y el Nuevo Testamento expresa continuidad y discontinuidad?

2. ¿De qué manera la historia de Daniel 2 sobre la visión de la estatua de Nabucodonosor influye en nuestro entendimiento del término bíblico "misterio"?

3. ¿Cuáles son algunas de las formas en que Moisés, Isaías, Jeremías y Daniel identifican que el AT solo se entendería por completo en la época del NT?

4. ¿De qué forma se compara y se contrasta leer una "doble narrativa", como la de una novela de detectives, con nuestra lectura de las Escrituras? ¿Por qué es importante leer nuestra Biblia tanto de principio a fin *como* de fin a principio?

5. ¿Cómo podría el estudio del concepto de misterio explicar las afirmaciones de Pablo respecto a que Dios escribió las Escrituras del AT para instruir a los cristianos (Ro. 15:4; 1 Co. 10:11) y la afirmación de Pedro de que Dios reveló a los profetas del AT que no escribían "para sí mismos, sino para nosotros" (1 P. 1:12)?

¿Qué es una teología bíblica de los pactos?

Jason S. DeRouchie

El concepto de *pacto* (hebreo *berít*; griego *diadséke*) es común en las Escrituras y en el mundo antiguo. Las dos divisiones principales de la Biblia se denominan Antiguo y Nuevo *Testamentos*; es decir, *pactos.* "Pacto" es el término bíblico para "una relación escogida [en oposición a natural o biológica] en la que dos partes hacen promesas solemnes entre sí", a menudo con Dios como testigo.[1] Es decir, en el núcleo central del pacto existe una relación no biológica, refrendada mediante juramento como las de las alianzas de un clan (Gn. 14:13), los acuerdos personales (Gn. 31:44), los tratados internacionales (Jos. 9:6; 1 R. 15:19), los acuerdos nacionales (Jer. 34:8-10) y los de lealtad (1 S. 20:14-17), incluido el matrimonio (Mal. 2:14).[2] Mediante los pactos, Dios revierte los efectos desastrosos del pecado e introduce su reino salvador en el mundo.

Podemos describir la interrelación de los pactos como un reloj de arena, en el que el alcance más universal se produce en los dos extremos y la obra de Cristo en el centro. Los pactos adámico-noético, abrahámico, mosaico y davídico reciben su nombre de la cabeza representativa o mediador por el que Dios entró en relación con sus escogidos. El *antiguo* pacto mosaico y la era del castigo contrasta con el *nuevo* pacto en Cristo, que culmina todos los propósitos de Dios en la historia (ver Jer. 31:31-34; He. 8:6-13).

---

1 . Thomas R. Schreiner, *Covenant and God's Purpose for the World,* Short Studies in Biblical Theology (Wheaton, IL: Crossway, 2017), 13. Hugenberger escribe, de manera similar, que "en su sentido normal, un pacto es una relación elegida, en oposición a natural, de obligación bajo juramento". Gordon P. Hugenberger, *Marriage as a Covenant: Biblical Law and Ethics as Developed form Malachi* (Grand Rapids: Baker Books, 1994), 11, cp. Peter J. Gentry y Stephen J. Wellum, *Kingdom through Covenant: A Biblical-Theological Understanding of the Covenants,* 2.ª ed. (Wheaton, IL: Crossway, 2018), 164-166.

2. Peter J. Gentry y Stephen J. Wellum, *Kingdom through Covenant: A Biblical-Theological Understanding of the Covenants,* 2.ª ed. (Wheaton, IL: Crossway, 2018), 162-163.

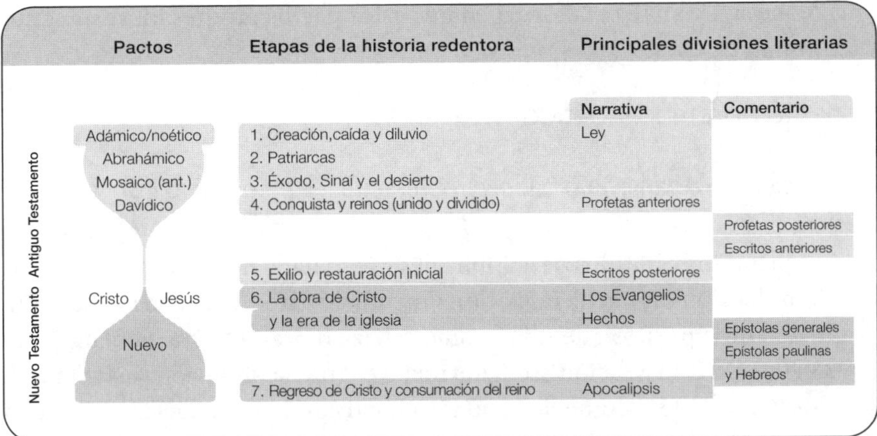

Fig. 22.1. La historia de la redención en el contexto de las Escrituras

Jesús el Mesías cumple los cinco pactos:

- Jesús cumple el *pacto adámico-noético* al obedecer en lo que Adán fracasó (Ro. 5:18-19; cp. Mt. 4:1-11; Lc. 4:4-13) y al entrar como Salvador en el mundo, para el que el pacto noético aseguró el contexto (Gn. 9:9-11). Jesús es el Hijo del Hombre, el postrer Adán y la imagen de Dios (Mr. 10:45; 14:62; 1 Co. 15:45; 2 Co. 4:4).

- Jesús cumple los propósitos supremos del *pacto abrahámico*. Él es la simiente de Abraham y el agente de la bendición universal (Gn. 22:17b-18; Hch. 3:25-26; Gá. 3:16), y asegura el Sí a cada promesa y plenos derechos a la herencia para todos los que creen, sean judíos o gentiles (2 Co. 1:20, 22; Gá. 3:29; Ef. 1:3-14).

- Jesús cumple el *(antiguo) pacto mosaico*. Representa a Israel y es el Hijo de Dios, el siervo de Jehová, la encarnación de la sabiduría, el que cumple las exigencias de la ley y la sustancia de todas las sombras del pacto (Éx. 4:22-23; Is. 49:3, 5-6; Mt. 3:17; 11:2, 19; 12:42; 13:54; Jn. 2:19-21; Hch. 3:25-26; Ro. 5:19; Col. 2:17; He. 9:9-12; 10:1).

- Jesús cumple el *pacto davídico*. Él es el Rey de los judíos y el Hijo de David (Mt. 2:1; 21:9; Lc. 1:32-33).

- Jesús cumple el *nuevo pacto*. Es el profeta como Moisés que había de venir y el único mediador verdadero entre Dios y los seres humanos (Dt. 18:15, 18; Lc. 7:16; 22:20; Hch. 3:22-26; 7:37; 1 Ti. 2:5; He. 8:6; 9:15; 12:24).

Lo que sigue analiza la forma en que estos pactos progresan, se integran y culminan en Cristo.

El pacto adámico-noético

La posición de Adán como cabeza representativa en el pacto con la creación

Los primeros capítulos de la Biblia describen nada menos que los resultados de la elección divina de iniciar un vínculo de parentesco con su creación, por medio de la posición de Adán como cabeza representativa (ver Gn. 5:1-3; Jer. 33:20, 25).[3] Esta relación escogida incluye tanto la provisión sustentadora de Dios (Gn. 1:29-30) como la responsabilidad condicional de la humanidad de cumplir su encargo de servir como sacerdotes y reyes portadores de la imagen de Dios (1:28; 2:15-18). Como Adán no prestó atención a la palabra de Dios ni protegió y guio a su esposa (3:1-6), transgredió este pacto (ver Is. 43:27; Os. 6:7). Esto resultó en la maldición divina sobre la tierra, así como la condenación de Adán y de todos sus descendientes a la muerte espiritual y física (Gn. 2:17; cp. Is. 24:4-6).

Como resultado de la rebelión de Adán, "la creación fue sujetada a vanidad" por Dios, aunque "en esperanza" (Ro. 8:20). De hecho, antes de que Dios anunciara que castigaría a Adán (Gn. 3:17-19), maldijo a la serpiente e identificó la destrucción suprema del engañador bajo el pie de un libertador (3:15). Al nombrar a su esposa "Eva" *(kjavvá)*, similar al término hebreo para "vida" *(kjai)*, Adán parece profesar su fe en la promesa de que el Salvador venidero vencería la maldición de la muerte. A continuación, Dios viste a sus sacerdotes reales con vestiduras hechas de pieles de animales, probablemente porque es necesario un sacrificio sustitutivo para que el Señor reestablezca, por su misericordia y su justicia, su relación y colaboración con ellos (3:20-21).[4]

Confirmación del pacto a través de Noé

La humanidad rebelde se multiplica y Jehová preserva a un remanente de los que invocan su nombre.[5] Sin embargo, a causa de la maldad humana (Gn. 6:5, 13), el Señor envió un gran diluvio que mató "todo lo que tenía aliento

---

3. Es evidente que se describe un pacto, aunque no se use el término. Como comparación, aunque 2 Samuel 7 nunca afirma explícitamente que Dios hiciera un "pacto" con David, el contexto lo indica y otros pasajes lo enseñan (2 S. 23:5; Sal. 89:3; 132:11-12).

4. Ver Meredith G. Kline, "Investiture with the Image of God", *WTJ* 40 (1977): 39-62; William N. Wilder, "Illumination and Investiture: The Royal Significance of the Tree of Wisdom in Genesis 3", *WTJ* 68 (2006): 51-69.

5. Ver Jason S. DeRouchie, "The Blessing-Commission, the Promised Offspring, and the *Toledot* Structure of Genesis", *JETS* 56, núm. 2 (2013): 219-247.

de espíritu de vida en sus narices, todo lo que había en la tierra" (7:22). Solo salvó a ocho personas, a la cabeza de las cuales estaba Noé, quien "halló gracia ante los ojos de Jehová" (6:8) y quien, a su vez, "caminó" con Dios; "varón justo, era perfecto en sus generaciones" (6:9). Jehová le prometió: "estableceré mi pacto contigo" (6:18), un "pacto perpetuo entre Dios y todo ser viviente" (9:16; cp. 8:22). De manera más específica, después del diluvio, el Señor declaró: "He aquí que yo establezco mi pacto con vosotros, y con vuestros descendientes después de vosotros; y con todo ser viviente que está con vosotros; aves, animales y toda bestia de la tierra [...] y no exterminaré ya más toda carne con aguas de diluvio, ni habrá más diluvio para destruir la tierra" (9:9-11). La obligación que Dios estaba colocando sobre la humanidad recordaba su anterior mandamiento a la primera pareja de llenar la tierra con su imagen (1:27-28; 9:1, 7). La señal del pacto fue su arcoíris en las nubes, que parece mostrar simbólicamente que el arco de guerra de Jehová se levantó y que un período de gracia común descendía ahora sobre el mundo (9:12-17).

Fue necesario un sacrificio sustitutivo de sangre para que el Señor declarara: "No volveré más a maldecir la tierra por causa del hombre [...] ni volveré más a destruir todo ser viviente, como he hecho" (8:21). El holocausto de animales limpios fue "olor grato" para Jehová (8:20) y lo impulsó a confirmar el pacto con la creación iniciado con Adán (de ahí, el pacto adámico-noético [singular]).[6] Ya que "el intento del corazón del hombre es [aún] malo desde su juventud", incluso entre los supervivientes del diluvio (8:21; cp. 6:5), solo la gracia de Jehová comprada con sangre podía permitirle en justicia comprometerse a hacer "salir su sol sobre malos y buenos" y "llover sobre justos e injustos" (Mt. 5:45). Es decir, la naturaleza simbólica y predictiva del sacrificio sustitutivo de animales limpios tras el diluvio anticipaba la obra expiatoria de Jesús. Esto revela que lo que Dios lograría en última instancia por medio de Cristo compró el contexto mismo de la gracia común que permite que la gracia salvadora entre en vigor.

El pacto abrahámico

Tras el diluvio, los seres humanos siguieron rebelándose contra Dios y autoexaltándose, de modo que Jehová confundió sus lenguas y dispersó a unas setenta familias por todo el mundo (Gn. 11:8-9; cp. cap. 10). Sin embargo, en este contexto de maldición, Él apartó a una familia por medio de la cual se

---

6. Algunas de las formas en que Dios desarrolló su pacto con la creación entre las épocas de Adán y de Noé incluyen la introducción del temor en el señorío de la humanidad (Gn. 9:2), su autorización de usar la vida animal como alimento (9:3; cp. 1:29), la defensa de la santidad de la vida humana en su reafirmación del mandato de sojuzgar la tierra (9:6) y su promesa de sustentar el nuevo orden tal como marca el arcoíris, la señal del pacto (9:12-17).

propuso revertir definitivamente la maldición global y reconciliar al mundo consigo.[7] El Señor le encargó a Abram que se dirigiera a la tierra de Canaán y que fuera una "bendición" (Gn. 12:1-3). El encargo mismo presagia el pacto que Dios inauguraría formalmente más adelante (15:18) y después "afirmaría" (17:7, 19, 21). Aunque rara vez es aparente en las traducciones, Génesis 12:1-3 incluye dos mandatos coordinados, cada uno seguido por una o más promesas condicionales, donde el segundo contiene un resultado promisorio supremo de bendición global.[8] El pasaje prevé dos etapas principales en la historia de la salvación que surgirían de las promesas a Abraham.

	Traducción modificada de DeRouchie de la ESV		**RVR1960**
	Y el Señor le dijo a Abram:	1	Pero Jehová había dicho a Abram:,
El pacto mosaico cumple la primera etapa	"<u>Vete</u> de tu tierra y de tu parentela y de la casa de tu padre a la tierra que te mostraré,	b	Vete de tu tierra y de tu parentela, y de la casa de tu padre, a la tierra que te mostraré.
	para que pueda hacer de ti una nación grande,	2	Y haré de ti una nación grande,
	y pueda bendecirte,	b	y te bendeciré,
	y pueda engrandecer tu nombre.	c	y engrandeceré tu nombre
El nuevo pacto cumple la segunda etapa	<u>Después, sé</u> una bendición	d	y serás bendición.
	para que yo pueda bendecir a los que te bendigan,	3	Bendeciré a los que te bendijeren,
	pero a los que te maldijeren maldeciré,	b	y a los que te maldijeren maldeciré;
	con el resultado de que en ti todas las familias de la tierra puedan ser benditas".	c	y serán benditas en ti todas las familias de la tierra.

Fig. 22.2. Dos traducciones de Génesis 12:1-3

La primera etapa está relacionada con Abraham, quien se convierte en el padre de una nación en la tierra. Dios cumplió esta fase con el pacto mosaico y la nación de Israel en la tierra prometida, que solo reclamarían transcurridos cuatrocientos años de aflicción como peregrinos en un lugar extranjero (es decir, Egipto) (15:13). Dios entregó la tierra de Canaán a Israel para las doce tribus en el tiempo de Josué (Jos. 11:23; 21:43-45; cp. Gn. 17:8); sin embargo, no sería hasta el tiempo de los reyes David y Salomón que Israel controlaría

---

7. Cp. DeRouchie, "Blessing-Commission", 235.

8. Respecto a este entendimiento de la estructura de Gn. 12:1-3, ver Paul R. Williamson, *Sealed with an Oath: Covenant in God's Unfolding Plan*, NSBT 23 (Downers Grove, IL: InterVarsity, 2007), 78-79; DeRouchie, *Understand and Apply the Old Testament*, 209-211; Gentry y Wellum, *Kingdom through Covenant*, 266-270.

todo el territorio desde el río de Egipto hasta el Éufrates (2 S. 7:1; 1 R. 4:20-21; cp. Gn. 15:18).

Dios cumple la segunda etapa con la comunidad del nuevo pacto reconciliada en Cristo. En Génesis 17 se contrasta a Abraham como padre de una única nación de pacto en Canaán (17:7-8) con su condición de "padre de muchedumbre de gentes" (17:4-6), lo que cumple la promesa en 12:3 y 15:5. De manera específica, a partir de la promesa de una "simiente" singular en 3:15, Dios levantaría una "descendencia" de la estirpe de Abram y lo multiplicaría como las estrellas (15:3-5; cp. 22:17). Se llamaría Isaac (21:12; cp. 17:19, 21), poseería las puertas de sus enemigos y sería el agente de bendición para todas las naciones de la tierra (22:17-18). Con anterioridad, Dios alude tanto al "Canaán" limitado como al más amplio estado soberano con el término "tierra" en singular (15:18; 17:8), pero lo que Dios anticipa en Génesis 22:17-18 es más grande, lo que más tarde le prometió a Isaac en el cambio de "tierra" a "tierras" (26:3-4). Así, Dios vencería la maldición del mundo y Abraham se convertiría en el "heredero del mundo" (Ro. 4:13).

La "tierra, la descendencia y la bendición" que Dios promete revierten las maldiciones pronunciadas en Génesis 3:14-19.[9] El dolor en el parto (3:16) dará origen a una nación (12:2) de la que surgirá la descendencia que vencerá la maldición (22:17-18). Del mismo suelo maldito que grava la vida (3:17-19) saldrá el territorio del reino, en el que el pueblo de Dios disfrutará de una relación perdurable con el Señor (12:7; 15:7). Y la maldición general sobre el mundo (3:14, 17; 4:11; 5:29; 9:25; cp. 8:21) será destruida cuando Dios bendiga por medio de su libertador real (22:17-18; cp. 3:15) a las mismas "familias/clanes" que Él dispersó tras el diluvio (12:3; cp. 10:32).

El pacto mosaico

El pacto mosaico cumple la primera etapa del pacto abrahámico

Tras el éxodo, Israel llega al monte Sinaí donde Jehová le encarga al pueblo que responda a su salvación prestando atención a su voz, cumpliendo su "pacto" y siendo su especial tesoro en medio del mundo, para poder servir al Señor como "un reino de sacerdotes y gente santa" (Éx. 19:5-6).[10] Dios llamó a Israel para que mediara y manifestara su valor y su hermosura ante

---

9. James M. Hamilton Jr., "The Seed of the Woman and the Blessing of Abraham", *TynBul* 58 (2007): 253-273.

10. Para una explicación avanzada de la estructura de estos versículos que resalta por qué "seréis mi especial tesoro" es parte de la prótasis (sección condicional "si") y no de la apódosis (la sección "entonces"), ver DeRouchie, *Understand and Apply the Old Testament*, 226-233. Ver también DeRouchie, *Understand and Apply the Old Testament*, 315-317.

sus vecinos, por medio de vidas de lealtad y sumisión, algo que solo podía suceder mediante la presencia del Señor que producía santidad (33:16; cp. Lv. 9:23–10:3; 20:8; 21:8; 22:32). En Éxodo 19:5, "pacto" señala en retrospectiva al pacto abrahámico (Éx. 6:4) y hacia adelante a las Diez Palabras (es decir, los Diez Mandamientos) en 20:1. Este vínculo identifica que el trato de Jehová con Israel por medio de Moisés cumple la primera etapa de las promesas del pacto abrahámico. Moisés le suplica a Dios que preserve al rebelde Israel ya que había prometido multiplicar la descendencia y la tierra de los patriarcas (Éx. 32:13; Dt. 9:27). El profeta considera una y otra vez el pacto del que es mediador como resultado de las promesas del pacto abrahámico (p. ej.: Dt. 1:8; 6:10; 9:5; 29:13; 30:20).

El pacto mosaico trae muerte

El problema de Israel era que, en lo más profundo de su ser, eran discapacitados espirituales y necesitaban una cirugía de corazón (Dt. 10:16). Entrarían en la tierra prometida, se rebelarían aún más y después experimentarían la justa ira de Dios por medio de una muerte exílica (31:16-17, 27, 29). Cuando Pablo afirma que "la ley no es de fe" (Gá. 3:12), es probable que identifique que el período del pacto mosaico no se caracterizó en su mayor parte por una creencia verdadera.[11] En su lugar, produjo un "ministerio de muerte" y un "ministerio de condenación" (2 Co. 3:7, 9), lo que multiplicó el pecado (Ro. 3:20; 5:20) y estableció la necesidad de Israel y del mundo del libertador prometido de descendencia real (3:19).[12]

La ley de Moisés exigía una obediencia perfecta a *todos* sus mandamientos para disfrutar de justicia, vida y bendición (Dt. 4:1; 6:25; 8:1; 28:1-2). Esta misma ley prometía maldiciones y muerte a todos los que desobedecieran (27:26; 28:15). A causa de estas realidades, la nación como conjunto y sus miembros individuales debieron haber reconocido su profunda necesidad y que su única esperanza era que Dios los reconciliara consigo por medio de una expiación sustitutoria, que solo se podría asegurar admitiendo su culpa y confesando su pecado (p. ej.: Lv. 5:5-6; Nm. 5:6-7).[13] Si iban a disfrutar de alguna bendición, sería exclusivamente por la gracia de Dios y no porque ellos se lo ganaran. Sería porque el perdón del Señor en el pasado les proporcionaría el poder para obedecer y les aseguraría promesas motivadoras.

---

11. Ver Pregunta 34.

12. Ver Jason S. DeRouchie, "From Condemnation to Righteousness: A Christian Reading of Deuteronomy", *SBJT* 18, núm. 3 (otoño de 2014): 87-118.

13. Para más sobre la admisión de la culpa, ver Lv. 4:13, 22, 27; 5:2-5 para la ofrenda por el pecado y Lv. 5:17; 6:4-5; y Nm. 5:7 para la ofrenda por la culpa. Para más sobre las confesiones de pecados ver Lv. 5:5 para la ofrenda por el pecado; 16:21 para el chivo expiatorio; 26:40 para las maldiciones del pacto; y Nm. 5:6 para la ofrenda por la culpa.

El pacto mosaico anticipa el nuevo pacto

Moisés no solo estaba convencido de la naturaleza letal del pacto del que él era mediador, sino que también anticipó que, después del exilio, Jehová restauraría y transformaría a su pueblo por su misericordia. Cambiaría los corazones, facultaría el amor y la obediencia, derrotaría a los enemigos y aseguraría la vida para el remanente (Dt. 4:30-31; 30:1-14). En ese día de sanidad, toda la enseñanza mosaica de Deuteronomio seguiría sirviendo como guía (30:8), pero un profeta como Moisés sustituiría la propia función de este como mediador del pacto (18:15, 18; cp. 1 Ti. 2:5; He. 9:15; 12:24). Este profeta como Moisés también conocería a Jehová cara a cara y realizaría grandes señales y prodigios (Dt. 34:10-12).

El pacto davídico

En mitad de la era del pacto mosaico, después de que Israel se instalara en la tierra prometida, Jehová amplió su promesa respecto a la venida de un Salvador real al asegurar a David un reino eterno (2 S. 7:8-16; 1 Cr. 17:7-14). Aunque en la narrativa no se le denomina "pacto", tanto David como otros lo identifican de esta manera (2 S. 23:5; Sal. 89:3, 28, 34, 39[4, 29, 35, 40]; 132:12). Las Escrituras ya habían revelado progresivamente que Dios se comprometió a levantar un descendiente que liberara al mundo. Este vencería la maldición y nacería de la primera mujer (Gn. 3:15) y del linaje de Sem (9:26-27), Abraham (17:6, 16; 22:17-18), Isaac (17:19; 21:12), Jacob (35:11; Nm. 24:17-19) y Judá (Gn. 49:8-10). El pacto de Dios con David también reveló que este Salvador descendería de su estirpe real.

Dios evocó el pacto abrahámico cuando describió lo que ya había hecho por David (2 S. 7:8-9) y prometió lo que haría por él durante su vida (7:9-11a; cp. Sal. 89:21-23, 27[22-24, 28]). A continuación, Jehová juró que a la muerte del rey le edificaría una "casa" o dinastía a David (2 S. 7:11-16): (1) El propio descendiente biológico de David construiría una "casa" para el nombre de Dios, disfrutaría de un reinado duradero y sería contado como hijo real de Dios (7:12-15); y (2) la casa de David, el reino y el trono permanecerían estables y serían afirmados para siempre (7:16). Ya que el texto menciona de forma explícita el potencial del hijo real para pecar (7:14) y ya que Salomón estaba convencido de que la edificación de su templo era según la promesa divina de que el hijo de David le construiría "casa" a Jehová (1 R. 8:18-20), en un principio, Salomón cumplió la promesa de Dios de un hijo real. No obstante, Jehová también prometió un trono afirmado y estable para siempre (2 S. 7:13, 16), y esto solo podía cumplirse por medio de una sucesión sostenida de reyes davídicos en perpetuidad o de un único monarca cuya vida y reinado no acabarían jamás.[14] El resto de las Escrituras enseñan que Dios pretendía levantar a un rey que gobernara para siempre.

Las primeras promesas de Dios se enfocan principalmente en un gobernante por medio del cual llegaría la bendición al mundo (Gn. 3:15; 22:17-18; cp. 49:8-10; Nm. 24:7-9, 17-19; 1 S. 2:10, 35). Los profetas posteriores esperaron la llegada de un monarca por medio del cual Dios reconciliaría a muchos consigo (Is. 9:7; 11:1-5; Jer. 23:5; Ez. 37:24). Los salmos reales también presagiaban al libertador davídico real, que sería el "primogénito" de Jehová (Sal. 2:7; 89:27[28]). Este recibiría la bendición eterna de Jehová (21:6[7]; 45:2[3]; cp. 72:17), cumpliría las promesas del pacto davídico (89:28-37[29-38]; 132:11-12, 17-18) y sería el heredero tanto de las naciones (2:8) como del sacerdocio de Melquisedec (110:1-4).[15]

Pedro identifica a Cristo como el descendiente que Dios prometió sentar en el trono de David (Hch. 2:30-31). El autor de Hebreos considera que Jesús cumple la promesa "Yo seré a él Padre, y él me será a mí hijo" (He. 1:5). Y el resto del NT recalca que el reinado escatológico "ya, pero todavía no" de Jesús satisface todas las esperanzas del reino davídico (Mt. 1:1; Lc. 1:68-75; Ro. 1:1-4; Ap. 22:16).

El nuevo pacto

El nuevo pacto entre Dios y su iglesia en Cristo cumple las esperanzas de todas las formas anteriores en que Él se relacionó con los seres humanos en las Escrituras. El AT promete el nuevo pacto y el NT lo cumple en colores vivos y brillantes.

La terminología del Antiguo Testamento asociada con el nuevo pacto

Desde una perspectiva, la relación escatológica entre Jehová y su pueblo multiétnico reconciliado en Cristo incluye la *confirmación* de sus promesas originales del pacto a los patriarcas (es decir, "establecer un pacto"; Ez. 16:60, 62, con Lv. 26:42). No obstante, en contraste con el pacto mosaico temporal o la ira de Dios hacia su pueblo bajo aquella era, lo que Cristo ahora media es un pacto *nuevo recién iniciado* (lit. "cortar un pacto"; Jer. 31:31; 32:40; Ez. 34:25; 37:26).

En el AT, el adjetivo "nuevo" describe un "pacto" solo en Jeremías 31:31, que explica la relación escatológica entre Dios y la humanidad, inaugurada por la muerte y resurrección de Jesús (Lc. 22:20; 1 Co. 11:25; He. 9:15). La

---

14. Cp. Gentry y Wellum, *Kingdom through Covenant*, 479.
15. Para más sobre la forma en que los salmos reales describen al Mesías, ver DeRouchie, *Understand and Apply the Old Testament*, 64-65; cp. J. Alec Motyer, *Look to the Rock: An Old Testament Background to Our Understanding of Christ* (Downers Grove, IL: InterVarsity, 1996), 23-38.

novedad de este pacto contrasta con el antiguo pacto mosaico, "el pacto que hice con sus padres el día que tomé su mano para sacarlos de la tierra de Egipto; porque ellos invalidaron mi pacto, aunque fui yo un marido para ellos" (Jer. 31:32). Pablo distingue el "nuevo pacto" del cual es ministro y que produce un "ministerio de justificación", del "antiguo pacto" que produce un "ministerio de muerte" y "de condenación" (2 Co. 3:6-7, 9, 14). En relación con los resultados de las promesas del pacto abrahámico, el autor de Hebreos observa que el pacto mosaico fue el "primero" y el "nuevo pacto" el "segundo"; gracias a Cristo, el "nuevo" es "mejor" que el "viejo", que ahora se está volviendo obsoleto y "se envejece" (He. 8:6-8, 13).

La forma en que el Antiguo Testamento describe la comunidad del nuevo pacto

Los profetas enseñan que este "Israel" transformado de Dios sería de composición multiétnica y cumpliría la promesa del Señor de bendecir al mundo por medio de Abraham (Is. 54:1-3; Jer. 4:1-2; Ez. 16:60).[16] De manera específica, algunas de las naciones disfrutarán de la presencia de Jehová junto con los israelitas étnicos en la nueva Jerusalén (Jer. 3:16-18; cp. Is. 2:2-4; 4:2-6; Zac. 2:11; 8:22-23), todo ello como resultado de un nuevo éxodo dirigido por el siervo mesiánico de la realeza (Is. 11:10-12; Os. 3:5).[17] En algún tiempo, el pecado caracterizó el corazón de los extranjeros (Jer. 3:17) y de los habitantes de Judá por igual (4:4; 9:26; 17:1), pero ahora todos los que estén en el nuevo pacto volverán a tener un corazón nuevo, unido y lleno de la ley (3:17; 31:33; 32:39; cp. Ez. 11:19-20; 36:26-27). Dios restaurará su relación con ellos (Jer. 31:33). Cada miembro de la comunidad del pacto conocerá, temerá y obedecerá a Dios porque todos, desde el menor hasta el mayor, experimentarán el perdón comprado con sangre (31:33-34; 32:39-40; cp. Is. 43:25; 44:22; Ez. 36:25-26, 33; Mt. 26:28). Todos serán "la descendencia de Israel" (Is. 45:25; cp. 59:21), porque serán identificados por medio de la adopción con Cristo (Israel hecho persona) (Is. 49:3; cp. 53:10), quien representará a Israel como el libertador de Jehová lleno del Espíritu y salvará a algunos, tanto del pueblo de Israel como de las demás naciones (11:1-2, 10; 42:1, 4, 6; 49:6).

---

16. Ver Pregunta 24. Ver también Jason S. DeRouchie, "Counting Stars with Abraham and the Prophets: New Covenant Ecclesiology in OT Perspective", *JETS* 58, núm. 3 (2015): 445-485; Jason S. DeRouchie, "Father of a Multitude of Nations: New Covenant Ecclesiology in Old Testament Perspective", en *Progressive Covenantalism: Charting a Course between Dispensational and Covenant Theologies,* eds. Stephen J. Wellum y Brent E. Parker (Nashville: B&H, 2016), 7-38.

17. Cp. 1 Co. 3:16; 2 Co. 6:16; Ef. 2:19-22; 1 P. 2:4-5, 9; Ap. 5:9-10.

El Nuevo Testamento da testimonio de cómo se cumple el nuevo pacto

El NT identifica que la vida, muerte y resurrección de Jesús inauguran el nuevo pacto y el reinado escatológico de Dios que el AT anticipa (Mt. 26:28-29; cp. Mr. 14:24-25; Lc. 22:20).[18] El autor de Hebreos escribe: "Pero ahora tanto mejor ministerio es el suyo, cuanto es mediador de un mejor pacto, establecido sobre mejores promesas" (8:6). De hecho, "al decir: Nuevo pacto, [Dios] ha dado por viejo al primero; y lo que se da por viejo y se envejece, está próximo a desaparecer" (8:13; cp. Jn. 1:16-17; 2 Co. 3:9-10).

El contraste entre el antiguo y el nuevo pacto es paralelo a varios otros contrastes escatológicos entre lo antiguo y lo nuevo en el NT; por ejemplo, vino nuevo en odres viejos frente a vino nuevo en odres nuevos (Mt. 9:17; Mr. 2:22; Lc. 5:37-38), la vieja naturaleza frente a la nueva (Ro. 6:6; Col. 3:9-10; Ef. 4:22-24), el régimen viejo de la letra frente al régimen nuevo del Espíritu (Ro. 7:6; cp. 2:29; 2 Co. 3:6), la levadura vieja frente a la levadura nueva (1 Co. 5:7-8) y la vieja creación frente a la nueva (2 Co. 5:17; Gá. 6:15). Además, Pablo resalta una serie de contrastes teológicos que suelen ser paralelos a la distinción entre el antiguo y el nuevo pacto: la ley frente a la fe (Ro. 3:20, 28; 4:13-14; 9:30–10:8; Gá. 2:16-21; 3:1-14; Fil. 3:9), el primer Adán frente al postrer Adán (Ro. 5:14, 18-19; 1 Co. 15:22, 45), el pecado frente a la justicia (Ro. 5:21; 6:20; 8:10), la carne frente al Espíritu (Ro. 8:4-13; Gá. 3:3; 4:29; 5:16-25; 6:8), la letra frente al Espíritu (Ro. 2:29; 7:6; 2 Co. 3:3, 6), la esclavitud frente a la libertad (Gá. 4:21–5:1). Todo esto destaca dos eras distintas y sitúa la persona y la obra de Jesús como el punto de inflexión decisivo en la historia de la salvación. En Cristo, Dios cumple lo prometido. Cristo lleva a cabo lo que el AT anticipa.

Jesús es un mejor mediador del pacto que Moisés (He. 8:6; 9:15; 12:24; cp. Dt. 18:15-16), porque ofrece un sacrificio superior (He. 9:6–10:18) que produce mejores resultados, mejor provisión y mejores promesas. Por medio del cumplimiento perfecto del pacto hasta la muerte (Ro. 5:19, 2 Co. 5:21; Fil. 2:8), Jesús satisface la ira de Dios contra sus elegidos (Ro. 5:9; 8:1; Gá. 3:13; Col. 3:14; He. 9:26) y asegura para ellos la redención eterna, la paz con Dios, la justicia, la santificación y la glorificación (Ro. 5:1; 8:4, 30; He. 7:27; 9:12; 10:10, 14).

En resumen

Los pactos históricos entre Dios y su pueblo progresan de manera que mantienen la unidad de la trama de la Biblia. Jesús cumple cada pacto. El pacto adámico-noético con toda la creación resulta en el problema global del

---

18. Ver también Jason C. Meyer, *The End of the Law: Mosaic Covenant in Pauline Theology*, NAC Studies in Bible and Theology 7 (Nashville: B&H, 2009).

pecado, la maldición y la separación de Dios, pero también provee el contexto de la gracia común a través del cual podría operar la gracia salvadora. El pacto abrahámico aclara la forma en que Dios vencería la maldición con bendición en dos etapas. El pacto mosaico cumple la primera etapa del pacto abrahámico: una única nación, Israel, ocupa la tierra prometida. Sin embargo, su propia testarudez espiritual los conduce a fracasar en su llamado a mediar la presencia de Jehová y a manifestar su santidad ante el mundo, al amar a Dios y al prójimo de forma radical. En medio de la rebeldía de Israel, Dios reafirma su compromiso de crear para sí a un pueblo multiétnico y, mediante el pacto davídico, aclara de manera más específica la línea real de la que descendería el libertador mesiánico. El nuevo pacto cumple la segunda etapa del pacto abrahámico cuando la vida, muerte y resurrección de Jesucristo, el descendiente davídico, aseguran bendición para todas las naciones que, por fe, se rindan a Él, tanto judíos como gentiles. Así, por medio de Jesús, Abraham se convierte en padre de una multitud de naciones y Dios vence la maldición global que surge del primer hombre, Adán, por la obediencia perfecta del postrer Adán, Cristo.

Preguntas para la reflexión

1. ¿Cuál es el significado bíblico del término "pacto"?
2. ¿Cuáles son los cinco pactos bíblicos principales entre Dios y el ser humano y cuáles son algunas formas en que Jesús cumple cada uno de ellos?
3. ¿Cuál es la función del pacto adámico-noético dentro de la historia de la salvación?
4. ¿Cuál es la función del pacto abrahámico dentro de la historia de la salvación y cómo se lleva a cabo este pacto en dos fases?
5. ¿Qué es "nuevo" en el nuevo pacto y cómo contrasta con el "antiguo" pacto mosaico?

¿Qué es una teología bíblica de la serpiente?[1]

Andrew David Naselli

Una forma concisa de resumir la trama de la Biblia es: "¡Mata al dragón, salva a la doncella!".[2] La trama presenta tres personajes principales:

1. La serpiente (el villano: Satanás)
2. La damisela en apuros (el pueblo de Dios)
3. El Asesino de la serpiente (el protagonista y héroe: Jesús)

La serpiente intenta engañar y devorar a la joven doncella, pero el Asesino de la serpiente la aplasta.

"Serpiente" es un término general que incluye tanto a víboras como a dragones. Ambos son tipos de serpientes. Este reptil tiene dos estrategias importantes: *engañar* y *devorar*. Como norma general, la forma que la serpiente adopta depende de su estrategia. Cuando intenta engañar, es una víbora, pero cuando intenta devorar, es un dragón. Las víboras engañan; los dragones devoran. Las víboras tientan y mienten; los dragones atacan y asesinan. Las víboras atacan por detrás; los dragones atacan de frente.

Así es como se desarrolla la mayor historia de todas:

- La historia empieza con dicha. La damisela (es decir, inicialmente Adán y Eva) disfruta de un hermoso huerto en un mundo prístino.
- No obstante, la serpiente emplea la primera estrategia: como víbora, engaña a Eva.

---

1. Ver también Andrew David Naselli, *The Serpent and the Serpent Slayer*, Short Studies in Biblical Theology (Wheaton, IL: Crossway, 2020).
2. Joe Rigney acuñó esta frase (ver Pregunta 15). "¡Mata al dragón, salva a la doncella!" no es un dicho misógino ni la frase de un *cowboy* arrogante. Refleja de forma colorida obras de la literatura clásica como "San Jorge y el dragón" y la Biblia misma. Jesús derrotó de un modo decisivo al Dragón, lo vencerá y salvará a su novia: "Maridos, amad a vuestras mujeres, así como Cristo amó a la iglesia, y se entregó a sí mismo por ella" (Ef. 5:25); "Ven acá, yo te mostraré la desposada, la esposa del Cordero" (Ap. 21:9). La metáfora no comunica todos los matices (p. ej., Dios ayuda a su pueblo a pelear contra la Serpiente), pero sí transmite un tema bíblico principal de un modo conciso.

- Conforme avanza la historia, la serpiente alterna astutamente entre engañar y devorar.
- En el punto culminante de la historia, el dragón intenta devorar a Jesús, pero solo logra herirlo en el talón mientras que Él le aplasta la cabeza.
- Durante el resto de la historia (lo que estamos viviendo ahora), el dragón intenta devorar con furia a la damisela.
- La misión de Jesús: matar al dragón, salvar a la doncella.

Podemos rastrear esta historia bajo tres títulos: (1) la engañosa serpiente en Génesis 3; (2) las víboras y los dragones entre el principio y el final de la Biblia; y (3) el dragón devorador en Apocalipsis 12 y 20.

La engañosa serpiente en Génesis 3

La mayor historia de todas comienza con la creación de los cielos y de la tierra por parte de Dios como algo bueno. Sin embargo, una serpiente engañosa entra en el huerto. Diez observaciones sobre la serpiente son dignas de mencionar:

1. La serpiente es engañosa. "La serpiente era astuta más que todos los animales del campo que Jehová Dios había hecho" (Gn. 3:1). En español, *astuto* significa taimado o engañoso, pero el término hebreo es neutral. En Génesis, la palabra inicialmente es ambigua, pero cuando se vuelve a leer la historia a la luz de todo el argumento de la Biblia, demuestra ser una excelente traducción.

2. La serpiente es una bestia que Dios creó (Gn. 3:1). No es el opuesto a Dios. Él no tiene un archienemigo independiente que rivaliza por su poder.

3. La serpiente engaña al cuestionar a Dios (Gn. 3:1-3), contradecirlo (3:4-5) y tentar con cosas mundanas (3:4-6; cp. Lc. 4:1-13; 1 Jn. 2:16).

4. La serpiente engaña a Eva para que se rebele contra Dios, y Adán obedece a Eva (Gn. 3:6, 13; cp. 2 Co. 11:3; 1 Ti. 2:14). Dios encargó a los portadores de su imagen que gobernaran sobre las bestias del campo (Gn. 1:26-27), pero en vez de ello, decidieron traicionar a Dios. En lugar de obedecer al Rey, obedecieron a la serpiente. Eva no estaba sola. Adán "estaba con ella" (3:6, NBLA). De modo que, cuando Adán comió, se rebeló contra Dios. No guio ni protegió a su esposa. Debió haber matado a la serpiente.

5. Como resultado del engaño de la serpiente, los pecados de Adán y Eva los apartan de Dios (Gn. 3:7-13).

6. Como resultado del engaño de la serpiente, Dios la maldice y promete la venida de uno que la aplastaría (Gn. 3:14-15). Dios no solo maldijo a la serpiente, sino también a su simiente, con "enemistad" (3:15). El resto de la trama de la Biblia rastrea la constante batalla entre la simiente de la serpiente y la de la mujer. La primera simiente de la serpiente es Caín, quien mata a su hermano, Abel (4:1-16). Los seres humanos son hijos de Dios o hijos del diablo (Mt. 13:38-39; Jn. 8:33, 44; Hch. 13:10; 1 Jn. 3:8-10).

   En lugar de continuar por medio de Abel, la simiente de la mujer lo hace a través de Set (Gn. 4:25). Esa línea prosigue en Noé (6:9) y después en Abraham, Isaac, Jacob y Judá (caps. 11–50) y, finalmente, en David, hasta llegar a Jesús el Mesías y sus seguidores. La simiente de la mujer puede referirse a un grupo de personas (el pueblo de Dios, colectivamente; cp. Ro. 16:20) y a una persona en específico (el Mesías; cp. Gá. 3:16). Aunque la serpiente herirá al Mesías en el talón (Jesús muere en un madero), Jesús es la simiente suprema de la mujer que aplastará mortalmente a la serpiente (cp. Gá. 3:16; He. 2:14-15; 1 Jn. 3:8).

7. Como resultado del engaño de la serpiente, Dios castiga a Eva y a Adán (Gn. 3:16-19).

8. Como resultado del engaño de la serpiente, Dios viste a Adán y a Eva con vestiduras de pieles (Gn. 3:7, 9-11, 21).

9. Como resultado del engaño de la serpiente, Dios expulsa a Adán y a Eva del huerto de Edén (Gn. 3:22-24).

10. La serpiente es Satanás. Génesis 3 no identifica de forma explícita a la serpiente como Satanás, pero cuando leemos Génesis 3 a la luz de toda la Biblia, debemos identificar a la serpiente como Satanás (cp. Ro. 16:19-20; 2 Co. 11:3; Ap. 12:3, 9, 10, 12; 20:2).

Las víboras y los dragones entre el principio y el final de la Biblia

Las serpientes rara vez simbolizan algo bueno (p. ej.: Mt. 10:16), sino que suelen representar el mal. Empezando por Génesis 3, la Biblia relaciona la serpiente con el pecado y la maldición. De manera más específica, esta encarna a los enemigos de Dios: Satanás y su descendencia.

1. Satanás es la serpiente suprema. Tienta al pueblo de Dios, pero Jesús ayuda a su pueblo cuando son sometidos a tentación. Dios es soberano sobre Leviatán (ver Job 41) y matará al dragón (Is. 27:1). Por consiguiente, las serpientes dejarán de ser letales (Is. 11:6-9; 65:17, 25).

2. Egipto y su Faraón son un dragón en los mares (Ez. 32:2). Egipto es una víbora, un Leviatán, un monstruo marino. El dragón asesina bebés (Éx. 1:8-22) y, en el éxodo, Dios libera a su pueblo de la serpiente egipcia. Más tarde, cuando el pueblo de Dios se quejó de echar de menos Egipto, Dios envió serpientes venenosas en medio de ellos y proporcionó una de bronce que llevaría sobre sí la maldición (Nm. 21:4-9). Dios describe Egipto como un dragón sin dientes (Is. 30:1-3, 6-7) a quien Él juzgará (Jer. 46:22; Ez. 29:3-9; 32:2-9).

3. Los líderes impíos en Canaán y Moab son cabezas de serpientes que aplastar. Jael le clavó una estaca a Sísara en la sien (Jue. 4:17-24; 5:24-27). Una mujer le fractura el cráneo a Abimelec (Jue. 9:52-57). Saúl aplasta a la víbora Nahas (1 S. 11:1-2, 5-11). Y David aplasta a Goliat, el dragón gigantesco (1 S. 17:1-11, 41-54).

4. El rey de Babilonia es un monstruo marino (Jer. 8:16-17; 51:34-35).

5. El rey Herodes es un dragón asesino (Mt. 2:13-18; cp. Éx. 1:8-22).

6. Los fariseos y los saduceos son generación hipócrita de víboras (Mt. 3:7-12; 12:33-37; 23:29-36). Son como su papá espiritual, la serpiente (cp. Jn. 8:44). Lo que enseñan es venenoso y Dios los condenará.

7. Los falsos maestros son serpientes infiltradas (esp. Ro. 16:17-20; 2 Co. 11:2-4, 13-15).

El dragón devorador en Apocalipsis 12 y 20

La historia culmina en Apocalipsis 12 y 20. Trece observaciones sobre el dragón son dignas de mencionar:

1. El dragón es la serpiente antigua (Ap. 12:9-17; 20:2). Seis etiquetas se aplican a la misma persona malvada: (1) el dragón, (2) la serpiente antigua, en alusión a Génesis 3; (3) el diablo (es decir, el calumniador); (4) Satanás (es decir, el adversario); (5) el engañador; y (6) el acusador de nuestros hermanos.

2. El dragón es un asesino (Ap. 12:3). El dragón es rojo, lo que simboliza la sangre para denotar que es un asesino.

3. El dragón es poderoso (Ap. 12:3). El dragón tiene gran poder y una autoridad de gobernar que se extiende sobre toda la tierra (12:9).

4. El dragón planea devorar al Mesías (Ap. 12:1-4; cp. Sal. 2:9; Ap. 2:27; 19:15).

5. El dragón no logra devorar al Mesías (Ap. 12:4).

6. El dragón y sus ángeles son echados a la tierra (Ap. 12:7-10). Satanás solía tener acceso a Dios en medio de otros ángeles para acusar al pueblo de Dios (ver Job 1–2), pero ya no puede hacerlo. Los ángeles de

Dios expulsaron a Satanás y sus demonios a la tierra cuando Jesús lo derrotó de forma definitiva en la cruz (Jn. 12:31; Col. 2:15).

7. El dragón es vencido con base en la sangre del Cordero y la palabra de su testimonio (Ap. 12:11-12). El pueblo de Dios participa en el aplastamiento del dragón fundamentado en Jesús el Mesías, quien fue aplastado por los pecados de ellos (cp. Is. 53:5, 10; Hch. 2:23-24; 4:27-28).

8. El dragón persigue con furia al pueblo de Dios (Ap. 12:1-2, 6, 12-17). Interpretamos a la mujer como símbolo del pueblo de Dios y que los 1260 días representan un período de sufrimiento intenso para el pueblo de Dios antes de su liberación. El dragón está furioso, porque sabe que tiene poco tiempo (12:12). Sabe que Cristo lo ha derrotado de forma decisiva, de modo que vierte su rabia sobre la iglesia de Cristo intentando engañarla (con mentiras y falsa doctrina) y devorarlos (con persecución).

9. El dragón no puede destruir al pueblo de Dios (Ap. 12:6, 14-16). Interpretamos el desierto como el lugar donde Dios prueba, protege y alimenta milagrosamente a su pueblo.

10. El dragón empodera a la bestia (Ap. 13:1-4). El dragón forma una trinidad falsa como rival de la Trinidad real (ver 16:13; 20:10): (1) El dragón: Satanás; (2) la primera bestia, que sale del mar (13:1-4); y (3) la segunda bestia, que sale de la tierra: el falso profeta (13:11-18).

11. El dragón es atado durante mil años (Ap. 20:1-6). ¡Jesús vuelve para matar al dragón y salvar a su novia! Dios es más poderoso que el dragón. Este no puede atar a Dios, pero Dios puede enviar a uno de sus ángeles a atar al dragón.

12. El dragón intenta engañar a las naciones (Ap. 12:7-9; 20:2-3, 7-10).

13. El dragón es atormentado por siempre en el lago de fuego y azufre (Ap. 20:9-10). El dragón, la serpiente antigua, nunca más acusará, ni engañará ni perseguirá al pueblo de Dios. El dragón experimentará conscientemente el tormento de fuego para siempre. ¡Dios gana!

En resumen

La historia de la Biblia empieza con dicha. Adán y Eva disfrutan de un hermoso huerto en un mundo prístino. Sin embargo, la serpiente engaña a Eva, y Adán obedece a Eva en vez de matar a la serpiente.

Conforme se desarrolla la historia, la serpiente alterna astutamente entre engañar y devorar. La serpiente es la víbora y el dragón supremos y empodera a su descendencia. Esas pequeñas serpientes y dragones incluyen a Egipto y a su Faraón, a los líderes impíos de Canaán y de Moab, al rey de Babilonia, al rey Herodes, a los fariseos y a los saduceos y a los falsos maestros.

En el punto culminante de la historia, el dragón intenta devorar a Jesús, solo logra herirlo en el talón mientras que Él le aplasta la cabeza. Durante el resto de la historia (incluida nuestra parte actual en ella), el dragón intenta con furia devorar a la novia de Jesús y a su descendencia. Sin embargo, el dragón no tendrá éxito, porque Jesús cumplirá su misión de matar al dragón y de salvar a la doncella.

Preguntas para la reflexión

1. ¿Por qué piensa que es típico que nos guste una buena historia de un asesino de dragones (p. ej.: San Jorge y el dragón o *El Hobbit* de Tolkien)?
2. ¿Sobre qué base podemos estar seguros de que la serpiente en Génesis 3 y el dragón de Apocalipsis 12 aluden a la misma persona malvada?
3. ¿Cómo nos ayuda Génesis 3:15 a entender la trama de la Biblia?
4. ¿Cómo debemos pensar en la serpiente ahora?
5. ¿Cómo debemos pensar en Jesús a la luz de la trama de "¡Mata al dragón, salva a la doncella!".

¿Qué es una teología bíblica del pueblo de Dios?

Jason S. DeRouchie

El pueblo de Dios son los seres humanos relacionados con el Señor por medio del pacto, que lo identifican como Rey, los únicos a quienes Dios concede la oportunidad de manifestar su grandeza aceptando su señorío sobre sus vidas. Desde Génesis hasta Apocalipsis, las Escrituras dan testimonio de que Dios está comprometido con formar un pueblo global para sí, bajo su gobierno.

Dios hace un mandato a la humanidad, promete un libertador y distingue al remanente de los rebeldes

La primera pareja fue el prototipo del "pueblo", llamados por Dios para representarlo, reflejarlo y parecérsele como su Creador soberano, y para ser imagen de su gloria hasta los confines de la tierra (Gn. 1:28; cp. Nm. 14:21; Sal. 72:19; Is. 11:9; Hab. 2:14). Sirvieron como hijos *reales,* porque Dios les encomendó sojuzgar y señorear con Él sobre la tierra (Gn. 1:28). Sirvieron en una función *sacerdotal,* porque Dios les encargó que labraran y guardaran su tierra (2:15, 18; cp. p. ej.: 3:23-24; Nm. 3:4, 7-8).[1] Sin embargo, en lugar de operar como sacerdotes reales de Dios, se rebelaron (Gn. 3:1-13). Antes de declarar cómo los castigaría, Jehová Dios prometió que, un día, un libertador vencería al maligno como portador de la imagen divina, rey y sacerdote (3:15). Solo Él revertiría la maldición, de modo que la esperanza de la humanidad descansaba ahora sobre Él.

El exilio del huerto de Edén resultó en dos líneas opuestas de descendencia, que Génesis resalta en genealogías lineales (5:1-32; 11:10-26) y segmentadas (10:1-32; 25:12-18; 36:1-43).[2] La primera línea era un remanente que disfrutó de la gracia de Dios (6:8), invocó su nombre (4:26; cp. 13:4), caminó con Él

---

1. Fuera de Gn. 2:15 y 3:23-24, los únicos otros lugares donde los verbos hebreos *abád* ("servir/ministrar") y *shamár* ("guardar") aparecen juntos tienen que ver con el ministerio de los levitas en el santuario central (cp. Nm. 8:26; 18:5-6; 1 Cr. 23:32; Ez. 44:14).

2. Las genealogías lineales siguen el patrón: "A engendró a B y a otros; B engendró a C y a otros", etc. Las genealogías segmentadas tienen la forma de "A engendró a B, C, y D; B engendró a…; C engendró a …; D engendró a…".

(5:22, 24; 6:9) y esperó en su libertador prometido (5:29; cp. 9:26-27; 15:6). La otra línea presenta a rebeldes que están en contra de Dios y de sus caminos, pero que representan el objetivo de su bendición a largo plazo (12:3).[3]

Dios hace un mandato a Abraham y promete una descendencia que bendecirá a todas las naciones

En este mundo maldito, Dios usa la genealogía lineal que va desde Set a Taré en Génesis 11:10-26 para levantar a Abra(ha)m. Aunque la esposa de este hombre era estéril (Gn. 11:30), Jehová lo llama a ir a una tierra prometida, para que el Señor a su vez lo convierta en una gran nación (12:1-2; cp. 18:18; 35:11; 46:3). De sus lomos nacería una "descendencia" que acabaría siendo tan numerosa como el polvo de la tierra (13:16; 28:14), las estrellas del cielo (15:5; 22:17; 26:4) y la arena que está a la orilla del mar (22:17; 32:12[13]).

Aunque, en un nivel, esta descendencia sería una nación que habitaría la tierra prometida (17:7; 35:12), esta también sería un representante individual: un rey guerrero, perfectamente obediente, que surgiría de la tribu de Judá (18:19; 49:8-10; cp. 3:15; Nm. 24:17-18). Su reino crecería ya que poseería las puertas de sus enemigos (Gn. 22:17; 24:60) y, solo en ese momento, pasaría Abraham de ser el padre de una nación a ser padre de una multitud de naciones, y Dios bendecirá por medio de él a todas las naciones (22:17-18; cp. 26:4; 28:14).

Dios hace un mandato a Israel y apunta al representante real de la nación

Jehová reiteró las promesas abrahámicas de simiente, tierra y bendición al hijo del patriarca, Isaac, y después a su nieto, Jacob, cuyos hijos se convirtieron en las doce tribus de Israel. Fue este grupo a quien Dios designó primero como "mi pueblo" (Éx. 3:7, 10; 5:1; etc.): "Os tomaré por mi pueblo y seré vuestro Dios; y vosotros sabréis que yo soy Jehová vuestro Dios, que os sacó de debajo de las tareas pesadas de Egipto" (6:7; cp. Lv. 26:12).[4]

Jehová era el "padre" real (Dt. 32:6)[5] o "rey" (Éx. 15:18; Nm. 23:21; Dt. 33:5)[6] de Israel y designó a su "pueblo" como su "primogénito" comunal (Éx. 4:22-23; cp. Dt. 1:31; 8:5; 14:1).[7] Llegado Israel al monte Sinaí, Jehová formalizó su pacto con ellos. Si tan solo se sometían a sus preceptos y vivían como su especial

---

3. Ver Jason S. DeRouchie, "The Blessing-Commission, the Promised Offspring, and the *Toledot* Structure of Genesis", *JETS* 56, núm. 2 (2013): 237-242.
4. Cp. Jer. 7:23; 11:4; 24:7; 30:22; 31:33; 32:38; Ez. 11:20; 14:11; 34:30; 36:28; 37:23, 27; Zac. 8:8; 2 Co. 6:16; He. 8:10.
5. Cp. Is. 63:16; 64:8; Jer. 3:4, 19; Mal. 1:6.
6. Cp. 1 Cr. 16:31; Sal. 29:10; 47:2, 6-8[3, 7-9]; 48:2 [3]; 74:12; 93:1-2; 95:3; 96:10; 97:1; 99:1; Is. 43:15; 52:7; Jer. 10:7; Zac. 14:16; Mal. 1:14; Mt. 5:35.
7. Cp. Sal. 103:13; Pr. 3:12; Jer. 31:9, 20; Os. 11:1.

tesoro, servirían como "un reino de sacerdotes y gente santa" (Éx. 19:5-6). En un principio, Dios llamó a los seres humanos para que sirvieran como hijos reales y sacerdotales (cp. Gn. 5:1-3 con 1:26-28 y 2:15) y, aquí, Dios llama a Israel como nación para mediar y manifestar su grandeza al mundo. Al vivir Israel completamente para la gloria de Dios mediante una vida de dependencia, las naciones tomarían nota (Dt. 4:5-8), Dios exaltaría a Israel (28:1) y Jehová sería magnificado a escala global (26:19).

De manera significativa, Moisés, el mediador profético del pacto, sabía que Israel no cumpliría lo que Dios los llamó a hacer. Durante su mandato de cuarenta años como líder, Moisés observó que tanto la generación del éxodo como la siguiente eran "de dura cerviz" (Éx. 32:9; 33:3, 5; 34:9; Dt. 9:6, 13; 10:16; 31:27), incrédulos (Nm. 14:11; Dt. 1:32; 9:23; cp. 28:66) y "rebeldes" (Nm. 20:10, 24; 27:14; Dt. 9:7, 24; 31:27; cp. 1:26, 43; 9:23). Por tanto, recalcó: "Jehová no os ha dado corazón para entender, ni ojos para ver, ni oídos para oír" (Dt. 29:4[3]) y "sé que después de mi muerte, ciertamente os corromperéis y os apartaréis del camino que os he mandado" (31:29).

No obstante, en palabras que evocan las promesas de Dios a Abraham, en Génesis 12:3, Moisés también recordó el oráculo de Balaam respecto a que tal como Jehová el rey dirigió a Israel en el primer éxodo (Nm. 23:21-22), así también levantaría a un rey terrenal, exaltado, que conduciría a su pueblo en un segundo éxodo y vencería toda hostilidad enemiga (24:7-8). Dios bendeciría a quienes bendijeran a este rey y maldeciría a quienes lo maldijeran (24:9). Esta figura real sería como una estrella que saldría de Israel en los postreros días y reinaría sobre las naciones (24:14, 17-19). Así pues, un remanente sobreviviría al pacto mosaico disuelto. Dios los restauraría a la tierra y modificaría sus corazones de manera que prestaran atención a su voz (Dt. 30:1-14), ya que Él hablaría por medio de su nuevo mediador profético del pacto (18:15-18; cp. 34:10-12).

El siervo colectivo se rebela, pero Dios promete un siervo individual que salvará y tendrá descendencia

La historia de Israel en la tierra fue exactamente como la previó Moisés. "Y el pueblo había servido a Jehová todo el tiempo de Josué, y todo el tiempo de los ancianos que sobrevivieron a Josué", pero "se levantó después de ellos otra generación que no conocía a Jehová, ni la obra que él había hecho por Israel" (Jue. 2:7, 10). Al pedir "un rey que nos juzgue, como tienen todas las naciones" (1 S. 8:5), estaban nada menos que rechazando a su padre real, a Dios mismo (8:7). Y, a lo largo de las monarquías unidas y divididas, el pueblo se fue apartando cada vez más de Jehová al menospreciar su pacto y no hacer caso a sus profetas (2 R. 17:7, 13-15). Por tanto, el Señor declaró: "Mi pueblo fue destruido, porque le faltó conocimiento. Por cuanto desechaste el conocimiento, yo te echaré del sacerdocio; y porque olvidaste la ley de tu Dios, también yo me olvidaré de tus hijos" (Os. 4:6).

En medio de semejante oscuridad, Jehová siguió comprometido a dar forma a un pueblo global bajo su gobierno. Tal como llamó a David para "[apacentar] a mi pueblo Israel" (2 S. 5:2), le prometió:

> Levantaré después de ti a uno de tu linaje, el cual procederá de tus entrañas, y afirmaré su reino. Él edificará casa a mi nombre, y yo afirmaré para siempre el trono de su reino. Yo le seré a él padre, y él me será a mí hijo [...]. Y será afirmada tu casa y tu reino para siempre delante de tu rostro, y tu trono será estable eternamente" (2 S. 7:12-14, 16).

El Señor predice un hijo reinante de Dios que tendrá un reino y una dinastía perdurable (cp. Sal. 2:7-8; Hch. 13:33; He. 1:5; 5:5). Este hijo cumple lo prometido por Dios: un libertador real que vence la maldición, descendiente de la mujer (Gn. 3:15) y descendiente de Abraham por medio del cual Dios bendeciría al mundo (22:17-18; cp. 49:8-10; Nm. 24:17-19).

Los profetas después de David elaboraron esta esperanza de un "hijo" davídico reinante de Dios cuyo reino abarcaría las naciones. En la época de este rey (Os. 3:5), aquellos a quienes Dios dijo una vez: "no sois mi pueblo" serán ahora llamados "hijos del Dios viviente" y "pueblo mío" (Os. 1:9-10; 2:1; cp. Ro. 9:25-26; 1 P. 2:10).

De todos los profetas, Isaías es quien mejor aclara la composición multiétnica y transformada del pueblo futuro de Dios y lo hace contrastándolos con el Israel del antiguo pacto y asociándolos estrechamente con un niño rey al que etiqueta "mi siervo". Por otra parte, hablando de los contemporáneos de Isaías, Jehová aseveró: "Crie hijos, y los engrandecí, y ellos se rebelaron contra mí" (Is. 1:2; cp. 30:9). Al contrario que este *pueblo*, el siervo colectivo, Dios se comprometió a levantar a una *persona*, un siervo de la realeza que operaría como "brazo de Jehová" para traer salvación al mundo (59:16-17; cp. 53:1-2).

La identidad de este rey siervo estaría estrechamente vinculada a la de Dios (7:14; 9:6) y Él reinaría eternamente sobre el trono de David con autoridad universal (9:6-7; 11:1, 10; 55:3-4). El Espíritu de Jehová lo llenaría de poder (11:2; 42:1; 61:1) y reinaría desde el monte santo de Dios, obraría justicia y paz y atraería a las naciones a sí (11:1-10; cp. 2:2-4) liderando un segundo éxodo (11:11–12:6; 52:11-12). Este siervo individual de la realeza se llamaría "Israel", lo que identifica su función como representante sobre su pueblo (49:3). Su misión no solo incluiría reconciliar con Dios a algunos de entre el pueblo de Israel, sino también salvar a algunos de entre todas las naciones de la tierra

(49:6). Serviría como pacto para el pueblo y, a la vez, como luz para las naciones (42:6; 49:6, 8), y haría justicia a los oprimidos (42:4; cp. 9:7; 11:4) e instruiría a las costas (42:4; 50:4, 10; cp. 2:3; 54:13). Daría vista a los ciegos (42:7; cp. 42:16), liberaría a los cautivos (42:7; 49:9; 61:1; cp. 49:25-26), sustentaría a los cansados (49:10; 50:4), sanaría a los quebrantados (61:1; cp. 42:3) y proclamaría la buena nueva de paz, felicidad y salvación a los abatidos (52:7; 61:1). Sería el justo de Dios (50:8; 53:11; cp. Jer. 23:6; 1 Jn. 2:1), y su senda al triunfo (Is. 52:13) y a la proclamación de la buena nueva del reinado de Jehová (52:7) sería a través de gran tribulación. Se ofrecería como sacrificio sustitutivo para muchos, llevaría las iniquidades de muchas naciones y contaría como justos a muchos pueblos (52:14; 53:11; cp. Ro. 5:19; 2 Co. 5:21). Saber que vería "linaje" tras su muerte (Is. 53:10-11; cp. He. 12:2) lo motivaría a llevar sobre sí la maldición de Dios por el bien de los muchos, y aseguraría así su salvación (cp. Gá. 3:13-14). Así, "En Jehová será justificada y se gloriará toda la descendencia de Israel [es decir, el siervo individual]" (Is. 45:25; cp. 59:21). Es relevante que el siervo individual tenga "linaje", ya que Jesús nunca se casó ni tuvo hijos. Por tanto, "el linaje" mencionado debe ser una progenie espiritual sin lazos biológicos necesarios (cp. 1 Co. 4:15; Gá. 4:18-19).[8]

El siervo individual, "Israel", representaría a Jehová y serviría de novio que liberaría a Jerusalén, su ciudad novia. La redimiría con amor eterno y la establecería con un pacto eterno (Is. 54:8, 10; 62:23; 66:7-11; cp. Gá. 4:21-27). Como el "siervo", generaría "siervos" sacerdotales (Is. 54:17; cp. 65:13-16; 66:21-22), algunos de los cuales fueron una vez extranjeros (56:6) y algunos de las doce tribus de Israel (63:17). Así, la "descendencia [del siervo individual] heredará naciones, y habitará las ciudades asoladas" (54:3) y ellas también serían llenas del poder del Espíritu de Dios (44:3; cp. 32:15). Jehová les enseñaría (54:13; cp. Jer. 31:34; Jn. 6:44-45) y serían reunidos para habitar siempre en la Jerusalén recién creada como "linaje de los benditos de Jehová" (Is. 65:18, 23; cp. 66:22). En aquel día, Jehová declarará: "Bendito el pueblo mío Egipto, y el asirio obra de mis manos, e Israel mi heredad" (Is. 19:25). El Salmo 87 capta bien este simbolismo cuando declara que personas de Egipto, Babilonia, Filistea, Tiro y Etiopía serán residentes de la nueva Jerusalén con nuevos certificados de nacimiento que declaran: "Este y aquel han nacido en ella" y "Este nació allá" (Sal. 87:4-6; cp. Gá. 4:26-27).

---

8. Jason S. De Rouchie, "Counting Stars with Abraham and the Prophets: New Covenant Ecclesiology in OT Perspective", *JETS* 58, núm. 3 (2015): 445-485; Jason S. DeRouchie, "Father of a Multitude of Nations: New Covenant Ecclesiology in Old Testament Perspective", en *Progressive Covenantalism: Charting a Course between Dispensational and Covenant Theologies,* eds. Stephen J. Wellum y Brent E. Parker (Nashville: B&H, 2016), 7-38.

Jesucristo es el descendiente de Abraham y el Hijo y Siervo de Dios, y la iglesia es su descendiente y sierva

Cuando entramos en el NT, Jehová ha castigado al pueblo del antiguo pacto por medio del exilio, aunque replantó a un remanente de ellos en la tierra prometida. Este es el contexto para el surgimiento del gobernante davídico esperado, a través del cual Dios reconciliaría a los elegidos de las naciones consigo mismo. Así, Mateo cita la profecía de Miqueas 5:2: "Y tú, Belén, de la tierra de Judá, no eres la más pequeña entre los príncipes de Judá; porque de ti saldrá un guiador, que apacentará a mi pueblo Israel" (Mt. 2:6). Al recordar el primer éxodo del "hijo" colectivo de Dios desde Egipto, Mateo identifica que la huida de José y María con Jesús desde Belén "cumplía" en cierto modo las palabras de Oseas: "De Egipto llamé a mi Hijo" (2:15; cp. Os. 11:1).[9] Aquí está implícito que este niño rey, el Hijo divino, representa ahora al pueblo de Dios. Los que se identifiquen con este Hijo son el nuevo pueblo del pacto de Dios.

De manera específica, esta nueva familia se caracterizaría por seguir a Jesús (Mt. 10:38; 16:24; 19:21), hacer su voluntad (12:50) y obedecer sus enseñanzas (17:5; 28:20; cp. Is. 42:4; 50:4, 10). Junto con reclamar a las ovejas judías, Jesús cumpliría las predicciones veterotestamentarias de pastorear un rebaño multiétnico: "También tengo otras ovejas que no son de este redil; aquellas también debo traer, y oirán mi voz; y habrá un rebaño, y un pastor" (Jn. 10:16). "Jesús había de morir por la nación; y no solamente por la nación, sino también para congregar en uno a los hijos de Dios que estaban dispersos" (11:51-52). Jesús denominó a esta comunidad de creyentes del tiempo del fin "mi iglesia" (Mt. 16:18; cp. 18:17), un título común del AT para la congregación del pueblo de Dios (p. ej.: Dt. 4:10; 31:30; Jos. 8:35; Jue. 20:2; 1 Cr. 28:8; 2 Cr. 23:3). Jesús prometió edificar y proteger a su "iglesia" (Mt. 16:18; Jn. 10:27-30) y encargó a sus seguidores que hicieran más discípulos de todas las naciones, bajo su autoridad y en el poder de su presencia (Mt. 20:18-20; Hch. 1:8).

El libro de Hechos recuerda "cómo Dios visitó por primera vez a los gentiles, para tomar de ellos pueblo para su nombre" (Hch. 15:14), y el Señor los designó junto con los demás cristianos primitivos como su "pueblo" (18:10). Tanto la composición multiétnica de la iglesia (Ro. 9:25-26) como su identidad como templo (2 Co. 6:16; Ef. 2:19-20) cumplieron de manera explícita las promesas del AT respecto a su existencia. Cuando Jesús declaró que estaba inaugurando el nuevo pacto (Lc. 22:20), estaba cumpliendo directamente lo que Jeremías predijo para su iglesia: "Pondré mis leyes en la mente de ellos, y sobre su corazón las escribiré; y seré a ellos por Dios, y ellos me serán a mí por pueblo" (He. 8:10; cp. Jer. 31:33). Jesús revierte el estado de Israel: "Vosotros

---

9. Ver Pregunta 32.

que en otro tiempo no erais pueblo, pero que ahora sois pueblo de Dios; que en otro tiempo no habíais alcanzado misericordia, pero ahora habéis alcanzado misericordia" (1 P. 2:10; cp. Os. 1:6, 9, 10, [2:1]; 2:23).

La iglesia se refiere a los que están *en Cristo*.

> Cristo nos redimió de la maldición de la ley, hecho por nosotros maldición [...] para que en Cristo Jesús la bendición de Abraham alcanzase a los gentiles [...] por la fe [...]. Ahora bien, a Abraham fueron hechas las promesas, y a su simiente [...] como de uno [...] la cual es Cristo [...]. Ya no hay judío ni griego; no hay esclavo ni libre; no hay varón ni mujer; porque todos vosotros sois uno en Cristo Jesús. Y si vosotros sois de Cristo, ciertamente linaje de Abraham sois, y herederos según la promesa (Gá. 3:13-14, 16, 28-29; cp. Ro. 3:21-24; 4:11).

De manera similar: "No es judío el que lo es exteriormente, ni es la circuncisión la que se hace exteriormente en la carne; sino que es judío el que lo es en lo interior, y la circuncisión es la del corazón, en espíritu" (Ro. 2:28-29; cp. Dt. 30:6; Ez. 36:27).[10] Y, de nuevo: "No los que son hijos según la carne son los hijos de Dios, sino que los que son hijos según la promesa son contados como descendientes" (Ro. 9:8). En un tiempo, los gentiles estaban

> sin Cristo, alejados de la ciudadanía de Israel y ajenos a los pactos de la promesa, sin esperanza y sin Dios en el mundo. Pero ahora en Cristo Jesús, vosotros que en otro tiempo estabais lejos, habéis sido hechos cercanos por la sangre de Cristo. Porque él es nuestra paz, que de ambos pueblos hizo uno, derribando la pared intermedia de separación, aboliendo en su carne las enemistades, la ley de los mandamientos expresados en ordenanzas, para crear en sí mismo de los dos un solo y nuevo hombre, haciendo la paz, y mediante la cruz reconciliar con Dios a ambos en un solo cuerpo, matando en ella las enemistades (Ef. 2:12-16).

Hoy, el único pueblo de Dios son los que están en Cristo y, ya que Jesús representó a Israel e incluso llevó su nombre (Is. 49:2), la iglesia es ahora "el Israel de Dios" (Gá. 6:16; cp. Mt. 19:28; Stg. 1:1, 1 P. 1:1).[11] La iglesia no sustituye a Israel; se convierte en él al identificarse con el israelita supremo, Jesús. Y cada

---

10. Para otros ejemplos donde no se cuenta a los israelitas/judíos étnicos como verdaderos israelitas, ver 1 Co. 10:1-5, 18; Fil. 3:2-3; Ap. 2:9; 3:9.

11. Ver G. K. Beale, "Peace and Mercy upon the Israel of God: The Old Testament Background of Gal. 6, 16b", *Bib* 80 (1999): 204-223; G. K. Beale, *A New Testament Biblical Theology: The Unfolding of the Old Testament in the New* (Grand Rapids: Baker Academic, 2011), 722-723.

miembro de la iglesia, judío o griego, esclavo o libre, varón o hembra, disfruta ahora la unicidad en Cristo y de la herencia completa de todo lo que Dios le prometió a Abraham (Gá. 3:28-29; cp. Mt. 3:9-10). La composición del pueblo de Dios pasó de Adán, como hijo de Dios y cabeza de toda la humanidad, a Israel, como hijo colectivo de Dios, y luego a Jesús, como Hijo de Dios, el ser humano supremo que representa a Israel, en quien todos los identificados por la fe se convierten en el pueblo de Dios. Cristo es la "cabeza" (es decir, la autoridad) (Ef. 1:22; 5:23; Col. 2:17-19) y la iglesia es su "cuerpo" (Ro. 12:5; 1 Co. 10:16; 12:27). Él es el esposo (Mr. 2:18-20) y la iglesia, identificada con la nueva Jerusalén, es su esposa (Ap. 21:2, 9; 22:17; cp. Gá. 4:26). El pueblo de Dios son ahora los miembros de su familia (Gá. 6:10; Ef. 2:19-20; 1 Ti. 3:15; He. 3:6; 1 P. 2:5; 4:17). Por medio de nuestra relación con Cristo, el Hijo (ver He. 3:2-6), el Señor del universo se convierte en nuestro "padre" y nosotros en sus "hijos e hijas" (2 Co. 6:18; 1 Jn. 3:1; cp. Mt. 6:9; Ef. 3:14).

En el NT, el término "iglesia" suele aplicarse a las congregaciones cristianas individuales (p. ej.: Ro. 16:5; 1 Co. 1:2; 1 Ts. 1:1; 2 Ts. 2:1) o a colecciones de estas congregaciones en regiones geográficas (p. ej.: 1 Co. 16:1, 19; Gá. 1:2; 1 Ts. 2:14). A veces, el término se aplica a todos los cristianos en la tierra (p. ej.: 1 Co. 15:9; Gá. 1:13) o incluso a todos aquellos por quienes Cristo murió en todas las épocas, todos aquellos a quienes Dios "escogió en él antes de la fundación del mundo" (Ef. 1:4) y que ahora están sentados con Cristo en los lugares celestiales (2:6; cp. 1:22; 2:6; 3:10; 5:23-27, 29, 32; Col. 1:18; 3:1-2). Así pues, "Cristo amó a la iglesia, y se entregó a sí mismo por ella" (Ef. 5:25). Antes de que Cristo viniera, todos los santos verdaderos fueron salvos a *crédito*, con la esperanza segura de que su deuda de pecado sería pagada por medio de la obra sustitutiva y victoriosa de Cristo (cp. Mt. 13:17; Lc. 10:24; Jn. 8:56; He. 11:13, 39-40). No obstante, ahora que Cristo ha venido, el pueblo de Dios es salvo a *débito*, porque Jesús anuló "el acta de los decretos que había contra nosotros [...] clavándola en la cruz" (Col. 2:14).

En la Jerusalén celestial en la que hemos sido criados y ahora estamos sentados con Cristo (Ef. 2:6; cp. Col. 3:1), los seres celestiales entonan este canto de alabanza al "León de la tribu de Judá, la raíz de David", quien venció al convertirse en el "Cordero" sacrificial: "Digno eres [...] porque tú fuiste inmolado, y con tu sangre nos has redimido para Dios, de todo linaje y lengua y pueblo y nación; y nos has hecho para nuestro Dios reyes y sacerdotes, y reinaremos sobre la tierra" (Ap. 5:9-10). En el día futuro cuando el gran sacerdote rey erradicará todo mal y establecerá su reino en la tierra, "una gran multitud, la cual nadie [podrá] contar, de todas naciones y tribus y pueblos y lenguas, que [estarán] delante del trono y en la presencia del Cordero, vestidos de ropas blancas, y con palmas en las manos" clamará en voz alta: "La salvación pertenece a nuestro Dios que está sentado en el trono, y al Cordero" (7:9-10). Y la iglesia multiétnica, el pueblo eterno de Dios, servirá a Dios en su templo, abrigada por su presencia, y disfrutará de toda provisión "porque el Cordero que está en medio del trono los pastoreará, y los guiará a fuentes de aguas de vida; y Dios enjugará toda lágrima de los ojos de ellos" (7:15-17; cp. Is. 25:8; Ap. 21:4).

En resumen

Desde la creación hasta la consumación, Dios está moldeando a un pueblo global para sí bajo su reinado. En respuesta a la rebeldía de Adán, el Señor prometió levantar a un libertador que venciera la maldición con bendición y reconciliara a un pueblo consigo. Jehová apartó a Abraham y, en última instancia, a Israel como agentes por medio de los cuales surgiría esta figura real y sacerdotal. Y aunque Israel, el pueblo de Dios, se rebeló y fue castigado con el exilio, el Señor preservó un remanente fiel que esperó en la promesa de un futuro siervo individual llamado "Israel", que salvaría a muchos de Israel y del resto de las naciones. El NT resalta que todos los judíos y gentiles que, por fe, se unan con Cristo, constituyen la iglesia, el pueblo perdurable de Dios, que heredará plena y eternamente lo que Dios prometió a Abraham.

Preguntas para la reflexión

1. ¿Quiénes constituyen "el pueblo de Dios" en las Escrituras?
2. ¿De qué forma se hace avanzar el concepto de filiación real y sacerdotal a partir de la función de Adán en el huerto de Edén, a través de la identidad y del llamado de Israel hasta la persona y la obra de Cristo y la constitución de su iglesia, para culminar en la nueva Jerusalén?
3. ¿De qué formas el pueblo de Dios en el antiguo pacto mosaico es similar y distinto del pueblo de Dios en el nuevo pacto?
4. ¿Qué diferencia marca Jesús en la naturaleza o composición del pueblo de Dios?
5. Si Jesús, quien como hombre nunca se casó ni tuvo hijos, es el siervo individual de Dios y es llamado "Israel" (Is. 49:3); y si es llamado a salvar a algunos del pueblo de Israel y del resto de las naciones (49:6); y si este siervo individual tiene "descendencia" que, en Jehová, "será justificada y se gloriará" en su totalidad (45:25; cp. 53:10; 59:21); ¿cuáles son las implicaciones para la composición del pueblo de Dios hoy? Para una ayuda, considere Gálatas 3:28-29.

¿Qué es una teología bíblica de la ley?

Jason S. DeRouchie

Por lo general, las Escrituras usan el término "ley" en referencia al cuerpo de mandamientos escritos en el pacto mosaico que llaman a las personas a amar a Dios y al prójimo (Mt. 7:12; 22:37-40; Ro. 13:8-10). De ahí que Pablo asevere: "El pacto previamente ratificado por Dios para con Cristo, la ley que vino cuatrocientos treinta años después, no lo abroga, para invalidar la promesa [hecha a Abraham]" (Gá. 3:17). Pablo también recalcó que no estaba "sujeto a la ley [de Moisés]", pero que tampoco estaba "sin la ley de Dios, sino bajo la ley de Cristo" (1 Co. 9:20-21; cp. Ro. 6:14). ¿Qué es, pues, la teología bíblica de la ley y cómo deben relacionarse los cristianos con la ley de Moisés?

Antecedentes de la ley mosaica

Aunque Dios nunca formalizó el pacto adámico-noético y el abrahámico con un código escrito, sí estipuló en ellos cómo vivir y relacionarse con Él. En el pacto con la creación, Dios encargó a los jefes humanos que se multiplicaran y gobernaran de formas que lo reflejaran, se parecieran a Él y lo representaran en la tierra (Gn. 1:28; 9:1, 7). Los seres humanos representarían a Dios sirviendo, cuidando, ayudando y amando de acuerdo con sus funciones (2:15, 18, 23-24). Y, después de que la humanidad se rebelara, seguirían siendo su imagen al invocar su nombre (4:26), caminar con Él (5:22; 6:9) y confiar con dependencia en sus promesas compradas con sangre (3:21; 8:20) de un libertador real (3:15) y de un contexto sostenido desde el cual surgiría esta persona (8:20-22; 9:10-11). Era necesario que valoraran su imagen en los demás (9:5-6) y que les importara más el nombre de Jehová que el suyo propio (4:26; 11:4).

Cuando Adán desobedeció, Dios maldijo al mundo y prometió la muerte a todos sus descendientes. Así, "antes de la ley, había pecado en el mundo" (Ro. 5:12-13; cp. Gn. 2:17). Isaías observa los terribles resultados: "Y la tierra se contaminó bajo sus moradores; porque traspasaron las leyes, falsearon el derecho, quebrantaron el pacto sempiterno. Por esta causa la maldición consumió la tierra, y sus moradores fueron asolados" (Is. 24:5-6; cp. Jer. 25:30-38). Jehová usó el diluvio como castigo en la época de Noé porque "la maldad de los hombres era mucha en la tierra" (Gn. 6:5) y, después, el orgullo de la

Torre de Babel impulsó al Señor a dispersar a las familias rebeldes por todo el mundo (11:8-9).

Jehová le encargó a Abram que fuera a la tierra prometida para ser "bendición" allí, de tal manera que por medio de él todas las familias bajo maldición de la tierra pudieran ser bendecidas (12:1-2, traducción de DeRouchie). Abram debía andar delante del Señor y ser "perfecto" para que Dios pudiera cumplir las promesas del pacto (17:1-2). En realidad, solo al mandar "a sus hijos y a su casa después de sí, que guarden el camino de Jehová, haciendo justicia y juicio", haría "venir Jehová sobre Abraham lo que [había] hablado acerca de él" (18:19). El patriarca creyó a Jehová respecto a la promesa de descendencia y Dios contó su fe como justicia (15:6). La disposición de este hombre a sacrificar a su propio hijo como acto de confianza en la promesa del Señor nació de esa fe (22:10-12; cp. 17:19; 21:12). Ya que Abraham hizo como Jehová le mandó y obedeció su voz, Dios juró que con toda seguridad le levantaría una descendencia que restauraría la bendición al mundo (22:16-18). En consecuencia, su obediencia llena de temor que fluía de la fe lo estableció como modelo de cumplidor del pacto para los israelitas. Jehová identifica esta función cuando habla del patriarca como si hubiera observado toda la ley: "Oyó Abraham mi voz, y guardó mi precepto, mis mandamientos, mis estatutos y mis leyes" (26:4-5; cp. Dt. 11:1; 26:17; Ro. 4:11, 13; He. 11:8, 13).

El ministerio de muerte de la ley mosaica

Perspectivas veterotestamentarias sobre la ley mosaica

Jehová redimió a Israel de la esclavitud en Egipto y, en el monte Sinaí, entró en una relación formal de pacto con su pueblo, que incluía un código escrito.[1] El Señor declaró: "Si diereis oído a mi voz, y guardareis mi pacto [...] me seréis un reino de sacerdotes, y gente santa" (Éx. 19:5-6). Las Diez Palabras de las tablas de piedra incluían "la ley, y mandamientos" que Dios dio para instruir a su pueblo (24:12). Asimismo, Dios proporcionó varias leyes más, todas ellas resumidas en el mandamiento supremo: "Oye, Israel: Jehová nuestro Dios, Jehová uno es. Y amarás a Jehová tu Dios de todo tu corazón, y de toda tu alma, y con todas tus fuerzas" (Dt. 6:4-5; cp. 10:12-13). El amor por Dios es el manantial del que fluye el amor al prójimo (10:12, 19; cp. Lv. 19:18). Y amar a Dios y al prójimo es el *acto* que Dios llamó a Israel a hacer; las Diez Palabras y todos los "estatutos y decretos" adicionales aclaran *cómo* debía hacerlo el pueblo de Dios (ver Dt. 4:25; 12:1; 26:16).

---

1. Para más sobre el tema de esta sección, ver Jason S. DeRouchie, "From Condemnation to Righteousness: A Christian Reading of Deuteronomy", *SBJT* 18, núm. 3 (otoño de 2014): 87-118.

Jehová llamó a los sacerdotes "para poder discernir entre lo santo y lo profano, y entre lo inmundo y lo limpio" y "para enseñar a los hijos de Israel todos los estatutos que Jehová les ha dicho por medio de Moisés" (Lv. 10:10-11). También encargó a Israel: "Habéis, pues, de serme santos, porque yo Jehová soy santo, y os he apartado de los pueblos para que seáis míos" (Lv. 20:26; cp. 19:2; 20:7; 21:8). Por medio del sometimiento a la ley de Dios, Israel serviría de testigo a las naciones, mediaría la presencia de Jehová y manifestaría su santidad (Éx. 19:5-6; Dt. 4:5-6).

Jehová puso delante de Israel bendiciones y maldiciones condicionadas a su obediencia a la ley (Dt. 11:26-28; 30:15-20; cp. Lv. 26:3-39; Dt. 28). El pueblo disfrutaría de la vida y la justicia si cumplían *todos* sus mandamientos a la perfección (Lv. 18:5; Dt. 5:29; 6:2, 25; 8:1; 28:1; etc.). No obstante, Israel fue "de dura cerviz" (Éx. 32:9; 33:3, 5; 34:9; Dt. 9:6, 13; 10:16; 31:27), incrédulo (Nm. 14:11; Dt. 1:32; 9:23) y "rebelde" (Nm. 20:10, 24; 27:14; Dt. 9:7, 24; 31:27). Y tanto Jehová como Moisés identificaron que la maldad del pueblo solo aumentaría en la tierra prometida. El resultado sería que Dios los destruiría y los enviaría al exilio (Dt. 4:25-28; 31:16-17, 27-29; cp. 32:5), tal como lo había hecho con Adán (Is. 43:27; Os. 6:7).

Jehová, el único que santifica (Éx. 31:13; Lv. 20:8; 22:32; Ez. 37:28), reconoció su estado pecaminoso, anticipó su don supremo de salvación y proporcionó a Israel los sacrificios sustitutivos como medio de encontrar su gloria y experimentar el despertar de la santidad (Lv. 9:3-4, 6, 23-24; 10:3). El sacrificio podía hacer expiación por Israel, pero solo si ellos admitían su culpa y confesaban su pecado (Lv. 5:5-6; Nm. 5:6-7; cp. Jer. 36:3). Sin embargo, Dios no venció su resistencia de la mayoría. Como aseveró Moisés: "Pero hasta hoy Jehová no os ha dado corazón para entender, ni ojos para ver, ni oídos para oír" (Dt. 29:4[3]). Aunque Dios los dirigió a acepar con sinceridad su llamamiento a amar (6:5-6) y aunque les encargó: "Circuncidad [...] el prepucio de vuestro corazón, y no endurezcáis más vuestra cerviz" (10:16), el pecado y no la ley estaba "esculpido [...] en la tabla de su corazón" (Jer. 17:1). La rebeldía y no el perdón caracterizó la época del antiguo pacto (31:32; cp. 31:34). Aunque desde una perspectiva, Dios entregó en Sinaí "juicios rectos, leyes verdaderas, y estatutos y mandamientos buenos" (Neh. 9:13), desde otra muy real, Jehová les dio "estatutos que no eran buenos, y decretos por los cuales no podrían vivir" (Ez. 20:25). El resultado fue su perdición, como lo demostraría la historia (cp. 2 R. 17:13-15, 18; Dn. 9:11).

Perspectivas neotestamentarias sobre la ley mosaica

Pablo afirmó que en la ley mosaica tenemos "la forma de la ciencia y de la verdad" (Ro. 2:20) y que "la ley a la verdad es santa, y el mandamiento santo, justo y bueno" (7:12). No obstante, "el mismo mandamiento que era para vida, a mí me resultó para muerte" (7:10).

En los propósitos del Señor, el antiguo pacto de la ley conllevaba un "ministerio de muerte" y "un ministerio de condenación", en oposición al "ministerio de justificación" del nuevo pacto (2 Co. 3:7, 9). Dios endureció a la mayoría de Israel (Ro. 11:7-8; cp. Dt. 29:4[3]; Is. 29:10; 44:18) y usó la ley mosaica para multiplicar la transgresión (Ro. 5:20; Gá. 3:19), exponer el pecado (Ro. 3:15) y producir ira (4:15). Lo hizo para revelar a todo el mundo que "por las obras de la ley ningún ser humano será justificado delante de él" (3:20) y también para demostrar mediante la venida de Cristo que Él es "el justo, y el que justifica al que es de la fe de Jesús" (3:26), judío o gentil (cp. 9:22-24).

Cuando Pablo afirmó que "la ley no es de fe" (Gá. 3:12), es probable que quisiera decir que la época de la ley se caracterizó por hacer en lugar de creer como medio de justicia (ver Pregunta 34). Él asevera: "Israel, que iba tras una ley de justicia, no la alcanzó. ¿Por qué? Porque iban tras ella no por fe, sino como por obras de la ley, pues tropezaron en la piedra de tropiezo" (Ro. 9:31-32).

La era de la fe y la ley de Cristo

Predicciones veterotestamentarias de algo mejor

Además de lamentar el estado y el destino de Israel bajo el antiguo pacto, los profetas del AT anticiparon la obra de Dios en los días postreros, que transformaría el corazón de las personas e incluiría la relevancia duradera de la ley mosaica. Cuando Jehová llamó por primera vez a Moisés para construir el tabernáculo y adorar conforme al modelo celestial (Éx. 25:9, 40; 26:30; 27:8), había una suposición integrada de que el sistema simbólico de adoración israelita se volvería obsoleto si la sombra pasaba alguna vez a ser sustancia (Col. 2:16-17) y si el modelo de este sistema llegaba alguna vez a la tierra (He. 9:11-12; cp. Jn. 2:19-21). Tal como Jehová declaró por medio de Zacarías, el sacerdocio no era sino una "señal" o indicador que apuntaba al siervo real y sacerdotal de Dios, que edificaría un nuevo templo palacio para Dios y quitaría "el pecado de la tierra en un día" (Zac. 3:8-9; 6:12-13).

Además, Moisés prometió que, tras el exilio "en los postreros días", la misericordia de Jehová haría que su pueblo volviera a Él y escuchara su voz para que "[pusiera] por obra todos sus mandamientos que [le había ordenado]" (Dt. 30:8; cp. 4:30-31). Es decir, en el día en que el Señor circuncidaría sus corazones para que su pueblo lo amara con todo su corazón y su alma (30:6; cp. 30:10), Deuteronomio continuaría importando y el pueblo seguiría la instrucción de Moisés, ahora canalizada por el mediador profético del pacto como él, pero mejor (18:15). Esta observancia del pacto sería posible porque el mandamiento que Moisés les estaba dando en aquel día no sería demasiado difícil ni duro, sino que "muy cerca de ti estará la palabra. Estará en tu boca y en tu corazón, para que puedas cumplirla" (30:11-14, traducción DeRouchie; cp. Ro. 10:6-8).[2]

Isaías también anticipó que "en lo postrero de los tiempos" las naciones y los pueblos se agolparán para ir a la Sion transformada, para que Jehová les enseñe sus caminos y puedan caminar en sus sendas, "porque de Sion saldrá la ley" (Is. 2:2-3; cp. Mi. 4:1-2). Todo el que esté allí "será llamado santo" (Is. 4:3), porque vive en lealtad bajo el nuevo David empoderado por el Espíritu, el siervo real, que reinará en justicia y rectitud (9:6-7; 11:2-5; 42:1-4; cp. 51:4) y enseñará de una forma que sustenta a los demás (50:4). Jehová identifica que había un remanente justo que fue enseñado (8:16) y "en cuyo corazón está mi ley" (50:7; cp. Sal. 37:31; 40:8[9]; 119:11), pero un día "los sordos oirán las palabras del libro" (Is. 29:18) y todos los miembros de la comunidad multiétnica comprada con sangre "serán enseñados por Jehová" (Is. 54:13; cp. 53:10; 54:3). En aquel día el "justo" (cp. 50:8-9) "justificará […] a muchos, y llevará las iniquidades de ellos" (53:11; cp. 50:8-9).[3]

Jeremías también anticipó que, después de que Jehová restaurara a Sion a sus hijos que una vez fueron desleales, les daría "pastores según [su] corazón, que [los] apacienten con ciencia y con inteligencia" (Jer. 3:15; cp. 23:4). En ese momento, algunos de los que fueron "malos vecinos" de Dios "serán prosperados en medio de [su] pueblo" porque "cuidadosamente [aprendieron] los caminos de [su] pueblo"; por otra parte, destruirá a cualquier nación que se niegue a oír (12:14, 16-17; cp. 3:16-18). Algunos israelitas étnicos serán salvos y morarán a salvo cuando el rey davídico reine con juicio y justicia (23:5-6),

---

2. La conjunción subordinada "Porque" al principio de Deuteronomio 30:11 vincula firmemente los versículos 11-14 con la predicción futura que los precede y sugiere que las oraciones sin verbo a lo largo del párrafo deben traducirse todas en futuro. Para esta interpretación de Deuteronomio 30:11-14, ver, por ejemplo, J. Gary Millar, *Now Choose Life: Theology and Ethics in Deuteronomy*, NSBT 6 (Downers Grove, IL: InterVarsity, 1998), 94, 174-175; Stephen G. Dempster, *Dominion and Dynasty: A Biblical Theology of the Hebrew Bible*, NSBT 15 (Downers Grove, IL: InterVarsity, 2003), 118-121; Patrick A. Barker, *The Triumph of Grace in Deuteronomy: Faithless Israel, Faithful Yahweh in Deuteronomy* (Carlisle, UK: Paternoster, 2004), 182-198; Steven R. Coxhead, "Deuteronomy 30:11-14 as a Prophecy of the New Covenant in Christ", *WTJ* 68 (2006): 305-320; Bryan D. Estelle, "Leviticus 18:5 and Deuteronomy 30:1-14 in Biblical Theological Development: Entitlement to Heaven Foreclosed and Proffered", en *The Law Is Not of Faith: Essays on Works and Grace in the Mosaic Covenant*, eds. Bryan D. Estelle, J. V. Fesko y David VanDrunen (Phillipsburg, NJ: P&R, 2009), 127-137; DeRouchie, "From Condemnation to Righteousness", 117-118; y Colin James Smothers, "In Your Mouth and in Your Heart: A Study of Deuteronomy 30:12-14 in Paul's Letter to the Romans in Canonical Context" (dis. PhD, Southern Baptist Theological Seminary, 2018).

3. Ver Charles E. Hill, "God's Speech in These Last Days: The New Testament Canon as an Eschatological Phenomenon", en *Resurrection and Eschatology: Theology in Service of the Church; Essays in Honor of Richard B. Gaffin Jr.*, eds. Lane G. Tipton y Jeffrey C. Waddington (Phillipsburg, NJ: P&R, 2008), 203-254.

y los extranjeros se unirán a ellos y "servirán a Jehová su Dios y a David su rey" (30:9). Será este "Israel" transformado con quien Jehová redactará un "nuevo pacto": "Daré mi ley en su mente" y "la escribiré en su corazón" (31:33; cp. He. 8:10; 10:16). Y el resultado será que cada miembro del pacto, desde el menor hasta el mayor, conocerá al Señor porque, como Él declara: "Perdonaré la maldad de ellos, y no me acordaré más de su pecado" (Jer. 31:34; cp. 33:8; He. 10:17). Así, Jehová distinguiría el nuevo pacto del antiguo al perdonar e internalizar su ley en el interior de *cada* miembro.

Ezequiel también visualiza que, bajo el siervo real David, Jehová concederá a la comunidad restaurada un nuevo corazón y su Espíritu, lo que resultará en su vida. El Señor hará que guarden sus estatutos y guarden sus preceptos (ver Ez. 36:26-27; 37:14, 24; cp. 11:19-20).

Perspectivas neotestamentarias sobre la nueva era de fe y la ley de Cristo

La venida de Cristo marcó el principal punto de inflexión en la historia de la redención.[4] Pablo identificó el pacto mosaico como una forma temporal, esclavizante, que trajo muerte y que Dios ha sustituido ahora por la libertad en Cristo y la era de la fe (Ro. 7:6, 10-11; 10:4; 2 Co. 3:7, 9; Gá. 3:23-26). Por sí misma, la ley mosaica no podía dar vida (Gá. 3:21). Sin embargo, en Cristo Jesús, "lo que era imposible para la ley, por cuanto era débil por la carne, Dios, enviando a su Hijo en semejanza de carne de pecado y a causa del pecado, condenó al pecado en la carne; para que la justicia de la ley se cumpliese en nosotros, que no andamos conforme a la carne, sino conforme al Espíritu" (Ro. 8:3-4). Cristo es el mediador de un mejor pacto con mejores promesas (He. 8:6, 13; cp. 7:12; 10:9) y la gracia gloriosa y la verdad que vinieron a nosotros por medio de Jesucristo ahora han reemplazado la gracia y la gloria de la ley mosaica (Jn. 1:16-17; cp. 2 Co. 3:7-11).

En la era de la fe, los cristianos forman parte del nuevo pacto y no del antiguo, lo que significa que la ley mosaica ya no guía ni juzga *directa* e *inmediatamente* la forma en que se comporta el pueblo de Dios (cp. Hch. 15:10; Gá. 4:5; 5:1-12; Ef. 2:14-16).[5] No estamos "bajo la ley, sino bajo la gracia" (Ro. 6:14-15); no estamos "sin ley de Dios, sino bajo la ley de Cristo" (1 Co. 9:20-21; cp. Gá. 6:2); a esta última, Santiago califica como "perfecta ley", "ley de la libertad" y "ley real" (Stg. 1:25; 2:8, 12). Nuestras directrices nos llegan directamente de Jesús, a quien debemos escuchar y obedecer (Mt. 17:5; 28:19). Él es el

---

4. Ver también Jason S. DeRouchie, *How to Understand and Apply the Old Testament: Twelve Steps from Exegesis to Theology* (Phillipsburg, NJ: P&R, 2017), 428-436.
5. Así también Douglas J. Moo, "The Law of Christ as the Fulfillment of the law of Moises: A Modified Lutheran View", en *Five Views on Law and Gospel,* ed. Wayne G. Strickland, Counterpoints (Grand Rapids: Zondervan, 1996), 343, 375.

mediador del nuevo pacto profético: como Moisés, pero mejor que él (Dt. 18:5; Hch. 3:22-26; cp. 1 Ti. 2:5; He. 9:15), y es el rey siervo de Isaías, cuya instrucción guiaría la era del fin (Is. 2:3; 42:4; 51:4). Sus mandamientos, tanto los de su boca (Jn. 14:15, 21; 15:10) como los que vinieron por medio de sus apóstoles (1 Co. 7:25; 14:37; 2 Jn. 6, 9; cp. Jn. 14:26; 15:26-27; 1 Co. 11:23; Gá. 1:2), son sus directrices para la iglesia y dirigen nuestra vida (Jn. 14:15, 21; 15:10; 1 Co. 7:19; 1 Jn. 3:23-24; 5:2-3). Podemos resistir al cumplir los mandamientos de Dios y al aferrarnos al testimonio de Jesús (1 Ti. 6:13-14; Ap. 12:17; 14:12).

Cristo como lente para reapropiarse de la ley mosaica

En la era del nuevo pacto, cuando los creyentes gentiles que no tienen ley escrita "hacen por naturaleza lo que es de la ley", muestran "la obra de la ley escrita en sus corazones" (Ro. 2:14-15; cp. Jer. 31:33).[6] Y, de nuevo, cuando un cristiano gentil "guardare las ordenanzas [pl. de *dikaíoma*] de la ley", revela que es un verdadero "judío", porque su corazón está circuncidado por el poder del Espíritu (Ro. 2:26, 28-29; cp. Dt. 30:6; Ez. 36:27). También es este "cumplimiento" de la ley el que los apóstoles afirman que llevamos a cabo cuando amamos a nuestro prójimo (Ro. 13:8, 10).

Aunque la ley mosaica no obliga *directamente* a los cristianos en términos legales, no la desechamos. Aunque los autores del NT sí *repudian* y *sustituyen* la ley del antiguo pacto, en otro sentido muy real, la reapropian como profecía que anticipa el evangelio de Jesús y como sabiduría diseñada para guiar a los santos del NT en nuestra búsqueda de Dios.[7] Por tanto, la ley mosaica conlleva una relevancia reveladora y pedagógica para los cristianos.[8] Esto es evidente en la forma en que se tratan todas las leyes del AT como provechosas e instructivas (p. ej.: Ro. 13:9; 1 Co. 9:7-9; Ef. 6:1-3; 1 Ti. 5:18; 1 P. 1:15-16), aunque solo por mediación de Cristo. "Toda la Escritura es [...] útil para enseñar, para redargüir, para corregir, para instruir en justicia" incluido el AT (2 Ti. 3:16; cp. Ro. 4:23; 15:4; 1 Co. 10:11).

---

6. Para esta interpretación de Romanos 2:14-15, ver Simon J. Gathercole, "A Law unto Themselves: The Gentiles in Romans 2.14-15 Revisited", *JSNT* 85 (2002): 27-49; A. B. Caneday, "Judgment, Behavior, and Justification according to Paul's Gospel in Romans 2", *Journal for the Study of Paul and His Letters* 1 (2011): 153-192; Thomas R. Schreiner, *Romans*, 2.ª ed., BECNT (Grand Rapids: Baker Academic, 2018), 125-135. Para una interpretación alternativa respecto a que Romanos 2:14-15 habla de gentiles no cristianos que cumplen parte de la ley, ver Thomas R. Schreiner, *Romans*, BECNT (Grand Rapids: Baker Academic, 1998), respecto a 2:14; Douglas J. Moo, *The Letter to the Romans*, 2.ª ed., NICNT (Grand Rapids: Eerdmans, 2018), respecto a 2:14. Ambas opiniones coinciden en que, a la luz de la pecaminosidad humana, Dios no justifica a las personas con base en sus obras.
7. Brian S. Rosner, *Paul and the Law: Keeping the Commandments of God*, NSBT 31 (Downers Grove, IL: InterVarsity, 2013), esp. 208-209, 217.
8. Respecto a estas distinciones, ver David A. Dorsey, "The Law of Moses and the Christian: A Compromise", *JETS* 34 (1991): 325, 331.

Jesús afirmó la relevancia duradera de la ley, aunque de un modo que resalta tanto la continuidad como la discontinuidad entre la ley mosaica y la ley de Cristo (cp. Lc. 16:16). Al principio del Sermón del Monte, asevera que no vino "para abrogar la ley o los profetas [...] sino para cumplir. Porque de cierto os digo que hasta que pasen el cielo y la tierra, ni una jota ni una tilde pasará de la ley, hasta que todo se haya cumplido" (Mt. 5:17-18). Cuando Jesús dijo que había venido "para cumplir", es probable que quisiera decir que manifestaba en su enseñanza y en su obra lo que el AT presagiaba.[9] Toda la Ley y los Profetas apuntaban a una vida de amor radical hacia Dios y el prójimo (7:12; 22:40) y esto es lo que Jesús encarnó, predicó y empoderó. Cristo vio una profunda continuidad entre su enseñanza y la de Moisés.[10] Llamó a las personas a hacer y enseñar los mandamientos mismos del antiguo pacto, *pero solo* a la luz de la forma en que Él cumplió la ley (5:19).[11]

Cuando vemos a Jesús como la lente para considerar la validez duradera de Moisés (fig. 24.1), reconocemos que Cristo *mantiene* algunas leyes de manera que se ven igual dentro de la ley de Cristo y de la ley de Moisés (p. ej.: amar a Dios y al prójimo; nunca cometer adulterio, asesinato, robo, etc.). A cierto nivel, Jesús intensifica esas leyes, ya que su propia vida provee un patrón sin precedentes para que los creyentes vivan una vida orientada hacia Dios (Fil. 2:5-7; He. 12:1-3; 1 P. 2:21; 1 Jn. 2:6) y un poder sin igual para lo mismo (Ro. 1:16; 1 Co. 1:18). Esto sucede, de manera específica, por medio de su perdón comprado con sangre (Ro. 6:6-7, 22; 8:10) y de sus promesas (Ro. 8:32; 2 Co. 1:20; 2 P. 1:4). No obstante, la obediencia cristiana a estas instrucciones es muy comparable a la forma en que se habría visto a los creyentes del AT poner por obra las leyes.[12]

---

9. Para un estudio de palabra excepcional de *pleróo*, ver Vern S. Poythress, *The Shadow of Christ in the Law of Moises* (Phillipsburg, NJ: P&R, 1991), 363-377; cp. 267. Para un enfoque similar a Mt. 5:17-19, ver Douglas J. Moo, "The Law of Moses or the Law of Christ", en *Continuity and Discontinuity: Perspectives on the Relationship between the Old and New Testaments: Essays in Honor of S. Lewis Johnson Jr.*, ed. John S. Feinberg (Wetchester, IL: Crossway, 1988), 203-218, 373-376; Poythress, *Shadow of Christ in the Law of Moses*, 263-269; Douglas J. Moo, "Law", en *Dictionary of Jesus and the Gospels*, eds. Joel B. Green y Scot McKnight (Downers Grove, IL: InterVarsity Press, 1992), 456-458; Moo, "Law of Christ as the Fulfillment of the Law of Moses"; Tom Wells y Fred G. Zaspel, *New Covenant Theology: Description, Definition, Defense* (Frederick, MD: New Covenant Media, 2002), 77-159; y D. A. Carson, "Matthew", en *Matthew-Mark*, 2.ª ed., Expositor's Bible Commentary 9 (Grand Rapids: Zondervan, 2010), 172-179.

10. Moo, "Law of Christ as the Fulfillment of the Law of Moises", 314.

11. Así también Moo, "Jesus and the Authority of the Mosaic Law", 28; Poythress, *Shadow of Christ in the Law of Moses*, 267-269; Moo, "Law", 458; Moo, "Law of Christ as the Fulfillment of the Law of Moses", 353; Wells y Zaspel, *New Covenant Theology*, 127; Carson, "Matthew", 179; y DeRouchie, *Understand and Apply the Old Testament*, 428-432.

12. Para un estudio de la forma en que se mantiene la ley mosaica en la ley de Cristo en relación con la identidad de género, ver Jason S. DeRouchie, "Confronting the Transgender Storm: New Covenant Reflections on Deuteronomy 22:5", *JBMW* 21, núm. 1 (2016): 58-69.

Por el contrario, cuando otras leyes tocan la lente de Cristo, se "doblan" de diversas maneras. Considere estos ejemplos:

- Cuando Cristo cumple la ley mosaica del *sabbat* (p. ej.: Dt. 5:12), lo *transforma* en un reposo sostenido para el pueblo de Dios (Mt. 11:28–12:8). En Jesús, el reposo del reino al que señalaba el *sabbat* alcanza su cumplimiento en los postreros días.[13]
- De manera similar, cuando Cristo cumple la ley mosaica respecto a la construcción de un pretil (Dt. 22:8), vemos que la aplicación *se extiende* de manera que requiere cuidar del prójimo en todas las formas de estructurar un entorno habitable. El amor por el prójimo no tiene límites, mientras honre al Señor.
- Finalmente, cuando Cristo cumple la ley mosaica asociada con los alimentos impuros (p. ej.: Lv. 20:25-26), la *anula* y los declara todos limpios (Mr. 7:19; cp. Hch. 10:14-15; Ro. 14:20). Aunque rescindió las restricciones alimentarias anteriores, podemos seguir beneficiándonos de estos mandamientos considerando lo que nos dicen sobre Dios y la manera en que magnifican la obra de Jesús. Sin embargo, no cumplimos estos preceptos en modo alguno.

Debemos evaluar cada ley en sus propios términos con el fin de discernir de forma adecuada cómo se aplica hoy.[14]

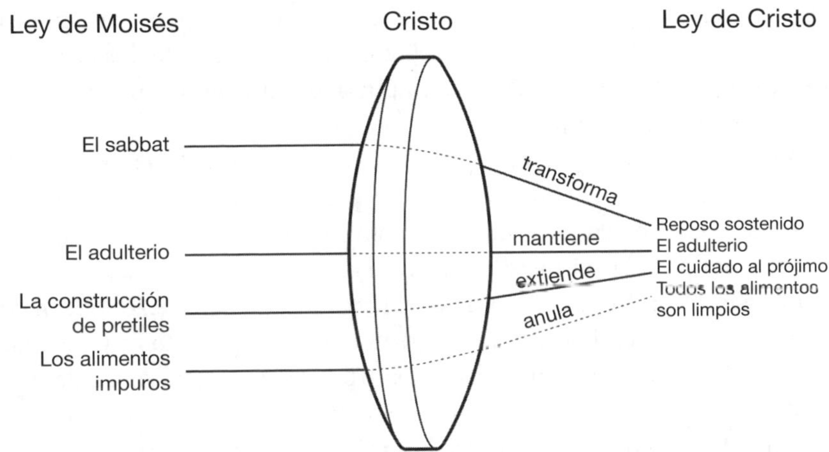

Fig. 25.1. El cumplimiento de la ley a través de la lente de Cristo[15]

---

13. Ver Pregunta 26.
14. Para ejemplos de cómo vemos la ley mosaica reapropiada en la ley de Cristo, ver DeRouchie, *Understand and Apply the Old Testament*, 439-459.
15. Doy gracias a mi estudiante Benjamin Holvey, quien inspiró inicialmente esta ilustración de la lente.

La relevancia duradera de la ley mosaica para los cristianos

Existen al menos tres formas en que la ley mosaica sigue teniendo relevancia para los creyentes de hoy. En primer lugar, retrata *el carácter de Dios*. El Señor afirmó: "Seréis, pues, santos, porque yo soy santo" (Lv. 11:45) y la manera en que Israel cumpliría este cargo sería atendiendo a los mandamientos de Dios. "Para que os acordéis, y hagáis todos mis mandamientos, y seáis santos a vuestro Dios" (Nm. 15:40; cp. Éx. 19:5-6). Pablo recalcó: "La ley a la verdad es santa, y el mandamiento santo, justo y bueno" (Ro. 7:12) y Pedro declaró: "Como aquel que os llamó es santo, sed también vosotros santos en toda vuestra manera de vivir; porque escrito está: Sed santos, porque yo soy santo" (1 P. 1:15-16). Cuando leemos la ley de Moisés, obtenemos un vistazo del carácter mismo de nuestro gran Dios.

En segundo lugar, la ley anticipa a *Cristo*. El Hijo divino de Dios encarna todo el ideal ético del AT. Jesucristo es el rey supremo (Dt. 17:18-20) y el "justo" que lleva la iniquidad de los culpables (Is. 53:11; cp. 1 Jn. 1:9–2:1). Fue perfectamente obediente (Ro. 5:19; Fil. 2:8; He. 5:8) y sin pecado (Jn. 8:46; 14:30; 1 P. 2:22; 1 Jn. 3:5; He. 7:26) y, para los que están en Él, su vida de perfecta sumisión los libra del poder condenatorio de la ley y les proporciona toda la justicia que esta exigía. En la cruz, Dios canceló "el acta de los decretos que había contra nosotros, que nos era contraria" (Col. 2:13-14; cp. Gá. 3:13). Él cumplió esto imputando nuestros pecados a Jesús, derramando su ira contra Él en nuestro lugar y adjudicando la justicia de Él como si fuera nuestra (Is. 53:11; Ro. 5:18-19; 2 Co. 5:21; He. 9:28). Por consiguiente, los cristianos podemos usar las leyes del AT para impulsarnos a magnificar todo lo que Dios es para nosotros en Jesús.

En tercer lugar, la ley aclara *en qué consiste una vida de amor y de sabiduría*. Jesús aseveró que "toda la ley y los profetas" dependen de los mandamientos duales de amar a Dios y al prójimo (Mt. 22:37-40). Para recalcar cómo el amor por el prójimo demuestra si en verdad amamos a Dios, Jesús fue aún más lejos: "Todas las cosas que queráis que los hombres hagan con vosotros, así también haced vosotros con ellos; porque esto es la ley y los profetas" (7:12). Pablo también enfatizó: "Toda la ley en esta sola palabra se cumple: Amarás a tu prójimo como a ti mismo" (Gá. 5:14). Es importante notar que no solo un subconjunto "moral" de la ley, sino toda ella (cada mandamiento) se cumple en el llamado a amar (Ro. 13:8-10).[16] Desde esta

---

16. Para una evaluación de la triple división sugerida de la ley, ver Dorsey, "Law of Moses and the Christian", 329-331; Poythress, *Shadow of Christ in the Law of Moses*, 283; Jerram Barrs, *Delighting in the Law of the Lord: God's Alternative to Legalism and Moralism* (Wheaton, IL: Crossway, 2013), 314; D. A. Carson, "The Tripartite Division of the Law: A Review of Philip Ross, *The Finger of God*", en *From Creation to New Creation: Essays on Biblical Theology and Exegesis,* eds. Daniel M.

perspectiva, aunque la ley mosaica no supone una orientación directa ni inmediata en la vida de un cristiano, sí nos provee un patrón del impacto que tiene en nuestra vida el amor profundo y amplio por Dios y el prójimo.[17] Así como Moisés pudo describir la vida verdadera de fe de Abraham en términos de su cumplimiento de la ley (Gn. 26:5; cp. Dt. 11:1; 1 R. 2:3; 2 R. 17:13, 34), también la ley de Israel proveyó un paradigma contextual de los valores que Dios desea para todas las personas en todas las épocas (cp. Éx. 19:5-6; Dt. 4:5-8).[18]

En resumen

La mayoría de las veces, la "ley" en las Escrituras apunta a la ley mosaica que operaba en el antiguo pacto para identificar y multiplicar el pecado y condenar a Israel. Jesús y los autores del NT repudian la ley mosaica, la sustituyen por la ley de Cristo y, después, la reapropian por medio de Él para proporcionarnos vistazos del carácter de Dios y de la justicia perfecta de Cristo, y guiar a los creyentes en sabiduría y amor (así también, Rosner). La ley mosaica no obliga *directamente* al cristiano en términos legales, pero tratamos todas las leyes del AT como provechosas e instructivas cuando las leemos a través de la lente de Cristo. Y, ya que Jesús cumple distintas leyes de maneras diferentes, consideramos cada una de ellas en términos propios a la luz de la

---

Gurtner y Benjamin L. Gladd (Peabody, MA: Hendrickson, 2013), 223-236; William W. Combs, "Paul, the Law, and Dispensationalism", *Detroit Baptist Seminary Journal* 18 (2013): 26-28; Rosner, *Paul and the Law*, 36-37; Jason C. Meyer, "The Mosaic Law, Theological Systems, and the Glory of Christ", en *Progressive Covenantalism: Charting a Course between Dispensational and Covenant Theologies,* eds. Stephen J. Wellum y Brent E. Parker (Nashville: B&H, 2016), 87-89; Stephen J. Wellum, "Progressive Covenantalism and the Doing of Ethics", en *Progressive Covenantalism* 218-221; DeRouchie, *Understand and Apply the Old Testament,* 436-439.

17. Para ejemplos de un enfoque principialista de la ley del AT, ver Walter C. Kaiser Jr., *Toward Old Testament Ethics* (Grand Rapids: Zondervan, 1983); Walter C. Kaiser Jr., "A Principlizing Model", en *Four Views on Moving Beyond the Bible to Theology,* ed. Gary T. Meadors (Grand Rapids: Zondervan, 2009), 19-50; J. Daniel Hays, "Applying the OT Law Today", *BSac* 158, núm. 1 (2001): 21-35; Barrs, *Delighting in the Law of the Lord,* 315-326. En nuestra opinión, debemos incluir la lente de la historia de la redención para abordar un enfoque principialista de forma fiel.

18. Para más sobre el enfoque paradigmático/principialista de la ley mosaica, ver C. J. H. Wright, *Old Testament Ethics for the People of God* (Downers Grove, IL: InterVarsity, 2004), 62-74, 182-211, 314-325; cp. W. Janzen, *Old Testament Ethics: A Paradigmatic Approach* (Louisville: Westminster John Knox, 1994); E. A. Martens, "How Is the Christian to Construe OT Law?", *BBR* 12, núm. 2 (2002): 199-216; Peter T. Vogt, *Interpreting the Pentateuch: An Exegetical Handbook,* Handbooks for Old Testament Exegesis (Grand Rapids: Kregel, 2009), 42-48; Daniel I. Block, "Preaching Old Testament Law to New Testament Christians", en *The Gospel according to Moses: Theological and Ethical Reflections on the Book of Deuteronomy* (Eugene, OR: Cascade, 2012), 104-146, esp. 133-136. En nuestra opinión, debemos emplear una lente cristológica de la historia de la redención si queremos abordar un enfoque paradigmático/principialista de forma fiel.

obra de Cristo. El resultado es que algunas leyes se mantienen, mientras que otras se transforman, se extienden o se anulan.[19]

Preguntas para la reflexión

1. ¿Qué pactos precedieron la ley mosaica y cómo influyen estos en nuestra comprensión de una relación correcta con Dios por medio de la obediencia y la fe?
2. Describa en sus propias palabras las perspectivas del Antiguo y del Nuevo Testamento sobre el ministerio de muerte y de condenación de la ley mosaica, y sobre la era de fe y el ministerio de justificación del nuevo pacto. Use referencias de las Escrituras.
3. ¿De qué formas repudian, reemplazan *y* reapropian los autores del NT la ley del antiguo pacto?
4. ¿Cómo mantiene, transforma, extiende y anula Jesús las leyes del antiguo pacto? Encuentre ejemplos de cada uno de estos.
5. ¿Qué relevancia tienen las leyes del AT para los cristianos actuales y cómo debemos apropiarlas en nuestra búsqueda de Cristo?

---

19. Para un libro excepcional sobre la relación del cristiano con la ley mosaica, ver Thomas R. Schreiner, *40 Questions About Christians and Biblical Law* (Grand Rapids: Kregel, 2010).

¿Qué es una teología bíblica del *sabbat*?

Andrew David Naselli

Esta pregunta es un subconjunto de la anterior: "¿Qué es una teología bíblica de la ley?". El antiguo pacto exigía que el pueblo de Dios guardara el *sabbat*, pero hoy su pueblo está bajo el nuevo pacto y ya no bajo el antiguo.[1] Por tanto, ¿cómo se relacionan los que están bajo el nuevo pacto con el mandamiento del *sabbat* del antiguo pacto?[2]

Algunos creen que la orden divina de guardar el *sabbat se mantiene* del antiguo pacto al nuevo (cumpliendo con el sábado o pasándolo del sábado al domingo), pero nosotros creemos que Cristo *transforma* este mandamiento.[3] Entre quienes creen que el *sabbat se mantiene,* se encuentran los adventistas del séptimo día y los que afirman la teología del pacto;[4] por otra parte, los que creen que Cristo *transforma* el *sabbat* incluyen a los que sostienen el pactualismo progresivo y el dispensacionalismo.[5] Podemos rastrear el tema del *sabbat* por toda la Biblia en tres períodos: (1) antes del antiguo pacto, (2) bajo el antiguo pacto y (3) bajo el nuevo pacto.

---

1. Ver Pregunta 25. Ver también Douglas J. Moo, "The Law of Christ as the Fulfillment of the Law of Moses: A Modified Lutheran View", en *Five Views on Law and Gospel,* ed. Wayne G. Strickland, Counterpoints (Grand Rapids: Zondervan, 1996); Thomas R. Schreiner, *40 Questions About Christians and Biblical Law* (Grand Rapids: Kregel, 2010).

2. Ver también D. A. Carson, ed., *From Sabbath to Lord's Day: A Biblical, Historical, and Theological Investigation* (Grand Rapids: Zondervan, 1982); Andrew G. Shead, "Sabbath", en *New Dictionary of Biblical Theology,* eds. T. Desmond Alexander y Brian S. Rosner (Downers Grove, IL: InterVarsity, 2000), 745-750; Jason S. DeRouchie, *How to Understand and Apply the Old Testament; Twelve Steps from Exegesis to Theology* (Phillipsburg, NJ: P&R, 2017), 449-453; y Thomas R. Schreiner, "Good-Bye and Hello: The Sabbath Command for New Covenant Believers", en *Progressive Covenantalism: Charting a Course between Dispensational and Covenant Theologies,* eds. Stephen J. Wellum y Brent E. Parker (Nashville: B&H, 2016), 159-188. Contra G. K. Beale, *A New Testament Biblical Theology: The Unfolding of the Old Testament in the New* (Grand Rapids: Baker Academic, 2011), 775-801.

3. Respecto a la forma en que Cristo cumple las promesas del AT, ver Jason S. DeRouchie, "Is Every Promise 'Yes'? Old Testament Promises and the Christians", *Them* 42, núm. 1 (abril de 2017): 34-44. Ver Pregunta 37. Respecto a la manera en que Cristo cumple los mandamientos del AT, ver DeRouchie, *Understand and Apply the Old Testament,* 427-459.

4. Ver Pregunta 18.

5. Ver Preguntas 17 y 19. El mejor libro de debate sobre el *sabbat* es Christopher John Donato, ed., *Perspectives on the Sabbath: 4 Views* (Nashville: B&H, 2011).

El *sabbat* antes del antiguo pacto

La historia de la creación no usa el término *sabbat,* pero sí se refiere a un tiempo de descanso: precisamente a lo que alude. Dios creó el universo en seis días y descansó el séptimo (Gn. 1:1–2:3; cp. Éx. 20:11). No reposó porque estuviera cansado ni porque fuera perezoso; más bien, sus seis días de trabajo y uno de descanso establecen un patrón de trabajo y reposo para los seres humanos (Éx. 20:11; cp. Gn. 7:4, 10; 8:10, 12) e identifican su soberanía sobre el mundo (cp. Sal. 132:7-8, 13-14).

No obstante, Dios no le ordenó a Adán ni a ninguno de los patriarcas que se abstuvieran de trabajar en el *sabbat* (es decir, el séptimo día: el sábado). La primera vez que Dios mandó al pueblo que guardara el *sabbat* fue poco antes de darle la ley mosaica.

Después de liberar a los israelitas de Egipto, pero antes de darles los Diez Mandamientos y el resto del antiguo pacto, Dios proveyó pan del cielo para su pueblo en el desierto (Éx. 16). Dios instruyó al pueblo que recogiera el pan cada día y que solo tomaran un gomer (es decir, unos dos cuartos de galón o dos litros) por persona. Si reunían más, este se llenaba de gusanos y apestaba. Sin embargo, las normas eran distintas para recoger el pan el viernes (es decir, la víspera del *sabbat*):

> En el sexto día [es decir, el viernes] recogieron doble porción de comida, dos gomeres para cada uno; y todos los príncipes de la congregación vinieron y se lo hicieron saber a Moisés. Y él les dijo: Esto es lo que ha dicho Jehová: Mañana es el santo día de reposo, el reposo consagrado a Jehová; lo que habéis de cocer, cocedlo hoy, y lo que habéis de cocinar, cocinadlo; y todo lo que os sobrare, guardadlo para mañana. Y ellos lo guardaron hasta la mañana, según lo que Moisés había mandado, y no se agusanó, ni hedió. Y dijo Moisés: Comedlo hoy, porque hoy es día de reposo para Jehová; hoy no hallaréis en el campo. Seis días lo recogeréis; mas el séptimo día es día de reposo; en él no se hallará. Y aconteció que algunos del pueblo salieron en el séptimo día a recoger, y no hallaron. Y Jehová dijo a Moisés: ¿Hasta cuándo no querréis guardar mis mandamientos y mis leyes? Mirad que Jehová os dio el día de reposo, y por eso en el sexto día os da pan para dos días. Estese, pues, cada uno en su lugar, y nadie salga de él en el séptimo día. Así el pueblo reposó el séptimo día (Éx. 16:22-30).

Merece la pena resaltar cuatro observaciones:

1. Guardar el *sabbat* parece ser algo nuevo para el pueblo de Dios en este punto de la historia. No hay pruebas de que antes de este acontecimiento se abstuvieran religiosamente de trabajar en el *sabbat*.

2. Cuando el pueblo quebrantó el *sabbat* en el desierto, Moisés los reprendió. No obstante, más adelante, bajo el antiguo pacto, la pena por dicha transgresión era la muerte (Nm. 15:32-36).

3. El *sabbat*, un día de reposo, era un regalo que Dios dio a los israelitas y ellos deshonraron a Dios cuando no valoraron su buena dádiva.

4. El *sabbat* era una forma de santificar al pueblo de Dios al poner a prueba si confiaban lo bastante en su provisión. El pueblo de Dios lo deshonra cuando no respetan lo que Él ordena por creerse más listos que Él.

El *sabbat* bajo el antiguo pacto

El antiguo pacto prohíbe al pueblo de Dios trabajar en sábado:

Acuérdate del día de reposo para santificarlo. Seis días trabajarás, y harás toda tu obra; mas el séptimo día es reposo para Jehová tu Dios; no hagas en él obra alguna, tú, ni tu hijo, ni tu hija, ni tu siervo, ni tu criada, ni tu bestia, ni tu extranjero que está dentro de tus puertas. Porque en seis días hizo Jehová los cielos y la tierra, el mar, y todas las cosas que en ellos hay, y reposó en el séptimo día; por tanto, Jehová bendijo el día de reposo y lo santificó (Éx. 20:8-11).

Tú hablarás a los hijos de Israel, diciendo: En verdad vosotros guardaréis mis días de reposo; porque es señal entre mí y vosotros por vuestras generaciones, para que sepáis que yo soy Jehová que os santifico. Así que guardaréis el día de reposo, porque santo es a vosotros; el que lo profanare, de cierto morirá; porque cualquiera que hiciere obra alguna en él, aquella persona será cortada de en medio de su pueblo. Seis días se trabajará, mas el día séptimo es día de reposo consagrado a Jehová; cualquiera que trabaje en el día de reposo, ciertamente morirá. Guardarán, pues, el día de reposo los hijos de Israel, celebrándolo por sus generaciones por pacto perpetuo. Señal es para siempre entre mí y los hijos de Israel; porque en seis días hizo Jehová los cielos y la tierra, y en el séptimo día cesó y reposó (Éx. 31:13-17).

Seis días se trabajará, mas el día séptimo os será santo, día de reposo para Jehová; cualquiera que en él hiciere trabajo alguno, morirá. No encenderéis fuego en ninguna de vuestras moradas en el día de reposo (Éx. 35:2-3).

Seis días se trabajará, mas el séptimo día será de reposo, santa convocación; ningún trabajo haréis; día de reposo es de Jehová en dondequiera que habitéis (Lv. 23:3).

Estando los hijos de Israel en el desierto, hallaron a un hombre que recogía leña en día de reposo. Y los que le hallaron recogiendo leña, lo trajeron a Moisés y a Aarón, y a toda la congregación; y lo pusieron en la cárcel, porque no estaba declarado qué se le había de hacer. Y Jehová dijo a Moisés: Irremisiblemente muera aquel hombre; apedréelo toda la congregación fuera del campamento. Entonces lo sacó la congregación fuera del campamento, y lo apedrearon, y murió, como Jehová mandó a Moisés (Nm. 15:32-36).

Acuérdate que fuiste siervo en tierra de Egipto, y que Jehová tu Dios te sacó de allá con mano fuerte y brazo extendido; por lo cual Jehová tu Dios te ha mandado que guardes el día de reposo (Dt. 5:15).

Caben destacar seis observaciones:

1. El mandamiento del *sabbat* protegía a las personas vulnerables como los criados y los forasteros (Éx. 20:10; Dt. 5:14). El jefe de familia tenía que asegurarse de que cada miembro de su casa descansara el sábado.
2. El mandamiento del *sabbat* exigía que el pueblo de Dios dejara de trabajar: no se araba ni se cosechaba (Éx. 34:21), ni se encendía fuego (35:3), ni se recogía leña (Nm. 15:32-36) ni se compraba mercancía ni alimento (Neh. 10:31; 13:15-22). Sin embargo, no les demandaba que se reunieran para adorar. Los israelitas eran libres de congregarse para adorar en el *sabbat*, pero esta no era la esencia de este mandamiento, sino descansar.
3. Guardar el *sabbat* era una "señal" del antiguo pacto (temporal) (Éx. 31:13, 17). Una señal de pacto solo dura mientras este está en vigor y no obliga a quienes no están bajo él.[6]

---

6. Ver también DeRouchie, *Understand and Apply the Old Testament*, 450-51:

    La señal del *sabbat* [...] servía para recordarle a Israel su identidad y propósito como pueblo en relación con el mundo entero [...]. Para Dios, la culminación de la semana de la creación era un descanso no nacido de la pereza, sino de la soberanía, en el que el Gran Rey, que había establecido el espacio sagrado de su reino, estaba sentado en su trono y disfrutaba de la paz con todo lo que

4. Quebrantar el *sabbat* bajo el antiguo pacto era una ofensa criminal con pena de muerte (Éx. 31:15; 35:2; Nm. 15:32-36). Esto es mucho más grave que la reprensión de Moisés a los que no guardaron el *sabbat* en Éxodo 16:27-29.

5. La razón para el mandamiento del *sabbat* en Éxodo 20:11 es que Dios creó el mundo en seis días y descansó el séptimo. Sin embargo, esto no significa que, porque Él fundamente el mandamiento en la creación, este sea universalmente obligatorio; de manera específica, que sea obligatorio para el pueblo de Dios bajo el nuevo pacto. No hay pruebas de que Dios exigiera a su pueblo que dejara de trabajar en el *sabbat* antes de Éxodo 16, y el Nuevo Testamento revela que este mandamiento ya no se aplica al pueblo de Dios bajo el nuevo pacto (ver más adelante).

6. Cuando Moisés vuelve a reafirmar los Diez Mandamientos en Deuteronomio 5, la razón para el mandamiento del *sabbat* difiere de Éxodo 20:11. La razón es que Dios liberó a los israelitas de los egipcios (Dt. 5:15). Esto implica que estos últimos los oprimían para que trabajaran sin el suficiente reposo. Los israelitas sabían cómo era que un opresor los victimizara forzándolos a trabajar sin descanso, y Dios, por su misericordia, les recordó que su mandamiento de reposar en el *sabbat* era un regalo para su bien. El *sabbat* les recordaba que Dios los había salvado de los crueles trabajos forzados en Egipto.

El *sabbat* bajo el nuevo pacto

Jesús transforma el modo de relacionarse con el *sabbat* bajo el nuevo pacto.

---

había hecho (Gn. 2:1-3; cp. Sal. 132:7-8, 13-14). Aunque la rebeldía de la humanidad en la caída no eliminó el derecho ni la autoridad de Dios sobre todas las cosas, sí alteró el estado de paz o de descanso universales. Así, en el Pentateuco, el patrón de la creación 6 + 1 no se utiliza simplemente como un retrato de lo que fue, sino como una imagen de lo que debería ser, y este ideal queda directamente adjunto a la comisión de los israelitas de honrar a Dios entre las naciones (Éx. 19:4-6; Dt. 4:5-8; 26:18-19) y para que su representante real operara como el instrumento de reversión de la maldición y de bendición global (Gn. 12:3; 18:18; 27:17b-18; 26:4; 28:14). El *sabbat* debía recordar cada semana a la comunidad que el llamado de Israel (como pueblo y, en última instancia, por medio del Mesías) era ser el agente por medio del cual se celebraría una vez más la soberanía de Dios a escala global. En este contexto, Moisés recalca en los Diez Mandamientos que "el séptimo día es reposo *a Jehová tu Dios*" (Dt. 5:14); en última instancia, era guardado con el fin de ver a Dios exaltado sobre todo. Así pues, para Israel, el *sabbat* representaba una realidad futura que debían aguardar tanto Israel como el mundo [...]. La obra redentora de Jesús cumplió la misión global del *sabbat* de Israel. Por medio de Él, el mundo es bendecido (Gn. 22:17b-18; Hch. 3:25-26; Gá. 3:8, 14) y mediante su resurrección victoriosa inauguró el reposo escatológico del *sabbat* como culminación de su obra de nueva creación. Jesús es superior a Moisés (He. 3:1-6) y aquellos de nosotros que estamos en Él ya hemos entrado en el reposo, aunque esperamos su consumación plena (4:3-10).

Tipología: El reposo que Dios le dio a su pueblo del antiguo pacto el sábado es un tipo y el reposo que le da a su pueblo del nuevo pacto cada día es el antitipo[7]

El único de los Diez Mandamientos que el Nuevo Testamento no repite es el de guardar el *sabbat*. ¿Por qué? Los otros nueve se mantienen bajo el nuevo pacto como parte de la ley de Cristo, pero Jesús transforma el del *sabbat*.

Jesús había "nacido bajo la ley" (Gá. 4:4) y, por tanto, guardó el *sabbat* durante su ministerio terrenal antes de la cruz. No obstante, enseñó que Él es el Señor del día de reposo. Él ofreció el verdadero reposo a sus seguidores e ignoró las normas extras al respecto, que, insistían los fariseos, eran indispensables para obedecer a Dios:

> Venid a mí todos los que estáis trabajados y cargados, y yo os haré descansar. Llevad mi yugo sobre vosotros, y aprended de mí, que soy manso y humilde de corazón; y hallaréis descanso para vuestras almas; porque mi yugo es fácil, y ligera mi carga.
>
> En aquel tiempo iba Jesús por los sembrados en un día de reposo; y sus discípulos tuvieron hambre, y comenzaron a arrancar espigas y a comer. Viéndolo los fariseos, le dijeron: He aquí tus discípulos hacen lo que no es lícito hacer en el día de reposo. Pero él les dijo: ¿No habéis leído lo que hizo David, cuando él y los que con él estaban tuvieron hambre; cómo entró en la casa de Dios, y comió los panes de la proposición, que no les era lícito comer ni a él ni a los que con él estaban, sino solamente a los sacerdotes? ¿O no habéis leído en la ley, cómo en el día de reposo los sacerdotes en el templo profanan el día de reposo, y son sin culpa? Pues os digo que uno mayor que el templo está aquí. Y si supieseis qué significa: Misericordia quiero, y no sacrificio, no condenaríais a los inocentes; porque el Hijo del Hombre es Señor del día de reposo (Mt. 11:28–12:8).

"Sanar en *sabbat* es fascinante —explica Schreiner—, porque apunta en retrospectiva al séptimo día de la creación (Gn. 2:1-3) y hacia adelante a la nueva creación donde el mundo está libre de muerte y enfermedad. Las sanidades de Jesús en *sabbat* señalan la inauguración del reino y anticipan un mundo sin enfermedad ni muerte".[8]

Tres características principales distinguían a los judíos en la época del Nuevo Testamento: (1) las leyes alimentarias, (2) la circuncisión y (3) el *sabbat*.

---

7. Respecto a la tipología, ver Pregunta 8.
8. Schreiner, "Good-Bye and Hello", 173.

Las tres están relacionadas a lo que Dios exige de su pueblo bajo el antiguo pacto y ninguna de ellas son necesarias ya bajo el nuevo pacto.[9] Pablo reprende a los gálatas por su legalismo al guardar los días sagrados judíos (que incluían el *sabbat*): "Guardáis los días, los meses, los tiempos y los años" (Gá. 4:10).

El mandamiento del *sabbat* bajo el antiguo pacto es un tipo que Jesús cumple y que culmina en el nuevo cielo y la nueva tierra. Por ello, Pablo escribió: "Por tanto, nadie os juzgue en comida ni bebida, o en cuanto a días de fiesta, luna nueva o días de reposo, todo lo cual es sombra de lo que ha de venir; pero el cuerpo es de Cristo" (Col. 2:16-17). Hebreos 10:1 presenta un argumento paralelo: "Porque la ley, teniendo la sombra de los bienes venideros, no la imagen misma de las cosas, nunca puede, por los mismos sacrificios que se ofrecen continuamente cada año, hacer perfectos a los que se acercan". Bajo el antiguo pacto, el pueblo de Dios tenía que ofrecer sacrificios, pero bajo el nuevo ya no lo hace, porque Jesús cumple ese tipo como el sacrificio una vez y para siempre al que dicho sistema apuntaba. De manera similar, bajo el antiguo pacto, el pueblo de Dios debía guardar el *sabbat*, pero bajo el nuevo ya no lo tienen que hacer, porque Jesús cumple ese tipo proporcionando el reposo supremo. "Los creyentes no deben volver al tipo del *sabbat*, como tampoco al de los sacrificios del AT".[10]

El *sabbat* de *ahora* frente al *del nuevo cielo y la nueva tierra* es un paralelo de los aspectos "ya, pero todavía no" del reino de Dios ahora frente a más tarde. Ahora mismo, el pueblo de Dios bajo el nuevo pacto disfruta de una calidad de descanso en Cristo que los que estaban bajo el antiguo pacto no tenían, y que es una muestra del reposo supremo que gozarán en el nuevo cielo y la nueva tierra. Jesús inauguró este descanso cuando vino por primera vez a la tierra y lo culminará cuando regrese:

> Porque si Josué les hubiera dado el reposo, no hablaría después de otro día. Por tanto, queda un reposo para el pueblo de Dios. Porque el que ha entrado en su reposo, también ha reposado de sus obras, como Dios de las suyas.
>
> Procuremos, pues, entrar en aquel reposo, para que ninguno caiga en semejante ejemplo de desobediencia (He. 4:8-11; cp. 3:14).

Para los cristianos actuales, *cada* día es un día de reposo de *sabbat* en Jesús. Ya hemos entrado en ese descanso que Jesús aseguró y entraremos de pleno en el futuro. En este punto de la historia de la salvación, podemos reposar

---

9. Ver Schreiner, "Good-Bye and Hello", 174-180.
10. Schreiner, "Good-Bye and Hello", 165.

en Jesús ahora de un modo que nadie más pudo hacerlo antes de su primera venida. Jesús da descanso a los cansados porque es "Señor del día de reposo" (Mt. 11:28-30; 12:8).

Adiáfora: La forma en que los cristianos tratan el sabbat es una cuestión de conciencia[11]

Guardar el *sabbat* es una de las adiáforas para los cristianos; es decir, un asunto discutible, una cuestión de conciencia (Ro. 14:1, 5-6). Temas como el adulterio o el homicidio no son discutibles, pero en esta etapa de la historia de la salvación, guardar el día de reposo sí lo es. Los cristianos que piensen que obedecer a Dios entraña cumplir con el *sabbat* tienen una conciencia débil al respecto; es decir, están equivocados teológicamente en ello. Los poseedores de una conciencia fuerte sobre esto no deben mirar por encima del hombro ni menospreciar a los sabatistas por considerarlos legalistas (Ro. 14:1–15:7).

Algunos cristianos piensan que ciertas actividades son pecaminosas en domingo: comer en un restaurante público, comprar en el supermercado, ver un partido de fútbol, jugar al fútbol, cortar el césped, hacer los deberes, trabajar por dinero, etc. Estas cosas no deben dividir a los miembros de una congregación. Son asuntos de conciencia, de manera que los cristianos que tengan convicciones menos estrictas sobre cómo tratar el domingo deben respetar a aquellos cuyas convicciones son más rígidas (ver de nuevo Ro. 14:1–15:7).

Sin embargo, la postura teológicamente correcta es que el domingo no es el *sabbat* cristiano. Y, como con otras cuestiones de conciencia, es una herejía insistir en que guardarlo es necesario para el cristiano. Esto distorsiona el evangelio al añadirle mandamientos de manera legalista.

El día del Señor: Históricamente, las iglesias adoran juntas los domingos

Israel siguió el patrón de 6 + 1 (el "1" = *sabbat*), pero la iglesia primitiva se rigió por el modelo 1 + 6 (todo el "1 + 6" = el *sabbat*). Israel trabajaba seis días y descansaba uno, pero las iglesias adoraban juntas los domingos, el primer día de la semana (Hch. 20:7; 1 Co. 16:2). ¿Por qué el domingo? Casi con toda seguridad, porque Jesús resucitó el "primer día de la semana" (Mt. 28:1; Mr. 16:2, 9; Lc. 24:1; Jn. 20:1). El domingo es el día de resurrección, "el día del Señor" (Ap. 1:10). Ahora bien, esto no significa que (1) el domingo sea el

---

11. Ver Andrew David Naselli y J. D. Crowley, *Conscience: What It Is, How to Train It, and Loving Those Who Differ* (Wheaton, IL: Crossway, 2016), 84-117.

sabbat[12] ni que (2) sea pecado que la iglesia adore un día de la semana que no sea domingo.[13]

Sabiduría: Los seres humanos deberían seguir el patrón de trabajar seis días y descansar uno

Dios estableció en la creación el principio de trabajar seis días y descansar uno y es sabio que los seres humanos sigan este patrón. Un día a la semana de descanso es un regalo de Dios para renovarnos. Descansamos para poder correr. Y reposar nos ayuda a depender cada vez más en la provisión de Dios para nuestras necesidades (cp. Sal. 127:2). Sin embargo, el nuevo pacto no exige que los cristianos traten el domingo de la misma manera que el pueblo de Dios tenía que guardar el sábado (técnicamente, desde el viernes a la caída del sol hasta el sábado a la caída del sol). El cristiano tiene libertad respecto a qué día descansar cada semana.

En resumen

Podemos rastrear el tema del *sabbat* a lo largo de la Biblia en tres períodos: (1) antes del antiguo pacto, (2) bajo el antiguo pacto y (3) bajo el nuevo pacto. Dios exigió que todo su pueblo guardara el *sabbat* solo bajo el antiguo pacto. Descansar el sábado bajo el antiguo pacto es un tipo y experimentar el reposo que Jesús da a su pueblo del nuevo pacto es el antitipo.

Preguntas para la reflexión

1. ¿Cómo nos ayuda Hebreos 10:1 a interpretar Colosenses 2:16-17?
2. ¿Es usted sabatista (es decir, un cristiano que observa el domingo estrictamente como el *sabbat*)? ¿Por qué sí o por qué no?
3. ¿De qué forma la persona y la obra de Jesús transformaron el mandamiento de guardar el *sabbat*?
4. ¿Cómo debe usted relacionarse con otros cristianos que disienten de su opinión sobre el *sabbat*?
5. ¿Piensa usted que los seres humanos deben seguir el patrón de trabajar seis días y descansar uno? ¿Por qué?

---

12. El sabatismo no se desarrolló en la iglesia primitiva, sino en la época medieval. Ver los cuatro capítulos de Richard Bauckham en Carson, *From Sabbath to Lord's Day*, 221-341.
13. P. ej., nuestros amigos que dirigen la Redeemer Church de Dubai en los Emiratos Árabes Unidos escogieron reunirse los viernes porque es el primer día del fin de semana y el día especial de adoración en su país musulmán.

¿Qué es una teología bíblica del templo?

Andrew David Naselli

El tema del templo es tan rico que G. K. Beale escribió una teología bíblica del templo de 458 páginas.[1] Beale argumenta en favor de esta tesis: "El tabernáculo y los templos del Antiguo Testamento fueron diseñados simbólicamente para apuntar a la realidad escatológica cósmica de que la presencia de Dios, con anterioridad limitada al Lugar Santísimo, ahora se extendería por toda la tierra. Contra este telón de fondo, la visión de Apocalipsis 21 se entiende mejor como la descripción del último templo en el final de los tiempos que llenará el cosmos entero".[2] Los títulos de los nueve primeros capítulos de Beale y Mitchell Kim, *God Dwells among Us: Expanding Eden to the Ends of the Earth* [Dios mora entre nosotros: Expandiendo el Edén hasta lo último de la tierra] resumen la forma en que progresa el tema del templo a lo largo de la Biblia:

1. El Edén como un templo: El contexto de Génesis 1–2
2. Expandiendo el Edén: El llamado en Génesis 1:26-28
3. ¿El Edén perdido? El llamado a los patriarcas tras la caída
4. El Edén remezclado: El tabernáculo en un contexto de pecado
5. El Edén restaurado: La promesa de la expansión del Edén en los Profetas
6. El Edén reedificado: Jesús como el nuevo templo en los Evangelios

---

1. G. K. Beale, *The Temple and the Church's Mission: A Biblical Theology of the Dwelling Place of God*, NSBT 17 (Downers Grove, IL: InterVarsity, 2004). El libro de Beale es un buen ejemplo de cómo es rastrear un tema importante desde Génesis hasta Apocalipsis. Beale y un coautor condensaron su obra más extensa en un libro más accesible de 211 páginas: G. K. Beale y Mitchell Kim, *God Dwells among Us: Expanding Eden to the Ends of the Earth* (Downers Grove, IL: InterVarsity, 2014). Ver también G. K. Beale, *A New Testament Biblical Theology: The Unfolding of the Old Testament in the New* (Grand Rapids: Baker Academic, 2011), 592-648. Estamos agradecidos a Beale por influir en la forma en que rastreamos el tema del templo a lo largo de la Biblia. Para un enfoque similar al de Beale, más accesible aún que el volumen de Beale y Kim, ver J. Daniel Hays, *The Temple and the Tabernacle: A Study of God's Dwelling Places from Genesis to Revelation* (Grand Rapids: Baker, 2016). Ver también Andrew David Naselli, *How to Understand and Apply the New Testament: Twelve Steps from Exegesis to Theology* (Phillipsburg, NJ: P&R, 2017), 243-250. Ver este recurso para encontrar ilustraciones del tabernáculo y el atrio; la tienda del tabernáculo; el templo de Salomón; el templo de Zorobabel; el templo de Herodes, el monte del templo y el complejo del templo en la época de Jesús; y el Gólgota en relación con el monte del templo.
2. Beale, *Temple and the Church's Mission*, 25.

7. El Edén se expande: La iglesia como el nuevo templo
8. El ministerio del Edén: Nuestro servicio como sacerdotes en el nuevo templo
9. El Edén completamente expandido: Los nuevos cielos y la nueva tierra en Apocalipsis 21:1-4

Existen al menos once puntos relevantes en la trayectoria del templo en la trama de la Biblia. Todo comienza en los orígenes mismos, en el huerto de Edén.[3]

El huerto de Edén

Los paralelos entre Génesis 1–3 y Apocalipsis 21–22 son asombrosos.[4] La Biblia tiene un inicio y un final magníficos, y el tema del templo forma parte de ellos. Cuando Dios crea los cielos y la tierra en Génesis 1–2, la tierra es su morada. Antes de la caída, Dios mantiene una comunión regular con Adán y Eva. Desde ese momento en adelante, la residencia divina se asocia con el cielo y Él "desciende" a la tierra. El huerto de Edén es el primer templo (cp. Ez. 28), "el huerto/templo", "un santuario divino".[5] Es el sitio donde los seres humanos se encuentran con Dios. Hay todo tipo de paralelos entre (1) el huerto de Edén y (2) el tabernáculo y el templo.[6]

El tabernáculo

El atrio del tabernáculo era un rectángulo que medía aproximadamente la mitad de un campo de fútbol. Al entrar en él, se encontraba uno directamente con el altar de bronce para los holocaustos. Detrás estaba la fuente de bronce, una gran pila parecida a un enorme bebedero para pájaros. Detrás estaba el tabernáculo mismo.

Esta era una amplia tienda rectangular de unos 13.5 m (45 ft) de largo por 4.5 m (15 ft) de ancho. Constaba de dos habitaciones. La primera, un rectángulo de unos 9 m (30 ft) de largo por 4.5 m (15 ft) de ancho, era el doble de grande que la segunda: un cubo perfecto de 4.5 m (15 ft). (Recuerde esto: tiene forma de cubo. Será importante más adelante).

La primera habitación se llamaba el lugar santo. Después de entrar en ella, cruzando la gran cortina exterior, se veía directamente enfrente, al otro

---

3. Por esto, Andy y Jenni Naselli llamaron a su cuarta hija Eden Celeste. Su nombre refleja la teología bíblica del templo, desde el huerto de Edén hasta la ciudad celestial.
4. Ver Pregunta 35.
5. T. Desmond Alexander, *From Eden to the New Jerusalem: An Introduction to Biblical Theology* (Grand Rapids: Kregel, 2013), 20-21.
6. Cp. L. Michael Morales, *Who Shall Ascend the Mountain of the Lord? A Biblical Theology of the Book of Leviticus,* New Studies in Biblical Theology 37 (Downers Grove, IL: InterVarsity Press, 2015), 40-42.

lado de la habitación, el altar del incienso. A la izquierda había un hermoso candelabro encendido y a la derecha la mesa de los panes.

Ahora bien, ¿qué había en la habitación cúbica del fondo? Era el Lugar Santísimo. Allí se guardaba el arca del pacto, rodeada por dos querubines ornamentados de oro. Era el salón del trono de Dios y solo el sumo sacerdote entraba allí una vez al año para hacer expiación por el pueblo.

Cuando los sacerdotes servían en el lugar santo, una gran barrera les impedía ver el Lugar Santísimo. No era un muro de cemento ni de yeso. Era el velo interior. Protegía a Israel para que el fulgor de la gloria de Dios no los consumiera. El velo posibilitaba que Dios morara en su santidad pura entre su pueblo impuro.

Dios dio instrucciones a los israelitas para que tejieran hábilmente querubines en esa cortina (Éx. 26:31; cp. 36:35). Y esta es una de las grandes claves que señala que el Lugar Santísimo es un paralelo del huerto de Edén. ¿Recuerda lo que Dios hizo después de expulsar a Adán y Eva del huerto de Edén? "Echó, pues, fuera al hombre, y puso al oriente del huerto de Edén querubines, y una espada encendida que se revolvía por todos lados, para guardar el camino del árbol de la vida" (Gn. 3:24). De un modo similar, los querubines tejidos en el velo interior simbolizaban que los seres humanos pecadores tampoco podían entrar en este templo.[7]

La construcción del templo de Salomón

Este fue el primer templo de Jerusalén y era magnífico. Las dimensiones eran el doble de las del tabernáculo: en el tabernáculo, el lugar santo medía 9 m (30 ft) de largo por 4.5 m (15 ft) de ancho y el Lugar Santísimo era un cubo de 4.5 m (15 ft) por lado. En el templo, el lugar santo era de 18 m (60 ft) de largo por 9 m (30 ft) de ancho y el Lugar Santísimo era un cubo de 9 m (30 ft) por lado.

Subir a Jerusalén era ir adonde Dios vivía. De modo que Israel quedó devastado cuando los babilonios demolieron este templo al destruir Jerusalén en el 586 a. C. Cuando Israel se hundió tanto que abandonaron una y otra vez a Dios y su pacto, Él abandonó el templo (ver la partida progresiva en Ezequiel 8–11).

El nuevo templo en Ezequiel 40–48

Los cristianos interpretan este pasaje de distintas formas. Pensamos que Beale argumenta de manera persuasiva que Ezequiel 40–48 presenta de modo

---

7. Por cierto, esto ilustra que los temas de la teología bíblica se conectan con otros. El "templo" se relaciona con otros temas como el pecado, la ley, el sacrificio, la expiación, el sacerdote, la gloria de Dios, el pacto, el reino, el exilio y el éxodo, la ciudad de Dios, el pueblo de Dios, la santidad, la justicia, la ira y la adoración. Los temas se entrelazan.

figurado un templo real, celestial, no estructural, escatológico que Dios establecerá en la tierra.[8] Sin embargo, los cristianos deben poder estar de acuerdo en que, como mínimo, el nuevo templo simboliza la presencia de Dios con su pueblo en el futuro.

La construcción del templo de Zorobabel

Tras el cautiverio babilonio, trascurrieron veinte años en los que un grupo de judíos reedificaron lentamente el templo. Hageo y Zacarías exhortaron al pueblo a acabar la tarea, pero el resultado fue lastimoso en comparación con el magnífico templo de Salomón. Y Dios no llenó este templo con su gloriosa presencia. Esto inició un período de tiempo llamado *judaísmo del segundo templo*. Alude a la historia y a la literatura judía desde la época en que Zorobabel terminó el segundo templo (c. 516 a. C.) hasta cuando los romanos destruyeron el templo de Herodes en el 70 d. C.

La construcción del templo de Herodes

El rey Herodes tomó varias décadas para reconstruir el templo para rivalizar en grandeza con el de Salomón. El sacerdote Zacarías estaba dentro de este templo cuando quemó incienso en el altar de oro del lugar santo (Lc. 1:9).

Jesús y el templo

Al menos seis acontecimientos relevantes en la vida de Jesús incluyen el templo:

1. Jesús, que es Dios, mora como en un tabernáculo entre los seres humanos. "El Verbo se hizo carne y habitó [es decir, moró como Dios lo hizo en el tabernáculo, de σκηνόω (*skenóo*)] entre nosotros" (Jn. 1:14).
2. Jesús visitó el complejo del templo siendo niño (Lc. 2:39-52).
3. Jesús juzgó el templo al principio y al final de su ministerio terrenal (cp. Jn. 2:13-25 y Mt. 21:12-17).
4. Satanás tentó a Jesús para que saltara del pináculo del templo (Mt. 4:5-7; Lc. 4:9-12).
5. Jesús afirmó que su cuerpo es el templo (Jn. 2:18-22).[9]
6. Cuando Jesús murió en la cruz, el velo entre el lugar santo y el Lugar Santísimo "se rasgó en dos de arriba abajo" (Mt. 27:51).[10] El velo

---

8. Beale, *Temple and the Church's Mission*, 335-364.
9. Ver Paul M. Hoskins, *Jesus as the Fulfillment of the Temple in the Gospel of John*, Paternoster Biblical Monographs (Milton Keynes, UK: Paternoster, 2006).
10. Ver Daniel M. Gurtner, *The Torn Veil: Matthew's Exposition of the Death of Jesus*, SNTSMS 139 (Cambridge: Cambridge University Press, 2007).

desgarrado describe lo que la muerte de Jesús consiguió. Esa enorme cortina bloqueaba el acceso a Dios y Jesús eliminó la barrera. El velo era el tipo o sombra y el cuerpo de Cristo fue el antitipo o la realidad que anticipaba. La única forma de acercarnos a Dios es por medio de Jesús. Su muerte posibilita que las personas vayan directamente a la presencia de Dios (ver He. 6:19-20; 10:19-22). Los rituales del templo y el pacto mosaico están ahora obsoletos.[11] Ahora, Jesús es nuestro templo, nuestro sacerdote, nuestro sacrificio.[12]

La iglesia como templo de Dios

Cuatro pasajes son especialmente relevantes: 1 Corintios 3:16-17; 2 Corintios 6:14–7:1; Efesios 2:21-22 y 1 Pedro 2:4-10. La iglesia debe estar unida y ser pura porque es el templo de Dios.

El cristiano individual como templo del Espíritu Santo

Pablo pregunta de forma retórica: "¿O ignoráis que vuestro cuerpo es templo del Espíritu Santo, el cual está en vosotros, el cual tenéis de Dios y que no sois vuestros? Porque habéis sido comprados por precio; glorificad, pues, a Dios" (1 Co. 6:19-20). Si usted es cristiano, su cuerpo individual es el templo del Espíritu Santo.[13]

Piense en esto a la luz de la trayectoria de la teología bíblica que acabamos de rastrear. Bajo el antiguo pacto, solo el sumo sacerdote podía entrar en el Lugar Santísimo y únicamente una vez al año. Bajo el nuevo pacto, su cuerpo individual es un templo del Espíritu de Dios mismo. Asombroso.

Nota al margen: ¿Quién dice que la teología bíblica no es práctica? El argumento principal de Pablo en 1 Corintios 6:12-20 consiste en que usted debe glorificar a Dios con su cuerpo al rechazar la inmoralidad sexual. Y una razón que da para ello es que su cuerpo es un templo del Espíritu Santo. Es impensable cometer inmoralidad sexual en el Lugar Santísimo y, no obstante, ahora su cuerpo es este lugar. De modo que no debe profanarlo. Manténgalo puro, porque es un espacio sagrado. Richard Hays está en lo cierto: "La educación sexual en la iglesia podría empezar con un enfoque en cultivar una profunda conciencia de la presencia de Dios que mora en el creyente".[14]

---

11. Ver Preguntas 22 y 25.
12. Ver Timothy Keller, *King's Cross: The Story of the World in the Life of Jesus* (Nueva York: Dutton, 2011), 48.
13. El templo en 1 Corintios 6:19 podría referirse al conjunto de la iglesia (y no al cuerpo físico individual de un cristiano), pero casi de seguro se refiere al cuerpo individual de un cristiano.
14. Richard B. Hays, *First Corinthians,* IBC (Louisville: John Knox, 1997), 108.

El templo celestial

El templo celestial se destaca en Hebreos 8–10. Y es el entorno para el drama que se desarrolla en Apocalipsis 4–20.

La nueva Jerusalén

Apocalipsis 21 empieza así: "Vi un cielo nuevo y una tierra nueva; porque el primer cielo y la primera tierra pasaron, y el mar ya no existía más. Y yo Juan vi la santa ciudad, la nueva Jerusalén, descender del cielo, de Dios, dispuesta como una esposa ataviada para su marido" (Ap. 21:1-2). ¿Cuáles son las dimensiones de esta ciudad? "La ciudad se halla establecida en cuadro, y su longitud es igual a su anchura; y él midió la ciudad con la caña, doce mil estadios; la longitud, la altura y la anchura de ella son iguales" (Ap. 21:16). La ciudad es un cubo perfecto. Solo hay otro cubo en la Biblia: el Lugar Santísimo en el tabernáculo y en el templo de Israel. Y ambos están recubiertos de oro (1 R. 6:20; Ap. 21:18). ¿Qué podemos concluir de todo este simbolismo? Ya no existe una pequeña sección de la tierra que sea el Lugar Santísimo. *Toda la tierra* es el Lugar Santísimo. La ciudad entera es el templo de Dios. El tema del templo culmina aquí: "Y no vi en ella templo; porque el Señor Dios Todopoderoso es el templo de ella, y el Cordero" (Ap. 21:22).

Así es como encaja el templo en la trama de la Biblia.

En resumen

El tema del templo progresa por toda la Biblia desde el huerto de Edén hasta la nueva Jerusalén. El templo del Antiguo Testamento alcanza su apogeo en Jesús y se consuma en la nueva Jerusalén, donde toda la tierra nueva es el templo de Dios.

Preguntas para la reflexión

1. ¿De qué forma resumiría usted el tema del templo a lo largo de la Biblia en sus propias palabras?
2. ¿Cómo alcanza el tema del templo su apogeo en Jesús?
3. ¿De qué manera culmina el tema del templo en el nuevo cielo y la nueva tierra?
4. ¿Cuál es la aplicación práctica del tema del templo a lo largo de las Escrituras para la iglesia?
5. ¿Cuál es la aplicación práctica del tema del templo a lo largo de las Escrituras para los cristianos individuales en esta etapa de la historia de la salvación?

¿Qué es una teología bíblica de la misión?

Jason S. DeRouchie

Bendito Jehová Dios, el Dios de Israel,
El único que hace maravillas.
Bendito su nombre glorioso para siempre,
Y toda la tierra sea llena de su gloria.
(Sal. 72:18-19)

Todas las naciones que hiciste vendrán
y adorarán delante de ti, Señor,
y glorificarán tu nombre.
(Sal. 86:9)

Alabad al Jehová, naciones todas;
Pueblos todos, alabadle.
Porque ha engrandecido sobre nosotros su misericordia,
Y la fidelidad de Jehová es para siempre.
Aleluya.
(Sal. 117:1-2)

Con voces de esperanza, los salmistas esperaban el día cuando todas las personas del planeta alabarían al Señor y disfrutarían de su favor (p. ej.: Sal. 72:18-19; 86:9; 96:3; 117:1). Pablo, como siervo de Jesús el Mesías, identifica que el objetivo del evangelio es producir "la obediencia a la fe en todas las naciones por amor de su nombre [de Cristo]", una misión que define la constitución misma de la iglesia (Ro. 1:5).[1] Tres elementos son digno de resaltar con respecto a este fin.

Primero, la expresión "la obediencia a la fe" significa probablemente "la obediencia que siempre fluye de la fe".[2] La fe es la raíz y la obediencia el fruto;

---

1. Kevin DeYoung y Greg Gilbert, *What Is the Mission of the Church? Making Sense of Social Justice, Shalom, and the Great Commission* (Wheaton, IL: Crossway, 2011).

2. Así, p. ej., Richard N. Longnecker, *The Epistle to the Romans: A Commentary on the Greek Text*, NIGTC (Grand Rapids: Eerdmans, 2016), 79-82; Thomas R. Schreiner, *Romans*, 2.ª ed., BECNT

ambas cosas nunca se separan. La fe salvadora se somete al señorío de Cristo (ver Ro. 6:17-18; 10:13-17).

A continuación, la meta de la misión del evangelio consiste en ver a las personas salvas y satisfechas de "entre *todas* las naciones". La buena nueva de que Dios reina, salva y satisface a los pecadores creyentes por medio de la vida, la muerte y la resurrección de Cristo es para los libios y los bolivianos, para los expatriados en Dubái y para las tribus de las montañas en los Himalaya, para los latinos de Miami y para los pobres del Minnesota rural.

Finalmente, este pasaje nos indica que las misiones son un medio para una adoración al rojo vivo. Como explica John Piper: "Las misiones no son el objetivo último de la Iglesia. El objetivo último es la adoración. Las misiones existen porque no hay adoración".[3] Un día, la necesidad de las misiones pasará, pero los redimidos magnificarán para siempre la majestad y la gloria de Dios en Cristo. La misión existe por amor al nombre de Jesús (Ro. 1:5). No hay meta más alta que ver y saborear la gloria de Jesús entre los pueblos del mundo.

La comisión original de la humanidad y la necesidad de una bendición que venza la maldición

Cuando Dios hizo el mundo, plantó un huerto/santuario y puso en él su imagen: un hombre y una mujer a quienes encargó que expandieran su huerto/templo llevando su imagen hasta los confines de la tierra (Gn. 1:27-28).[4] Dios le encargó a la humanidad que reflejara, se asemejara y representara su grandeza y su gloria a escala global.

Nuestros primeros padres rechazaron en un principio este llamado al escoger imitar a la serpiente en su rebeldía. Sin embargo, Dios siguió comprometido con magnificarse en el universo y prometió vencer la maldición por medio de un libertador real, la simiente de la mujer que un día derrotaría a la serpiente y reestablecería la bendición global (Gn. 3:15). Más adelante, los profetas identificaron cómo esta persona cumpliría la promesa de Dios y llenaría toda la tierra de la gloria de Dios (Sal. 72:1-2, 17-19; Is. 11:1-2, 9-10; cp. Nm. 14:21; Hab. 2:14).

El pecado aumentó después de la caída de Adán e impulsó a Dios a castigar justamente a la humanidad por medio del diluvio. Cuando Noé y sus hijos

______

(Grand Rapids: Baker Academic); 40; Douglas J. Moo, *The Letter to the Romans*, 2.ª ed., NICNT (Grand Rapids: Eerdmans, 2018), 50-51.

3. John Piper, *¡Alégrense las naciones!* (Barcelona: Editorial Clie, 2007), 27.

4. Ver esp. G. K. Beale, *The Temple and the Church's Mission: A Biblical Theology of the Dwelling Place of God*, NSBT 17 (Downers Grove, IL: InterVarsity, 2004); G. K. Beale, "Eden, the Temple, and the Church's Mission in the New Creation", *JETS* 48 (2205): 5-31; T. Desmond Alexander, *From Eden to the New Jerusalem: An Introduction to Biblical Theology* (Grand Rapids: Kregel, 2006). Ver también la Pregunta 27.

repoblaron el mundo, Jehová sancionó a los orgullosos en la Torre de Babel. Lejos de buscar magnificar el nombre de Dios, buscaron elevar su propio nombre, de modo que el Señor los dispersó (en setenta grupos de familia diferentes) y confundió sus lenguas por todo el mundo (Gn. 11:8-9). Para que la bendición de Dios venciera su maldición, ahora necesitaría tratar los pecados de los pueblos (plural) y llamar a una rendición de todos los grupos de lenguas.

Los medios para la bendición que vencería la maldición: La promesa abrahámica en dos etapas

Jehová prometió vencer las barreras del pecado y del idioma por medio de un descendiente de una de las setenta familias, Abraham:

> Pero el Señor le dijo a Abram: "Vete de tu tierra y de tu parentela y de la casa de tu padre a la tierra que te mostraré para hacer de ti una nación grande y bendecirte y engrandecer tu nombre. Y, allí, sé bendición para que yo pueda bendecir a los que te bendigan y maldecir al que te deshonre. Y el resultado será que en ti serán benditas todas las familias de la tierra" (Gn. 12:1-3, traducción de DeRouchie).

De estos dos mandamientos al patriarca, de *ir* y *ser bendición*, el Señor le promete aquí a Abraham un proceso en dos fases para vencer la maldición del mundo. Primero, sería necesario que fuera a la tierra de Canaán, donde Dios haría de él una gran nación. La promesa se cumplió en la era del pacto mosaico. En segundo lugar, Abraham o un representante suyo tendría que ser una bendición para que Dios pudiera vencer, en última instancia, la maldición global y traer bendición a todas las familias que antes fueron dispersadas por toda la tierra (cp. 10:32). El Señor cumplió por fin esa promesa en Cristo y en el nuevo pacto.

Dios le prometió a Abraham que se convertiría en "padre de una multitud de naciones" (17:4-6, NVI), pero también recalcó que este movimiento de ser el padre de una nación (Israel) a ser el padre de una multitud de naciones solo sucedería cuando se levantara el libertador real, aquel que expandiría el territorio del reino y poseería la puerta de sus enemigos, y por medio del cual todas las naciones serían bendecidas (22:17-18; cp. 26:3-4). Las misiones tal como las conocemos (llevar el mensaje de reconciliación fuera a las naciones) solo serían operativas cuando este rey surgiera y aplastara a los poderes de la serpiente. Consideremos ahora cada una de estas dos etapas según tienen lugar en las Escrituras.

Fase 1a: Llamamiento a Israel "Ven y ve" y el pacto mosaico fallido

Durante la época del pacto mosaico, muchos no israelitas *se volvieron* israelitas, personas como la multitud mixta que salió de Egipto, Rahab la cananea, Rut la moabita y Urías el heteo. Aunque, como pueblo Israel, era, en cierto modo, una comunidad multiétnica, durante todo el período del AT Abraham siguió siendo el padre de una nación única. Y, al igual que Adán en el huerto/santuario, Dios llamó a su pueblo su hijo primogénito (Éx. 4:21; cp. Gn. 5:1-3) y les encargó que fueran reyes y sacerdotes que lo representaran, se asemejaran a él y lo reflejaran ante un mundo necesitado. Los demás verían sus buenas obras y estas los dirigirían a la grandeza de Dios.

Por tanto, Jehová le dijo a Israel: "Ahora, pues, si diereis oído a mi voz, y guardareis mi pacto, vosotros seréis mi especial tesoro sobre todos los pueblos; porque mía es toda la tierra. Y vosotros me seréis un reino de sacerdotes, y gente santa" (Éx. 19:5-6). Mediante una vida radicalmente entregada, Israel mediaría la presencia de Dios y su santidad ante un mundo necesitado. De manera similar, Moisés escribió: "Guardadlos [los estatutos y las normas], pues, y ponedlos por obra; porque esta es vuestra sabiduría y vuestra inteligencia ante los ojos de los pueblos, los cuales oirán todos estos estatutos, y dirán: Ciertamente pueblo sabio y entendido, nación grande es esta" (Dt. 4:6).

Israel tenía el alto llamado de reflejar la valía de Dios mediante un sometimiento total a Él. Sin embargo, este llamamiento no parece haber incluido la misión "ve y proclama" que tenemos ahora los cristianos. En cambio, la "misión" limitada de Israel a las naciones solo involucraba el cometido "ven y ve".[5] Cuando los israelitas obedecieran a Jehová, las naciones tomarían nota y se acercarían a su grandeza. No obstante, Israel fracasó en su lealtad al pacto, y su rebeldía, como la de Adán, acabaría resultando en que el Señor los expulsaría del paraíso, una realidad que Moisés anticipó (Dt. 31:27, 29) y que los profetas confirmaron (2 R. 17:13-15, 23).

Fase 1b: Visiones proféticas de esperanza y una misión global de reconciliación

No obstante, incluso en medio de los fracasos del pacto mosaico, Dios levantó a profetas como Isaías que recordaron las promesas respecto a las buenas nuevas que Dios traería y la bendición al mundo entero por medio de un único libertador real. Este rey y siervo representaría al pueblo de Israel y

---

5. Respecto a esto, ver en especial Eckhard J. Schnabel, "Israel, the People of God, and the Nations", *JETS* 45 (2002): 35-57; Eckhard J. Schnabel, *Early Christian Misión,* 2 vols. (Downers Grove, IL: InterVarsity, 2004); y Kevin Paul Oberlin, "The Ministry of Israel to the Nations: A Biblical Theology of Missions in the Era of the Old Testament Canon" (dis. PhD, Bob Jones University, 2006). Este enfoque contrasta con el de Walter Kaiser, quien trata el llamamiento de Israel "ven y ve" como si fuera la misión de "ve y proclama" y con frecuencia no distingue los textos del AT que predicen lo que sucedería en la época del nuevo pacto de lo que estaba ocurriendo en la era del antiguo pacto. Ver Walter C. Kaiser Jr., *Mission in the Old Testament: Israel as a Light to the Nations,* 2.ª ed. (Grand Rapids: Baker Academic, 2012).

hasta llevaría su nombre y, por medio de Él, algunos de Israel y de las naciones disfrutarían de una salvación duradera: "Mi siervo eres, oh Israel, porque en ti me gloriaré [...]. Poco es para mí que tú seas mi siervo para levantar las tribus de Jacob, y para que restaures el remanente de Israel; también te di por luz de las naciones, para que seas mi salvación hasta lo postrero de la tierra" (Is. 49:3, 6). Este siervo real disfrutaría de la presencia de Dios y cumpliría su misión de hacer justicia a las naciones, tendría un ministerio de misericordia y guiaría a los perdidos (42:1-4; 51:4-5; 61:1-3). Serviría como mediador del pacto, abriría los ojos de los ciegos y libertaría a los cautivos (42:6-7; 49:8-9). Predicaría la buena nueva de la victoria de Dios sobre el mal y de su gracia salvadora (52:7-10; 61:1-3), que aseguraría por medio de su propio sacrificio sustitutivo (53:5). Jehová entregaría a su siervo real como ofrenda por la culpa de la humanidad y, mediante esta obra expiatoria, "asombrará a muchas naciones", "justificará [...] a muchos" y "llevará las iniquidades de ellos" (52:15; 53:10-11; cp. Ro. 5:18-19; 2 Co. 5:21).

Por medio de la muerte y la resurrección de su siervo individual real, Israel, una multitud de siervos descendientes se levantarían para llevar a cabo la tarea misional de este siervo individual (Is. 49:3, 6): "En Jehová será justificada y se gloriará toda la descendencia de Israel" (45:25). "Cuando haya puesto su vida en expiación por el pecado, verá linaje, vivirá por largos días, y la voluntad de Jehová será en su mano prosperada. Verá el fruto de la aflicción de su alma, y quedará satisfecho; por su conocimiento justificará mi siervo justo a muchos, y llevará las iniquidades de ellos" (53:10-11). Todos estos serán "linaje bendito de Jehová" (61:9) y "heredarán naciones" (54:3), incluidos los "siervos" que operarían como sacerdotes de entre los extranjeros (56:6-8) y de los israelitas étnicos por igual (56:6-8; 63:17; 66:20-21).

Fase 2a: El nuevo pacto y la misión de buenas nuevas de Jesús

Jesús es aquel que Moisés, Isaías y los demás profetas anticiparon, aquel por medio de quien todo el mundo puede ser bendecido. Es la "simiente de Abraham" (singular) de la realeza y, en Él, judíos y gentiles, esclavos y libres, hombres y mujeres podrán convertirse en la verdadera "simiente" de Abraham, herederos plenos de todas las promesas. Pablo se inspira en las promesas de Génesis 12:3; 22:18 y 28:4:

Y la Escritura, previendo que Dios había de justificar por la fe a los gentiles, dio de antemano la buena nueva a Abraham, diciendo: En ti serán benditas todas las naciones [...]. En Cristo Jesús la bendición de Abraham [ha alcanzado] a los gentiles [...]. Ahora bien, a Abraham fueron hechas las promesas, y a su simiente [...] la cual es Cristo [...].

> Y si vosotros sois de Cristo, ciertamente linaje de Abraham sois, y herederos según la promesa (Gá. 3:8, 14, 16, 29).

Además, Jesús es el siervo real de Jehová que proclama la buena nueva del reinado de Dios y trae luz y salvación a las naciones. Así inauguró su ministerio citando Isaías 61:1-2, LXX: "El Espíritu del Señor está sobre mí, por cuanto me ha ungido para dar buenas nuevas a los pobres; me ha enviado a sanar a los quebrantados de corazón; a pregonar libertad a los cautivos, y vista a los ciegos; a poner en libertad a los oprimidos; a predicar el año agradable del Señor" (Lc. 4:18-19; cp. Is. 42:7). Jesús cumplió directamente la promesa de Isaías respecto a que el siervo individual Israel salvaría a personas tanto de Israel como de las naciones (Hch. 26:22-23; cp. Is. 49:3, 6). Con citas de la Ley, los Profetas y los Escritos, Pablo también observó que Jesús es aquel en quien esperan ahora las naciones:

> Pues os digo, que Cristo Jesús vino a ser siervo de la circuncisión para mostrar la verdad de Dios, para confirmar las promesas hechas a los padres, y para que los gentiles glorifiquen a Dios por su misericordia, como está escrito:
>> Por tanto, yo te confesaré entre los gentiles,
>> Y cantaré a tu nombre.
> Y otra vez dice:
>> Alegraos, gentiles, con su pueblo.
> Y otra vez:
>> Alabad al Señor todos los gentiles,
>> Y magnificadle todos los pueblos.
> Y otra vez dice Isaías:
>> Estará la raíz de Isaí,
>> Y el que se levantará a regir los gentiles;
>> Los gentiles esperarán en él
> (Ro. 15:8-12; cp. Sal. 18:49[50]; Dt. 32:43; Sal. 117:1; Is. 11:10).

Fase 2b: La misión de Jesús se convierte en la misión "ve y proclama" de la iglesia

La misión del Mesías se convierte en la misión de su iglesia. En Isaías 49:6 Dios encarga al rey siervo que lleve luz a las naciones, pero en Hechos 13:47, la misión del Mesías es la misión *de Pablo*: "Porque así nos ha mandado el Señor, diciendo: Te he puesto para luz de los gentiles, a fin de que seas para salvación hasta lo último de la tierra". Por consiguiente, en Isaías 52:7, el siervo mesiánico es aquel cuyos pies son tan hermosos que llevan la buena nueva de salvación y del reinado de Dios ("Cuán hermosos son sobre los montes los pies *del* que trae alegres nuevas"). Sin embargo, en Romanos 10 Pablo pasa el sujeto al plural para identificar que la iglesia es ahora quien lleva la proclamación de las buenas nuevas del Mesías a las naciones. "¿Cómo, pues, invocarán a aquel en el cual no han creído? ¿Y cómo creerán en aquel de quien no han oído? ¿Y cómo oirán sin haber quien les predique? ¿Y cómo predicarán si no fueran enviados? Como está escrito: ¡Cuán hermosos son los pies de *los* que anuncian la paz, de *los* que anuncian buenas nuevas!" (Ro. 10:14-15).

Aunque Jehová llamó al Israel del AT a ser un reino de sacerdotes y una nación santa (Éx. 19:5-6), ahora llama y empodera a la iglesia para vivir de un modo que apunte a la grandeza y la gloria de Dios. De ahí que Jesús mandara: "Así alumbre vuestra luz delante de los hombres, para que vean vuestras buenas obras, y glorifiquen a vuestro Padre que está en los cielos" (Mt. 5:16). De manera similar, Pedro proclamó: "Mas vosotros sois linaje escogido, real sacerdocio, nación santa, pueblo adquirido por Dios, para que anunciéis las virtudes de aquel que os llamó de las tinieblas a su luz admirable" (1 P. 2:9).

Con todo, para la iglesia de Jesús, la responsabilidad de obedecer para que otros puedan "venir y ver" la valía de Dios combina ahora con la misión "ve y proclama". En realidad, nuestro Señor nos ha encargado que proclamemos a todas las naciones la buena nueva de que el Dios que reina salva y satisface eternamente a los pecadores que creen por medio de la vida, muerte y resurrección de Jesucristo (Mt. 28:18-20).

Llena del Espíritu mismo del Cristo resucitado (Hch. 16:7), la iglesia como templo y santuario de Dios está cumpliendo la promesa de Cristo: "Recibiréis poder, cuando haya venido sobre vosotros el Espíritu Santo, y me seréis testigos en Jerusalén, en toda Judea, en Samaria, y hasta lo último de la tierra" (Hch. 1:8; cp. Is. 32:15; 43:10; 49:6; ver también 44:3; 59:21). En Cristo, la nueva creación ha despuntado. Dios está restableciendo ahora el orden correcto, y su gloria llena cada vez más la tierra:

De modo que si alguno está en Cristo, nueva criatura es; las cosas viejas pasaron; he aquí todas son hechas nuevas. Y todo esto proviene de Dios, quien nos reconcilió consigo mismo por Cristo, y nos dio el ministerio de la reconciliación; que Dios estaba en Cristo reconciliando consigo al mundo, no tomándoles en cuenta a los hombres sus pecados, y nos encargó a nosotros la palabra de la reconciliación. Así que, somos embajadores en nombre de Cristo, como si Dios rogase por medio de nosotros; os rogamos en nombre de Cristo: Reconciliaos con Dios. Al que no conoció pecado, por nosotros lo hizo pecado, para que nosotros fuésemos hechos justicia de Dios en él [...]. No damos a nadie ninguna ocasión de tropiezo, para que nuestro ministerio no sea vituperado; antes bien, nos recomendamos en todo como ministros de Dios (2 Co. 5:17-21; 6:3-4).

Fase 2c: La alabanza presente y perdurable al Salvador que reina y satisface a las naciones

El fin supremo de las misiones es la alabanza apasionada: magnificar la grandeza y la gloria de Dios en Cristo por medio de una esposa multiétnica (ver Ef. 1:5-6). La misión de Pablo y de la iglesia es producir "la obediencia a la fe en todas las naciones por amor de su nombre [de Jesús]" (Ro. 1:5). Incluso ahora en los cielos, los reunidos en torno al trono de Dios cantan alabanzas al rey que es León y Cordero, cuya muerte y resurrección dio libertad a personas de todas las naciones: "Digno eres tú [...] porque tú fuiste inmolado, y con tu sangre nos has redimido para Dios, de todo linaje, y lengua y pueblo y nación; y nos has hecho para nuestro Dios reyes y sacerdotes, y reinaremos sobre la tierra" (Ap. 5:9-10). Y, en el futuro, los salvos y satisfechos "de todas naciones y tribus y pueblos y lenguas" clamarán juntos: "La salvación pertenece a nuestro Dios que está sentado en el trono, y al Cordero" (7:9-10).

Si usted ha probado y visto que Dios en Cristo es bueno, el llamamiento de nuestra vida es conocer a Cristo y darlo a conocer. Al escribir este libro, aún quedan 269 grupos étnicos en el mundo por los que nadie se ha comprometido y que no han sido alcanzados; estos son grupos por quienes nadie, ni iglesia ni agencia misionera, ha asumido la responsabilidad de proclamar las buenas nuevas, por palabra o por hechos, respecto a que el Dios que reina salva y satisface a los pecadores que creen por medio de la vida, muerte y resurrección de Cristo.[6] Aproximadamente unos 5700 millones de personas permanecen en la oscuridad: espiritualmente perdidas e indefensas, sin conocer, ni reconocer ni adorar a Cristo como Salvador y Señor.

Usted tiene la oportunidad y la responsabilidad de participar en una obra de proporciones cósmicas… una obra que Dios ha venido desarrollando desde la creación y que culminará en la alabanza global de Cristo y en el gozo inconmensurable de los redimidos en la nueva tierra. Debemos ir o enviar, ser quien sostiene la cuerda o quien cruza culturas por amor de su nombre. Jesús declaró: "La mies a la verdad es mucha, mas los obreros pocos; por tanto, rogad al Señor de la mies que envíe obreros a su mies" (Lc. 10:2). Disfrutamos del mayor poder para la tarea más suprema. Estamos orando para que Dios permita que los lectores de este libro se conviertan en personas fieles que vayan, y otras más, en personas fieles que envíen, hasta que las misiones

---

6. Cifras tomadas de www.finishingthetask.com.

sean innecesarias y la adoración continúe. ¿Cuál es su parte en alcanzar los vecindarios y las naciones para Jesús?

En resumen

Dios está comprometido con manifestar su gloria hasta los confines de la tierra. Originalmente encargó a los portadores de su imagen que lo reflejaran, se asemejaran a Él y lo representaran de un modo que permitiera que su huerto santuario se expandiera. Sin embargo, la rebeldía de la humanidad acarreó maldición sobre el mundo y, con este, sobre múltiples familias y lenguas. Por medio de Abraham y de su simiente, Jehová se propone que su bendición venza la maldición a escala global. Mediante el pacto mosaico, comisionó a Israel para mediar su presencia y manifestar su santidad, para que las naciones pudieran "venir y ver" su valía y hermosura y fueran impulsadas a seguirlo. La nación fracasó en su llamado, pero Dios había planeado que se levantara un libertador real que apaciguara la ira de Jehová, asegurara la justicia y reconciliara a las naciones. En Cristo, Dios llama y empodera a la iglesia para que proclame sus excelencias ("ven y ve") y procure la conversión de las naciones por amor al nombre de Cristo ("ve y proclama"). Esta misión "ve y proclama" marca un cambio en la historia de la redención, en el que Abraham ha pasado de ser padre de una nación a padre de una multitud de naciones. Además, ahora en Cristo se está extendiendo la gloria de Dios por medio de la iglesia hasta los confines de la tierra, y esto culminará en alabanza universal un día cuando las misiones ya no sean necesarias.

Preguntas para la reflexión

1. ¿Cuál es el objetivo supremo de la iglesia y qué relación guarda con las misiones?

2. ¿Qué relevancia tiene el huerto de Edén y el mandato original que Dios dio a Adán y a Eva para una teología bíblica de la misión?

3. ¿De qué formas está íntimamente relacionada la misión de la iglesia con la de Jesús?

4. ¿Cómo describiría usted el cambio en la historia de la redención en cuanto a la misión del pueblo de Dios, de solo "ven y ve" a incluir también "ve y proclama"? ¿Qué textos señalaría usted para respaldar este cambio?

5. ¿De qué formas le afecta a usted personalmente la teología bíblica de la misión? ¿De qué formas tangibles puede usted servir mejor a la gran comisión de Dios, como alguien que va o como quien envía?

¿Qué es una teología bíblica de la tierra?

Oren R. Martin

La tierra que Dios le prometió a Abraham inicia el proceso de reocupar y avanzar lo que la humanidad perdió en el Edén y lo que no se cumplirá hasta que se recupere un Edén nuevo y mejor. Por lo tanto, en cada punto a lo largo del AT, la tierra prometida anticipa una tierra mayor que vendrá. Aunque la promesa territorial se refería inicialmente al establecimiento de Israel en la tierra de Canaán, por designio divino también apunta a algo más grande que el NT por fin revela. Este capítulo rastrea la progresión de la promesa de la tierra a través de los pactos bíblicos hasta alcanzar su cumplimiento en la nueva creación en Cristo.[1]

Se dan las promesas de la tierra

El pacto de Dios con Abraham recupera el propósito universal de Adán en términos tanto de la bendición de la descendencia como de la tierra. El alcance universal del Edén se estrecha a la tierra de Canaán, lo que permite que sirva de microcosmo de lo que Dios pretendía para toda la humanidad que, a su tiempo, se expandiría con la proliferación de la descendencia de Abraham. Por ejemplo, cuando Génesis 22:17-18 y 26:3-4 se toman juntos, el contexto inmediato del pacto abrahámico ya apunta a una expansión universal de la promesa territorial (se amplía este punto más adelante). En otras palabras, la propagación de la descendencia de Abraham resultaría en heredar el mundo, como Pablo afirma en Romanos 4:13, "Porque no por la ley fue dada a Abraham o a su descendencia la promesa de que sería heredero del mundo, sino por la justicia de la fe". Sin embargo, esta interpretación no consiste en reinterpretar o espiritualizar la promesa del AT. Más bien, empieza a establecer el tipo o patrón que señala en retrospectiva al Edén y en prospectiva al cumplimiento supremo de la promesa que acabaría abarcando al mundo entero.

Además, en el pacto abrahámico hay componentes tanto nacionales

---

1. Para un estudio más exhaustivo de este argumento, ver Oren R. Martin, *Bound for the Promised Land: The Land Promise in God's Redemptive Plan*, NSBT 34 (Downers Grove, IL: InterVarsity, 2015). Se ha concedido permiso para usar y ampliar porciones de *Bound for the Promised Land* en este capítulo.

(Gn. 12:2, "nación") como internacionales (17:4-6, "naciones"). Por ejemplo, Génesis 15 es un pacto que Dios hizo con Abraham y su "simiente", y en Génesis 17, que reafirma el pacto del capítulo 15 después de las dudas del capítulo 16, se ensancha la categoría de "simiente". Asimismo, Dios cambia el nombre de Abram a Abraham, porque lo convirtió en "padre de una multitud de naciones" (17:5, NVI). Así pues, existe una ambigüedad intencionada, ya que la "simiente" de Abraham comprende *a la vez* una multitud de naciones (cap. 17) *y* un descendiente individual (22:17) que mediará bendición a todas las naciones de la tierra.[2]

Cuando se juntan estos textos, vemos que los herederos supremos de las promesas a los patriarcas no se restringen a una entidad nacional, sino que se extienden a una comunidad internacional. Es decir, la agenda programática de Dios para la humanidad después del Edén comienza con la formación de una nación por medio de Abraham y señala hacia adelante, a un pueblo internacional que se retoma más tarde en los Profetas. Ninguna frontera política, israelita u otra, podía agotar la promesa territorial, porque la multiplicación de los descendientes expande de manera natural los límites territoriales hasta que la tierra esté llena.

El cumplimiento de las promesas de la tierra

Aunque hay progresión y cumplimiento significativos de las promesas de la tierra bajo líderes como Moisés, Josué, David y Salomón, son los profetas quienes vuelven a abordar las promesas abrahámicas y hacen avanzar el patrón de cumplimiento en diversas formas y etapas, incluido un regreso físico y espiritual con resultados nacionales e internacionales. Por ejemplo, Isaías describe el regreso de Israel del exilio de un modo inminente y distante a la vez, así como en un lenguaje parecido al éxodo (p. ej.: Is. 11:1-16; 35:1-10; 51:9-11; 52:11-12). El primer retorno del exilio es una liberación física y un regreso a la tierra que Ciro, siervo de Dios, llevará a cabo (42:18–43:21; 44:24–45:1; cp. Esd. 1:1-3). Sin embargo, aunque este regreso es otro cumplimiento de la restauración prometida de Dios, en modo alguno se compara con la visión final del profeta. De hecho, un cautiverio más profundo impidió que Israel fuera restaurado por completo. Es decir, aunque el pueblo es extraído de diferentes naciones idólatras, sigue siendo necesario que Jehová extermine

---

2. Se puede ver ya un justificante hermenéutico para que Pablo retome esta idea cuando se interpreta a la luz de Cristo (Gá. 3:16, 28-29). Respecto a esto, ver C. John Collins, "A Syntactical Note (Genesis 3:15): Is the Woman's Seed Singular or Plural?", *TynBul* 48 (1997): 139-147; T. Desmond Alexander, "Further Observations on the Term 'Seed' in Genesis", *TynBul* 48 (1997): 363-367; C. John Collins, "Galatians 3:16: What Kind of Exegete Was Paul?", *TynBul* 54, núm. 1 (2003): 75-86; y Jason S. DeRouchie y Jason C. Meyer, "Christ or Family as the 'Seed' of Promise? An Evaluation of N. T. Wright on Galatians 3:16" *SBJT* 14, núm. 3 (otoño de 2010): 36-48.

la idolatría de las personas. El rey siervo de Dios lograría esta restauración trayendo de nuevo a Israel para que la salvación de Dios pudiera alcanzar las naciones (Is. 49:1–53:12). El perdón llega por medio del siervo (individual) de Dios, quien liberaría a su siervo (colectivo) Israel (42:1-9; 49:1-6), redimiría a su pueblo (9:2-7), gobernaría sobre él (11:1-5) y expiaría el pecado al sufrir, morir y tomar sobre sí el castigo que ellos merecían (42:1-9; 49:5-6; 50:4-9; 52:13–53:12).

Más aún, la expiación sustitutiva del siervo iniciará un nuevo pacto que capacitará tanto a Israel *como* a las naciones para disfrutar de los pactos abrahámico y davídico (54:1–55:13; cp. 19:19-25). Una redención internacional de este calibre había sido el plan de Dios desde que Abraham recibió la palabra de la promesa. Además, un rey davídico bendecirá y gobernará a las naciones porque Dios lo ha hecho líder y comandante de los pueblos (55:4-5). Esto relaciona al rey siervo en Isaías 53, cuya ofrenda de sí mismo y resurrección lo facultan para cumplir las promesas del pacto davídico de Dios y servir de base para el pacto nuevo o eterno. Sorprendentemente, Isaías no solo identifica al remanente de israelitas étnicos como los siervos del Señor (Is. 65:13-25), sino que también emplea la misma designación para los extranjeros redimidos de las naciones (56:6). Por otra parte, en cumplimiento del pacto abrahámico, El Señor dará su *nombre* y *bendición* a sus siervos en la tierra (65:13-16; cp. Gn. 12:3; 17:5; 22:18; 26:4). Por tanto, la obra salvadora del siervo individual crea *siervos,* y todos ellos (israelitas transformados y extranjeros) irán a Jerusalén, el monte santo de Dios, en un peregrinaje de adoración (Is. 2:2-4; 27:13; cp. Mi. 4:1-5).

No obstante, Isaías pasa a describir de un modo más espléndido el resultado de este nuevo orden. Isaías 65:17–66:24 resume de forma sucinta los temas escatológicos que aparecen a lo largo de todo el libro y detalla la esperanza de restauración para la ciudad de Jerusalén y la tierra, en un lenguaje sobrenatural que describe realidades asombrosas (cp. Is. 2:1-4; 4:2-6; 9:1-16; 11:1-10). Cuando los diversos hilos se juntan, la visión de Isaías sobre la restauración final involucra nuevos cielos y una tierra nueva (65:17; 66:22), una nueva Jerusalén (65:18-19; cp. 4:2-6) y un santo monte, Sion (65:25; cp. 2:1-4; 4:2-6). Es más, en cumplimiento de las promesas a Abraham y del pacto con él, Dios les dará un nuevo *nombre* y ellos recibirán *bendición* en la *tierra* de parte del Dios de verdad (65:15-16). Hacia el final de Isaías, este templo monte ciudad es coextensiva con los nuevos cielos y la nueva tierra, lo que resuena con realidades sorprendentes expresadas en términos del reino de Dios, que viene a la tierra y la llena.

De manera similar, en Jeremías, Dios promete acoger a su pueblo si este regresa y "entonces las naciones serán benditas en él, y en él se gloriarán"

(Jer. 4:1-2). Esta referencia identifica la forma en que Dios cumpliría sus promesas a Abraham (p. ej.: Gn. 12:3; 22:18) si Israel se arrepentía y glorificaba a Dios. Como en Isaías, el profeta ve a las naciones como parte de la restauración de Israel y de Judá, y la realización de esta meta cosmológica y teológica cumplirá las promesas abrahámicas (Jer. 12:14-17).[3] Por otra parte, Jeremías proclama que Israel regresará del exilio en términos de un nuevo éxodo (16:14-15).

A continuación, en Jeremías 30–33 el profeta desvela las grandes promesas de salvación y ofrece esperanza más allá del exilio que llegará en forma de un nuevo pacto y de un regreso a su tierra.[4] Jeremías 31:38-40 tiene una importancia especial respecto a la reedificación y la expansión de Jerusalén. Además de la restauración del liderazgo davídico (30:8-11), el sacerdocio (31:14) y el pueblo (31:31-34), la restauración de la ciudad completa la gloriosa reversión de los pronunciamientos de juicio de Jeremías. Aunque la ciudad había sido destruida, la era futura de redención verá su restauración *y más*. Derek Kidner comenta: "La promesa [en 31:38-40] no solo está 'arraigada' en este planeta, sino también en los detalles familiares de la capital de Israel y menciona vertederos de basura y todo […]. Sin embargo, la visión supera este ejercicio, en escala y en relevancia".[5] Por consiguiente, la nueva Jerusalén será diferente y más grande que la antigua, y la ciudad reedificada se convertirá en el centro de la presencia de Dios entre su pueblo (3:14-18; cp. Is. 65:17; 66:12; Ap. 21:3).

Jeremías describe la restauración tanto de las personas como del lugar en el futuro, y atribuye estas esperanzas a un líder davídico, un renuevo justo que combina, de forma interesante, al rey y al sacerdote (33:14-18). Este rey sacerdote asegurará un nuevo pacto para su pueblo, tan cierto como el pacto de Dios con el día y la noche; los hará morar en seguridad en la tierra y mul-

---

3. Es intrigante que Jeremías 12 hable sobre un exilio, no solo para Judá, sino también para los malos vecinos de Jehová "que tocan la heredad que hice poseer a mi pueblo Israel" (12:14). Sorprendentemente, en el versículo 15, después de que Jehová arranque a cada pueblo de su tierra, de nuevo tendrá compasión de ellos y "los haré volver cada uno a su heredad y cada cual a su tierra". Al final, cuando Jehová lleve a todos los exiliados a casa, si las naciones aprenden a jurar por el nombre de Jehová, "serán prosperados en medio de mi pueblo" (v. 16).

4. Jeremías es el único texto en el AT que habla de forma específica del "nuevo pacto". Sin embargo, Walter Kaiser está en lo cierto al ver el concepto del nuevo pacto en otros pasajes, a pesar de la omisión de la frase exacta. Escribe: "Basándonos en contenido y contextos similares, las siguientes expresiones pueden igualarse al nuevo pacto: el 'pacto eterno' o 'sempiterno' o 'perpetuo' en siete pasajes (Jer. 32:40; 50:5; Ez. 16:60; 37:26; Is. 24:5; 55:3; 61:8), un 'nuevo corazón' o 'un nuevo espíritu' en tres o cuatro pasajes (Ez. 11:19; 18:31; 36:26; Jer. 32:39 [LXX]), un 'pacto de paz' o 'pacto de mi paz' en tres pasajes (Is. 54:10; Ez. 34:25; 37:26) y un 'pacto' o 'mi pacto' situado 'en aquel día' en tres pasajes (Is. 49:8; 59:21; Os. 2:18-20), dando un total de dieciséis o diecisiete pasajes importantes sobre el nuevo pacto". Walter C. Kaiser Jr., "The Old Promise and the New Covenant: Jeremiah 31:41-34", *JETS* 15 (1972): 14.

5. Derek Kidner, *The Message of Jeremiah*, BST (Downers Grove, IL: InterVarsity, 1987), 111.

tiplicará la descendencia de David, que será tan numerosa como la arena del mar, en cumplimiento de su pacto con Abraham (33:14-26). Además, Jeremías 31:35-40 sugiere que este nuevo pacto operará dentro de los contornos de una nueva creación.

De manera similar, Ezequiel, el último de los llamados Profetas mayores, profetiza que el pueblo renovado será purificado en su corazón y su espíritu, y que serán un solo rebaño bajo un nuevo David (Ez. 34–37). Como resultado, "sabrán las naciones que yo Jehová santifico a Israel, estando mi santuario en medio de ellos para siempre" (37:28). Aunque Dios había sido un santuario para los exiliados "por un tiempo" (11:16, NVI), ahora su presencia estará con ellos para siempre. Hará un nuevo pacto (36:16-38), que tratará con su pecado y, finalmente, los reconciliará con Jehová, de manera que podrá decir: "Me serán por pueblo, y yo a ellos por Dios" (37:23, 27). Sin embargo, para que esta restauración se produzca, Dios debe crear un pueblo santo de la nada. Y, sin duda, Él hará su nueva creación. De hecho, Ezequiel usa el lenguaje de la resurrección para ilustrar la promesa del regreso de Israel a una nueva vida en su propia tierra desde el exilio, una existencia que se asemejaba a la muerte (37:11-14). En otras palabras, la restauración a la tierra está vinculada al motivo de la resurrección. Los muertos volverán a la vida para poder participar también en la restauración. Sin embargo, la visión de restauración de Ezequiel no se detiene con Israel. Como pasajes similares a lo largo de los escritos de los Profetas, Ezequiel indica que la restauración tendrá una relevancia internacional (16:59-63).

Ezequiel prosigue con su programa visualizando en los capítulos 40–48 un templo reedificado con la adoración revitalizada. Es decir, primero una nueva humanidad es (re)creada (cap. 37) y, a continuación, es colocada en un nuevo templo/Edén. La visión culminante en los capítulos 40–48 describe el cumplimiento de las promesas de los capítulos 1–39. En un pasaje relevante, Ezequiel 37:25-28 reúne varios hilos del nuevo lugar para el pueblo de Dios y prepara el camino para unas promesas incluso más gloriosas en los capítulos 40–48 (cp. 37:25-28 y 43:7-9). Por tanto, es significativo que Ezequiel acabe con una visión de una tierra purificada con fronteras situadas en torno a un nuevo complejo del templo. De forma más específica, Ezequiel 47:1-12 contiene una abundancia de terminología edénica y describe un templo paradisíaco que se extiende para abarcar toda la tierra. Es relevante que Ezequiel utilice un lenguaje similar al de Jeremías respecto a un cordel para medir que extiende los límites hacia afuera (Ez. 47:3; Jer. 31:39; cp. Zac. 2). Así, la promesa respecto al Israel renovado que vive en la tierra bajo un nuevo David se cumple en la visión de un templo que reproduce un contexto edénico, cuyas fronteras son colindantes con la tierra.

Ahora bien, desde una perspectiva canónica, Apocalipsis presenta este templo mundial como el nuevo cielo y la nueva tierra (la nueva Jerusalén) a la luz del cumplimiento de Cristo, el verdadero templo.[6] Para los escritores del NT, esta profecía se convirtió en un modo brillante de hablar de lo que Dios había logrado ahora en Jesús y por medio de Él. Paradójicamente, aunque la visión de Ezequiel se había enfocado tanto en el templo, halló su cumplimiento supremo en la ciudad donde no había templo, porque su templo es el Señor Dios Todopoderoso y el Cordero (Ap. 21:22).[7] Así pues, Ezequiel, en línea con los demás profetas, describe la asombrosa esperanza para el futuro, que incluye la tierra transformada y la naturaleza humana, un nuevo y mejor Edén ampliado con un río inmenso de vida y muchos árboles de la vida.

El NT revela que lo que se prometió en el AT se cumple por medio de la persona y la obra de Cristo, el hijo de David, hijo de Abraham, hijo de Adán, hijo de Dios. Jesús, el israelita obediente, inaugura el reino por medio de su muerte y resurrección, y finalmente libera a su pueblo del exilio del pecado (Mt. 2:15; Col. 1:13-14). Mateo interpreta las promesas de la tierra a través de la lente de diversos textos tipológicos y universalizados del AT (Mt. 5:5; Sal. 37). Mediante la obra de Cristo, forma un nuevo pueblo de pacto que pertenece a la nueva creación y que son templos del Dios vivo (2 Co. 5:17; 6:16), un pueblo unido a Él por fe, el templo verdadero (Jn. 1:14; 2:19-22). Este nuevo pueblo, la iglesia de Jesucristo, formada por judíos y gentiles, aguarda su hogar final. De esta forma se puede afirmar que Abraham "sería heredero" del mundo (Ro. 4:13) sin contravenir ni espiritualizar las promesas del AT.[8] Este nuevo cielo y nueva tierra se describen en términos de una

---

6. Proporcionar un análisis de todas las alusiones a Ezequiel 40–48 en Apocalipsis 21–22 sobrepasa el alcance de este capítulo. Basta con afirmar que Apocalipsis 21–22 interpreta además el cumplimiento futuro de Ezequiel al colapsar el templo, la ciudad y la tierra en una sola escena del tiempo del fin, describiendo así la forma en que Dios cumple sus promesas del pacto. Ver G. K. Beale, *The Temple in the Church's Mission: A Biblical Theology of the Dwelling Place of God*, NSBT 17 (Downers Grove, IL: InterVarsity, 2004), 348-353.

7. Peter W. L. Walker, *Jesus and the Holy City: New Testament Perspectives on Jerusalem* (Grand Rapids: Eerdmans, 1996), 313.

8. Aunque no hay una afirmación explícita en el AT respecto a que Abraham se convertiría en heredero del mundo, la idea está presente. Génesis 26:3-4 es especialmente importante, donde el plural único "tierras", cuando se lee en conjunción con el juramento al que alude en Génesis 22:17-18, deja claro que la simiente de Abraham poseerá o heredará la puerta de sus enemigos. Ver Douglas J. Moo, *Romans*, 2.ª ed., NICNT (Grand Rapids: Eerdmans, 2018), 299-300; Thomas R. Schreiner, *Romans*, 2.ª ed., BECNT (Grand Rapids: Baker, 2018), 235-236. Esto, junto con Génesis 22:17, proporciona la base exegética para la aseveración de Pablo respecto a que Abraham heredaría el mundo. Así, Pablo está demostrando una exégesis bíblica sana, documentada por la línea argumental de la historia de la redención de las Escrituras, al reunir los tres elementos del pacto. A la luz de Cristo, Abraham, su simiente (singular) (Gá. 3:16) y la descendencia (colectiva)

ciudad templo jardín paradisíaco (Ap. 21–22; cp. Is. 65–66; Ez. 40–48). En otras palabras, las variopintas realidades de las promesas de tierra del AT (la ciudad expansiva, el templo y la tierra) alcanzan su *télos* en la nueva creación que Cristo gana.[9] Por tanto, en este sentido, lo que obtiene el Israel creyente es mucho mayor que la tierra de Canaán, porque, junto con las naciones, heredará la tierra entera en cumplimiento de las promesas divinas irrevocables de gracia. Sin embargo, es importante observar que la iglesia de Jesucristo, compuesta tanto de judíos como de gentiles, no elimina necesariamente una salvación futura para los israelitas étnicos (Ro. 9–11). Sin embargo, esta salvación futura solo se obtiene por medio de la fe en Jesucristo, como sorprendente manifestación de la fidelidad y de la gracia de Dios, y tanto los judíos como los gentiles salvos disfrutarán juntos de la herencia territorial de la nueva tierra.

En resumen

El principio y el final de las Escrituras muestran que el objetivo cosmológico de Dios consiste en establecer su reino en la tierra. Sin embargo, por la caída de la humanidad en el pecado y la muerte, lograr este objetivo ha sido radicalmente dañado, pero no diezmado, porque Dios hace una promesa (Gn. 3:15) que guiará de manera providencial su medio redentor a su fin señalado por Él mismo. En realidad, restablecerá su reino en la tierra mediante los pactos iniciados por gracia, que alcanzan su terminación en y por medio de la persona y la obra de Cristo, el postrer Adán. La tierra prometida a Abraham retoma y adelanta lo que se perdió en Edén y anticipa una tierra mejor por venir, que halla su cumplimiento en la persona y la obra de Cristo; el resultado es que los reinos del mundo han venido a ser de nuestro Señor y de su Cristo y Él reinará por los siglos de los siglos (Ap. 11:15).

Recordemos, pues, que nuestro gran y glorioso Dios Trino cumple sus promesas. En su ministerio, Jesús anunció que Dios estaba cumpliendo sus antiguas promesas de restaurar a su pueblo del exilio y establecer su reino universal e internacional. Sin embargo, en esta era, vivimos como peregrinos y exiliados que buscan la ciudad que ha de venir, cuyo arquitecto y constructor es Dios (He. 11:10; 13:14; 1 P. 2:11). Por tanto, debemos vivir en fe y anticipación en nuestras vidas y palabras, hasta *ese* día cuando "el tabernáculo de Dios [estará] con los hombres, y él morará con ellos; y ellos serán su pueblo, y Dios mismo estará con ellos como su Dios" (Ap. 21:3).

---

de Abraham heredarán el mundo a medida que las personas, judías y gentiles, vengan a la fe en Jesucristo (3:29).

9. Se podría explorar el rico uso del lenguaje de la herencia en el NT a la luz de su trasfondo en el AT. Por ejemplo, ver Martin, *Bound for the Promised Land,* cap. 8.

Preguntas para la reflexión

1. ¿De qué forma una teología bíblica de la promesa de la tierra demuestra la fidelidad de Dios?
2. ¿Qué evidencias existen en el AT para concluir que Dios pretendía que la tierra que prometió a Abraham y entregó a Israel fuera más que la zona geográfica limitada a Canaán?
3. ¿De qué manera retoman los profetas las promesas de la tierra y las hacen avanzar?
4. ¿Cómo demuestra el NT el cumplimiento de las promesas de la tierra del AT? ¿Qué pasajes y temas (p. ej.: la herencia, el reposo) se relacionan con él?
5. ¿De qué forma cumple Apocalipsis 21–22 las promesas de la tierra?

¿Qué es una teología bíblica de la resurrección?

Jason S. DeRouchie

Después de la creación original de la humanidad, la resurrección de Jesús a la gloria es el acontecimiento más decisivo de la historia de los seres humanos, porque trae el amanecer de la nueva creación (2 Co. 5:17) y valida que los que están en Cristo ya no son prisioneros del pecado, cuya paga es la muerte (Ro. 6:23; 1 Co. 15:17). Las Escrituras del AT presagiaron que "fue necesario que el Cristo padeciese, y que resucitase de los muertos" (Lc. 24:46; cp. Jn. 20:9; Hch. 17:2-3; 1 Co. 15:4; cp. Lc. 24:7) y que sería "el primero de la resurrección de los muertos, para anunciar luz" tanto a los judíos como a los gentiles (Hch. 26:22-23). Ahora bien, ¿dónde anticipa el AT la resurrección del tercer día? Evaluar de cerca los textos del NT que citan o aluden a pasajes específicos del AT nos proporciona una pista inicial de la manera en que los que vivían en los albores de la nueva creación veían cómo anticipa el AT la resurrección del Mesías, así como la de los justos y los injustos.

Citas y alusiones de los textos veterotestamentarios de la resurrección en el Nuevo Testamento

Los saduceos no creían en la resurrección.[1] Por el contrario, Jesús argumentó que Dios "no es Dios de muertos, sino Dios de vivos", dado que es lo que Él quería señalar al proclamarle a Moisés: "Yo soy el Dios de Abraham, el Dios de Isaac y el Dios de Jacob" (Mr. 12:26-27; cp. Éx. 3:6). De manera similar, cuando Jesús afirmó su autoridad recibida de Dios para juzgar, aludió a Daniel 12:2: "Vendrá hora cuando todos los que están en los sepulcros oirán su voz; y los que hicieron lo bueno, saldrán a resurrección de vida; mas los que hicieron lo malo, a resurrección de condenación" (Jn. 5:28-29). Más tarde, cuando Pablo se defendió ante Félix en Cesarea, aludió al mismo texto del AT cuando afirmó que los del Camino (es decir, los cristianos) tenían "esperanza en Dios […] de que ha de haber resurrección de los muertos, así de justos como de injustos" (Hch. 24:14-15).

---

1. Ver Mitchell L. Chase, "The Genesis of Resurrection Hope: Exploring Its Early Presence and Deep Roots", *JETS* 57 (2014): 467-471.

En Hechos, tanto Pedro como Pablo identificaron que Salmos 16:10-11 presagia directamente la resurrección de Cristo (Hch. 2:25-31; 13:34-35). Pedro cita Salmos 16:10: "No dejarás mi alma en el Hades, ni permitirás que tu Santo vea corrupción" y explica que David "habló de la resurrección de Cristo" (Hch. 2:27, 31). Pablo citó también Salmos 2:7 e Isaías 55:3:

> Y nosotros también os anunciamos el evangelio de aquella promesa hecha a nuestros padres, la cual Dios ha cumplido a los hijos de ellos, a nosotros, resucitando a Jesús; como está escrito también en el salmo segundo: Mi hijo eres tú, yo te he engendrado hoy. Y en cuanto a que le levantó de los muertos para nunca más volver a corrupción, lo dijo así: Os daré las misericordias fieles de David.
>
> Por eso dice también en otro salmo: No permitirás que tu Santo vea corrupción. Porque a la verdad David, habiendo servido a su propia generación según la voluntad de Dios, durmió, y fue reunido con sus padres, y vio corrupción. Mas aquel a quien Dios levantó, no vio corrupción (Hch. 13:32-37).

Finalmente, 1 Corintios 15:54-58 evoca tanto a Isaías 25:8 como a Oseas 13:14 para argumentar cómo debe transformar Dios los cuerpos perecederos y mortales de los creyentes muertos y vivos, en cuerpos imperecederos e inmortales para derrotar triunfantes a la muerte:

> Y cuando esto corruptible se haya vestido de incorrupción, y esto mortal se haya vestido de inmortalidad, entonces se cumplirá la palabra que está escrita: Sorbida es la muerte en victoria. ¿Dónde está, oh muerte, tu aguijón? ¿Dónde, oh sepulcro, tu victoria? ya que el aguijón de la muerte es el pecado, y el poder del pecado, la ley. Mas gracias sean dadas a Dios, que nos da la victoria por medio de nuestro Señor Jesucristo. Así que, hermanos míos amados, estad firmes y constantes, creciendo en la obra del Señor siempre, sabiendo que vuestro trabajo en el Señor no es en vano.

Aunque Isaías declaró que Jehová "destruirá a la muerte para siempre" y, de este modo, se autoidentificará como el salvador anunciado (Is. 25:8-9), el contexto inmediato de las interrogantes de Dios por medio de Oseas ofrecía poca esperanza: "¿Habré de rescatarlos [es decir, a Efraín] del poder del sepulcro? ¿Los redimiré de la muerte? ¿Dónde están, oh muerte, tus plagas? ¿Dónde está, oh sepulcro, tu destrucción? ¡Vengan, que no les tendré misericordia!" (Os. 13:14, NVI). Sin embargo, Dios no permanecería distante para siempre, porque los hirió para poder sanarlos al final (6:1-2). Él los impulsaría a buscar a Jehová su Dios y a David su rey (3:5), y curaría su apostasía cuando hallaran refugio bajo la sombra de su representante real (14:4-8). Así, la victoria de nuestro Señor Jesucristo derrotaría el aguijón de muerte, como Pablo declaró.

Tipologías potenciales de la resurrección al tercer día en el Antiguo Testamento

Ninguno de los textos antes señalados del AT a los que alude el NT incluye mención alguna a la resurrección *al tercer día*, aunque tanto Jesús (Lc. 24:46) como Pablo (1 Co. 15:4) recalcan que el presagio de que Cristo resucitaría al tercer día estaba "escrito" y era "conforme a las Escrituras".[2] Por tanto, parece probable que debemos buscar las tipologías que predicen el acontecimiento de la resurrección al tercer día y, cuando ampliamos nuestra perspectiva aquí, varios textos más se convierten en fuentes posibles para las afirmaciones del NT. Los consideraremos desde atrás hacia delante, a lo largo del canon.

Primero, Jesús equipara su inminente resurrección con la liberación de Jonás del vientre del pez, semejante a una resurrección: "Porque como estuvo Jonás en el vientre del gran pez tres días y tres noches, así estará el Hijo del Hombre en el corazón de la tierra tres días y tres noches" (Mt. 12:40; cp. Jon. 1:17–2:10[2:1-11]). Parecería que Jesús lee la historia de Jonás de manera tipológica y que considera que apunta a su exaltación por medio de la prueba; y también, que aclara cómo su resurrección señalaría la salvación por medio del juicio.

Segundo, ampliando sus predicciones anteriores sobre el final del exilio (p. ej.: Os. 3:5), Oseas declaró que el final del destierro de Israel sería como una resurrección después de tres días:

> Venid y volvamos a Jehová; porque él arrebató, y nos curará; hirió, y nos vendará. Nos dará vida después de dos días; en el tercer día nos resucitará, y viviremos delante de él. Y conoceremos, y proseguiremos en conocer a Jehová; como el alba está dispuesta su salida, y vendrá a nosotros como la lluvia, como la lluvia tardía y temprana a la tierra (Os. 6:1-3).

---

2. Ver Nicholas P. Lunn, "'Raised on the Third Day according to the Scriptures': Resurrection Typology in the Genesis Creation Narrative", *JETS* 57 (2014): 523-535; Stephen G. Dempster, "From Slight Peg to Cornerstone to Capstone: The Resurrection of Christ on 'the Third Day' according to the Scriptures", *WTJ* 76 (2014): 371-409; Joel R. White, "'He Was Raised on the Third Day according to the Scriptures' (1 Corinthians 15:4): A Typological Interpretation based on the Cultic Calendar in Leviticus 23", *TynBul* 66 (2015): 103-119.

De manera relevante, los profetas dejan claro que el Cristo representaría a Israel, llevando el nombre del pueblo y salvando a representantes tanto de la nación como de las demás naciones (Is. 49:3, 6). Al final de su libro, Oseas mismo parece establecer esta conexión entre el uno y los muchos cuando relaciona a un pueblo plural con un "Israel" singular, bajo cuya sombra hallarán refugio (Os. 14:4-8 en el hebreo, cp. Zac. 3:7-9). Por tanto, en la resurrección de Cristo al tercer día, el verdadero Israel vuelve a la vida en Él.[3]

Tercero, en el NT, Cristo describe su muerte como un bautismo (Lc. 12:50), y los autores del NT también retratan los juicios del diluvio (1 P. 3:20-21) y del Mar Rojo (1 Co. 10:2) como bautismos. Ya que el sacrificio inicial de la Pascua marca el nacimiento de Israel como nación (es decir, una nueva creación) y ya que Moisés resalta solo tres paradas en el camino hacia la división del Mar Rojo (Nm. 33:3-8; cp. Éx. 12:37; 13:20; 14:29), algunos proponen que es probable que el cruce del Mar Rojo ocurriera tres días después de esta nueva creación.[4] Aunque las evidencias de que Israel atravesara el Mar Rojo solo tres días después de la Pascua son cuestionables, el suceso del gran éxodo sigue apuntando a la resurrección de Cristo de forma tipológica como nueva creación.[5] De hecho, en el monte de la transfiguración, Moisés y Elías identificaron la llegada de la obra de Jesús a Jerusalén como un éxodo (Lc. 9:30-31, RVR60 = "partida"), señalando así que Jesús cumplió el segundo éxodo que los profetas anticiparon (p. ej.: Is. 11:10–12:6; Jer. 23:7-8; Sof. 3:19-20).

Cuarto, fue "al tercer día" de su viaje para sacrificar a su hijo cuando Abraham prometió a sus siervos: "Yo y el muchacho iremos hasta allí y

---

3. Sobre la relevancia de este texto en el telón de fondo de la aseveración del NT respecto a que la resurrección de Jesús al tercer día fue "conforme a las Escrituras", ver esp. Dempster, "From Slight Peg to Cornerstone to Capstone", 404-409.

4. Ver Lunn, "Raised on the Third Day", 527-530.

5. Aunque el éxodo anticipa con claridad la resurrección de Cristo, yo cuestiono que este acontecimiento salvador anticipe su resurrección *al tercer día*. Esto se debe a que Moisés parece describir el viaje al Mar Rojo (= *Yam Suf*) como mucho más extenso. Primero, en realidad observa que Israel se puso en marcha "el segundo día de la pascua" (Nm. 33:3), lo que proporciona solo dos días más para llegar a tres puntos de acampada. En segundo lugar, sabemos que Dios hizo "que el pueblo rodease por el camino del desierto del Mar Rojo (= *Yam Suf*)" (Éx. 13:18). "El camino del desierto" se identifica mejor como la ruta de las caravanas que iba en dirección Este, atravesando la parte media de la península del Sinaí desde la base del delta del Nilo hasta el golfo de Aqaba. Si este golfo es el lugar del *Yam Suf* y el sitio por donde cruzaron el mar (que parece probable por textos como Éx. 23:21; Dt. 21:1; 1 R. 9:26; Jer. 49:20-21), entonces la duración del viaje estaba más cerca de las dos semanas que de los tres días. Aunque era una ruta de viaje bien conocida, "el camino del desierto" seguía cruzando el desierto, y las únicas razones claras que Moisés necesitaría para enumerar los lugares específicos de acampada eran (1) si había sucedido algo importante allí, o (2) si el campamento estaba cerca de un lugar conocido. Con toda probabilidad, los tres campamentos *no* fueron los únicos tres puntos de descanso camino del mar. Para más sobre el golfo de Aqaba como lugar por donde cruzaron el Mar Rojo, ver Duane A. Garrett, *A Commentary on Exodus*, Kregel Exegetical Library (Grand Rapids: Kregel, 2014), 104-135.

adoraremos y volveremos a vosotros" (Gn. 22:4-5). Al reflexionar sobre esta historia, el escritor de Hebreos declara respecto al patriarca: "Pensando que Dios es poderoso para levantar aun de entre los muertos, de donde, en sentido figurado, también le volvió a recibir" (He. 11:19). Así, el sacrificio sustitutivo que salvó la vida de Isaac (Gn. 22:13) y la propia liberación del joven señalaban al descendiente mayor, que solo triunfaría a través de una gran tribulación.

Quinto, el NT describe el bautismo (p. ej.: Ro. 6:4-5; Col. 2:12) y las semillas que brotan (p. ej.: 1 Co. 15:35-38) como imágenes de la resurrección. Como tal, podemos ver las primeras anticipaciones de la resurrección de Jesús al tercer día en que los primeros brotes surgieron del caos acuoso al tercer día de la creación original (Gn. 1:11-13).[6] Jesús es la "semilla" que muere primero y después lleva mucho fruto (Gn. 3:15; Jn. 12:23-24).

Otros textos sobre la resurrección en el Antiguo Testamento

Otros pasajes del AT presagian o predicen la resurrección futura.[7] Por ejemplo, con el exilio de Israel y la futura restauración en vista, Jehová declaró por medio de Moisés: "Ved ahora que yo, yo soy, y no hay dioses conmigo; yo hago morir, y yo hago vivir, yo hiero, y yo sano; y no hay quien pueda librar de mi mano" (Dt. 32:39; cp. 1 S. 2:6; 2 R. 5:7). Ya que la "curación" siempre viene *después* de la "herida", que Dios "haga vivir" tras "hacer morir" prevé que resucitará a su pueblo de la muerte. Kenneth Turner ha señalado que al usar términos como "perecer", "destruir", exterminar" y otros por el estilo, Moisés ilustra en Deuteronomio el exilio de Israel como una "muerte", por la cual el hijo y siervo elegido de Jehová "pierde su identidad, su historia y su relación de pacto con Jehová. Por tanto, la restauración del exilio es una resurrección de la muerte a la vida".[8] Y ya

---

6. Cp. Mitchell L. Chase, "'From Dust You Shall Arise': Resurrection Hope in the Old Testament", *SBJT* 18, núm. 4 (invierno de 2014): 11; Lunn, "Raised on the Third Day", 532-534.

7. Ver Chase: "'From Dust You Shall Arise'", 9-29; Chase, "Genesis of Resurrection Hope", 467-480; Lunn, "Raised on the Third Day", 523-535; Dempster, "From Slight Peg to Cornerstone to Capstone", 371-409.

8. Kenneth J. Turner, "Deuteronomy's Theology of Exile", en *For Our Good Always: Studies on the Message and Influence of Deuteronomy in Honor of Daniel I. Block*, eds. Jason S. DeRouchie, Jason Gile y Kenneth J. Turner (Winona Lake, IN: Eisenbrauns, 2013), 190, 194. Además, observa: "El pueblo seguirá existiendo físicamente en el exilio; sin embargo, como entidad única, se dice que Israel 'perece' o 'es destruido'. Por tanto, no es Israel como pueblo histórico o sociorreligioso, sino Israel como el hijo electo y siervo de Jehová (Dt. 1:31, 7:6, 14:1) quien es ejecutado. El exilio constituye la muerte de Israel como nación en el pacto, un pacto que consta de una relación dinámica entre Jehová, la nación y la tierra. Cualquiera que sea la existencia que continúa, es discontinua respecto al pasado". Turner, "Deuteronomy's Theology of Exile", 194; cp. Kenneth J. Turner, *The Death of Deaths in the Death of Israel: Deuteronomy's Theology of Exile* (Eugene, OR: Wipf & Stock, 2011).

que Jesucristo como *Israel la persona* representa a *Israel el pueblo* (Is. 49:3, 6), su resurrección corporal tras soportar el juicio o maldición (Gá. 3:13) inaugura su cumplimiento de esta promesa.

Ezequiel, que vivió en medio del exilio, imaginó cómo cumpliría Jehová la resurrección predicha por medio de Moisés. Aunque la obediencia al pacto podía haber conducido a la vida (Lv. 18:5; Ez. 20:11, 13, 21), la rebelión de Israel resultó en la muerte exílica de la nación, de manera que Dios los retrató como huesos secos que cubrían un campo (Ez. 37:1; cp. Jer. 8:1-2). No obstante, Jehová prometió: "He aquí, yo hago entrar espíritu en vosotros, y viviréis" (Ez. 37:5). El resultado fue que Él les proveyó forma humana e insufló en ellos el aliento de vida y "estuvieron sobre sus pies; un ejército grande en extremo" (37:10). La visión anticipaba cómo Dios los sacaría de sus sepulturas y pondría su Espíritu en ellos; no solo vivirían, sino que serían el templo mismo de Dios (37:13-14; cp. 36:27). Así, "estará en medio de ellos mi tabernáculo, y seré a ellos por Dios, y ellos me serán por pueblo" (37:27; cp. 2 Co. 6:16).

Antes ya, ampliando su afirmación de que Jehová "destruirá a la muerte para siempre" (Is. 25:8; cp. 1 Co. 15:54), Isaías declaró: "Tus muertos vivirán; sus cadáveres resucitarán. ¡Despertad y cantad, moradores del polvo!" (Is. 26:19). El cuarto Cántico del Siervo desarrolla la forma en que Dios despertará esos cuerpos y los capacitará para regocijarse. Isaías resaltó por primera vez la resurrección del siervo individual cuando identificó que vería linaje *tras* su sacrificio sustitutivo: "Con todo eso, Jehová quiso quebrantarlo, sujetándole a padecimiento. Cuando haya puesto su vida en expiación por el pecado. Verá linaje, vivirá por largos días, y la voluntad de Jehová será en su mano prosperada" (53:10). Entonces oímos declarar a Jehová: "Verá el fruto de la aflicción de su alma, y quedará satisfecho; por su conocimiento justificará mi siervo justo a muchos, y llevará las iniquidades de ellos" (53:11). Ya que Jehová declaró justo a su siervo individual (cp. 50:8), este justo sería capaz de llevar los pecados de muchos en su muerte y, por medio de su victoriosa resurrección, todos los que estén en Él (su linaje espiritual) serán declarados justos. El siervo individual de Jehová era "Israel" (49:3) y "en Jehová será justificada y se gloriará toda la descendencia de Israel" (45:25).

Además de Salmos 2:7 y 16:9-11, mencionados anteriormente (cp. Hch. 2:25-31; 13:32-35), los Salmos apuntan a la resurrección múltiples veces. Por ejemplo, se nos dice que "el hombre recto mirará su rostro [de Jehová]" (Sal. 11:7) y el salmista declara con esperanza: "Estaré satisfecho cuando despierte a tu semejanza" (17:15). De manera similar, aquel que fue abandonado por Dios y afligido hasta el punto de la muerte (22:1-21[2-22]) promete proclamar el nombre de Dios a sus hermanos (22:22[23]), lo que implica una resurrección (cp. Mt. 28:10; Ro. 8:29; He. 2:12). Además, delante del Señor "se postrarán […] todos los que descienden al polvo", lo que destaca un futuro más allá de la tumba para los que mueren (Sal. 22:29[30]). Los hijos de Coré terminan el Salmo 48 con el testimonio de los fieles de que Dios "guiará más allá de la muerte". A continuación, se asevera en el Salmo 49 que los orgullosos "son conducidos al Seol", pero que "los rectos se enseñorearán de ellos por la mañana" (49:14[15]). Con la voz del representante real, declaran: "Dios redimirá mi vida del poder del Seol, porque él me tomará consigo" (49:15[16]). Como mínimo, tales aseveraciones apuntan a una resurrección espiritual. De manera similar, el salmista señala la vida después de la muerte cuando escribe: "Tú, que me has hecho ver muchas angustias y males, volverás a darme vida, y de nuevo me levantarás de los abismos de la tierra" (71:20). Y Asaf contrasta el final aterrador de los orgullosos (73:17-22) con el compromiso de Dios de llevar a los humildes a la gloria y ser su roca y porción *para siempre* (73:24-26).

Finalmente, tanto Job como el Predicador en Eclesiastés apuntan a la esperanza de la resurrección. Job cuestiona: "Si el hombre muriere, ¿volverá a vivir?". Parece responder de manera afirmativa, porque a continuación exclama: "Todos los días de mi edad esperaré, hasta que venga mi liberación" (Job 14:14). Y de nuevo: "Yo sé que mi Redentor vive, y al fin se levantará sobre el polvo; y después de deshecha esta mi piel, en mi carne he de ver a Dios" (19:25-26). Al final de la vida llena de pruebas de Job, que incluyó la muerte de sus diez hijos (1:2, 18-19), tuvo otros "siete hijos y tres hijas" (42:13). Sin embargo, ya que "el Señor aumentó al doble todas las cosas que habían sido de Job" (42:10), el texto podría insinuar la resurrección espiritual de sus primeros hijos, similar a la forma en que Jesús habló de la afirmación de Jehová: "Yo soy el Dios de Abraham, el Dios de Isaac y el Dios de Jacob. Dios no es Dios de muertos, sino de vivos" (Mt. 22:32).[9] El Predicador estaba convencido de que la muerte llegaría a todos, buenos o malos (Ec. 9:2-3) y que "justo hay que perece por su justicia, y hay impío que por su maldad alarga sus días" (7:15). No obstante, "aunque el pecador haga mal cien veces, y prolongue sus días, con todo yo también sé que les irá bien a los que a Dios temen, los que temen ante su presencia" (Ec. 8:12-13). El Predicador estaba seguro de una esperanza futura más allá de la tumba para el justo.

---

9. Respecto a esta propuesta, ver, p. ej., Franz Delitzsch, *Job,* trad. Francis Bolton, Commentary on the Old Testament 4 (Grand Rapids: Eerdmans, 1988), s.v. Job 42:13; John E. Hartley, *The Book of Job,* NICOT (Grand Rapids: Eerdmans, 1988), 542; Robert L. Alden, *Job,* NAC 11 (Nashville B&H, 1993), 413.

La resurrección en el Nuevo Testamento

Para resaltar que Jesús cumple lo que el AT anticipa (cp. Lc. 24:46-47; Hch. 10:43; 26:22-23; Ro. 3:21; 1 Co. 15:3-4; 1 P. 1:10-11), cada uno de los cuatro Evangelios concluye con historias de la resurrección corporal de Jesús (Mt. 28:1-10; Mr. 16:1-8; Lc. 24:1-12; Jn. 20:1-10) y el resto del NT lo describe como el acontecimiento decisivo que altera el curso de la historia mundial.[10] La resurrección de Jesús se produce el primer día de la semana (Jn. 20:1, 19), simbolizando así la inauguración de la nueva creación (1 Co. 15:20, 23; 2 Co. 5:17). Establece a Jesucristo como el Justo (1 Ti. 3:16; cp. Is. 50:8; 53:11; 1 Jn. 2:1) y el Señor y Juez del universo (Mt. 28:18; Hch. 2:36; 10:42; 17:31; Ro. 1:4; 14:9). Asegura la justificación de todos los que creen (Ro. 4:25; 6:8-11; 1 Co. 15:17), inicia la expansión de las buenas nuevas (Ro. 1:16-17; Gá. 1:11-12) y una misión global de salvación empoderada por el Espíritu (Mt. 28:19-20; Jn. 20:19-22; Hch. 1:8), y proporciona la lente necesaria para entender el AT (Jn. 2:20-22; 12:13-16; 20:9). La resurrección de Jesús crea para todos los que están en Él una esperanza viva de "una herencia incorruptible, incontaminada e inmarcesible" (1 P. 1:3-5), y provee esperanza para todo el orden creado de que será renovado (Ro. 8:18-25; cp. Col. 1:20): "Cristo, las primicias; luego los que son de Cristo" (1 Co. 15:23). En su cuerpo resucitado, al menos antes de su ascensión, Jesús retuvo las señales físicas de su ejecución con el objetivo de validar su identidad (Lc. 24:39; Jn. 20:20, 25, 27; Hch. 1:3), pero pudo permanecer sin ser conocido hasta que eligió revelarse a sí mismo (Lc. 24:16, 31; Jn. 20:14, 16; 21:4, 12). Podía caminar y dialogar con otros (Lc. 24:15-17; Jn. 20:15), desaparecer y aparecer a voluntad (Lc. 24:31, 36-37; Jn. 20:19, 26), ser tocado (Lc. 24:39; Jn. 20:17, 27) y comer y beber (Lc. 24:30, 42-43; Hch. 10:41). Fue justamente adorado y ascendió de forma visible al cielo (Lc. 24:51-52; Hch. 1:9).

Jesús comparó el poder de Dios para resucitar a los muertos (p. ej.: Dt. 32:39; 1 S. 2:6; 2 R. 5:7) con su poder para vencer la muerte espiritual dándoles a la personas ahora la vida eterna (Jn. 3:16; 5:21, 24-26); esta "resurrección" inicial nos da la certeza de la resurrección consumada después de la muerte física, primero espiritual y luego físicamente (5:28-29; 11:25-26; 14:2-3). Pablo también observa que, aunque estábamos "muertos en pecados"

---

10. Ver en especial N. T. Wright, *The Resurrection of the Son of God*, Christian Origins and the Question of God 3 (Londres: SPCK, 2003). Para una breve síntesis de su opinión, ver N. T. Wright, "Resurrection Narratives", en *Dictionary for Theological Interpretation of the Bible*, ed. Kevin J. Vanhoozer (Grand Rapids: Baker Academic, 2005), 675-676; N. T. Wright, "Resurrection of the Dead", en Vanhoozer, *Dictionary for Theological Interpretation of the Bible*, 676-678. Para más sobre la doctrina de la resurrección, ver todo el ejemplar de *SBJT* 18, núm. 4 (invierno de 2014).

Dios ya nos ha dado "vida juntamente con Cristo […] y juntamente con él nos resucitó, y asimismo nos hizo sentar en los lugares celestiales con Cristo Jesús, para mostrar en los siglos venideros las abundantes riquezas de su gracia en su bondad para con nosotros en Cristo Jesús" (Ef. 2:5-7). Por tanto, los creyentes están experimentando *ya* una resurrección espiritual y los creyentes que mueran antes de la segunda aparición de Cristo entran en un estado de reposo consciente en la presencia de Jesús (Lc. 23:43; Jn. 14:2-3; 2 Co. 4:14; Fil. 1:23). No obstante, cuando Cristo regrese, los que ya experimentaron la resurrección espiritual recibirán cuerpos sobrenaturales que nunca se desgastarán (Ro. 8:11; Fil. 3:20-21; 1 Ts. 4:16-17).

Como se ha observado antes, las Escrituras anticipan una "resurrección de los muertos, así de justos como de injustos" (Hch. 24:15; cp. Dn. 12:2; Mt. 25:46; Jn. 5:28-29). A esto se refiere Apocalipsis 20:12 cuando asevera: "Y vi a los muertos, grandes y pequeños, de pie ante Dios; y los libros fueron abiertos, y otro libro fue abierto, el cual es el libro de la vida; y fueron juzgados los muertos por las cosas que estaban escritas en los libros, según sus obras" (cp. Mt. 25:31-32; 2 Co. 5:10). Los eruditos siguen sin ponerse de acuerdo sobre el significado y los referentes temporales adecuados de Apocalipsis 20:1-6, que menciona "la primera resurrección" y "la segunda muerte" (20:5-6). Aunque el texto no es explícito, los ordinales "primera" y "segunda" insinúan al menos una "segunda" y una "primera" tanto para la resurrección como para la muerte. Además, es probable que "la primera resurrección" se aplique solo a los creyentes ("Bienaventurado y santo el que tiene parte en la primera resurrección" 20:6) y que aluda a la vida espiritual ya disfrutada por los creyentes fallecidos (cp. Lc. 23:43; Fil. 1:23).[11] Por el contrario, "la segunda muerte" solo se aplica a los incrédulos ("la segunda muerte no tiene potestad sobre estos [es decir, sobre los que experimentan la primera resurrección]" Ap. 20:6) y está relacionada con el estado eterno de los no regenerados en el lago de fuego (20:14).[12] La nota respecto a que "los otros muertos no volvieron a vivir" (20:5) se refiere a los no creyentes

---

11. Ver Meredith G. Kline, "The First Resurrection", *WTJ* 37 (1975): 366-375; y Meredith G. Kline, "The First Resurrection: A Reaffirmation", *WTJ* 39 (1976): 110-119. Como se ha mencionado antes, tanto Juan como Pablo identifican que la "primera resurrección" es inaugurada en realidad en la conversión (Jn. 5:21, 24; Ef. 2:6; Col. 3:1) y consumada cuando, tras la muerte física, las personas antes exiliadas entren en su ciudadanía celestial (Lc. 23:43; Jn. 14:2-3; 2 Co. 4:14; Fil. 1:23), esperando la reunión con su cuerpo en la "segunda resurrección" (Jn. 5:28-29; Fil. 3:20-21).

12. Ver G. K. Beale, "The Millennium in Revelation 20:1-10: An Amillennial Perspective", *CTR* 11, núm. 1 (2013): 29-62.

que, tras la muerte física, permanecen "muertos en [sus] delitos y pecados" (Ef. 2:1), pero que se levantarán en el juicio final.[13] Ver figura 30.1.

	Creyentes	Incrédulos
Primera resurrección	Espiritual (inmediata)	—
Primera muerte	Física	Física
Segunda resurrección	Física	Física
Segunda muerte	—	Espiritual (eterna)

Fig. 30.1. La muerte y la resurrección en Apocalipsis 20

La resurrección de Cristo impacta la ética presente y la esperanza futura. Pablo afirma: "Si, pues, habéis resucitado con Cristo, buscad las cosas de arriba, donde está Cristo sentado a la diestra de Dios" (Col. 3:1). De manera similar, el apóstol señala: "Somos sepultados juntamente con él para muerte por el bautismo, a fin de que como Cristo resucitó de los muertos por la gloria del Padre, así también nosotros andemos en vida nueva [...]. Así también vosotros consideraos muertos al pecado, pero vivos para Dios en Cristo Jesús, Señor nuestro" y "no reine, pues, el pecado en vuestro cuerpo mortal" (Ro. 6:4, 11-12; cp. 1 Co. 6:12-20; 2 Co. 5:15). Nuestra identificación con Cristo en su resurrección exige que vivamos como parte de la nueva creación.

En relación con esto, que Dios nos reconciliara consigo mismo debería impulsarnos a ayudar a otros a reconciliarse con Él (2 Co. 5:17-19), porque la resurrección de Cristo da ahora un propósito eterno a nuestra predicación, a nuestra fe y a nuestros esfuerzos (1 Co. 15:14, 58). La resurrección de Jesús despierta confianza en la vida venidera (15:23) y lo que esperamos para mañana cambia quiénes somos hoy (2 P. 1:4). Estamos empoderados para una misión y un gozo radicales en medio de un mundo de caos y de sufrimiento, porque sabemos que, cuando Cristo regrese, nuestro nuevo cuerpo resucitará en gloria y poder y tendrá la imagen misma del hombre celestial, el Hijo divino (1 Co. 15:43-44, 49; cp. Fil. 3:20-21). ¡Ven, Señor Jesús!

En resumen

El AT anticipa la resurrección del pueblo de Dios (al tercer día) tras una muerte exílica (p. ej.: Dt. 32:39; Os. 6:2; Dn. 12:2) y aclara que la nueva

---

13. Tanto Juan como Pablo identifican que la muerte física es meramente la consumación de la "primera muerte" que ya se inauguró en la concepción por medio de la identificación de la persona con Adán (Ro. 5:12, 18-19) y la muerte espiritual experimentada en la tierra de los vivientes (Jn. 3:18, 36; 4:24-26; Ef. 2:1, 5).

vida de la comunidad será de naturaleza multiétnica y resultará del propio triunfo sobre la muerte del siervo sufriente representante (Is. 53:10-11; Sal. 16:10). La resurrección de Jesucristo al tercer día cumple lo que predice el AT (Lc. 24:46-47; 1 Co. 15:4), lo establece como soberano reinante (Ro. 1:4; Mt. 28:18), inaugura la nueva creación (1 Co. 15:20, 23; 2 Co. 5:17), justifica a los muchos (Ro. 4:25), llama a los creyentes a caminar en novedad de vida (6:4; Col. 3:1), produce una misión global (Mt. 28:19-20; Jn. 20:19-22; Hch. 1:8; Ro. 1:16-17; Gá. 1:11-12) y proporciona a todos los creyentes la esperanza de su propia resurrección (Ro. 8:11; 1 Co. 15:43-44, 49; Fil. 3:20-21; He. 9:27-28). También debe recalcar a los incrédulos que ciertamente se encontrarán cara a cara con el juez celestial (Dn. 12:2; Mt. 25:46; Jn. 5:28-29).

Preguntas para la reflexión

1. ¿Cuáles son algunas de las razones por las que la resurrección de Jesús es el acontecimiento más decisivo de la historia de la humanidad?

2. Según Jesús, ¿cómo respalda el encuentro de Moisés con la zarza ardiente la creencia en la resurrección (Mr. 12:26-27)?

3. Jesús dijo: "Así está escrito, y así fue necesario que el Cristo padeciese, y resucitase de los muertos *al tercer día*" (Lc. 24:46) y Pablo afirmó que Jesús "resucitó *al tercer día*, conforme a las Escrituras" (1 Co. 15:4). ¿Cuáles son algunos de los textos del AT que podrían anticipar una resurrección "al tercer día"?

4. ¿De qué forma aclara Apocalipsis 20 nuestra comprensión de la muerte y de la resurrección?

5. ¿Cuáles son algunas formas en las que la resurrección de Jesús afecta nuestra ética presente y nuestra esperanza futura?

Ilustración de la teología bíblica: El uso de las Escrituras más tempranas en las Escrituras posteriores

¿Qué uso hace Isaías 12:2 de Éxodo 15:2?

Jason S. DeRouchie

> *En aquel día dirás: […] He aquí Dios es salvación mía;*
> *me aseguraré y no temeré; porque mi fortaleza y mi canción*
> *es JAH Jehová, quien ha sido salvación para mí […]. Cantad*
> *salmos a Jehová, porque ha hecho cosas magníficas; sea*
> *sabido esto por toda la tierra*
> (Is. 12:1-2, 5).

> *Cantaré yo a Jehová, porque se ha magnificado grande-*
> *mente; ha echado en el mar al caballo y al jinete. Jehová es mi*
> *fortaleza y mi cántico, y ha sido mi salvación. Este es mi Dios,*
> *y lo alabaré; Dios de mi padre, y lo enalteceré*
> (Éx. 15:1-2).

El éxodo es uno de los temas clave que une toda la Biblia.[1] Los profetas utilizan con regularidad el simbolismo del éxodo para describir la gran restauración asociada con el Mesías y el nuevo pacto,[2] y los autores del NT identifican la obra de Cristo como cumplimiento de lo que anticipa el AT en

---

1. Ver, p. ej., J. Gordon McConville, "Exodus", en *New International Dictionary of Old Testament Theology and Exegesis,* ed. Willem A. VanGemeren (Grand Rapids: Zondervan, 1997), 4:601-605; Rikki E. Watts, "Exodus", en *New Dictionary of Biblical Theology,* eds. T. Desmond Alexander y Brian S. Rosner (Downers Grove, IL: InterVarsity, 2000), 478-487; Stephen G. Dempster, "Exodus and Biblical Theology: On Moving into the Neighborhood with a New Name", *SBJT* 12, núm. 3 (otoño de 2008): 4-23; Thomas Richard Wood, "Exile and Exodus" en *Zondervan Biblical Theology Study Bible,* ed. D. A. Carson (Grand Rapids: Zondervan, 2018), 2347-2349; Bryan D. Estelle, *Echoes of Exodus: tracing a Biblical Motif* (Downers Grove, IL: InterVarsity, 2017); Alastair J. Roberts y Andrew Wilson, *Echoes of Exodus: Tracing Themes of Redemption through Scripture* (Wheaton, IL: Crossway, 2018).
2. Rikki E. Watts, "Consolation or Confrontation? Isaiah 40–55 and the Delay of the New Exodus", *TynBul* 41 (1990): 31-59; Gary Yates, "New Exodus and No Exodus in Jeremiah 26–45: Promise and Warning to the Exiles in Babylon", *TynBul* 57 (2006): 1-22; Rikki E. Watts, "Exodus Imagery", *Dictionary of the Old Testament: Prophets,* eds. Mark J. Boda y J. Gordon McConville (Downers Grove, IL: InterVarsity Press, 2012), 205-214.

relación con los tiempos postreros.[3] Lucas 9:30-31 expone esta idea: "Eran Moisés y Elías; quienes aparecieron rodeados de gloria, y hablaban de su partida [= *éxodo*] que iba Jesús a cumplir en Jerusalén".

Isaías, quizás más que cualquier otro profeta del AT, describe la reunión de los últimos tiempos como un segundo éxodo. Por ejemplo, en Isaías 12:1-6 incorpora parte del cántico de Israel frente al mar en Éxodo 15:1-18, a su testimonio de lo que cantará la comunidad multiétnica cuando Jehová los reúna desde los confines de la tierra. Analizaremos la forma en que Isaías usa Éxodo 15 y para ello seguiremos los seis pasos bosquejados en la Pregunta 9.

El contexto de Isaías 12:2

Isaías 12:1-6 habla con certeza profética y describe cómo tanto el grupo colectivo (12:1-2) como el individual (12:3-6) celebrarán de manera receptiva que Jehová los liberó en un gran segundo éxodo. La unidad general va del 11:1 al 12:6:

I.   El Salvador empoderado por el Espíritu se levanta (11:1-9)
   A.   La promesa de su levantamiento (11:1-5)
   B.   El impacto de su levantamiento (11:6-9)

II. Los redimidos celebran a Dios como su salvación (11:10–12:6)
   A.   Las naciones gentiles esperan en el Salvador (11:10)
   B.   Jehová salva y su pueblo celebra (11:11–12:6)
      1.   Jehová salva a un pueblo multiétnico por medio de un segundo éxodo (11:11-16)
      2.   Los habitantes de Sion celebran la salvación de Jehová (12:1-6)
         a.   La respuesta colectiva (12:1-2)
         b.   La respuesta de cada individuo (12:3-6)
            i.   Llamada a la alabanza individual
            ii. Llamada a la alabanza colectiva (12:6)

Después de las visiones de la reunión escatológica en la presencia de Dios (2:2-4; 4:2-6) y de un rey niño mesiánico que gobernaría al mundo (7:14; 9:1-7), Isaías 11 empieza declarando que "saldrá una vara del tronco de Isaí [...] y un vástago retoñará", "el Espíritu de Jehová" reposará sobre Él como un templo

---

3. Rikki E. Watts, *Isaiah's New Exodus and Mark*, WUNT 2/88 (Tübingen: Mohr Siebeck, 1997); David W. Pao, *Acts and the Isaianic New Exodus*, WUNT 2/130 (Tübingen: Mohr Siebeck, 2000); Thomas Richard Wood, "The Regathering of the People of God: An Investigation into the New Testament's Appropriation of the Old Testament Prophecies concerning the Regathering of Israel" (dis. PhD, Trinity Evangelical Divinity School, 2006); Douglas S. McComiskey, "Exile and Restoration from Exile in the Scriptural Quotations and Allusions of Jesus", *JETS* 53 (2010): 673-696; Daniel Lynwood Smith, "The Uses of 'New Exodus' in New Testament Scholarship: Preparing a Way through the Wilderness", *CurBR* 14 (2016): 207-243.

movible y será un agente de justicia sobre toda la tierra (11:1-5; cp. 4:5; 6:13). Las bestias (o naciones,) que una vez fueron hostiles entre sí estarán ahora en paz, todo el tiempo dirigidas por un niño y situadas en el monte de Dios (11:6-9). Así, el pueblo multiétnico que será atraído a la presencia de Jehová y que lo exaltará en "lo postrero de los tiempos" estará vinculado directamente con el reinado global del niño rey que hace justicia, juicio y paz sobre la tierra. Las diversas visiones funcionan juntas para describir el mismo reinado escatológico de Dios a través de su siervo mesiánico real.

Ahora bien, ¿cómo se desarrollará este reinado escatológico? Isaías 11:10-11 proporciona dos afirmaciones paralelas de "acontecerá en aquel tiempo" que desvelan la forma en que Jehová levantará al gobernante davídico como "pendón a los pueblos" y "alzará otra vez su mano para recobrar el remanente de su pueblo". De ahí que algunas de "las naciones", "los desterrados de Israel" y "los esparcidos de Judá" experimentarán un segundo éxodo (11:12). "Y secará Jehová la lengua del mar de Egipto; y levantará su mano con el poder de su espíritu sobre el río, y lo herirá en sus siete brazos, y hará que pasen por él con sandalias. Y habrá camino para el remanente de su pueblo, el que quedó de Asiria, de la manera que lo hubo para Israel el día que subió de la tierra de Egipto" (11:15-16).

Isaías usa imágenes del éxodo original para describir la forma en que Jehová liberará a su pueblo multiétnico en los tiempos postreros. El profeta sigue estas declaraciones incluyendo dos predicciones paralelas de los redimidos que alabarán a Jehová por salvarlos. La primera es singular, cita Éxodo 15:2 y declara cómo el grupo colectivo dará gracias a Dios ese día y confiará en Él por haber demostrado ser el gran Salvador (Is. 12:1-2). La segunda es plural, podría aludir a Éxodo 15:1 y 3, y detalla cómo cada miembro de la comunidad de los salvos se invitará uno al otro y al grupo colectivo de Sion (12:6) a ensalzar a Jehová, a alabar y a proclamar su gran nombre y sus hechos en toda la tierra.[4]

El contexto de Éxodo 15:2

El cántico frente al mar en Éxodo 15:1-18 celebra poéticamente que Jehová ha redimido a su pueblo de las garras de Egipto y testifica de un paso en el cumplimiento de lo que antes le declaró a Faraón: "Y a la verdad yo te he puesto para mostrar en ti mi poder, y para que mi nombre sea anunciado en toda la tierra" (9:16). Egipto también llegó a conocer la supremacía de Jehová

---

4. Isaías 12:3-5 usa el plural masculino y, por tanto, se dirige a cada individuo de la comunidad redimida. Isaías 12:6 usa el singular femenino y señala a la ciudad de Sion como un conjunto (representado por una mujer).

(14:17-18, 25), como ocurrió con muchas de las demás naciones y generaciones (18:11; Jos. 2:9-11; 9:10; 1 S. 4:8; Neh. 9:9-10).

El cántico sigue al detallado relato en prosa en 12:37–14:31 y alaba a Jehová como Guerrero salvador y Rey eterno: "Tu diestra, oh Jehová, ha sido magnificada en poder; tu diestra, oh Jehová, ha quebrantado al enemigo. Y con la grandeza de tu poder has derribado a los que se levantaron contra ti. Enviaste tu ira; los consumió como a hojarasca" (15:6-7). Y, de nuevo: "¿Quién como tú, oh Jehová, entre los dioses? ¿Quién como tú, magnífico en santidad, terrible en maravillosas hazañas, hacedor de prodigios?" (15:11).

La sección de "testimonio" que inicia el cántico e incluye los versículos 1-2 usa el discurso en primera persona y habla de Jehová en tercera persona. Isaías saca su cita (Éx. 15:2) y alusiones (15:1, 3) de porciones del himno que proporciona razones para alabar a Jehová.

    I. El testimonio de alabar al Rey Jehová como Guerrero Salvador (15:1c-5)
        A. Declaración de alabanza a Jehová (15:1c)
        B. La razón para alabar a Jehová (15:1d-5)
            1. Jehová se ha exaltado grandemente al destruir al ejército egipcio en el mar (15:1de)
            2. Jehová mi Dios se ha convertido en mi salvación (15:2)
            3. Jehová ha demostrado ser un guerrero al destruir a Faraón y a su ejército en el mar (15:3-5)
   II. Alabanza al Rey Jehová como Guerrero Salvador (15:6-17)
        A. Alabanza a Jehová por su poder para vencer a sus enemigos en relación con los egipcios (15:6-10)
            1. Afirmación del poder de Jehová para vencer a sus enemigos (15:6-7a)
            2. Expresión del poder de Jehová para vencer a sus enemigos (15:7b-10)
               a. Jehová amontona las aguas (15:7b-8)
               b. El orgullo del enemigo en la destrucción (15:9)
               c. Jehová ahoga al enemigo en el mar (15:10)
        B. Alabanza a Jehová por su obra salvadora mostrada en su superioridad sobre los dioses de las naciones (15:11-17)
            1. Afirmación de la superioridad de Jehová sobre los dioses de las naciones (15:11)
            2. Expresión de la superioridad de Jehová sobre los dioses de las naciones (15:12-17)
               a. La obra salvadora de Jehová mostrada al vencer a los dioses de Egipto (15:12-13)
               b. Las naciones temen a Jehová, el Guerrero Salvador (15:14-16)
               c. Jehová se compromete a plantar a su pueblo redimido en el santuario de su monte (15:17)
  III. La declaración de alabanza por el reinado eterno del Rey Jehová (15:18)

La narrativa Éxodo sugiere que Moisés e Israel cantaron inicialmente este himno justo después de que Jehová los librara en el mar, pero mucho antes de llegar a la tierra prometida y antes de que se hubiera producido el terror global descrito en 15:13-17. El versículo 13 identifica que la liberación del éxodo ha asegurado de tal manera la llegada de Israel al santuario edénico de Jehová que pueden hablar de ello como algo ya cumplido, pero el versículo 17 muestra que el cumplimiento es todavía futuro desde la perspectiva de quienes cantan. Además, las palabras proféticas de María en este himno (ver 15:20) trata el acontecimiento del éxodo original de forma tipológica argumentando de mayor a menor: Si Jehová rescató a Israel de las garras de la mayor potencia de la tierra, también lo librará de todos los demás poderes humanos hasta que se establezcan en completo reposo dentro de su huerto templo (cp. Ro. 8:31-32). Incluso antes de que la palabra tuviera tiempo de esparcirse, "lo han oído los pueblos y tiemblan" (Éx. 15:14, LBLA). Filistea, Edom, Moab, Canaán, todos se aterrorizan a la luz del poder salvador de Dios desplegado a favor de Israel. Peter Gentry capta la relevancia: "El éxodo es un modelo o patrón de la salvación futura desde el mismo principio. La primera vez [que Israel] entonó este cántico, usaron el cruce del Mar Rojo como modelo o patrón de la forma en que Dios los llevaría con éxito por el desierto hasta Canaán".[5]

Usos relevantes de Éxodo 15 en otros lugares de las Escrituras[6]

Salmos 118:14 es el único otro sitio del AT donde se cita Éxodo 15:2a y Salmos 118:28 menciona a continuación Éxodo 15:2b (cp. Sal. 18:1-2[2-3]; 59:17[18]; 118:14; 140:7[8]). En un contexto que celebra la naturaleza perdurable de la misericordia de Jehová para quienes se refugian en Él, el salmista proclama: "Mi fortaleza y mi cántico es JAH, y él me ha sido por salvación [...]. Mi Dios eres tú, y te alabaré; Dios mío, te exaltaré". Por tanto, Frank-Lothar Hossfeld y Erich Zenger aseveran: "Todo el cántico en Éxodo 15:1-18 es el horizonte hermenéutico dentro del cual Salmos 118 debe ser entendido".[7]

El libro de Éxodo alude al huerto de Edén varias veces. Esto influye la

---

5. Peter J. Gentry, *How to Read and Understand the Biblical Prophets* (Wheaton, IL: Crossway, 2017), 89; cp. Norbert Lohfink, "The Song of Victory at the Red Sea", en *The Christian Meaning of the Old Testament*, trad. R. A. Wilson (Milwaukee: Bruce, 1994), 67-86.

6. En el capítulo 9, el patrón de investigación pasó a la literatura extrabíblica en este punto, pero esto era suponiendo que estamos estudiando el uso que se hace del AT en el NT. Sin embargo, aquí nos estamos centrando en el uso que se hace del AT en el AT y restringiremos nuestra investigación a cómo Isaías usó Éxodo 15, cómo usaron otros autores bíblicos Éxodo 15 y cómo han abordado los autores del NT Isaías 12.

7. Frank-Lothar Hossfeld y Erich Zenger, *Psalms 3: A Commentary on Psalms 101-150*, ed. Klaus Baltzer, trad. Linda M. Maloney, *Hermeneia* 19c (Minneapolis: Fortress, 2011), 239.

manera en que leemos Éxodo 15 y aclara cómo las Escrituras posteriores se apropian del cántico. Adán era "hijo" de Dios (Gn. 5:1-3) y rey sacerdote, a quien Dios llamó a labrar y guardar su huerto templo (2:15; cp. Nm. 3:7-8; 8:26; 18:7) así como señorear sobre la tierra (Gn. 1:26, 28), todo ello para manifestar la grandeza de Dios. Cuando la serpiente, que encarnaba todo lo malo y hostil contra Dios, tentó a Adán y a Eva para que pecaran, el hombre, el hijo divino, debió matarla, pero el fallo del primer hombre dio lugar a la promesa del Señor de llevarlo a cabo por medio de un Hijo mayor, un descendiente de la mujer que triunfaría sobre la serpiente mediante su propia tribulación (Gn. 3:15). De manera similar, Israel era el "primogénito" de Dios" (Éx. 4:22-23), a quien Dios llamó a ser un reino de sacerdotes y una nación santa (19:6) en la morada del santo monte de Jehová (15:13, 17). De un modo que nos recuerda la promesa de la destrucción de la serpiente, Jehová describe a Faraón como una "culebra" a quien atraparía y vencería de forma definitiva en el mar (cp. las frases paralelas "extenderé mi mano" y "extiende tu mano" en Éx. 3:19-20; 4:2-3; 9:15-16).[8] "Yo me glorificaré en Faraón y en todo su ejército, en sus carros y en su caballería" (14:17).

Los autores posteriores del AT identifican motivos de la creación y de la conquista fusionados en el cántico de Moisés, donde Jehová resalta como el gran Guerrero que redime a su hijo Israel del rey serpiente Faraón para liderar a su pueblo de regreso a su santo monte edénico. Isaías asevera, con el fin de despertar a Jehová para que traiga su prometida liberación final:

> ¿No eres tú el que cortó a Rahab [es decir, Egipto], y el que hirió al dragón? ¿No eres tú el que secó el mar, las aguas del gran abismo; el que transformó en camino las profundidades del mar para que pasaran los redimidos? Ciertamente volverán los redimidos de Jehová; volverán a Sion cantando, y gozo perpetuo habrá sobre sus cabezas; tendrán gozo y alegría, y el dolor y el gemido huirán (Is. 51:9-11; cp. 27:1; Ez. 29:3; 32:2).

De forma parecida, Job declaró: "[Dios] al mar agitó con su poder, y a Rahab quebrantó con su entendimiento. Con su soplo se limpian los cielos; su mano

---

8. Este vínculo con la serpiente es resaltado en que era el símbolo del poder del Faraón en el Bajo Egipto, donde Israel estuvo esclavizado. Faraón creía que su reino estaba protegido por la diosa cobra Uadyet, de manera que llevaba su imagen en su tocado. Ver John H. Walton, "Serpent", *Dictionary of the Old Testament: Pentateuch,* eds. T. Desmond Alexander y David W. Baker (Downers Grove, IL: InterVarsity Press, 2003), 736. Y para más sobre el tema de la serpiente en la teología bíblica, ver Pregunta 23 y Andrew David Naselli, *The Serpent and the Serpent Slayer,* Short Studies in Biblical Theology (Wheaton, IL: Crossway, 2020).

ha traspasado la serpiente huidiza" (Job 26:12-13, lbla; cp. Sal. 74:13-14; 78:53-54).[9]

El libro de Apocalipsis recuerda el cántico del mar. Con probables ecos tipológicos que nos recuerdan las plagas con las que Jehová hirió a Egipto, Juan ve "siete ángeles que tenían las siete plagas" por las que "se consumaba la ira de Dios" (Ap. 15:1; cp. Dt. 7:19; 30:7; Mi. 7:10-17).[10] Aquí, "los que habían alcanzado la victoria sobre la bestia y su imagen" se reúnen junto "al mar de vidrio" y entonan "el cántico de Moisés siervo de Dios, y el cántico del Cordero" (Ap. 15:2-3). El AT identificaba el mar como la morada acuosa de la serpiente (Sal. 74:12-15; Is. 51:9-11; Ez. 32:2), pero por medio de la muerte sacrificial de Cristo y de su victoriosa resurrección, ahora ha calmado el mar mientras arden los fuegos del juicio de Dios (Ap. 4:6; 15:2; cp. Dn. 7:10-11). Y, tal como en el éxodo original, donde Israel alabó a Jehová a orillas del Mar Rojo por salvarlos del rey serpiente Faraón, Juan ve a la iglesia entonando el "cántico de Moisés" revisado, al borde de las aguas quietas tras la victoria decisiva del Cordero sobre el enemigo supremo.

La mención del "cántico de Moisés" parece recordar tanto el himno del mar en Éxodo 15:1-18 como el cántico posterior de Moisés en Deuteronomio 32:1-43, que también describe la victoria de Jehová sobre todas las potencias enemigas y la liberación de su pueblo en los tiempos del fin.[11] No obstante, las palabras reales del cántico en Apocalipsis 15:3-4 no proceden de Éxodo 15, sino de otros pasajes del AT que reflexionan sobre el cántico de Éxodo 15. Como observa G. K. Beale: "las interpretaciones posteriores del AT respecto al primer éxodo se han seleccionado para explicar el nuevo éxodo, que se ha producido a una escala mayor que el primero, para alabar a Dios por la redención y la escena implícita de juicio descrita en el v. 2".[12] Los santos están entonando un "nuevo cántico" (cp. Ap. 5:9-10; 14:3) que hace eco de la música anterior, pero que se centra en alabar al Cordero que ha vencido.

Cuestiones textuales

Moisés comienza Éxodo 15:2 usando "JAH", la forma abreviada de

---

9. Para otras muchas referencias en Job que sugieren que el libro surgió tras la formación del Penta-téuco, ver Christopher B. Ansberry, "The 'Revealed Things': Deuteronomy and the Epistemology of Job", en *For Our Good Always: Studies on the Message and Influence of Deuteronomy in Honor of Daniel I. Block,* eds. Jason S. DeRouchie, Jason Gile y Kenneth J. Turner (Winona Lake, IN: Eisenbrauns, 2013); 307-325.

10. Para más sobre el vínculo tiplógico entre las plagas de Egipto y de Apocalipsis 15:1–16:21, ver G. K. Beale, *The Book of Revelation: A Commentary on the Greek Text,* NIGTC (Grand Rapides: Eerdmans, 1999), 787.

11. Así también Beale, *Revelation,* 794.

12. Beale, *Revelation,* 794. Beale identifica probables alusiones a Éx. 15:11; 34:10; Dt. 28:59-60 LXX, 32:4; Sal. 85[86]:9-10 LXX; 110[111]: 2-4, 6 LXX; Jer. 10:7.

"Jehová": "Jehová es mi fortaleza y mi cántico, y ha sido mi salvación". Sin ninguna fórmula de cita, Isaías identifica estas palabras exactas como parte de la música de los tiempos postreros en la comunidad redimida, aunque inserta la forma completa del nombre divino tras la abreviatura, como en la LBLA: "Porque mi fortaleza y mi canción es el SEÑOR DIOS" (Is. 12:2). Además de esto, Isaías 12:4 reconoce el sentido de Éxodo 15:3 al exaltar el "nombre" de Jehová ("Jehová es varón de guerra; Jehová es su nombre"; cp. 15:11). Moisés recalca que una de las razones por las que cantará es que Jehová ha "triunfado "gloriosamente" (LBLA). Isaías podría aludir a esto cuando predice que los redimidos llamarán a sus contemporáneos para alabar a Jehová "porque ha hecho cosas magníficas" (Is. 12:5, usando la forma nominal de la misma raíz que figura dos veces en Éx. 15:1).

El justificante hermenéutico de Isaías para usar Éxodo 15:1-2

El "día" cuando Jehová se convierta en el cántico de su pueblo (Is. 12:2) es el "día" del rey empoderado por el Espíritu (11:10), cuando "Jehová alzará otra vez su mano para recobrar el remanente de su pueblo" (11:11). También es el día cuando "secará Jehová la lengua del mar de Egipto [...] y hará que pasen por él con sandalias. Y habrá camino para el remanente de su pueblo, el que quedó de Asiria, de la manera que lo hubo para Israel el día que subió de la tierra de Egipto" (11:15-16). Isaías está describiendo la redención futura en términos que recuerdan el acontecimiento del primer éxodo, y este telón de fondo da sustancia a la idea de que el profeta en verdad esté citando y aludiendo a Éxodo 15:1-3 en Isaías 12:1-6.

El trato que Isaías da al éxodo original es tipológico y sigue el patrón que Moisés mismo utiliza cuando ve la victoria de Jehová sobre el gran rey serpiente enemigo como señal de la seguridad de todas las liberaciones futuras.[13] Jeremías 23:7-8 aplica el suceso del éxodo de forma similar: "He aquí vienen días, dice Jehová, en que no se dirá más: Vive Jehová, que hizo subir a los hijos de Israel de tierra de Egipto; sino: Vive Jehová, que hizo subir a los hijos de Israel de la tierra del norte, y de todas las tierras adonde los había arrojado; y los volveré a su tierra" (cp. 16:14-15). De manera comparable, tras recordar el éxodo original a través de la lente de la solidaridad colectiva ("De Egipto llamé a mi hijo", Os. 11:1), Oseas imagina un regreso al cautiverio (11:5) y también un segundo éxodo (11:10-11) dirigidos tanto por Jehová como por el nuevo David (3:5).[14] De manera similar, Jehová anuncia por medio de Zacarías:

---

13. Gentry, *Read and Understand the Biblical Prophets*, 89.
14. Ver Pregunta 32.

> Yo los llamaré con un silbido, y los reuniré, porque los he redimido
> […]. Yo los traeré de la tierra de Egipto, y los recogeré de Asiria […].
> Y la tribulación pasará por el mar, y herirá en el mar las ondas, y se
> secarán todas las profundidades del río; y la soberbia de Asiria será
> derribada, y se perderá el cetro de Egipto. Y yo los fortaleceré en Jehová,
> y caminarán en su nombre (Zac. 10:8, 10-12).

Todos estos textos retratan la restauración escatológica como antitipo del éxodo original.

El uso teológico que Isaías hace de Éxodo 15:2

El éxodo original de Egipto del "hijo" colectivo de Jehová, Israel, es el acontecimiento salvador más fundamental en el AT. La descripción de Faraón como rey serpiente (Éx. 3:19-20; 4:2-3; 9:15-16; cp. Sal. 74:13-14; Is. 51:9-11; Ez. 29:3; 32:2) permite que el primer éxodo recuerde la promesa redentora de que la simiente de la primera mujer aplastaría la cabeza de la serpiente, venciendo así la maldición y trayendo la bendición de Dios al mundo (Gn. 3:15; cp. 22:17-18).

Ya que Moisés mismo trató el suceso del éxodo como un patrón tipológico para la liberación futura (Éx. 15:12-16), los profetas usaron el simbolismo de un modo natural para describir la redención escatológica que Dios prometió y que estaba asociada con su rey mesiánico. Isaías predijo que en el día del Mesías, el día del segundo éxodo, el pueblo de Jehová lo alabaría y le daría las gracias porque "mi fortaleza y mi canción es JAH Jehová, quien ha sido salvación para mí" (Is. 12:2; cp. Éx. 15:2). Apocalipsis 15:1-4 cumple ese "nuevo cántico" (cp. Ap. 5:9-10; 14:3): aquellos de nosotros que sobrevivamos a la ira del Señor estaremos de nuevo junto a un mar en calma mientras entonamos "el cántico de Moisés siervo de Dios, y el cántico del Cordero". Con su vida, muerte y resurrección, Jesús inauguró de forma representativa un nuevo éxodo a favor del pueblo de Dios (Lc. 9:30-31; cp. Mt. 11:5 con Is. 35:5-6; 61:1-2; Mr. 1:1-3 con Is. 40:3). El resultado es que los que están en Él salen del mundo y se apartan de este (2 Co. 6:17; cp. Is. 52:11) para seguir al Señor en camino al nuevo reposo creacional consumado (He. 4:8; cp. Mt. 11:28).

En resumen

Tras utilizar numerosas imágenes del primer éxodo para describir la reunión escatológica internacional de Jehová, Isaías declara que en ese día los redimidos entonarán un cántico de alabanza al Señor (Is. 12:1-2, 3-6). El testimonio de los rescatados evocará el cántico original junto al mar, cuando Israel alabó a Jehová como Guerrero salvador y Rey eterno. De manera significativa, Éxodo retrata a Faraón como una serpiente, trayendo así a la memoria el huerto de Edén y, dentro del cántico original, Moisés mismo usa la salvación de Israel de las garras del rey serpiente como indicador tipológico de la liberación futura. Esto prepara el escenario para que profetas como Isaías empleen el simbolismo del éxodo (p. ej.: Is. 11:10-16; Jer. 23:7-8) y hasta las palabras mismas del cántico junto al mar (Is. 12:2; cp. Éx. 15:2), para describir la liberación que Jesús aseguraría a favor de los muchos que, con Cristo, aplastarían la cabeza de la serpiente (Ro. 16:20; Col. 2:15). Y los santos estarán entonces frente a un mar tranquilo, cantando alabanza al León Cordero vencedor, con un lenguaje reminiscente de la salvación del primer éxodo (Ap. 15:1-4).

Preguntas para la reflexión

1. ¿Cuáles son algunas formas en que el tema del "éxodo" une la totalidad de las Escrituras?

2. ¿Cuál es el contexto original tanto de Éxodo 15:2 como de Isaías 12:2 y cómo influye esta información en nuestra comprensión del uso que Isaías hace de los escritos de Moisés?

3. ¿Qué evidencias hay de que Moisés mismo haya visto el acontecimiento del éxodo original como un patrón tipológico para la liberación futura?

4. ¿De qué formas emplean las Escrituras el éxodo original como patrón tipológico para la liberación futura?

5. ¿Cómo sintetizaría usted el uso que Isaías hace de Éxodo 15:2 en Isaías 12:2?

¿Qué uso hace Mateo 2:15 de Oseas 11:1?

Jason S. DeRouchie

> *Y [José], despertando, tomó de noche al niño y a su madre,*
> *y se fue a Egipto, y estuvo allá hasta la muerte de Herodes;*
> *para que se cumpliese lo que dijo el Señor por medio del*
> *profeta, cuando dijo: De Egipto llamé a mi Hijo.*
> (Mt. 2:14-15)

> *Cuando Israel era muchacho, yo lo amé,*
> *y de Egipto llamé a mi hijo.*
> (Os. 11:1)

Uno de los ejemplos más desafiantes del uso que hace el NT del AT es el modo en que Mateo 2:15 se apropia de Oseas 11:1: "Y [José] estuvo allá [es decir, en Egipto] hasta la muerte de Herodes; para que se cumpliese lo que dijo el Señor por medio del profeta, cuando dijo: De Egipto llamé a mi Hijo" (Mt. 2:15).[1] El evangelista afirma que los acontecimientos de Mateo 2:13-15 cumplen Oseas 11:1. Por esta razón, Dios dirigió a la sagrada familia a abandonar Belén, ir a Egipto y no regresar a la tierra santa hasta la muerte de Herodes.

Muchos eruditos citan este texto como ejemplo principal de la completa falta de respeto del NT por el significado y por el contexto del AT. Afirman que Oseas 11:1 no es más que una reflexión histórica y que Mateo lo interpreta erróneamente como la profecía que Jesús cumple. También objetan que Oseas 11:1 alude a la salida de la nación de Israel de Egipto y que Mateo lo aplica mal a Jesús. Sin embargo, en realidad el evangelista se está sirviendo del AT de un modo fiel a su contexto original.[2] Analizaremos el uso que Mateo hace de Oseas 11:1, siguiendo los seis pasos bosquejados en la Pregunta 9.

---

1. Ver también DeRouchie, *How to Understand and Apply the Old Testament*, 374-379.
2. Ver Duane A. Garrett, *Hosea, Joel*, NAC 19A (Nashville: B&H, 2001), 220-222; Derek Drummond Bass, "Hosea's Use of Scripture: An Analysis of His Hermeneutics" (dis. PhD, Southern Baptist Theological Seminary, 2008), 217-224; Robert L. Plummer, "Righteousness and Peace Kiss: The Reconciliation of Authorial Intent and Biblical Typology", *SBJT* 14, núm. 2 (verano de 2010): 54-61; G. K. Beale, "The Use of Hosea 11:1 in Matthew 2:15: One More Time: Inerrancy and

El contexto de Mateo 2:15

Mateo 2 retoma el relato tras el nacimiento de Cristo (Mt. 1:18-25) y relaciona los acontecimientos que llevaron a su crianza en Nazaret. La visita de los magos (2:1-12) provoca la paranoia del rey Herodes (2:3-8), y esto resulta en la partida temporal de la sagrada familia a Egipto (2:13-15) y en la masacre por parte de Herodes de los pequeños de Belén (2:16-18). A la muerte de Herodes, la familia regresa a tierra santa, pero se instala en Nazaret (2:19-23). Nuestra cita particular llega a la mitad de una serie de textos de cumplimiento que se remontan a Miqueas 5:2 (Mt. 2:6), Oseas 11:1 (Mt. 2:15) y Jeremías 31:15 (Mt. 2:18). De manera específica, la cita explica por qué la sagrada familia abandonó Belén y se dirigió a Egipto antes del relato de su regreso.

El contexto de Oseas 11:1

Oseas 4–14 desvela la naturaleza del juicio de Jehová contra Israel. Oseas expone su tesis en 4:1: "No hay verdad, ni misericordia, ni conocimiento de Dios en la tierra". Amplía brevemente esta idea (4:2-3) y a continuación explica "no hay conocimiento" (4:4–6:3), "no hay misericordia" (6:4–11:11) y "no hay verdad [o fidelidad]" (11:12–14:8).

Oseas 11:1 llega al final de la segunda de estas unidades. Recuerda el débil estado de la nación de Israel cuando Dios los redimió por primera vez de Egipto: "De Egipto llamé a mi hijo". La referencia a Israel como "hijo" colectivo de Dios recuerda a Éxodo 4:22-23, donde el Señor lo denomina su "primogénito". A continuación, Oseas revela la rebelión que resultará en su exilio a Asiria: "No volverá a tierra de Egipto, sino que el asirio mismo será su rey, porque no se quisieron convertir" (11:5).[3] No obstante, por la profunda "compasión" de Dios (11:8), "en pos de Jehová caminarán; él rugirá como león; rugirá, y los hijos vendrán temblando desde el occidente. Como ave acudirán velozmente de Egipto, y de la tierra de Asiria como paloma; y los haré habitar en sus casas, dice Jehová" (11:10-11).

Oseas 11 empieza con el primer éxodo de Israel (11:1; cp. 2:15; 12:13; ver también 12:9; 13:4) y acaba con el segundo: su regreso desde Egipto y Asiria (11:10-11; cp. 7:11, 16; 8:13; 9:3, 6). El uso de Egipto en 11:11 con respecto a una nueva redención recuerda la primera y sugiere que Oseas mismo interpreta el primer éxodo de forma tipológica siguiendo el patrón que Moisés estableció

Genre", en *The Inerrant Word: Biblical, Historical, Theological, and Pastoral Perspectives*, ed. John MacArthur (Wheaton, IL: Crossway, 2016), 210-30.

3. Oseas 11:5 podría ser también una pregunta retórica: "¿Acaso no regresarán a la tierra de Egipto? Y Asiria será su rey" (traducción de DeRouchie).

para el éxodo en Éxodo 15:14-16.[4] En este pasaje, Moisés y el pueblo tratan la victoria futura sobre los cananeos como si ya hubiera sucedido, por el simple hecho de que Dios los había liberado de los egipcios. Es decir, Moisés consideró la redención de Israel de Egipto como un tipo de todas las liberaciones futuras (cp. Ro. 8:32). El clímax de la liberación del pueblo de Dios sería obra del descendiente de Abraham que poseería las puertas de sus enemigos y establecería la bendición global (Gn. 22:17-18; cp. 3:15).

Además de interpretar el éxodo original como un tipo que indica ese día cuando Dios restauraría a su pueblo en un segundo éxodo, Oseas ya vinculó esa restauración futura al rey davídico de los últimos días: "Después volverán los hijos de Israel, y buscarán a Jehová su Dios, y a David su rey; y temerán a Jehová y a su bondad en el fin de los días" (Os. 3:5; cp. Gn. 49:1, 8-10; Nm. 24:14, 17-19; Dt. 4:29-30). Ese pasaje suscita la pregunta: "¿Qué función desempeñaría David en el segundo éxodo?".

Oseas 11:10-11 alienta con mayor fuerza esa pregunta: "En pos de Jehová caminarán; él rugirá *como león*; *rugirá*, y los hijos vendrán temblando desde el occidente. Como ave acudirán velozmente *de Egipto*, y de la tierra de Asiria como paloma; y los haré habitar en sus casas, dice Jehová". Este pasaje alude probablemente a Números 23:21-24 y 24:7-9, los únicos pasajes que asocian la liberación de Israel "de Egipto" por parte de Dios con el simbolismo de un león. Además, muchos eruditos consideran que el trasfondo del AT del "rey de los judíos" y "su estrella" en Mateo 2:2 es Números 24:17: "Lo veré, mas no ahora; lo miraré, mas no de cerca; saldrá ESTRELLA de Jacob, y se levantará cetro de Israel, y herirá las sienes de Moab, y destruirá a todos los hijos de Set".[5]

A primera vista, el "león" de Oseas 11:10-11 parece ser Jehová, quien libra a su pueblo tembloroso de su adversidad. No obstante, asociar estrechamente

---

4. Blomberg argumenta: "El acontecimiento original no tiene por qué haber sido considerado deliberadamente por el autor del AT como algo que apuntaba al futuro" (Craig L. Blomberg, "Matthew", en *Commentary on the New Testament Use of the Old Testament*, eds. G. K. Beale y D. A. Carson [Grand Rapids: Baker Academic, 2007], 8). Sin embargo, así es exactamente como lo trata Oseas. Algo adicional que podría respaldar la interpretación tipológica de Oseas es si 11:5 declara que Israel *no* volverá a Egipto, sino que irá a Asiria (ver nota al pie anterior y contexto), pero a continuación describe la restauración de los postreros días de Israel en términos de un claro regreso de Egipto. Para interpretaciones tipológicas similares de Oseas 11 mismo, ver Garrett, *Hosea, Joel*, 222; Beale, "Hosea 11:1 in Matthew 2:15: One More Time", 703-705.

5. Ver CD 7:18-26 y 4QTest. 9–13 para ejemplos en el judaísmo de la interpretación de Números 24:7 como indicador de un libertador mesiánico. Para la profecía de Balaam como trasfondo clave de "su estrella" en Mateo 2:2, ver, p. ej., Michael J. Wilkins, *Matthew*, NIVAC (Grand Rapids: Zondervan, 2004), 95; John Nolland, *The Gospel of Matthew: A Commentary on the Greek Text*, NIGTC (Grand Rapids: Eerdmans, 2005), 111; John Sailhamer, *The Meaning of the Pentateuch: Revelation, Composition, and Interpretation* (Downers Grove, IL: InterVarsity Press, 2009), 521 n.100. Ver también 2 P. 1:19; Ap. 22:16; cp. Ap. 2:28.

a Jehová con su rey en 3:5 sugiere que el rugido de Dios podría llegar a través de su agente humano real.

Números 23:21-24 trata al pueblo de Israel en el primer éxodo como un león, donde el "rey" muy probablemente es Jehová, aunque también es posible que sea Moisés (cp. Éx. 2:14; Hch. 7:35).

> No ha notado iniquidad en Jacob, ni ha visto perversidad en Israel. Jehová su Dios está con él, y júbilo de rey en él. Dios los ha sacado de Egipto; tiene fuerzas como de búfalo. Porque contra Jacob no hay agüero, ni adivinación contra Israel. Como ahora, será dicho de Jacob y de Israel: ¡Lo que ha hecho Dios! He aquí el pueblo que como león se levantará, y como león se erguirá; no se echará hasta que devore la presa, y beba la sangre de los muertos (Nm. 23:21-24).

Por el contrario, Números 24:7-9 apunta a un éxodo futuro dirigido por el rey de Jehová, ahora llamado león. "Dios lo sacará de Egipto" y lo usará para aplastar a "Agag" (24:7), futuro rey de los amalecitas (24:20; cp. 1 S. 15:3, 8) e imagen de la hostilidad hacia Dios, o bien a "Gog", la personificación de los tiempos finales del mal (como traduce la Septuaginta; cp. Ez. 38–39; Ap. 20:8).

> De sus manos destilarán aguas, y su descendencia será en muchas aguas; enaltecerá *su rey* más que Agag [¿Gog?], y su reino será engrandecido. Dios lo sacó *de Egipto*; tiene fuerzas como de búfalo. Devorará a las naciones enemigas, desmenuzará sus huesos, y las traspasará con sus saetas. Se encorvará para echarse como *león*, y como *leona*; ¿quién lo despertará? Benditos los que te bendijeren, y malditos los que te maldijeran (Nm. 24:7-9; algunas versiones traducen de modo poco útil las formas singulares en plural).

Siguiendo el patrón de Éxodo 15, Números también parece tratar el primer éxodo como tipológico de un éxodo de los últimos días dirigido por un rey león. Jehová Dios guía a este rey león, que representa a su pueblo león.

Usos relevantes de Oseas 11:1 en otros lugares de las Escrituras o en la literatura judía extrabíblica

Fuera de Mateo 2:15 no encontramos ningún otro vínculo con Oseas 11:1. Además, no existen pasajes claros en la literatura judía extrabíblica que apliquen Oseas 11:1. No obstante, sí hay muchos temas del segundo éxodo.[6]

---

6. Ver T. R. Hatina, "Exile", *Dictionary of New Testament Background*, eds. Craig A. Evans y Stanley E. Porter (Downers Grove, IL: InterVarsity Press, 2000), 348-349.

Cuestiones textuales

La traducción de Mateo ("De Egipto llamé a mi hijo") se alinea más estrechamente con el TM hebreo que con la Septuaginta griega, que traduce "y fuera de Egipto llamé a sus hijos" (es decir, a los hijos del rey). Aunque no figura en el TM, el uso de la Septuaginta del pronombre "sus" se refiere al rey de Israel, presente en Números 23:21 y 24:7, al que alude Oseas 11:10-11 y, en el contexto de Mateo 2:2, a Jesús como aquel "rey de los judíos que ha nacido".

Justificación hermenéutica de Mateo para usar Oseas 11:1

Siguiendo el patrón de Oseas mismo y de Moisés antes de él, Mateo usa la tipología. Oseas alude al primer éxodo como tipo para el segundo éxodo antitípico de los últimos tiempos, dirigido por Cristo de forma suprema (cp. Lc. 9:31). En palabras de Beale: "El primer éxodo fue considerado por Oseas y, con mayor claridad, por Mateo como patrón histórico que apunta a la repetición del mismo patrón más tarde en la historia de Israel".[7] Como "rey de los judíos", Jesús representa a la nación, y su partida de "Egipto" cuando era niño es uno de los tipos intermediarios en la progresión de la historia redentora, que culmina al producir el segundo gran éxodo en favor de su pueblo.

El uso teológico que Mateo hace de Oseas 11:1

La forma en que Mateo usa Oseas 11:1 es solo una de toda una serie de citas del AT que afirman que Jesús, el Mesías rey, cumple el AT de manera culminante. Algunos eruditos tienen problemas con el modo en que Mateo coloca la cita aquí y no la enlaza con el retorno de la familia de Egipto a Israel en 2:19-23. Craig Blomberg cree que el apóstol deseaba "crear cinco perícopas discretas respecto a cinco cumplimientos de la profecía" y, por tanto, lo separó de su ubicación más natural.[8] Por el contrario, G. K. Beale cree que la cita del AT no está colocada en un lugar extraño; identifica que Mateo está replicando el patrón del AT de dejar Egipto, regresar a Egipto y luego dejarlo de nuevo (p. ej.: 1 R. 11:40; Jer. 26:21-23; 44:12-15; cp. 2 R. 25:26; Jer. 41:16-18; 43:1-7). Este patrón es evidente en Oseas 11 mismo: el éxodo pasado (v. 1), el regreso (v. 5) y el segundo éxodo (v. 11). Bajo esta luz, Beale cree que el éxodo original de Israel en Oseas 11:1 incluía en su alcance la vuelta futura de Israel a Egipto. El relato del viaje de la familia a Egipto en Mateo 2:15 inaugura el patrón y, a continuación, su observación en 2:21 de que volvieron a Israel cumple una etapa posterior en el patrón.[9]

---

7. Beale, "Hosea 11:1 in Matthew 2:15: One More Time", 705. De manera similar, Garrett observa que "la aplicación [de Mateo] de los principios tipológicos a Os. 11:1 está de acuerdo con la naturaleza de la profecía misma y con el propio método de Oseas". Garrett. *Hosea, Joel*, 222.

8. Blomberg, "Matthew", 7.

9. Beale, "Hosea 11:1 in Matthew 2:15: One More Time", 707-708.

La interpretación de Beale es legítima. Sin embargo, Mateo podría estar hablando metafóricamente. Podría estar identificando el antiguo Egipto como lugar de esclavitud con Judea en la época de Jesús.[10] En palabras de Leithart:

> El significado de la cita se pierde a menos que veamos que Herodes está actuando como Faraón, matando a los niños israelitas; que su corte tiembla ante el anuncio del nacimiento de Jesús, como sucedió con la de Faraón cuando se produjeron las plagas; que Herodes consulta a sus magos, como hizo Faraón [...]. Jesús es el niño milagroso nacido de la simiente de Abraham, quien escapa de Faraón, cruza el mar, sube a un monte a enseñar la ley, etcétera.[11]

Beale cuestiona esta opinión porque esta exige que "Egipto" tenga un referente distinto en la cita que la ubicación geográfica actual a la que alude Mateo en 2:13-14, 19.[12]

Independientemente, el vínculo tipológico entre Cristo y el pueblo de Israel no es más que uno de muchos en el Evangelio de Mateo que identifican a Jesús recapitulando la historia de Israel con éxitos que ellos no disfrutaron. De ahí que el éxodo de Jesús de "Egipto" (Mt. 2:15) es paralelo a la huida de Israel; su viaje por las aguas del bautismo (3:16-17) recuerda cuando Israel cruzó el Mar Rojo; sus cuarenta días en el desierto durante los cuales fue tentado (4:1-11) apuntan en retrospectiva a los cuarenta años de Israel en el desierto; su enseñanza en el monte (p. ej.: 5:1) alude al momento en que Moisés recibe la ley, etc.[13]

Oseas 11:1 es la elección ideal para un texto de apoyo por al menos tres razones. Primero, Oseas mismo trata el primer éxodo del Israel nacional (el "hijo" de Dios) como tipológico del segundo éxodo de los postreros días (ver sección anterior). Por tanto, Mateo simplemente está siguiendo la guía de Oseas.

En segundo lugar, Oseas ya utilizó el simbolismo de la solidaridad colectiva, identificando a la nación como el "hijo" singular de Dios. Su lenguaje recuerda Éxodo 4:22-23, donde la nación de Israel se denomina por primera

---

10. Ver esp. Joel Kennedy, *The Recapitulation of Israel: Use of Israel's History in Matthew 1:1–4:11*, WUNT 2/257 (Tübingen: Mohr Siebeck, 2008), 313-314; Peter J. Leithart, *Deep Exegesis: The Mystery of Reading Scripture* (Waco, TX: Baylor University Press, 2009), 64-66.

11. Leithart, *Deep Exegesis*, 64-65.

12. Beale, "Hosea 11:1 in Matthew 2:15: One More Time", 706n26.

13. Ver esp. William L. Kynes, *A Christology of Solidarity: Jesus as the Representative of His People in Matthew* (Lanham, MD: University Press of America, 1991); Kennedy, *Recapitulation of Israel*; cp. W. D. Davies y Dale C. Allison Jr., *A Critical and Exegetical Commentary on the Gospel according to Saint Matthew*, 3 vols. ICC (Londres: T&T Clark, 2004), 1:262-264.

vez como "primogénito" de Dios. El texto mismo del éxodo mira en retrospectiva a Génesis 5:1-3, donde Adán es el primer hijo de Dios, y anticipa textos como 2 Samuel 7:14 y Salmos 2:7, que resaltan al rey mesiánico de Israel como hijo de Dios. Como en el caso de Adán, Dios llamó a Israel su hijo colectivo para que manifestara su imagen y su valía ante el mundo (Éx. 19:5-6; Lv. 11.45; Dt. 6:5) a medida que aguardaban con esperanza al descendiente (real) que vencería al mal y reconciliaría al mundo con Dios, restaurando así el estado de bendición (Gn. 3:15; 22:17-18; 49:8, 10). Como Adán, la nación de Israel se situó en su propia tierra paraíso (Éx. 15:17) y, como Adán, la perdería por su pecado. Sin embargo, los profetas están unidos en su convicción de la esperanza perdurable de un reino dirigido por el Mesías y de que el representante de Israel se levantaría un día y los sacaría de la esclavitud a la libertad.

Aparte de Números 24:7-8 y Oseas 3:5, otros textos asocian directamente la figura real mesiánica con el segundo éxodo y la gran reunión de los tiempos del fin. Por ejemplo, el niño rey davídico empoderado por el Espíritu (Is. 9:7; 11:1-2) estará "por pendón a los pueblos", y el Señor "alzará otra vez su mano para recobrar el remanente [...] y levantará pendón a las naciones, y reunirá los esparcidos de Judá de los cuatro confines de la tierra [...]. Y habrá camino para el remanente de su pueblo, el que quedó de Asiria, de la manera que lo hubo para Israel el día que subió de la tierra de Egipto" (11:10-12, 16).[14] De manera similar, Jeremías predijo:

> He aquí que vienen días, dice Jehová, en que levantaré a David renuevo justo, y reinará como Rey, el cual será dichoso, y hará juicio y justicia en la tierra. En sus días será salvo Judá [...]. Por tanto, he aquí que vienen días, dice Jehová, en que no dirán más: Vive Jehová que hizo subir a los hijos de Israel de la tierra de Egipto, sino: Vive Jehová que hizo subir y trajo la descendencia de la casa de Israel de tierra del norte, y de todas las tierras adonde yo los había echado; y habitarán en su tierra (Jer. 23:5-8).

En tercer lugar, Oseas ya relacionó el segundo éxodo antitípico con el reinado de Dios y con su hijo real davídico. "Después volverán los hijos de Israel y buscarán a Jehová su Dios, y a David su rey; y temerán a Jehová y a su bondad en el fin de los días." (Os. 3:5). "En pos de Jehová caminarán; él rugirá como león; rugirá, y los hijos vendrán temblando desde el occidente. Como ave acudirán velozmente de Egipto, y de la tierra de Asiria como paloma; y los haré habitar en sus casas, dice Jehová" (Os. 11:10-11). Estos paralelos enfatizan el

---

14. Ver Pregunta 31.

estrecho lazo que Oseas veía entre el segundo éxodo supremo y la monarquía representativa del Mesías.

En resumen

Mateo 2:15 trata la declaración de Oseas 11:1 ("De Egipto llamé a mi hijo") como predicción tipológica del éxodo de "Egipto" de Cristo cuando era niño. Egipto podría ser una Judea metafórica bajo Herodes, parecido al Faraón, o la ubicación geográfica real adonde huyeron José y su familia. El enfoque de Mateo identifica su entendimiento tanto de la solidaridad colectiva (la que representa a los muchos) como de la tipología (Cristo es Israel), paralelo directo de la propia hermenéutica de la historia de la redención de Oseas. Al apuntar al éxodo original, el profeta habla de forma específica de Israel como "hijo" redimido de Dios (Os. 11:1) y después anticipa su vuelta a la esclavitud (11:5) y su futura libración de Egipto (11:10-11). El último pasaje recuerda los oráculos de Balaam en los que Dios dirige a su rey león victorioso fuera "de Egipto" en un segundo éxodo (Nm. 24:7-8). Esto corresponde al anterior liderazgo de Dios para sacar a su pueblo león "de Egipto" en el éxodo original (24:22, 24). Ya que Oseas ha vinculado a Jehová y a su gobernante davídico con el segundo éxodo en Oseas 3:5, la liberación del pueblo de Dios de Egipto y Asiria en 11:10-11 implica que el representante real de Jehová está presente. De ahí que Mateo esté realizando simplemente una cuidadosa exégesis y teología identificando el "éxodo" de Jesús como presagio de su mayor "éxodo" en la cruz (Lc. 9:29-30), por medio del cual sacaría a muchos de las garras de la maldición.

Preguntas para la reflexión

1. ¿Cómo se relaciona Mateo 2:15 con su entorno inmediato en el libro de Mateo?
2. ¿Cómo encaja Oseas 11:1 en el conjunto del libro de Oseas y cómo emplea el tema del éxodo?
3. ¿Qué son los conceptos de "solidaridad colectiva" y de "tipología" y cómo usan Oseas y Mateo estos conceptos de manera similar y diferente en la declaración: "De Egipto llamé a mi hijo"?
4. ¿Cuál es el justificante hermenéutico de Mateo para usar Oseas 11:1 en Mateo 2:15?
5. ¿Cómo sintetizaría usted el uso teológico que Mateo hace de Oseas 11:1 en Mateo 2:15?

¿Qué uso hace Romanos 11:34-35 de Isaías 40:13 y de Job 41:11a?

Andrew David Naselli

Pablo formula tres preguntas retóricas en Romanos 11:34-35:

1. [Is. 40:13a] ¿Quién entendió la mente del Señor?

2. [Is. 40:13b] ¿O quién fue su consejero?

3. [Job 41:11a] ¿O quién le dio a él primero, para que le fuese recompensado?

Analizaremos cómo Pablo usa Isaías 40 y Job 41 en Romanos 11:34-35 siguiendo los seis pasos que bosquejamos en la Pregunta 9.[1]

El contexto de Romanos 11:34-35

El mensaje teológico de Romanos es que el evangelio revela la forma en que Dios justifica justamente a los individuos injustos, judíos y gentiles, en este punto de la historia de la salvación. Desde un punto de vista literario, Romanos 9–11 es crítico, aunque no central, para el desarrollo del argumento de Pablo. Romanos 9:6–11:32 defiende la justicia de Dios en sus tratos pasados, presentes y futuros con los israelitas.[2] La incontenible alabanza para Dios en Romanos 11:33-36 fluye naturalmente y concluye de un modo eufórico los capítulos 9–11. Respondiendo principalmente a la naturaleza revelada de los caminos de Dios, Pablo alaba a Dios por ser profundo (11:33), incomprensible (11:34a), sin consejeros (11:34b), sin acreedores (11:35) y supremo (11:36). Ver el diagrama de argumento en la figura 33.1.

---

1. Esta respuesta condensa Andrew David Naselli, *From Typology to Doxology: Paul's Use of Isaiah and Job in Romans 11:34-35* (Eugene, OR: Pickwick, 2012). Consulte ese libro para más detalles (referencias a la literatura judía extrabíblica, literatura secundaria, etc.).
2. Ver también Jared M. Compton y Andrew David Naselli, eds., *Three Views on Israel and the Church: Perspectives on Romans 9–11*, Viewpoints (Grand Rapids: Kregel, 2019).

11:33	[1] ¡Oh profundidad de las riquezas	33-36 responde a 9:1–11:32; 33 = tres exclamaciones sobre Dios
b	de la sabiduría	
c	y de la ciencia de Dios!	
d	[2] ¡Cuán insondables son sus juicios	
e	[3] e inescrutables sus caminos!	
11:34	[1] Porque ¿quién entendió la mente del Señor?	Apoya 33 (tres preguntas retóricas citan el AT)
b	[2] ¿O quién fue su consejero?	
11:35	[3] ¿O quién le dio a él primero,	
b	para que le fuese recompensado?	
11:36	Porque [1] de él,	Apoya 33-35 (tres frases preposicionales)
b	y [2] por él,	
c	y [3] y para él, son todas las cosas.	Inferencia de 33-36c (doxología)
d	A él sea la gloria por los siglos. Amén.	

Fig. 33.1. Diagrama del argumento de Romanos 11:33-36

El contexto de Isaías 40:13 y Job 41:11a

El mensaje teológico de Isaías es que el pueblo debe confiar en el Santo de Israel, porque él es el Rey y Salvador incomparable. Isaías 40–66 enfatiza que Dios consolará y restaurará a su pueblo, e Isaías 40 exalta lo incomparable de Dios para demostrar que puede restaurar con facilidad a su pueblo. Isaías 40:13 exclama que nadie da consejo a Dios y recuerda su sabiduría sin rival y su grandeza incomparable.

El mensaje teológico de Job es que el pueblo debe responder al sufrimiento inocente e inexplicado confiando en Dios, porque su sabiduría, su soberanía, su justicia y su bondad son supremas. La forma en que Dios interroga a Job en Job 38:1–42:6 es relevante al menos por cuatro razones: (1) Según Job, Dios es demasiado pequeño; (2) Job es demasiado grande en su propia opinión; (3) Dios no está obligado a darle nada a Job, ni siquiera respuestas a sus preguntas; y (4) solo Dios es totalmente sabio. Dios expone dos argumentos en Job 41:10-11. Primero, Dios hace su exposición de menor a mayor para enseñarle a Job una lección sobre la humildad. Si Job se sentía aterrorizado de estar delante de leviatán, debería sentir mayor terror de exigir un juicio ante Dios y de comparecer delante de Él. Segundo, Dios argumenta de mayor a menor para darle una lección sobre propiedad. Ya que Dios creó a Job, era su dueño y, por esta razón, Dios no le debe nada.

Los usos relevantes de Isaías 40:13 y Job 41:11a en la literatura judía extrabíblica

Las formas aparentes en que la literatura judía extracanónica cita y alude a Isaías 40:13 constan de al menos dos temas. Primero, los seres humanos no pueden entender por completo los pensamientos y los caminos de Dios, en especial en la historia de la salvación. Segundo, los únicos seres humanos que pueden adquirir un grado de sabiduría de Dios son aquellos a quienes Dios se revela. Estos temas están también presentes tanto en Isaías 40:13 como en Romanos 11:34.

Existe continuidad y discontinuidad entre los usos de Isaías 40:13 en la literatura judía y en Romanos 11:34. La continuidad es que Pablo escribe en una rica herencia judía que entiende todos estos textos que alaban a Dios por sus pensamientos y caminos. La discontinuidad es lo que desencadena la alabanza: Pablo reflexiona sobre los caminos soberanos de Dios en la historia de la salvación en alusión a la salvación de judíos y gentiles.

Los pocos usos de Job 41:11a en la literatura extracanónica judía no son significativos para entender el uso que Pablo hace de Job 41 en Romanos 11:35. Sin embargo, el uso de leviatán en la literatura judía es, al menos de forma parcial, coherente con las realidades cósmicas más amplias presentes en Job 40–41.

Cuestiones textuales

No existen cuestiones textuales de importancia en estos tres pasajes. La integridad textual de Isaías 40:13, Job 41:11 y Romanos 11:34-35 es inexpugnable. Aunque algunos cuestionan si Pablo cita directamente Isaías 40:13 y Job 41:11a en Romanos 11:34-35, las pruebas externas e internas favorecen con firmeza que lo hace y que adapta los pasajes ligeramente.

La justificación hermenéutica de Pablo para usar Isaías 40:13 y Job 41:11a

De las muchas justificaciones hermenéuticas posibles que explican por qué los autores neotestamentarios usan el Antiguo Testamento como lo hacen, dos se aplican al uso que el apóstol hace de Isaías 40 y de Job 41 en Romanos 11:34-35: (1) los contextos veterotestamentarios más amplios y (2) la tipología, un componente central del enfoque canónico. Al citar Isaías 40 y Job 41:11a en Romanos 11:34-35, Pablo conecta tipológicamente Isaías 40 y Job 38:1–42:6 con Romanos 9–11 con el fin de exaltar lo incomprensible de Dios, su sabiduría, su misericordia, su gracia, su paciencia, su independencia y su soberanía.

Cuando Pablo cita Isaías 40:13 y Job 41:11a, incluye sus contextos más amplios del Antiguo Testamento. Esto revela una extraordinaria conexión tipológica entre ambos pasajes veterotestamentarios y el final de Romanos 11.

Los personajes de los tres contextos (Job y los israelitas) han estado experimentando la bendición de Dios, pero Él retira en cierta medida esta bendición de un modo que a ellos les parece injusto. Tras cuestionar la justicia de Dios y afirmar la suya, Dios les revela una verdad que a ellos les parece difícil y poco satisfactoria. No obstante, deben arrepentirse de su visión defectuosa de Dios y de ellos mismos, y confiar en Él antes de experimentar su bendición restaurada hasta un punto incluso mayor y de una forma inesperada. El plan de la historia de la salvación de Dios demuestra que Él es sabio, bueno y soberano.

El uso teológico que Pablo hace de Isaías 40:13 y Job 41:11a

Las tres preguntas retóricas en Romanos 11:34-35 comunican tres de las características de Dios que se corresponden a sus caminos en la historia de la salvación, y cada una de ellas tiene implicaciones teológicas simples y profundas.

1. Dios es incomprensible por cuanto nadie puede entenderlo *por completo* (Ro. 11:34a). Las implicaciones teológicas son al menos cuatro: (1) los seres humanos no pueden comprenderlo todo; (2) Dios no está obligado a explicar nada; (3) los cristianos deben creer humildemente y valorar lo que Dios ha revelado; y (4) Dios merece alabanza por lo que hace y no explica.
2. Dios no tiene consejeros (Ro. 11:34b). Las implicaciones teológicas son al menos dos: (1) los seres humanos no deben intentar darle consejos a Dios y (2) Dios merece alabanza por no precisar consejo.
3. Dios no tiene acreedores (Ro. 11:35). Las implicaciones teológicas son al menos dos: (1) los seres humanos no deben intentar hacerse acreedores de Dios y (2) Dios merece alabanza por no deberle nada a nadie.

Estas tres características comparten al menos dos implicaciones: (1) los atributos de Dios humillan al ser humano y (2) Dios es gloriosamente digno de alabanza. Estas características y sus implicaciones enlazan a la perfección con Romanos 11:36, el final culminante de Romanos 9–11: "Porque de él, y por él, y para él, son todas las cosas. A él sea la gloria por los siglos. Amén". Los tres rasgos de Dios en Romanos 11:34-35 están arraigados en su soberanía (11:36a) y culminan en doxología (11:36b).

En resumen

En Romanos 11:34-35, Pablo cita Isaías 40:13 y Job 41:11a. El apóstol alude con brillantez a estos dos pasajes porque sus contextos literarios, la situación de los israelitas en Isaías 40 y la situación de Job en Job 41 conectan de manera tipológica con la situación de los israelitas en Romanos 9–11. El modo sabio, bueno y soberano en que Dios trata con su pueblo lleva a este a alabarlo(Ro. 11:36). Pablo pasa de la tipología (Ro. 11:34-35) a la doxología (Ro. 11:36).

Preguntas para la reflexión

1. ¿Por qué es importante entender el contexto literario de Romanos 9–11 para analizar la forma en que Pablo usa el AT en Romanos 11:34-35?
2. ¿Qué importancia tiene que comprendamos el contexto literario más amplio de Isaías 40 y Job 41 para entender la forma en que Pablo usa Isaías 40:13 y Job 41:11a en Romanos 11:34-35?
3. ¿Qué implica Pablo cuando describe a Dios como incomprensible, sin consejeros ni acreedores?
4. Al analizar Romanos 11:34-35, ¿por qué debería uno maravillarse de que los atributos de Dios provoquen nuestra humildad?
5. Al analizar Romanos 11:34-35, ¿por qué debería uno maravillarse de que solo Dios sea digno de alabanza?

¿Qué uso hace Gálatas 3:12 de Levítico 18:5?

Jason S. DeRouchie

Y que por la ley ninguno se justifica para con Dios, es evidente, porque: El justo por la fe vivirá; y la ley no es de fe, sino que dice: El que hiciere estas cosas vivirá por ellas.
(Gá. 3:11-12)

Por tanto, guardaréis mis estatutos y mis ordenanzas, los cuales haciendo el hombre, vivirá en ellos. Yo Jehová.
(Lv. 18:5)

En Gálatas 3, el apóstol se inspira en varios textos del AT para respaldar su interpretación de que la historia de la salvación culmina en Cristo. Uno de esos textos es Levítico 18:5. Pablo apropia este texto para sostener que "por la ley ninguno se justifica para con Dios" (Gá. 3:11) y que "la ley no es de fe" (3:12; cp. Ro. 10:5). ¿Está realmente considerando el apóstol que la afirmación de Habacuc "el justo por su fe vivirá" (Hab. 2:4) contesta a lo que Moisés declara en Levítico 18:5? ¿Acaso Moisés mismo no celebra la vida de fe (Gn. 15:6) y se lamenta porque Israel carece de ella (Nm. 14:11; Dt. 1:32; 9:23)? ¿Cómo debemos interpretar el modo en que Pablo usa Levítico 18:5 en Gálatas 3:12? Analizaremos esta pregunta siguiendo los seis pasos que bosquejamos en la Pregunta 9.

El contexto de Gálatas 3:12

En Gálatas 2:16, Pablo distingue dos medios posibles de justificación: las "obras de la ley" y "la fe de [o en] Jesucristo". Lo primero alude a hacer lo que el pacto mosaico exige, actos por los cuales "nadie será justificado" (2:16);[1]

---

1. Para esta interpretación de la frase "obras de la ley" (*érga nómou*) en Ro. 3:20, 28 y Gá. 2:16[3x]; 3:2, 5, 10, ver Thomas R. Schreiner, "Works of the Law", en *Dictionary of Paul and His Letters*, eds. Gerald F. Hawthorne y Ralph P. Martin (Downers Grove, IL: InterVarsity, 1993), 974-978; Thomas R. Schreiner, *40 Questions About Christians and Biblical Law*, 40 Questions, ed. Benjamin L. Merkle (Grand Rapids: Kregel, 2010), 41-45; cp. Douglas J. Moo, *Galatians*, BECNT (Grand Rapids: Baker Academic, 2013), 158-160. Para esta interpretación de la frase "fe de Cristo" (*pístis*

la "fe de Jesucristo" es el único medio para una conducta correcta con Dios (2:16) y está vinculada a "creer" (2:16), "vivir" (2:19-20), la "gracia" (2:21), "el Espíritu" (3:2-3) y "oír con fe" (3:2, 5). La fe en Jesús es el único camino para llegar a ser un "hijo" de Abraham (3:1-6; cp. 3:26, 29).

En 3:7-29 Pablo se basa en esta manera de entender la justificación y la identidad para aclarar que, solo por la fe en Cristo, Dios nos declara justos y heredamos todo lo que le prometió a Abraham. En lo positivo, todas las personas de fe, incluidos los gentiles, son bendecidos en el patriarca (3:7-9). En lo negativo, los que se relacionan con Dios mediante las obras de la ley son malditos (3:10-14).

De manera más específica, depender de cumplir la ley acarrea maldición (3:10) y esta actividad no asegura la justificación (3:11-12). En 3:11, Pablo cita Habacuc 2:4: "el justo por su fe vivirá". Creer (y no hacer) es el medio para vivir. En Gálatas 3:12, el apóstol cita Levítico 18:5: "El que hiciere estas cosas, vivirá por ellas". Pablo supone que Israel no pudo cumplir la ley y que, por consiguiente, experimentaron la muerte exílica y necesitan con urgencia a Jesús. Acaba la unidad identificando cómo los que están en la fe pueden disfrutar de la justificación y de la bendición abrahámica, exclusivamente por la redención que Cristo aseguró mediante su obra obediente y sustitutiva que llevó nuestra maldición (Gá. 3:13-14).

El contexto de Levítico 18:5

Levítico 11–26 aclara cómo Israel debía perseguir la santidad como medio para vivir a la luz de la santa presencia de Jehová. Israel se encontraba en un viaje entre dos realidades: su anterior esclavitud en "la tierra de Egipto" de la que Dios los redimió y su entrada a "la tierra de Canaán" a la que Él los estaba llevando (18:3). Semejante pasado y gracia futura proporcionan el contexto para que Israel buscara la santidad y cumpliera con lo que Dios prohibía y ordenaba. A la luz de su liberación y de sus esperanzas futuras, el Señor les encargó en dos ocasiones, "No *haréis*" como los egipcios o los cananeos (18:3), que siguen prácticas corruptas como la inmoralidad sexual (18:6-20, 22-23) y la idolatría a través del sacrificio infantil (18:21). A continuación, Dios aclara lo que *debían hacer*: "Mis ordenanzas pondréis por obra, y mis estatutos guardaréis […]. Por tanto, guardaréis mis estatutos y mis ordenanzas, los cuales haciendo el hombre, vivirá en ellos. Yo Jehová" (18:4-5).

Tres observaciones son pertinentes aquí. Primero, el pacto mosaico está

Jristou), ver Moisés Silva, "Faith versus Works of Law in Galatians", en *The Paradoxes of Paul*, vol. 2 de *Justification and Variegated Nomism*, eds. D. A. Carson, Peter T. O'Brien y Mark A. Seifrid, WUNT 2/181 (Grand Rapids: Baker Academic, 2004), 217-248; Schreiner, *40 Questions About Christians and Biblical Law*, 133-138; cp. Moo, *Galatians*, 38-48.

construido sobre un principio de retribución que Jehová diseñó para motivar un santo vivir en el presente. Aquello que inspira la esperanza o el temor en el mañana debe cambiar quienes somos hoy (cp. 2 P. 1:4). Así, Moisés promete bendiciones (Lv. 26:3-13; Dt. 28.1-14) y maldiciones (Lv. 26:14-19; Dt. 27:11-26; 28:15-68) para estimular la lealtad de Israel. Al cumplir *toda* la ley a la perfección, Israel podía disfrutar de la vida y de las cosas buenas, pero la desobediencia resultaría en muerte y en cosas malas (Dt. 11:26-28; 30:15-19).[2] Las personas tenían que someterse a Dios con *todo* su corazón y alma (4:29; 6:5; 10:12; 11:13; 13:3; 26:16; cp. 30:2, 6, 10). Y si se rinden a los valores de "justicia" de Dios (*tsédec*, 16:20) y obedecen todo su mandamiento manifestado en los diversos estatutos y normas, el Señor preservaría su vida (6:24), disfrutarían de estatus de "justicia" (*tsedacá*, 6:25) y se asegurarían una vida perdurable (8:1; 16:20; 30:16).

Segundo, aunque Jehová era el Dios de Israel en el sentido de que los había redimido en el éxodo y reclamado de forma única como suyos por medio del pacto (cp. Dt. 4:32-35), el resto del AT incluido el Pentateuco identifica el estado y destino ruinoso de la mayoría. Aunque Jehová habría considerado la obediencia que abarca toda la vida como "justicia" (*tsedacá*, 6:25), estaban lejos de dicho estado, ya que su propia maldad se parecía a la de las naciones a las que tenían el encargo de arrojar (9:4-7; cp. 9:27). Para Levítico 18, el pueblo ya ha puesto a prueba a Dios siete veces desde que dejaron Egipto y pronto se rebelarían un total de diez veces (Nm. 14:21-23).[3] Por tanto, Moisés los califica como "pueblo de dura cerviz" (Éx 32:9; 33:3, 5; 34:9; Dt. 9:6, 13; 10:16; 31:27), incrédulos (Nm. 14:11; Dt. 1:32; 9:23) y "rebeldes" (Nm. 20:10, 24; 27:14; Dt. 9:7, 24; 31:27). Asimismo, prometió que su insolencia solo aumentaría en la tierra prometida (Dt. 31:16) y esto resultaría en maldiciones que culminarían en una muerte exílica (31:17, 29; cp. 28:15-68). Aunque el Señor redimió a la nación de Egipto, no regeneró la mayoría de sus corazones y, aunque les dio la ley en tablas de piedra, permanecieron espiritualmente incapacitados por culpa del pecado grabado en su ser interior (ver Dt. 29:4[3]; Jer. 17:1). El clamor "¡cumplan esta ley para que puedan vivir!" fue dirigido a una comunidad principalmente *no regenerada*. La mayoría del Israel del antiguo pacto no fueron salvados eternamente y el pacto bajo el que estaban conllevaba un ministerio que solo multiplicaría el pecado (Ro. 3:20; 5:20; Gá. 3:19) y conduciría a su muerte y condenación (2 Co. 3:7, 9; cp. 2 R. 17:13-18; Ro. 11:7-10; He. 3:16-19).

---

2. Deuteronomio recalca la necesidad de cumplir *todas* (*kol*) las leyes (ver Dt. 5:29, 31, 33; 6:2, 24-25; 8:1; 10:12; 11:8, 22, 32; 12:13, 28, 32; 13:18; 15:5; 17:10, 19; 19:9; 26:14, 18; 27:1; 28:1, 14, 15, 58; 30:8; 31:5, 12; 32:46).

3. Para las diez pruebas, ver: (1) Éx. 14:11-12; (2) 15:24; (3) 16:2-3; (4) 16:20; (5) 16:27; (6) 17:1-2; (7) 32:1-6; (8) Nm. 11:1; (9) 11:4; (10) 14:1-4.

En tercer lugar, ni la fe ni el perdón caracterizaron la era del pacto mosaico. En este pacto, Moisés nunca pidió fe de forma explícita, aunque confirmó su necesidad (cp. 2 Cr. 20:20). Lo que sí exigió fue un cumplimiento sincero, perfecto de los mandamientos para disfrutar de vida y justicia: "Por tanto, guardaréis mis estatutos y mis ordenanzas, los cuales *haciendo* el hombre, vivirá en ellos" (Lv. 18:5). "Cuidaréis de poner por obra *todo* mandamiento que yo os ordeno hoy, para que viváis, y seáis multiplicados, y entréis y poseáis la tierra que Jehová prometió con juramento a vuestros padres" (Dt. 8:1; cp. 6:24-25; 11:32; 26:18; 28:1). Moisés recalcó que Abraham creyó a Dios (Gn. 15:6) y que esta fe lo movió a obedecer (p. ej.: 22:16-18; 26:3-5). Moisés incluso trató al patriarca como israelita modelo y cumplidor de los mandamientos antes de la ley (26:3-5).[4] El mediador del antiguo pacto también celebró que Israel creyera temporalmente en él y en Jehová en el éxodo (Éx. 15:31). No obstante, sufrió profundamente al ver que ni él ni Israel siguieron creyendo en Dios en el desierto (Nm. 14:11; 20:12; Dt. 1:32; 9:23); los resultados fueron trágicos (cp. He. 3:16-19). Esta misma falta de fe en la generación del éxodo siguió siendo el tema dominante durante la posesión de la tierra prometida y el exilio. Por ello, Nehemías cita Levítico 18:5: "Les amonestaste a que se volviesen a tu ley; mas ellos se llenaron de soberbia, y no oyeron tus mandamientos, sino que pecaron contra tus juicios, *los cuales si el hombre hiciere, en ellos vivirá* [...]; por lo cual los entregaste en mano de los pueblos de la tierra" (Neh. 9:29-30). En lugar de disfrutar la vida, Israel experimentó la muerte, en parte por su falta de fe (cp. 2 R. 17:13-14, 18).

Jeremías resalta la carencia sustancial de perdón salvador en el pacto mosaico cuando contrasta el antiguo pacto con el nuevo y mejor, que incluiría el conocimiento democratizado de Dios solo *porque* "perdonaré la maldad de ellos, y no me acordaré más de su pecado" (Jer. 31:34). Nehemías destaca la forma en que Dios siguió perdonando en su misericordia a su pueblo a lo largo de su historia (Neh. 9:17, 19, 27-28, 31). Sin embargo, sus corazones seguían fríos y la muerte del exilio se convirtió en su destino. La obediencia perfecta exigida por leyes como Levítico 18:5 era en dependencia de Dios, pero como nadie podía ser perfectamente dependiente, si alguien quería disfrutar de la vida, Jehová tenía que declararlos justos por fe (cp. Gn. 15:6; Is. 53:11; Ro. 4:5). Solo Jesús asegura en última instancia la vida que la ley prometía mediante la obediencia perfecta: "Por la justicia de uno vino a todos los hombres la justificación de vida" (Ro. 5:18). Con todo, la mayoría de la comunidad israelita no vivió en el contexto de la reconciliación espiritual con Dios; eran socios del pacto por fuera, pero rebeldes por dentro.

---

4. R. W. L. Moberly, *The Old Testament of the Old Testament: Patriarchal Narratives and Mosaic Yahwism*, OBT (Minneapolis: Fortress, 1992), 144-145; cp. John H. Sailhamer, "The Mosaic Law and the Theology of the Pentateuch", *WTJ* 53 (1991): 241-261.

Walter Kaiser asevera que, ya que "una de las formas de 'hacer' la ley era reconocer la imperfección de la vida propia y así presentar sacrificio para la expiación de los pecados", Levítico 18:5 "no se refiere a una oferta de vida eterna como recompensa por cumplir la ley a la perfección".[5] Por el contrario, lo que la ley requería era un temor completo, un amor sincero y una obediencia absoluta para ser declarado justo (Dt. 6:5; 10:12-13) y disfrutar de una vida perdurable (4:1; 8:1; 16:20; 30:16). Cuando uno reconocía que había fallado y que no podía satisfacer esta exigencia, confiar en el sacrificio sustitutivo de Dios era un medio para la reconciliación. Sin embargo, no debemos rebajar la exigencia de la ley de un sometimiento total y perfecto, porque solo esto provee el contexto para la obediencia sin defecto de Jesucristo que asegura la "justificación de vida" para los muchos (Ro. 5:18-19; 2 Co. 5:21; Fil. 3:9).[6] Si, como hemos argumentado, la mayoría de los receptores originales de las palabras de Moisés eran no regenerados, el llamado a "hacer para vivir" habría resultado nada más y nada menos que en un tipo de legalismo para la mayoría, ya que "el carácter misericordioso del sistema levítico" estaría inoperativo sin el sentimiento de culpa, la confesión y la confianza (Lv. 5:5-6; Nm. 5:6-7).[7] Así, Pablo alude a la exhortación de Moisés en Deuteronomio 16:20 ("La justicia, la justicia seguirás, para que vivas y heredes la tierra que Jehová tu Dios te da") en Romanos 9:31-32: "Israel, que iba tras una ley de justicia, no la alcanzó. ¿Por qué? Porque iban tras ella no por fe, *sino como por obras de la ley*". Por tanto, "el fin de la ley es Cristo, para justicia a todo aquel que cree" (10:4). Su llegada señala la transición de una era de muerte asociada al pacto mosaico, a una época de vida disfrutada por una justicia que llega por fe.

Usos relevantes de Levítico 18:5 en el resto del Antiguo Testamento, la literatura judía extrabíblica temprana y otros textos del Nuevo Testamento

Ezequiel contrasta gráficamente el fracaso del "hacer" en el pacto mosaico con el "hacer" divino y humano en el futuro pacto eterno/nuevo.[8] Ministrando en medio del exilio babilónico de Judá, cita Levítico 18:5 para identificar el

---

5. Walter C. Kaiser, "Leviticus 18:5 and Paul: Do This and You Shall Live (Eternally?)", *JETS* 14, núm. 1 (1971): 25; cp. Walter C. Kaiser, *The Promise-Plan of God: A Biblical Theology of the Old and New Testaments* (Grand Rapids: Zondervan, 2008), 80.

6. Ver Peter J. Gentry y Stephen J. Wellum, *Kingdom through Covenant: A Biblical-Theological Understanding of the Covenants*, 2.ª ed. (Wheaton, IL: Crossway, 2018), 777-782.

7. Esta breve cita procede de Hamilton, cuya perspectiva difiere de la que este capítulo sugiere. James M. Hamilton Jr., "The One Who Does Them Shall Live by Them: Leviticus 18:5 in Galatians 3:12", *Gospel Witness* (2005): 10.

8. Ver Preston M. Sprinkle, "Law and Life: Leviticus 18:5 in the Literary Framework of Ezekiel", *JSQT* 31, núm. 3 (2007): 275-293.

exilio de Judá como la "muerte", que era lo opuesto a la vida prometida a cambio de la obediencia (Ez. 20:11, 13, 21).[9] El profeta ve que el propósito de Jehová para la ley buena (Neh. 9:13; cp. Ro. 2:20; 7:12) era destruir e identificar así la necesidad de un mejor pacto y de un mejor mediador (Éx. 20:25; cp. Gá. 3:21). Israel era ahora como los esqueletos secos de un ejército derrotado en un valle (Ez. 37:1); allí los había llevado el pacto mosaico. Conllevaba un "ministerio de muerte" y un "ministerio de condenación" (2 Co. 3:7. 9). En palabras de Pablo, "el mismo mandamiento que era para vida, a mí me resultó para muerte" (Ro. 7:10).

Sin embargo, en este entorno, Jehová declara: "Y pondré dentro de vosotros mi Espíritu, y haré que andéis en mis estatutos, y guardéis mis preceptos, y los pongáis por obra" (Ez. 36:27; cp. 11:19-20). Y de nuevo: "Pondré mi Espíritu en vosotros, y viviréis" (37:14). Del valle de muerte saldría la resurrección, y lo que no se había "hecho" en la época del pacto de la ley ahora sería facultado por el poder de la presencia de Dios (37:24).[10] Por tanto, el AT mismo contrasta de forma explícita (1) el antiguo pacto fallido y basado en obras humanas, con (2) el mejor pacto venidero que Dios posibilitaría y que estaría marcado por la fe (cp. Hab. 2:4).

Durante la restauración inicial del exilio, Nehemías recordó Levítico 18:5 cuando suplicó misericordia y habló del modo en que Jehová buscó a su pueblo en el pasado: "Les amonestaste a que se volviesen a tu ley; mas ellos se llenaron de soberbia, y no oyeron tus mandamientos, sino que pecaron contra tus juicios, los cuales *si el hombre hiciere, en ellos vivirá*; por lo cual los entregaste en mano de los pueblos de la tierra" (Neh. 9:29-30). En lugar de disfrutar la vida permaneciendo leales a Dios, Israel se rebeló y experimentó una muerte justificada a manos de los agentes de la maldición del pacto de Dios.[11]

Sin evocar directamente Levítico 18:5, Malaquías, el último de los profetas del AT, habló en nombre de Jehová: "Acordaos de la ley de Moisés mi siervo, al cual encargué en Horeb ordenanzas y leyes para todo Israel" (Mal. 4:4). Así, hasta que surgió el profeta como Moisés para mediar un nuevo pacto (Dt. 18:15-18; 34:10-12), el mandamiento de Dios a Israel siguió siendo: "Guardaréis mis estatutos y mis ordenanzas, los cuales haciendo el hombre, vivirá en ellos".

Al aludir a Levítico 18:5, los judíos de la comunidad del Qumrán (c. 250 a. C.–135 d. C.) confirmaron que la maldición aguardaba a todos los que no

---

9. Para otras alusiones similares, ver Ez. 18:5, 9, 17, 19, 21; 33:10, 13, 19; Am. 5:4.

10. Ver Sprinkle, "Law and Life", 290.

11. De manera relevante, Nehemías 9 también parece contrastar el "hacer" de la ley de Moisés (Neh. 9:29-30) con la "fe" de Abraham (9:8). Para una defensa de la idea de que Neh. 9:8 se refiere a la "fe" de Abraham, ver Michael B. Shepherd, *The Text in the Middle*, StBibLit 162 (Nueva York: Lang, 2014), 38-39. Gracias a mi asistente de investigación Brian Verrett por dirigirme a este recurso.

cumplieran la ley y que Dios prometía vida a los que obedecen y son redimidos (CD 3:15-16; 4Q266 f11:11-13). Otros judíos creían que la vida prometida en Levítico 18:5 era escatológica y eterna a la vez (Sal. Sol. 14:1-5; Tg. Onq. Lv. 18:5; Tg. Ps-J. Lv. 18:5).[12]

En los Evangelios, Jesús alude a Levítico 18:5:

> Y he aquí un intérprete de la ley se levantó y dijo [a Jesús], para probarle: Maestro, ¿haciendo qué cosa heredaré la vida eterna? Él le dijo: ¿Qué está escrito en la ley? ¿Cómo lees? Aquel, respondiendo, dijo: Amarás al Señor tu Dios con todo tu corazón, y con toda tu alma, y con todas tus fuerzas, y con toda tu mente; y a tu prójimo como a ti mismo. Y le dijo: Bien has respondido; *haz esto, y vivirás* (Lc. 10:25-29).

El conocimiento no basta para "heredar la vida eterna"; se debe hacer "esto" para vivir. No obstante, para los seres humanos pecadores, la búsqueda de la autojustificación siempre acabará en condenación. En última instancia, debemos mirar más allá de nosotros mismos a Jesucristo, "el justo", que es "la propiciación por nuestros pecados; y no solamente por los nuestros, sino también por los del todo el mundo" (1 Jn. 2:1-2).

La última cita en el NT de Levítico 18:5 está en Romanos 10:5, donde Pablo argumenta sobre el medio para la justificación de un modo muy comparable a Gálatas 3. A lo largo de Romanos 9:30–10:13, Pablo enfrenta continuamente el hacer y el creer como dos formas opuestas para disfrutar de un estatus justo. Creer es la única opción para los seres humanos caídos. Los versículos 5-8 contrastan el intento improductivo de conseguir la justicia "de la ley" (10:5), con la confianza en Cristo para la justicia (10:6-8). Por ello, "el fin de la ley es Cristo, para justicia a todo aquel que cree" (10:4; cp. Fil. 3:9).[13] Es decir, la meta y el fin de la ley es creer en Cristo *porque* el pacto de la ley exigía una obediencia perfecta imposible para disfrutar de justicia y vida (cp. Lv. 18:5), mientras que confiar en Cristo provee, por fe, lo que de otro modo es imposible (cp. Dt. 30:11-14). Es muy probable que Pablo pueda contrastar a Moisés contra Moisés, porque Levítico 18:5 y Deuteronomio 30:11-13 tratan dos épocas diferentes en la historia de la salvación. Levítico 18:5 se ocupa de la época

---

12. Para más sobre Levítico 18:5 en la literatura judía extrabíblica, ver Preston M. Sprinkle, *Law and Life: The Interpretation of Leviticus 18:5 in Early Judaism and in Paul*, WUNT 2/241 (Tübingen: Mohr Siebeck, 2008), 1-130; Simon J. Gathercole, "Torah, Life, and Salvation: Leviticus 18:5 in early Judaism and the New Testament", en *From Prophecy to Testament: The Function of the Old Testament in the New,* ed. Craig A. Evans (Peabody, MA: Hendrickson, 2004), 126-145.

13. Thomas R. Schreiner, *Romans,* 2.ª ed. BECNT (Grand Rapids: Baker Academic, 2018), 535.

del pacto mosaico de "hacer" y Deuteronomio 30:11-14 predice la época del nuevo pacto de "creer".[14]

Cuestiones textuales

Existe alguna variación mínima de redacción entre la cita de Pablo en Gálatas 3:12 y sus posibles fuentes. No obstante, no existe diferencia sustancial alguna entre el trato del hebreo y del griego de Levítico 18:5 y la cita del apóstol.[15]

Justificación hermenéutica de Pablo para usar Levítico 18:5

En Gálatas 3:12, Pablo parece emplear Levítico 18:5 para contrastar (1) el patrón para disfrutar de la vida y la justificación en la época del pacto mosaico con (2) el patrón que debe caracterizar a todos los que estén en Cristo en la era del nuevo pacto.[16] De manera más específica, en Gálatas 3:11-12, Pablo

---

14. En contraste con las traducciones contemporáneas, las cláusulas sin verbos en Deuteronomio 30:11-14 se interpretan con mayor naturalidad como futuros, como continuación de las predicciones *futuras* iniciadas en 30:1 que anticipan que lo que Moisés ordena "hoy" tendrá relevancia duradera en la época del nuevo pacto (30:2, 8, 11). Deuteronomio 30:11-14 empieza con la conjunción subordinada *ki* ("ya que, porque") y provee la razón lógica por la que el pueblo acudirá al Señor en los postreros días (30:10). Por lo tanto, Pablo está identificando que Cristo cumple lo que Moisés predijo al producir una obediencia que fluye de la fe. Mi asistente de investigación, Brian Verrett, me ha ayudado a ver que esto encuentra respaldo aún mayor en que la frase "obedecer/oír la voz" en Deuteronomio 30:8, 10 probablemente alude a Génesis 22:18, cuando Abraham "obedeció/oyó la voz" de Dios y estuvo dispuesto a sacrificar a Isaac. La obediencia del patriarca en Génesis 22:18 derivó de su fe (Gn. 15:6; He. 11:19) que, a su vez, proporciona un modelo de obediencia de fe a favor del cual Pablo argumenta en Romanos y en Gálatas. Respecto a la interpretación orientada al futuro de Deuteronomio 30:11-14, ver, por ejemplo, J. Gary Millar, *Now Choose Life: Theology and Ethics in Deuteronomy*, NSBT 6 (Downers Grove, IL: InterVarsity, 1998), 94, 174-175; Stephen G. Dempster, *Dominion and Dynasty: A Biblical Theology of the Hebrew Bible*, NSBT 15 (Downers Grove, IL: InterVarsity, 2003), 118-121; Patrick A. Barker, *The Triumph of Grace in Deuteronomy: Faithless Israel, Faithful Yahweh in Deuteronomy* (Carlisle, UK: Paternoster, 2004), 182-198; Steven R. Coxhead, "Deuteronomy 30:11-14 as a Prophecy of the New Covenant in Christ", *WTJ* 68 (2006): 305-320; Bryan D. Estelle, "Leviticus 18:5 and Deuteronomy 30:1-14 in Biblical Theological Development: Entitlement to Heaven Foreclosed and Proffered", en *The Law Is Not of Faith: Essays on Works and Grace in the Mosaic Covenant*, eds. Bryan D. Estelle, J. V. Fesko y David VanDrunen (Phillipsburg, NJ: P&R, 2009), 127–137; Jason S. DeRouchie, "From Condemnation to Righteousness: A Christian Reading of Deuteronomy", *SBJT* 18, núm. 3 (otoño de 2014): 117-118; Colin James Smothers, "In Your Mouth and in Your Heart: A Study of Deuteronomy 30:12-14 in Paul's Letter to the Romans in Canonical Context" (dis. PhD., Southern Baptist Theological Seminary, 2018).

15. Ver Moisés Silva, "Galatians", en *Commentary on the New Testament Use of the Old Testament*, eds. G. K. Beale y D. A. Carson (Grand Rapids Baker Academic, 2007), 802-803; Douglas J. Moo, Galatians, BECNT (Grand Rapids: Baker Academic, 2013), 220-221.

16. De las doce formas posibles de Beale en que los autores del NT usan hermenéuticamente el AT, esta es la número cuatro: "Para indicar un uso analógico (/contrastivo) o ilustrativo del Antiguo Testamento". G. K. Beale, *Handbook on the New Testament Use of the Old Testament: Exegesis and Interpretation* (Grand Rapids: Baker Academic, 2012), 67-71.

observa cómo los respectivos períodos de la historia de la salvación testifican de dos maneras diferentes posibles de disfrutar de una condición correcta delante de Dios: *hacer* conduce a la vida (Lv. 18:5) frente a *creer* conduce a la vida (Hab. 2:4).[17]

El *hacer* al que la ley llamaba en Levítico 18:5 se conformaba por completo a la manera en que Dios define el orden correcto: "La justicia, la justicia seguirás, para que vivas y heredes la tierra que Jehová tu Dios te da" (Dt. 16:20; cp. Ro. 9:30-31). Sin embargo, "por las obras de la ley ningún ser humano será justificado delante de él", porque ninguna persona nacida en Adán era capaz de cumplirla y porque la ley mosaica misma solo podía declarar lo que debería suceder, mas no podía hacer que sucediera, porque la pecaminosidad humana la debilitaba (Ro. 8:3; Gá. 3:10, 21). Así, cuando Dios dio su santa ley al pueblo pecador cuya resistencia no venció (Dt. 29:4[3]), la ley produjo muerte y condenación (Ro. 7:10; 11:7-10; 2 Co. 3:7, 9). En la época de Pablo, que los judíos exigieran "las obras de la ley" como medio de justificación era retroceder a la era de muerte en la historia de la salvación, una era que solo fue vencida y destruida por la obediencia perfecta de Cristo, que llevó sobre sí la maldición (Gá. 3:13-14).

Pablo está interpretando Levítico 18:5 a la luz de la naturaleza de muerte del pacto mosaico. La voluntad revelada de Dios en su santa ley fue que el pueblo lo exaltara mediante vidas de sumisión y que, de este modo, disfrutara de las bendiciones que acompañan el deleitarse en su presencia ("hacer para vivir"). No obstante, estos propósitos revelados (es decir, lo que Israel *debería* haber hecho) contrastaban con los objetivos más soberanos del Señor para la ley; es decir, multiplicar el pecado de Israel (Ro. 3:20; 5:20), condenarlos (2 Co. 3:9) y, así, orientarlos a ellos y al resto del mundo hacia Cristo, el único medio para estar a cuentas con Dios (Ro. 10:4; cp. 3:19-22). Jesús fue el único en cumplir las exigencias de la ley y, de este modo, asegura la justificación para vida prometida a todos los que creen (Ro. 5:18). Levítico 18:5 entra en el contexto de la muerte en la historia de la redención (es decir, un "hacer" humano e imperfecto sin la justicia imputada acarrea destrucción) y, por consiguiente, está en contraste con la vida de fe. La bendición y la maldición (la vida y la muerte) eran las opciones de la comunidad (Dt. 11:26-28; 30:15-20).

Hamilton reconoce con razón que, en Gálatas 3:12, Pablo está hablando desde una perspectiva de la historia de la redención, pero diferimos cuando

---

17. Para un argumento sólido de que Habacuc 2:4 hace un eco intencionado de Génesis 15:6 ("Y [Abram] creyó a Jehová, y le fue contado por justicia") y de que el nombre hebreo *emuná* (=griego *pístis*) en Habacuc 2:4 se traduce mucho mejor como "fe" en lugar de "fidelidad", ver E. Ray Clendenen, "Salvation by Faith or by Faithfulness in the Book of Habakkuk?" *BBR* 24 (2014): 503-513; Shepherd, *The Text in the Middle,* 32-36. cp. Silva, "Galatians", 802.

argumenta que la era mosaica *fue* una era de fe, pero que ahora no se considera así por la venida de Cristo.[18] Más bien, Pablo está identificando que, ya que Dios le dio el pacto mosaico a un pueblo de corazón duro, su llamado "haz esto y vivirás" se convirtió en una forma imposible y por tanto legalista de ganar la salvación. La incapacidad de cumplir la ley a la perfección debería haber impulsado a los israelitas a reconocer a Cristo como "el fin de la ley [...] para justicia" (Ro. 10:4). Es decir, debería haber provocado que se unieran a Abraham en su espera de la descendencia venidera (Gn. 15:1-6; 22:17-18; cp. Jn. 8:56; Ro. 4:18-25) y considerar el tabernáculo, los sacerdotes y los sacrificios animales sustitutivos como meros indicadores (Éx. 25:9; Zac. 3:8-9; He. 9:8-10; 10:1-10) de la futura provisión salvadora de Dios a través de su siervo sufriente, quien triunfaría por medio de la tribulación (Is. 50:8-9; 53:11; cp. Gn. 3:15; Zac. 13:7-9). No obstante, en lugar de conseguir un estatus justo por la fe (como muchos gentiles en la época de Pablo), Israel no procuró la justicia "por fe, sino como por obras de la ley" (Ro. 9:32; cp. 9:30-33). Los sacrificios en el antiguo pacto suplieron una provisión temporal e insuficiente para los pecadores que creyeran, y el sacrificio que Cristo hizo una vez y para siempre anula la necesidad de cualquier otro sacrificio (He. 9:11-12, 25-28; 10:10).[19] Sin embargo, cuando Pablo asevera: "Y otra vez testifico a todo hombre que se circuncida, que está obligado a guardar toda la ley" (Gá. 5:3), no está afirmando que este solo sea el caso ahora que Cristo ha invalidado los sacrificios del antiguo pacto.[20] Está afirmando que el antiguo pacto *siempre* se ha asociado con la necesidad de cumplir la totalidad de la ley (cp. Gá. 2:21) y que uno debe confiar en Jesús, el único que cumplió la ley por completo, o ser condenado a la luz de la incapacidad humana y el fracaso histórico de la ley.

---

18. Hamilton, "One Who Does Them Shall Live", 10-12. Hamilton escribe: "'Antes que viniese la fe', Levítico 18:5 significaba que quien cumpliera el pacto mosaico *por fe* viviría. Ahora que 'la fe ha venido', el pacto mosaico ya no está en vigor; ha servido a su propósito redentor histórico, con el resultado de que cualquiera que procure vivir por él debe cumplir todas sus normas a la perfección ya que sus sacrificios están ahora abolidos" (cp. Gá. 5:3). Hamilton, "One Who Does Them Shall Live", 12.

19. Carson escribe: "No es del todo claro que Pablo hubiera admitido que el pacto mosaico tenía alguna capacidad vivificante o salvadora: el pacto de la ley tuvo funciones bastante diferentes en el hilo de la historia redentora (Gá. 3). Del mismo modo, a juzgar por pasajes como 1 Corintios 5:7; 11:23-25; Romanos 3:24-25; 8:3; 2 Corintios 5:21, Pablo no habría admitido la eficacia expiatoria de los sacrificios del antiguo pacto: la solución para el pecado es la obra de Cristo. En otras palabras, el centro de gravedad del pensamiento de Pablo es Cristo y la revelación antecedente apunta a Él de manera decisiva y a todo lo que Él trae consigo". D. A. Carson, "Mystery and Fulfillment: Toward a More Comprehensive Paradigm of Paul's Understanding of the Old and New", en *The Paradoxes of Paul*, vol. 2 de *Justification and Variegated Nomism*, eds. D. A. Carson, Peter T. O'Brien y Mark A. Seifrid, 2 vols. WUNT 2/181 (Grand Rapids: Baker Academic, 2004), 434.

20. Contra Hamilton, "One Who Does Them Shall Live", 12; cp. Schreiner, *40 Questions About Christians and Biblical Law*, 62.

De manera similar a la interpretación de Levítico 18:5 y al manejo que Ezequiel hace de ese texto en Ezequiel 20, en esencia, Moisés insta sistemáticamente a Israel: "Haz esto y vivirás" (p. ej.: Dt. 4:1; 5:33; 8:1; 11:8-9; 16:20; 22:7; 30:19; 31:13; cp. Ro. 7:10). El único lugar en Deuteronomio donde Moisés habla de un modo distinto es cuando predice la era del nuevo pacto: "El Señor circuncidará vuestro corazón […] para que améis al Señor vuestro Dios con todo vuestro corazón y con toda vuestra alma *por el bien de vuestra vida*" (Dt. 30:6, traducción de DeRouchie). Dios está cumpliendo ese texto en la era de la iglesia (Ro. 2:29) y solo en esta era Dios obrará en su pueblo "por el bien de su vida", asegurando así lo que ellos solos no podrían.

El uso teológico que Pablo hace de Levítico 18:5 en Gálatas 3:12

Cuando Pablo cita Levítico 18:5 en Gálatas 3:12, está identificando cómo el pacto de la ley mosaica acarreó la muerte a todos y que, por tanto, "la ley no es de fe". Lo que caracterizaba a la ley mosaica eran "las obras de la ley", no el creer. El llamado "haz y vivirás" establece el contexto para la obediencia completa de Cristo durante toda su vida, incluso hasta la muerte (Ro. 5:18-19; Fil. 2:8). Sin embargo, ese mismo llamamiento debería haber empujado al pueblo pecador a apartarse de las obras como medio para la justicia y la vida (ver Lv. 18:5; Dt. 6:25; 16:20), y a empezar a acudir a Dios para ajustar cuentas con Él y recibir el poder de obedecer, cosas que Él prometió proporcionar mediante la expiación sustitutiva (ver Ro. 9:30-31). El pacto mosaico conllevaba un ministerio de muerte y de condenación (2 Co. 3:7, 9). Se caracterizó por un pueblo de corazón duro e infiel que perseguía la justicia sin fe. Todos los que están en Cristo deben apartarse de las "obras de la ley" y acudir a la fe en Cristo, porque "es evidente" que "por la ley ninguno se justifica para con Dios" (Gá. 3:11; cp. 2:16).

En resumen

Con el fin de respaldar su afirmación en Gálatas 3:11, respecto a que "por la ley ninguno se justifica para con Dios", el apóstol afirma en 3:12 que "la ley no es de fe, sino que dice: El que hiciere estas cosas vivirá por ellas", citando Levítico 18:5. El argumento de Pablo es que la era del pacto mosaico (sustituida ahora por la era de la fe a causa de Cristo) se caracterizó totalmente por la carencia de fe entre la mayoría. Y fracasar en permanecer "en todas las cosas escritas en el libro de la ley, para hacerlas" resultó en "maldición" (Gá. 3:10). Por tanto, la historia de la salvación ha demostrado que la justificación solo se produce por la fe en Cristo, cuya obediencia perfecta culmina en el acontecimiento sustitutivo de la cruz, que aseguró vida y justificación para todos los que creen, "para que en Cristo Jesús la bendición de Abraham alcanzase a los gentiles" (3:13-14).[21]

Preguntas para la reflexión

1. ¿Cuál es la intención del argumento de Pablo en Gálatas 2–3, donde aparece su cita de Levítico 18:5?
2. Según el contexto de Levítico 18:5 en el AT, ¿qué quiere decir Pablo cuando señala en Gálatas 3:12 que "la ley no es de fe"?
3. ¿Qué es relevante en la visión de Ezequiel de los huesos secos (Ez. 37:1-14) tras su identificación en el capítulo 20 respecto a que la historia de Israel estaba marcada por la incapacidad de cumplir los estatutos y decretos, "por los cuales el hombre que los cumpliere vivirá" (20:11, 13, 21)?
4. ¿Qué justificación hermenéutica tiene Pablo para usar Levítico 18:5 en Gálatas 3:12 como lo hace?
5. ¿Cómo sintetizaría usted el uso teológico que Pablo hace de Levítico 18:5 en Gálatas 3:12?

---

21. Para más sobre esta cuestión, ver Jason S. DeRouchie, "The Use of Leviticus 18:5 in Galatians 3:12: A Redemptive-Historical Reassessment", *Them* 45, núm. 2 (2020): 240-259.

¿Qué relación guardan Génesis 1–3 y Apocalipsis 21–22 como principio y final de la Biblia?

Andrew David Naselli

El principio y el final de la Biblia son hermosos. Tantos temas que inician en Génesis 1–3 culminan en Apocalipsis 21–22. La figura 35.1 resalta los temas más explícitos en su orden de aparición en Apocalipsis 21–22.[1]

Tema	Génesis 1–3	Apocalipsis 21–22
El cielo y la tierra	"En el principio creó Dios los cielos y la tierra" (Gn. 1:1).	"Vi un cielo nuevo y una tierra nueva; porque el primer cielo y la primera tierra pasaron" (Ap. 21:1).
El mar	"Dijo también Dios: Júntense las aguas que están debajo de los cielos en un lugar, y descúbrase lo seco. Y fue así. Y llamó Dios a lo seco Tierra, y a la reunión de las aguas llamó Mares" (Gn. 1:9-10).	"Y el mar ya no existía más" (Ap. 21:1).
El templo de la ciudad huerto	"Y Jehová Dios plantó un huerto en Edén, al oriente; y puso allí al hombre que había formado" (Gn. 2:8).	"Y yo Juan vi la santa ciudad, la nueva Jerusalén, descender del cielo, de Dios, dispuesta como una esposa ataviada para su marido [...]. Y no vi en ella templo; porque el Señor Dios Todopoderoso es el templo de ella, y el Cordero" (Ap. 21:2, 22; ver 21:9-27).
La morada con Dios: exilio y éxodo	"Y oyeron la voz de Jehová Dios que se paseaba en el huerto, al aire del día; y el hombre y su mujer se escondieron de la presencia de Jehová Dios entre los árboles del huerto [...]. Y lo sacó Jehová del huerto de Edén, para que labrase la tierra de que fue tomado. Echó, pues, fuera al hombre" (Gn. 3:8, 23-24).	"He aquí el tabernáculo de Dios con los hombres, y él morará con ellos; y ellos serán su pueblo, y Dios mismo estará con ellos como su Dios" (Ap. 21:3).

---

1. Algunos temas como el *sabbat* o la serpiente culminan en el nuevo cielo y la nueva tierra, pero no son explícitos en Apocalipsis 21–22.

Tema	Génesis 1–3	Apocalipsis 21–22
El dolor y la muerte	"Multiplicaré en gran manera los dolores en tus preñeces; con dolor darás a luz los hijos […]. Maldita será la tierra por tu causa; con dolor comerás de ella todos los días de tu vida […] hasta que vuelvas a la tierra, porque de ella fuiste tomado; pues polvo eres, y al polvo volverás" (Gn. 3:16, 17, 19).	"Enjugará Dios toda lágrima de los ojos de ellos; y ya no habrá muerte, ni habrá más llanto, ni clamor, ni dolor; porque las primeras cosas pasaron […]. Las hojas del árbol eran para la sanidad de las naciones" (Ap. 21:4; 22:2).
La creación	"En el principio creó Dios […]" (Gn. 1:1).	"He aquí, yo hago nuevas todas las cosas" (Ap. 21:5).
El principio y el fin	"En el principio […] Dios […]" (Gn. 1:1).	"Yo soy el Alfa y la Omega, el principio y el fin […]. Yo soy el Alfa y la Omega, el principio y el fin, el primero y el último" (Ap. 21:6; 22:13).
La primera y la segunda muerte	"Y mandó Jehová Dios al hombre, diciendo: De todo árbol del huerto podrás comer; mas del árbol de la ciencia del bien y del mal no comerás; porque el día que de él comieres, ciertamente morirás […]. Con el sudor de tu rostro comerás el pan hasta que vuelvas a la tierra, porque de ella fuiste tomado; pues polvo eres, y al polvo volverás" (Gn. 2:16-17; 3:19).	"Pero los cobardes e incrédulos, los abominables y homicidas, los fornicarios y hechiceros, los idólatras y todos los mentirosos tendrán su parte en el lago que arde con fuego y azufre, que es la muerte segunda" (Ap. 21:8).
El matrimonio	"No es bueno que el hombre esté solo; le haré ayuda idónea para él […]. Por tanto, dejará el hombre a su padre y a su madre, y se unirá a su mujer, y serán una sola carne" (Gn. 2:18, 24).	"Ven acá, yo te mostraré la desposada, la esposa del Cordero" (Ap. 21:9).
El sacrificio	"Y Jehová Dios hizo al hombre y a su mujer túnicas de pieles, y los vistió" (Gn. 3:21).	"el Cordero" (Ap. 21:9, 14, 22, 23, 27; 22:1, 3).

Tema	Génesis 1–3	Apocalipsis 21–22
La luz	"Las tinieblas estaban sobre la faz del abismo […]. Y dijo Dios: Sea la luz; y fue la luz. Y vio Dios que la luz era buena; y separó Dios la luz de las tinieblas. Y llamó Dios a la luz Día, y a las tinieblas llamó Noche […]. Dijo luego Dios: Haya lumbreras en la expansión de los cielos para separar el día de la noche […] y sean por lumbreras en la expansión de los cielos para alumbrar sobre la tierra. Y fue así. E hizo Dios las dos grandes lumbreras; la lumbrera mayor para que señorease en el día, y la lumbrera menor para que señorease en la noche; hizo también las estrellas. Y las puso Dios en la expansión de los cielos para alumbrar sobre la tierra, y para señorear en el día y en la noche, y para separar la luz de las tinieblas" (Gn. 1:2-5, 14-18).	"La ciudad no tiene necesidad de sol ni de luna que brillen en ella; porque la gloria de Dios la ilumina, y el Cordero es su lumbrera […]. No habrá noche […]. No habrá allí más noche; y no tienen necesidad de luz de lámpara, ni de luz del sol, porque Dios el Señor los iluminará" (Ap. 21:23, 25; 22:5).
El acceso al templo de la ciudad huerto	"Echó, pues, fuera al hombre, y puso al oriente del huerto de Edén querubines, y una espada encendida que se revolvía por todos lados, para guardar el camino del árbol de la vida" (Gn. 3:24).	"Sus puertas nunca serán cerradas de día, pues allí no habrá noche […]. Bienaventurados los que lavan sus ropas, para tener derecho al árbol de la vida, y para entrar por las puertas en la ciudad. Mas los perros estarán fuera, y los hechiceros, los fornicarios, los homicidas, los idólatras, y todo aquel que ama y hace mentira" (Ap. 21:25; 22:14-15).
Los pecadores en el templo de la ciudad huerto	"Y vio la mujer que el árbol era bueno para comer, y que era agradable a los ojos, y árbol codiciable para alcanzar la sabiduría; y tomó de su fruto, y comió; y dio también a su marido, el cual comió así como ella" (Gn. 3:6).	"No entrará en ella ninguna cosa inmunda, o que hace abominación y mentira, sino solamente los que están inscritos en el libro de la vida del Cordero" (Ap. 21:27).
El río	"Y salía de Edén un río para regar el huerto, y de allí se repartía en cuatro brazos" (Gn. 2:10).	"Al que tuviere sed, yo le daré gratuitamente de la fuente del agua de la vida" (Ap. 21:6). "Después me mostró un río limpio de agua de vida, resplandeciente como cristal, que salía del trono de Dios y del Cordero. En medio de la calle de la ciudad" (Ap. 22:1-2).

Tema	Génesis 1–3	Apocalipsis 21–22
El fructífero árbol de la vida	"Después dijo Dios: Produzca la tierra hierba verde, hierba que dé semilla; árbol de fruto que dé fruto según su género, que su semilla esté en él, sobre la tierra. Y fue así. Produjo, pues, la tierra hierba verde, hierba que da semilla según su naturaleza, y árbol que da fruto, cuya semilla está en él, según su género […]. Y dijo Dios: He aquí que os he dado toda planta que da semilla, que está sobre toda la tierra, y todo árbol en que hay fruto y que da semilla; os serán para comer […]. Y Jehová Dios hizo nacer de la tierra todo árbol delicioso a la vista, y bueno para comer; también el árbol de vida en medio del huerto, y el árbol de la ciencia del bien y del mal" (Gn. 1:11-12, 29; 2:9).	"Y a uno y otro lado del río, estaba el árbol de la vida, que produce doce frutos, dando cada mes su fruto" (Ap. 22:2).
La maldición	"Y Jehová Dios dijo a la serpiente: Por cuanto esto hiciste, maldita serás entre todas las bestias y entre todos los animales del campo […]. A la mujer dijo: Multiplicaré en gran manera los dolores en tus preñeces; con dolor darás a luz los hijos; y tu deseo será para tu marido, y él se enseñoreará de ti. Y al hombre dijo: Por cuanto obedeciste a la voz de tu mujer, y comiste del árbol de que te mandé diciendo: No comerás de él; maldita será la tierra por tu causa; con dolor comerás de ella todos los días de tu vida. Espinos y cardos te producirá, y comerás plantas del campo. Con el sudor de tu rostro comerás el pan hasta que vuelvas a la tierra, porque de ella fuiste tomado; pues polvo eres, y al polvo volverás" (Gn. 3:14-19).	"Y no habrá más maldición" (Ap. 22:3).

Tema	Génesis 1–3	Apocalipsis 21–22
La presencia de Dios	"Y oyeron la voz de Jehová Dios que se paseaba en el huerto, al aire del día; y el hombre y su mujer se escondieron de la presencia de Jehová Dios entre los árboles del huerto […]. Y lo sacó Jehová del huerto de Edén, para que labrase la tierra de que fue tomado. Echó, pues, fuera al hombre, y puso al oriente del huerto de Edén querubines, y una espada encendida que se revolvía por todos lados, para guardar el camino del árbol de la vida" (Gn. 3:8, 23-24).	"Y el trono de Dios y del Cordero estará en ella" (Ap. 22:3).
El trabajo	"Señoree en los peces del mar, en las aves de los cielos, en las bestias, en toda la tierra, y en todo animal que se arrastra sobre la tierra […]. Llenad la tierra, y sojuzgadla, y señoread en los peces del mar, en las aves de los cielos, y en todas las bestias que se mueven sobre la tierra […]. Ni había hombre para que labrase la tierra […]. Tomó, pues, Jehová Dios al hombre, y lo puso en el huerto de Edén, para que lo labrara y lo guardase" (Gn. 1:26, 28; 2:5, 15).	"Y sus siervos le servirán" (Ap. 22:3).
La vergüenza	"Y estaban ambos desnudos, Adán y su mujer, y no se avergonzaban […]. Y [Adán] respondió: Oí tu voz en el huerto, y tuve miedo, porque estaba desnudo; y me escondí" (Gn. 2:25; 3:10).	"Y verán su rostro, y su nombre estará en sus frentes" (Ap. 22:4).
Los virreyes	"Entonces dijo Dios: Hagamos al hombre a nuestra imagen, conforme a nuestra semejanza; y señoree en los peces del mar, en las aves de los cielos, en las bestias, en toda la tierra, y en todo animal que se arrastra sobre la tierra […]. Y les dijo: Fructificad y multiplicaos; llenad la tierra, y sojuzgadla, y señoread en los peces del mar, en las aves de los cielos, y en todas las bestias que se mueven sobre la tierra" (Gn. 1:26, 28).	"Y reinarán por los siglos de los siglos" (Ap. 22:5).

Tema	Génesis 1–3	Apocalipsis 21–22
El vestido	"Y estaban ambos desnudos, Adán y su mujer, y no se avergonzaban […]. Y [Adán] respondió: Oí tu voz en el huerto, y tuve miedo, porque estaba desnudo; y me escondí. Y Dios le dijo: ¿Quién te enseñó que estabas desnudo? […]. Y Jehová Dios hizo al hombre y a su mujer túnicas de pieles, y los vistió" (Gn. 2:25; 3:10-11, 21).	"Bienaventurados los que lavan sus ropas, para tener derecho al árbol de la vida, y para entrar por las puertas en la ciudad" (Ap. 22:14-15).
El oro	"El nombre del [río] era Pisón; este es el que rodea toda la tierra de Havila, donde hay oro; y el oro de aquella tierra es bueno" (Gn. 2:11–12a).	"La ciudad era de oro puro, semejante al vidrio limpio […]. Y la calle de la ciudad era de oro puro, transparente como vidrio" (Ap. 21:18, 21).
Las joyas	"Hay allí también bedelio y ónice" (Gn. 2:12b).	"Y [uno de los siete ángeles] me mostró la gran ciudad santa de Jerusalén, que descendía del cielo, de Dios, teniendo la gloria de Dios. Y su fulgor era semejante al de una piedra preciosísima, como piedra de jaspe, diáfana como el cristal […]. El material de su muro era de jaspe; pero la ciudad era de oro puro, semejante al vidrio limpio; y los cimientos del muro de la ciudad estaban adornados con toda piedra preciosa. El primer cimiento era jaspe; el segundo, zafiro; el tercero, ágata; el cuarto, esmeralda; el quinto, ónice; el sexto, cornalina; el séptimo, crisólito; el octavo, berilo; el noveno, topacio; el décimo, crisopraso; el undécimo, jacinto; el duodécimo, amatista. Las doce puertas eran doce perlas; cada una de las puertas era una perla. Y la calle de la ciudad era de oro puro, transparente como vidrio" (Ap. 21:10-11, 18-21).

Fig. 35:1. Temas en Génesis 1–3 que culminan en Apocalipsis 21–22

Al principio de Génesis, el pecado y la muerte entraron al mundo, y Dios expulsó a los seres humanos de su presencia. Al final de Apocalipsis, Dios elimina el pecado y destruye la muerte, y vive entre su pueblo en el Lugar Santísimo mismo. Los temas que empiezan como pequeños brotes de semillas en Génesis 1–3 crecen hasta convertirse en manzanos maduros. Estos temas culminan en Cristo, cuando Él regrese y haga nuevas todas las cosas.

D. A. Carson identifica doce temas fundamentales en Génesis 1–3 relevantes para la teología bíblica:[2]

1. "Dios es primero". Génesis 1–3 presupone a Dios como el primero tanto en secuencia como en estatus.

2. "Dios habla; es un Dios que habla". Su primera acción en la Biblia es crear el universo por su palabra.

3. "Antigua creación, nueva creación". Cuando la Biblia alude más tarde a los nuevos cielos y la nueva tierra, una renovada creación y un nuevo o segundo Adán, presupone un *primer* cielo y tierra, así como un *primer* Adán.

4. "Dios lo hace todo y Él mismo no fue creado". Esto descarta el panteísmo, el panenteísmo, el dualismo gnóstico, el deísmo, el materialismo filosófico y el dualismo ontológico.

5. "Todo lo que Dios hace es bueno". Por tanto, "no había nada que esconder" y "la fuente del mal moral no es Dios, sino que estalla de la rebelión en contra de Él".

6. "La creación establece la responsabilidad de los seres humanos ante Dios". El hombre no tiene excusa, porque Dios se ha revelado en la creación.

7. "Hagamos…". A la luz del resto de la Biblia, esto sugiere que el único Dios es una pluralidad de personas: un Dios trino.

8. "La imagen de Dios". Dios gobierna y encarga a los portadores de su imagen que gobiernen.

9. Cinco "atributos y funciones divinas" adicionales: (1) "Dios reina; es rey". (2) "Dios es el Juez supremo". (3) "Las maldiciones y los castigos pronunciados por Dios y descritos en Génesis 3 anticipan una Biblia caracterizada por muchos juicios, precisamente porque es una Biblia que informa de muchos pecados". (4) "Génesis 1–3 preserva señales de gracia". (5) La interacción entre el buen Dios soberano y sus criaturas, brevemente iluminada por la narrativa en Génesis 1–3, se lleva a cabo en el resto de la Biblia".

10. "La serpiente". Apocalipsis 12 identifica de manera específica a la antigua serpiente de Génesis 3 como Satanás, el diablo, el acusador de los hermanos, el dragón.

---

2. D. A. Carson, "Genesis 1–3: Not Maximalist, but Seminal", *TJ* 39, núm. 2 (2018): 143-163.

11. "¿Sacrificio?". Cuando Dios hace vestiduras de pieles para Adán y Eva (Gn. 3:21), parece presagiar los sacrificios animales bajo el pacto mosaico y el sacrificio supremo en la cruz, que faculta el nuevo pacto.

12. "Principales estructuras de la historia de la redención". Génesis 1–3 es fundamental para temas importantes como el *sabbat*, el templo y la simiente.

En resumen

Apocalipsis 21–22 es el brillante final de Génesis 1–3. Más de veinte temas iniciados en Génesis 1–3 culminan en Apocalipsis 21–22, cuando el Alfa y Omega hace nuevas todas las cosas.

Preguntas para la reflexión

1. En sus propias palabras, ¿cómo proporciona Apocalipsis 21–22 el final de Génesis 1–3?

2. ¿Piensa usted que haya otros temas al final de la Biblia que no se muestren en la figura 35.1?

3. ¿Cómo rastrearía usted el tema del matrimonio desde Génesis a Apocalipsis?

4. Escoja otro tema de la figura 35.1. ¿Cómo encuentra su clímax en Cristo y después culmina en Él cuando hace nuevas todas las cosas?

5. Cuando medita en cómo se relacionan el principio y el final de la Biblia, ¿cómo se siente respecto al autor divino que diseñó la historia?

QUINTA PARTE

Aplicación de la teología bíblica

¿Cómo nos ayuda la teología bíblica a enseñar y a predicar el Antiguo Testamento?

Jason S. DeRouchie

"Predica la palabra" (2 Ti. 4:2, NVI)! Este es el encargo que Pablo le hace a Timoteo inmediatamente después de que el apóstol afirma que las sagradas Escrituras judías con las que Timoteo fue criado (es decir, lo que ahora llamamos el Antiguo Testamento) "pueden hacer sabio para la salvación por la fe que es en Cristo Jesús" y que "toda la Escritura es inspirada por Dios, y útil para enseñar, para redargüir, para corregir, para instruir en justicia" (2 Ti. 3:15-16; cp. 1:5; Hch. 16:1). La teología bíblica capacita a los cristianos al menos de ocho maneras para entender y anunciar el AT con mayor fidelidad.

1. La teología bíblica nos ayuda a declarar todo el consejo de Dios por el cual desarrollamos una cosmovisión cristiana

La teología bíblica nos ayuda a ver cómo y en qué contribuye un libro o un pasaje del AT a todo el consejo de Dios. Este es un paso necesario en nuestra enseñanza y predicación si queremos guardarnos de la ira de Dios y ayudar a nuestra congregación a conocer su lugar en la historia de Dios. Antes de que Timoteo supervisara la iglesia de Éfeso, Pablo les había dicho a los ancianos que no sería culpable delante del Señor si alguno de ellos apostataba. ¿Por qué? "Porque no he rehuido anunciaros todo el consejo de Dios" (Hch. 20:26-27; cp. Ez. 33:8). Él habría sido un pastor infiel si no hubiera proclamado los propósitos revelados de Dios desde la creación hasta la consumación que culmina en Cristo. Al declarar la historia de la gloria de Dios en Cristo, ayudó a que los efesios identificaran su parte en el problema del mundo y vieran que solo Jesús proporciona la solución.

La teología bíblica se preocupa de la forma en que toda la Biblia progresa, se integra y culmina en Cristo. Él es el principio y el final de los propósitos de Dios (Col. 1:16), de modo que la teología bíblica se preocupa de captar "todo el consejo de Dios". El AT no es independiente, sino que es el fundamento del NT. La epopeya del AT acaba de tal manera que exige una continuación… y la secuela es el NT. Cristo lleva a cabo lo que el AT anticipa; cumple lo que el AT promete.[1] Ya que solo el evangelio "es poder de Dios para salvación" (Ro. 1:16; cp. 1 Co. 1:18), los maestros y predicadores cristianos deberían sumirse en la teología bíblica y ayudar a las personas a reconocer cómo un pasaje en particular añade o embellece la trama dominante de la Biblia y cómo les ayuda a ver y a saborear todo lo que Dios es para ellos en Cristo.[2] Una rica descripción del poder salvador de Cristo y de su hermosura plenamente satisfactoria fortalece a la audiencia con una gran visión de la supremacía de Dios, y les ayuda a detectar su profunda necesidad.

Adam ofrece las preguntas siguientes para ayudar a que los expositores interpreten todo texto bíblico a la luz de su estructura teológica-bíblica más amplia:[3]

- ¿Cómo encaja este texto en la revelación progresiva que Dios proporciona en la Biblia?
- ¿Está relacionado con alguno de los temas bíblicos principales?
- ¿Su tema es uno de los que contienen un desarrollo relevante entre el AT y el NT?
- ¿Qué relación guarda con el evangelio?
- ¿Cómo forma el evangelio un contexto para este texto?
- ¿Cómo se relaciona con la revelación de Jesucristo, con la promesa o con el cumplimiento?
- ¿Se usa o se interpreta en algún otro lugar de la Biblia?
- ¿En qué categoría teológica principal sucede; p. ej.: la promesa, la ley, la profecía, la sabiduría, la instrucción, la bendición, la maldición, el pueblo de Dios, el evangelio?

---

1. Como señala Goldsworthy, "El Antiguo Testamento acaba con esperanza, pero sin sustancia real respecto a los cumplimientos". Graeme Goldsworthy, "Biblical Theology and Hermeneutics", *SBJT* 10, núm. 2 (verano de 2006): 13. Schreiner añade: "Debemos reconocer el progreso de la revelación del AT al NT. Este progreso de la revelación reconoce la naturaleza preliminar del AT y la palabra definitiva que aparece en el NT". Thomas R. Schreiner, "Preaching and Biblical Theology", *SBJT* 10, núm. 2 (verano de 2006): 23.
2. En palabras de Schreiner, "Todo el variado material tanto del Antiguo como del Nuevo Testamento puede, de alguna manera, relacionarse con el plan y el propósito del Dios de toda la Biblia […]. [Los predicadores] deben predicar de tal manera que integren sus sermones en la historia bíblica más amplia de la historia de la redención". Schreiner, "Preaching and Biblical Theology", 23, 25; cp. James M. Hamilton Jr., "Biblical Theology and Preaching", en *Text Driven Preaching: God's Word at the Heart of Every Sermon,* eds. Daniel L. Akin, David L. Allen y Ned L. Mathews (Nashville: B&H, 2010), 197.
3. P. J. H. Adam, "Biblical Theology and Preaching", *New Dictionary of Biblical Theology,* eds. T. Desmond Alexander y Brian S. Rosner (Downers Grove, IL: InterVarsity Press, 2000), 108.

2. La teología bíblica nos ayuda a considerar el contexto canónico

La teología bíblica nos ayuda a interpretar los textos del AT a la luz de sus contextos canónicos planeados por Dios.[4] Existen ciertos rasgos de disposición canónica que deben tenerse en cuanta al interpretar las Escrituras.[5] Por ejemplo, el AT incluye los tres cuartos iniciales del relato de la historia de la salvación de la Biblia desvelada progresivamente en una serie de libros, y debemos entender a las diversas personas, acontecimientos e instituciones resaltadas dentro de la historia a la luz de su culminación en Cristo.[6]

Por tanto, una serie de sermones sobre Jueces, por ejemplo, debería (1) explicar el relato de la conquista en Josué y las instrucciones y advertencias de Moisés en Deuteronomio y (2) mostrar cómo establece la historia el escenario para la profecía de Ana (1 S. 2:10), el ascenso de David y la llegada del rey supremo, Jesús el Mesías, dado que "no había rey en Israel; cada uno hacía lo que bien le parecía" (Jue. 17:6; 21:25).

Además, como autor supremo de las Escrituras, Dios usó textos bíblicos anteriores para conformar el vocabulario y la cosmovisión de los autores bíblicos. De modo que, ya que la ley de Moisés influye considerablemente al resto del AT y ya que los profetas de Jehová estaban "escudriñando" sus Escrituras e "inquirieron" sobre la "persona" y el "tiempo" del Mesías (1 P. 1:10-11), debemos leer un libro como Sofonías a la luz de cualquier Escritura escrita con anterioridad a la que podría haber accedido, ya sea Génesis, Deuteronomio o Isaías. De manera similar, debemos leer Deuteronomio a la luz de Génesis–Números, asumidos en todos los sermones finales de Moisés.

Por último, la manera en que un autor bíblico posterior apropia un pasaje anterior de las Escrituras explica de una forma más plena lo que significa ese pasaje anterior ampliando su significado e incluso definiendo nuevos referentes.[7] Por ejemplo, la teología bíblica nos permite ver que el relato que Dios hace del diluvio y de los juicios de las aguas del Mar Rojo aclara y presagia, de un modo intencional, el bautismo en el nuevo pacto (1 Co. 10:2; 1 P. 3:20-21).[8]

---

4. Ver también Schreiner, "Preaching and Biblical Theology", 24-25; Hamilton, "Biblical Theology and Preaching", 198.

5. Ver Pregunta 16.

6. Para más sobre esto, ver D. A. Carson, "How Does a Thorough Knowledge of Biblical Theology Strengthen Preaching?", *SBJT* 10, núm. 2 (verano de 2006): 89-90.

7. Hamilton observa con razón: "La Biblia está enlazada con [...] intertextualidad. Los autores bíblicos aprendieron patrones clave de los textos anteriores, observaron repeticiones de estos patrones y resaltaron la repetición de tales patrones en sus relatos". Hamilton, "Biblical Theology and Preaching", 207.

8. Ver Meredith G. Kline, *By Oath Consigned: A Reinterpretation of the Covenant Signs of Circumcision and Baptism* (Grand Rapids: Eerdmans, 1968), 50-83.

De la misma manera, Oseas, Isaías y Jeremías predicen un segundo "éxodo" (Os. 11:1, 11; Is. 11:11, 15-16; Jer. 16:14-15; 23:7-8), y Jesús se refiere a su cruci-fixión como un éxodo (Lc. 9:31). Mediante estas conexiones, Dios completa su significado planeado del relato original del éxodo. Si predicamos Éxodo 14–15 sin considerar la forma en que la teología bíblica explica el texto, nos perdemos de parte de lo que Dios quería comunicar.

3. La teología bíblica nos ayuda a ver el misterio revelado

La teología bíblica nos ayuda a descubrir el significado de los elementos enigmáticos del AT y aclara cómo se escribió esta parte de la Biblia para nuestra enseñanza. Los autores bíblicos estaban convencidos de que los documentos del AT eran como rollos sellados para la mayoría rebelde que no tenía ojos para leer ni oídos para oír (p. ej.: Is. 29:10-11; cp. Dt. 29:4[3]).[9] Aunque los profetas mismos entendían gran parte de lo que estaban escribiendo (p. ej.: Dn. 10:1; Jn. 8:56; Hch. 2:30-31; He. 11:13; cp. Mt. 13:17; Lc. 10:24), incluso para ellos había secretos que solo la obra del nuevo pacto de Cristo (su muerte y su resurrección) revelaría (p. ej.: Jer. 30:24; Dn. 12:8-10; cp. Jn. 2:20-22; 12:13-16). Así, Pablo pudo describir el evangelio asociado con Cristo como "la revelación del misterio que se ha mantenido oculto desde tiempos eternos, pero que ha sido manifestado ahora, y que por las Escrituras de los profetas, según el mandamiento del Dios eterno, se ha dado a conocer a todas las gentes" (Ro. 16:25-26; cp. Is. 29:18).

Junto con la luz iluminadora que el Espíritu de Dios proporciona para ver las verdades del reino (1 Co. 2:14; cp. Jn. 3:3), la muerte y la resurrección de Cristo proporcionan la lente necesaria para interpretar los materiales del antiguo pacto (2 Co. 3:14). Esto significa que la teología bíblica es importante para ayudar a las personas a comprender de un modo más pleno lo que Dios buscaba comunicar sobre Jesús, en la Biblia. Ya que algunos elementos del AT no podrían entenderse ni fueron entendidos hasta la era de la iglesia (ver Dt. 30:8; Is. 29:18; Jer. 30:24; Dn. 12:8-10), la teología bíblica nos ayuda a enten-der mejor que "las cosas que se escribieron antes, para nuestra enseñanza se escribieron" (Ro. 15:4; cp. 4:23-24; 1 Co. 10:11). En palabras de Pedro, "Los profetas que profetizaron de la gracia destinada a vosotros, inquirieron y dili-gentemente indagaron acerca de esta salvación, escudriñando qué persona y qué tiempo indicaba el Espíritu de Cristo que estaba en ellos, el cual anunciaba de antemano los sufrimientos de Cristo, y las glorias que vendrían tras ellos. *A estos se les reveló que no para sí mismos, sino para nosotros administraban las cosas que ahora os son anunciadas*" (1 P. 1:10-12).

---

9. Ver Pregunta 21.

4. La teología bíblica nos ayuda a identificar los tipos

La teología bíblica también nos ayuda a identificar cómo ciertos personajes, acontecimientos e instituciones del AT apuntan de manera predictiva a la persona y a la obra de Cristo y las aclaran. El cambio creciente del tipo al antitipo, de la sombra a la sustancia, desvela progresivamente todo el consejo de Dios.[10] Así, Adán, como cabeza y primer ser humano de la creación original, es un "tipo" de Jesucristo, la cabeza del nuevo pacto y el primer miembro de la nueva creación (Ro. 5:14; cp. 1 Co. 15:20, 23). Y, mientras que Adán falló y acarreó la muerte para todos, Jesús tuvo éxito y, de esta forma, provee vida a muchos (Ro. 5:18-19; 1 Co. 15:22, 45). Así también, el bautismo del nuevo pacto "corresponde" con el juicio del diluvio (1 P. 3:20-21), y los diversos relatos en los que el Señor castiga a Israel en el desierto sirven de "ejemplo" y fueron escritos "para amonestarnos" (1 Co. 10:11; cp. 10:6). Finalmente, la legislación del AT "en comida o en bebida, o en cuanto a días de fiesta, luna nueva o días de reposo" es toda una "sombra de lo que ha de venir; pero el cuerpo es de Cristo" (Col. 2:16-17).

La teología bíblica nos ayuda a reconocer de un modo más completo cómo ciertas figuras, circunstancias u objetos del AT culminan en la persona y la obra de Cristo, y cómo su vida y su pasión se inspiran en el patrón diseñado por Dios y lo completan. Si intentamos interpretar el AT sin tener en cuenta lo que Dios reveló más tarde, es posible que nunca reconozcamos la función de un pasaje específico en la historia de la redención.

5. La teología bíblica nos ayuda a celebrar al Mesías y su misión

La teología bíblica nos ayuda a apreciar cómo contribuye un libro o un pasaje bíblico al mensaje del AT respecto al Mesías y a la misión que realizaría. Aunque Jesús estaba convencido de que muchos textos de su Biblia daban testimonio directo de Él (p. ej.: Lc. 24:27, 44; Jn. 5:39, 46; Ro. 1:1-3), también afirmó que *todas* las Escrituras hebreas, y no solo parte de ellas, describen un mensaje unificado que predijo, presagió y previó su tribulación y su triunfo como Mesías, así como la misión que su resurrección generaría: "Entonces les abrió el entendimiento, para que comprendiesen las Escrituras; y les dijo: Así está escrito, y así fue necesario que el Cristo padeciese, y resucitase de los muertos al tercer día; y que se predicase en su nombre el arrepentimiento y el perdón de pecados en todas las naciones, comenzando desde Jerusalén" (Lc. 24:45-47; cp. Hch. 26:22-23; 1 P. 1:10-11).[11]

---

10. Ver Pregunta 8.
11. Ver Carson, "Biblical Theology Strengthens Preaching?", 90-91.

Si Jesús asevera que numerosos textos trataban de Él y que todas las Escrituras juntas dan testimonio de su vida y su obra, el predicador del AT debe usar la teología bíblica para aclarar cómo y de qué formas magnifica el pasaje específico la majestad del Mesías y sus obras.[12] Esto es tanto más cierto cuando recordamos que *todas* las cosas, incluido el AT, fueron creadas *por* el Hijo y *para* el Hijo (Col. 1:16). La teología bíblica nos ayuda a darle a Cristo la adoración debida cuando predicamos el AT.[13]

Pablo predicó el AT y pudo afirmar: "Predicamos a Cristo crucificado" (1 Co. 1:23) y, de nuevo: "Me propuse no saber entre vosotros cosa alguna sino a Jesucristo, y a este crucificado" (2:2). Ya que todos los pastores del nuevo pacto se fundamentan en Jesús y sus apóstoles (Ef. 2:19-20; cp. Hch. 2:42), haríamos bien en seguir el patrón paulino de testificar "el reino de Dios desde la mañana hasta la tarde, persuadiéndoles acerca de Jesús, tanto por la ley de Moisés como por los profetas" (Hch. 28:23).[14]

6. La teología bíblica nos ayuda a aplicar las leyes

La teología bíblica ayuda a los creyentes del nuevo pacto a conocer cómo apropiar con fidelidad las leyes del AT. *Nada* de la legislación del antiguo pacto obliga *directamente* al creyente del nuevo pacto, pero a través de la mediación de Cristo, *todas* las leyes mosaicas deben guiarnos *indirectamente*.[15] La era del pacto de la ley no se caracterizó por la fe (Gá. 3:12). Sin embargo, al desvelar y multiplicar el pecado y al condenar y encarcelar a los pecadores (Ro. 3:20; 5:20; 2 Co. 3:9; Gá. 3:23), esta señalaba la necesidad de Jesús, quien es a la vez el final y el objetivo de la ley para justicia a todo el que cree (Ro. 10:4).[16] Con la venida de Jesús, los cristianos siguen siendo llamados a hacer y a enseñar los mandamientos de Moisés, pero solo a la luz de que Cristo los cumplió (Mt. 5:17-19; cp. Dt. 30:8). "Toda la Escritura es [...] útil para enseñar, para redargüir, para corregir, para instruir en justicia" (2 Ti. 3:16), y la ley mosaica

---

12. Goldsworthy observa con razón: "Predicar el Antiguo Testamento debería abordarse de manera que muestre cómo testifica toda la Biblia de Cristo". Goldsworthy, "Biblical Theology and Hermeneutics", 17, cp. 10.

13. Ver Pregunta 4.

14. Como declara Schreiner, "Si creemos [...] que los apóstoles fueron lectores inspirados y sabios del AT, entonces tenemos un patrón para leer todo el AT a la luz del cumplimiento llevado a cabo en Jesucristo. La trama y las estructuras veterotestamentarias apuntan hacia Él y se completan en Él". Schreiner, "Preaching and Biblical Theology", 27. Para más sobre ver y saborear a Cristo con mayor fidelidad en el AT, ver toda la edición de *SBJT* 22, núm. 3 (otoño de 2018), titulado *Predicar a Cristo desde el Antiguo Testamento*, así como la bibliografía en Jason S. DeRouchie, *How to Understand and Apply the Old Testament: Twelve Steps from Exegesis to Theology* (Phillipsburg, NJ: (P&R, 2017), 493-495.

15. Ver Pregunta 25.

16. Ver Pregunta 34.

es importante para los cristianos porque ejemplifica la amplitud y la profundidad del amor y señala a la ley internalizada de Cristo (1 Co. 9:20-21). Los que son verdaderos "judíos" y nuevas criaturas, con corazones transformados por el Espíritu (Ro. 2:29; 2 Co. 5:17; Gá. 6:15) ahora "hacen", guardan y cumplen los mandamientos de Dios definidos a través de la lente de Cristo y con una fe que obra por medio del amor (Ro. 2:14-15, 26; 13:8-10; 1 Co. 7:19; Gá. 5:6).

La teología bíblica capacita a los cristianos para entender la relevancia actual de leyes mosaicas específicas e invita a los expositores a predicar sobre todas las Escrituras, AT incluido, como Dios lo planeó para servir a los creyentes de esta época. Enseñar y predicar la ley del AT sin la lente de Cristo (es decir, sin usar la teología bíblica), da por sentado que todos los mandamientos del antiguo pacto continúan sin cambio de este lado de la cruz, aunque algunas leyes son transformadas, extendidas o anuladas. Además, no usar la teología bíblica al interpretar la ley mosaica podría conducir al moralismo o al legalismo, que no celebra ni la obra justificadora de Jesús ni su obra santificadora a nuestro favor.[17]

7. La teología bíblica nos ayuda a apropiar promesas

La teología bíblica ayuda a los creyentes del nuevo pacto a saber cómo apropiar con fidelidad las promesas del AT para la iglesia. Todas las promesas de Dios son "Sí" en Jesús (2 Co. 1:20), pero los cristianos solo pueden apropiarlas correctamente por medio de Él.[18] Por tanto, la teología bíblica es un medio para producir mayor esperanza, porque permite que quienes viven de este lado de la cruz se beneficien de todas las promesas en ambos Testamentos, mientras buscamos la santidad (7:1; 2 P. 1:4; 1 Jn. 3:3) y perseveramos en el sufrimiento (Sal. 119:50, 54; Ro. 5:3-5). Sin embargo, sin la teología bíblica, abusaríamos con demasiada facilidad de las promesas.

Por ejemplo, sin la teología bíblica, podríamos manejar mal las bendiciones del antiguo pacto, que estaba condicionado a la obediencia perfecta (p. ej.: Dt. 28:1-14). Podríamos relegar esas bendiciones tan solo al antiguo pacto o aplicarlas mal, con exageración, a los cristianos en esta época de "ya, pero todavía no". Todas las promesas que Dios dio directamente a su "hijo" colectivo (Israel, el siervo colectivo) se vuelven nuestras solo porque su "Hijo" representativo (Israel/Jesús, el siervo individual, Is. 44:1-3; 49:3, 6; Os. 14:4-8) las aseguró para todos los que estuvieran en Él. Y, aunque ya disfrutamos de toda bendición espiritual en Cristo, la herencia completa está aún por llegar (Ef. 1:3, 14; cp. 2 Co. 1:20-22). "Ahora bien, a Abraham fueron hechas

____

17. Ver también Schreiner, "Preaching and Biblical Theology", 27.
18. Ver Pregunta 37.

las promesas, y a su simiente […] la cual es Cristo […]. Y si vosotros sois de Cristo, ciertamente linaje de Abraham sois, y herederos según la promesa" (Gá. 3:16, 29). Predicar del modo apropiado muchas promesas del AT exige que usemos la teología bíblica.

8. La teología bíblica nos ayuda a entender cómo justifica Dios justamente

La teología bíblica nos ayuda a entender cómo justifica Dios justamente a los impíos, incluso en la era del AT. A lo largo del AT, un remanente de creyentes depositó su esperanza en Dios (p. ej.: Gn. 15:6; Sal. 32:1-2) y "a la fe murieron todos estos sin haber recibido lo prometido, sino mirándolo de lejos, y creyéndolo, y saludándolo" (He. 11:13). No obstante, si Jesús no hubiera venido, no habría existido remanente veterotestamentario alguno, porque el sacrificio de animales no puede, en última instancia, quitar los pecados (He. 10:4, 11). Además, no habría justicia que imputar (Is. 53:11; Ro. 5:18-19) con el resultado de que el acta de los decretos contra la humanidad pecadora, con sus exigencias legales, habría permanecido (Col. 2:14). Este era el punto de la visión nocturna de Zacarías, cuando Satanás ("el Adversario") acusó al sumo sacerdote Josué y hasta a Jehová de iniquidad (Zac. 3:1). Con todo, Dios argumentó que Josué y sus compañeros sacerdotes no eran sino "simbólicos" y apuntaban a un futuro sacerdote más importante, el Renuevo, por cuyo sacrificio el Señor quitaría "el pecado de la tierra en un día" (3:8-9; cp. 12:10; 13:1). Por ello, Pablo asevera más adelante: "Dios puso [a Cristo Jesús] como propiciación por medio de la fe en su sangre, para manifestar su justicia, a causa de haber pasado por alto, en su paciencia, los pecados pasados, con la mira de manifestar en este tiempo su justicia, a fin de que él sea el justo, y el que justifica al que es de la fe de Jesús" (Ro. 3:25-26). La teología bíblica nos permite comprender cómo los escritos sagrados del AT "te pueden hacer sabio para la salvación por la fe que es en Cristo Jesús" (2 Ti. 3:15).

En resumen

La teología bíblica nos ayuda a predicar fielmente el AT. Nos ayuda a proclamar todo el consejo de Dios, a apreciar el contexto canónico de un cierto pasaje y a conseguir la revelación necesaria para entender los misterios del AT y la forma en que Dios escribió la Biblia de Jesús para los cristianos. La teología bíblica nos ayuda a darle a Cristo la gloria que merece, identificando cómo los tipos del AT lo presagiaban y magnificando de forma adecuada cómo un pasaje específico contribuye al mensaje predominante de la obra y la misión del Mesías. Y la teología bíblica nos ayuda a apropiar con fidelidad las leyes y las promesas del AT y a determinar cómo puede Dios usar el AT para salvar a las personas de una forma eficaz por medio de la fe en Jesús.

Preguntas para la reflexión

1. Sin mirar, enumere ocho formas sugeridas en este capítulo respecto a la utilidad de la teología bíblica a la hora de enseñar y predicar el AT.

2. ¿Cuál de estas ocho formas le entusiasma más? ¿Por qué?

3. ¿Cuál de estas ocho formas es más nueva o convincente? ¿Por qué?

4. ¿Cómo podría haber impactado mejor la teología bíblica el último sermón que escuchó o el último pasaje sobre el que enseñó o predicó?

5. ¿Cuál es el siguiente pasaje que espera entender y cómo puede impactar la teología bíblica su estudio? ¿Cuál es el siguiente texto que planea explicar o anunciar, y de qué forma podría magnificar a Cristo y su misión durante su mensaje?

¿Cómo debería relacionarse el cristiano con las promesas del Antiguo Testamento?

Jason S. DeRouchie

El apóstol Pedro afirmó: "[Dios] nos ha dado preciosas y grandísimas promesas, para que por ellas llegaseis a ser participantes de la naturaleza divina, habiendo huido de la corrupción que hay en el mundo a causa de la concupiscencia" (2 P. 1:4; cp. Ro. 4:18-21; 15:13).[1] Las promesas divinas de bendición y maldición (2 P. 3:9, 14) juegan una función vital: ayudar a los creyentes a crecer en santificación (cp. 2 Co. 7:1; 1 Jn. 3:2-3) y a sufrir con esperanza (Sal. 119:50). Ahora bien, ¿qué promesas son para los cristianos? Pablo afirma en 2 Corintios 1:20: "*Todas* las promesas de Dios son en [Jesús] Sí", pero ¿se refiere solo a las del NT o también a las del AT?

Más adelante en la epístola, después de citar una lista de promesas del AT, (2 Co. 6:16-18), el apóstol insta a los creyentes corintios a buscar la santidad "puesto que tenemos tales promesas" (7:1). Esta es razón firme para creer que, en la intención de Pablo, "*todas* las promesas" alude a las promesas de Dios tanto en el Antiguo como en el Nuevo Testamento. Sin embargo, ¿cómo pueden los creyentes actuales apropiar con fidelidad las promesas del AT?

Como cristianos, necesitamos una estructura para beneficiarnos de las antiguas promesas divinas sin que esto produzca abusos. A continuación, encontrará cinco principios bíblicos que deberían dar forma a nuestro pensamiento y, después, unas propuestas de directrices bíblicas y teológicas para apropiar las promesas veterotestamentarias.

Cuatro principios fundamentales

Los cristianos solo se beneficien de las promesas del AT por medio de Cristo

Jehová le prometió a Abraham: "Tu descendencia poseerá las puertas de *sus* enemigos. *En tu simiente* serán benditas todas las naciones de la tierra, por cuanto obedeciste a mi voz" (Gn. 22:17-18). El "su" alude a un descendiente

---

1. Ver también Jason S. DeRouchie, "Is *Every* Promise 'Yes'? Old Testament Promises and the Christian", *Them* 42, núm. 1 (2017): 16-45.

masculino singular a quien la revelación posterior identifica como Cristo, mientras que "en tu simiente" destaca que, solo al identificarse con Él, los gentiles disfrutarían de la bendición de Dios. Este texto y Génesis 12:3 suplen el telón de fondo para Gálatas 3:

> Sabed, por tanto, que los que son de fe, estos son hijos de Abraham. Y la Escritura, previendo que Dios había de justificar por la fe a los gentiles, dio de antemano la buena nueva a Abraham, diciendo: *En ti serán benditas todas las naciones*. De modo que los de la fe son bendecidos con el creyente Abraham […]. Cristo nos redimió de la maldición de la ley, hecho por nosotros maldición […] para que *en Cristo Jesús* la bendición de Abraham alcanzase a los gentiles […]. Ahora bien, a Abraham fueron hechas las promesas, y a su simiente […] la cual es Cristo […]. Y si *vosotros sois de Cristo*, ciertamente linaje de Abraham sois, y herederos según la promesa (Gá. 3:7-9, 13-14, 16, 29).

Para Pablo, solo en Cristo se pueden heredar las bendiciones prometidas en el AT.[2] Esto es lo que Pablo quiere decir cuando declara que solo *en Cristo* todas las promesas son Sí (2 Co. 1:20).

Fig. 37.1. Las promesas del AT solo llegan a los creyentes por medio de Cristo

Todas las maldiciones del antiguo pacto se convierten en maldiciones del nuevo pacto

Como queda explícito en el pacto abrahámico (Gn. 12:3), la era del nuevo pacto incluye la promesa de Dios de maldecir a los enemigos. Así, inmediatamente después de que Moisés predice la época cuando Jehová "circuncidará […] tu corazón, y el corazón de tu descendencia, para que ames a Jehová tu Dios" (Dt. 30:6), el profeta pronuncia: "Y pondrá Jehová tu Dios todas estas maldiciones sobre tus enemigos, y sobre tus aborrecedores que te persiguieron" (30:7). Moisés creía que, en la era del nuevo pacto, la circuncisión del

---

2. Para una síntesis útil de la promesa, de la descendencia y de la herencia en Gálatas 3, ver David Starling, "The Yes to All God's Promises: Jesus, Israel and the Promises of God in Paul's Letters", *RTR* 71, núm. 3 (2012): 187-189.

corazón (cumplida en la iglesia: Ro. 2:28-29; Fil. 3:3), Dios tomaría las maldiciones de Deuteronomio (las maldiciones mismas que sirvieron de advertencias al Israel nacional del antiguo pacto) y las derramaría sobre los enemigos de su comunidad restaurada.

El NT describe estas maldiciones como advertencias contra la apostasía y contra todos los que se oponen a Dios y a su pueblo (ver Mt. 25:31-46; Lc. 6:20-26; 2 Ti. 2:12; He. 10:26-27; cp. Gn. 12:3; Dt. 30:7). En Hebreos 10:29-30, el autor cita el texto de la maldición del nuevo pacto en Deuteronomio 32:35 ("Mía es la venganza, yo daré el pago") y declara que Dios castigará a los apóstatas que, durante un tiempo, parecieron formar parte del nuevo pacto, pero que negaron a Dios (cp. 2 P. 2:1).

Los que están en Cristo no experimentarán la maldición de una forma punitiva, porque Cristo lleva sobre sí la maldición divina contra todos los creyentes: "Cristo nos redimió de la maldición de la ley, hecho por nosotros maldición" (Gá. 3:13; cp. Jn. 3:14-15; 2 Co. 5:17; 1 P. 2:24). "Pues mucho más, estando ya justificados en su sangre, por él seremos salvos de la ira" (Ro. 5:9). Aunque sigamos experimentando la disciplina paternal de Dios, ningún nivel de disciplina o de consecuencia terrenal cuestiona la seguridad eterna de cualquier creyente. En cambio, las maldiciones del nuevo pacto sirven de medio de gracia a los elegidos para generar en ellos el temor reverente de Dios, que conduce a una mayor santidad (cp. Lv. 26:18, 21, 23, 27; Ro. 2:4). Para quienes hagan caso a las advertencias del pacto, las maldiciones se convierten en palabras de esperanza, ya que los cristianos descansan confiados en que Dios hará justicia en esta era por medio del estado político (Ro. 13:4; cp. 1 Ts. 4:6) o de la muerte (Hch. 5:5, 10; 12:23) y, de forma definitiva, por medio de la segunda venida de Cristo (2 Ts. 1:8-9) y del juicio final (Mt. 25:31-32; Jn. 5:28-29; Hch. 24:15; 2 Co. 5:10; Ap. 20:12).

Como parte del nuevo pacto, los cristianos heredan las bendiciones originales y de restauración del antiguo pacto

En Levítico y Deuteronomio, existen promesas condicionales de bendición (Lv. 26:1-13; Dt. 28:1-14) y de maldición (Lv. 26:14-39; Dt. 28:15-68) que corresponden al antiguo pacto. La condición es una obediencia perfecta. También hay bendiciones de restauración (Lv. 26:40-45; Dt. 30:1-14) que apuntan, en parte, a la época de la era de la iglesia después de la maldición del exilio. Pablo declara: "Puesto que tenemos tales promesas, limpiémonos de toda contaminación de carne y de espíritu, perfeccionando la santidad en el temor de Dios" (2 Co. 7:1). Una de las promesas a las que el apóstol alude en 2 Corintios 6:16 combina una bendición original del antiguo pacto en Levítico 26:11-12 y una bendición de restauración de Ezequiel 37:27.

2 Corintios 6:16	Levítico 26:3, 11-12	Ezequiel 37:27
¿Y qué acuerdo hay entre el templo de Dios y los ídolos? Porque vosotros sois el templo del Dios viviente, como Dios dijo: **Habitaré y andaré entre ellos, y seré su Dios, y ellos serán mi pueblo.**	Si anduviereis en mis decretos y guardareis mis mandamientos, y los pusiereis por obra [...] **pondré mi morada en medio de** vosotros, y mi alma no os abominará; y **andaré entre** vosotros, y yo **seré** vuestro **Dios**, y vosotros **seréis mi pueblo.**	Estará **en medio de ellos** mi tabernáculo, **y seré a ellos por Dios, y ellos me serán por pueblo.**

El apóstol saca las frases "pondré mi morada en medio de" y "andaré entre" directamente de Levítico 26:11-12. "Y seré a ellos por Dios, y ellos me serán por pueblo" procede directamente de Ezequiel 37:27. Israel no obedeció por completo a las instrucciones de Dios y, por ello, el pacto mosaico resultó en maldición y condenación, no en bendición (2 Co. 3:9). No obstante, Pablo afirma que todos los que están en Cristo disfrutan de que Dios haya inaugurado su cumplimiento tanto de las bendiciones originales como de las de restauración.[3] Lo más probable es que el apóstol entienda que, cuando Cristo obedeció a la perfección a su Padre, Él satisfizo las exigencias de Dios de lealtad absoluta y, así, aseguró la bendición para los elegidos que Él representa (cp. Jn. 15:10; Ro. 5:18-19; 8:4; Fil. 2:8; He. 5:8).

Dos conclusiones derivan del modo en que Pablo aplica las promesas del AT en 2 Corintios 6:16: (1) Las bendiciones de restauración del antiguo pacto incluyen todas las bendiciones originales, pero en aumento y sin posibilidad de pérdida. La forma en que la promesa del nuevo pacto en Ezequiel confirma las bendiciones originales del antiguo pacto de Levítico 26 respalda esta afirmación. (2) Por medio de Cristo, las bendiciones originales del antiguo pacto *y* las bendiciones de restauración tienen efecto directo sobre los cristianos. Pablo parece inspirarse en ambos textos, lo que no solo sugiere su estrecho vínculo con el AT, sino también que, junto con las bendiciones de restauración del nuevo pacto, las bendiciones originales del antiguo pacto sí se relacionan con los creyentes.

---

3. Balla escribe: "Dado que todas estas referencias del AT [en 2 Co. 6:16-18] son profecías verbales directas o están ubicadas en un contexto profético verbal directo, Pablo considera que su cumplimiento ha sido inaugurado en la comunidad corintia. Por consiguiente, los corintios son el principio del tabernáculo o templo escatológico profetizado y forman parte del amanecer del cumplimiento de las profecías de restauración de Israel". Peter Balla, "2 Corinthians", en *Commentary on the New Testament Use of the Old Testament*, eds. G. K. Beale y D. A. Carson (Grand Rapids: Baker Academic, 2007), 773.

Por medio del Espíritu, algunas bendiciones de la herencia de los cristianos ya se disfrutan, mientras que otras todavía no

> Bendito sea el Dios y Padre de nuestro Señor Jesucristo, que nos bendijo con toda bendición espiritual en los lugares celestiales *en Cristo* […]. En él también vosotros, habiendo oído la palabra de verdad, el evangelio de vuestra salvación, y habiendo creído en él, fuisteis sellados con el Espíritu Santo de la promesa, que es las arras de nuestra herencia hasta la redención de la posesión adquirida, para alabanza de su gloria (Ef. 1:3, 13-14).

En Cristo los creyentes disfrutan de "toda bendición espiritual en los lugares celestiales". La mayoría de los eruditos creen que esta expresión alude a las bendiciones "que corresponden o que pertenecen al Espíritu"; es decir, todas las bendiciones que el Espíritu de Cristo asegura para los santos, las que *ya* se disfrutan, como la elección, la adopción en la filiación, la redención, el perdón y el sellado, o las que *todavía no* se han experimentado, como la herencia completa (Ef. 4:4-14).[4] Por tanto, aunque *todas* las promesas de Dios son Sí en Cristo (2 Co. 1:20), *ya* disfrutamos de algunas, mientras que otras quedan para el futuro (cp. 2 Co. 1:22; 1 P. 1:3-4).[5]

*Ver explicación en la Figura 2.4 de la página 39).

Fig. 37.2. El solapamiento de los siglos[6]

---

4. P. ej.: Andrew T. Lincoln, *Ephesians*, WBC 42 (Dallas: Word, 1990), 19; Gordon D. Fee, *God's Empowering Presence: The Holy Spirit in the Letters of Paul* (Peabody, MA: Hendrickson, 1994), 666-667; Klyne R. Snodgrass, *Ephesians*, NIV Application Commentary (Grand Rapids: Zondervan, 1996), 46; Peter T. O'Brien, *The Letter to the Ephesians*, PNTC (Grand Rapids: Eerdmans, 1999), 95. F. F. Bruce distingue las "bendiciones espirituales" de las "materiales", pero yo no considero que esto esté justificado a la luz de la referencia en 1:14 a nuestra herencia completa, que incluirá una creación material transformada. F. F. Bruce, *The Epistles to the Colossians, to Philemon and to the Ephesians*, NICNT (Grand Rapids: Eerdmans, 1995), 253.

5. Vemos la misma tensión del "ya, pero todavía no" cuando Pedro cita Salmos 34:12-16 (LXX 33:13-17) en 1 Pedro 3:9-12.

6. Esta imagen apareció por primera vez en Jason S. DeRouchie, ed., *What the Old Testament Authors Really Cared About: A Survey of Jesus' Bible* (Grand Rapids: Kregel, 2013), 39. Usada con permiso.

Para los cristianos actuales, las bendiciones del nuevo pacto *ya* son nuestra herencia, pero *todavía* no disfrutamos de ellas en su plenitud, como sí lo haremos en la era venidera. En este solapamiento de los siglos, nuestra batalla contra el pecado sigue siendo evidente, pero Dios ha liberado a los creyentes para que el pecado no los esclavice ni condene más (Ro. 6:16-18; 7:25; 12:2). De modo que todavía luchamos contra el quebranto y la decadencia, pero estos sufrimientos no hacen más que desarrollar nuestra fe dependiente de Dios y aumentar nuestro anhelo por el futuro (8:20-23; 2 Co. 4:16-18). Y aunque la muerte se cierne sobre todos nosotros, Cristo elimina su aguijón y la convierte en el canal para una gran recompensa (Fil. 1:21; cp. Ro. 5:17; 6:23; Ap. 22:4).

Directrices para apropiar las promesas del AT como cristianos

Las promesas de Dios (viejas y nuevas) son vitales para los cristianos y, si no nos apropiamos de las promesas del AT, perderemos tres cuartas partes de las palabras vivificadoras de verdad que nuestro fiable Dios nos ha dado para alimentar nuestra esperanza. Cuando Jesús "cumple" la ley y los profetas del AT, está convirtiendo en realidad lo que las Escrituras anticipaban, y logrando lo que Dios prometió y predijo (Mt. 5:17; cp. 11:13; Lc. 16:16). No obstante, aunque toda promesa es ciertamente Sí en Jesús (2 Co. 1:20) y aunque toda bendición es ahora nuestra *en Cristo* (Gá. 3:14; Ef. 1:3), la forma en que Jesús cumple las diversas promesas del AT y las asegura como un Sí para nosotros no es estática. Por tanto, debemos acercarnos a ellas a través de una estructura de la historia de la salvación que considere a Jesús como centro, como lente que proporciona y enfoca la relevancia perdurable de todas las promesas divinas (ver fig. 37.3).

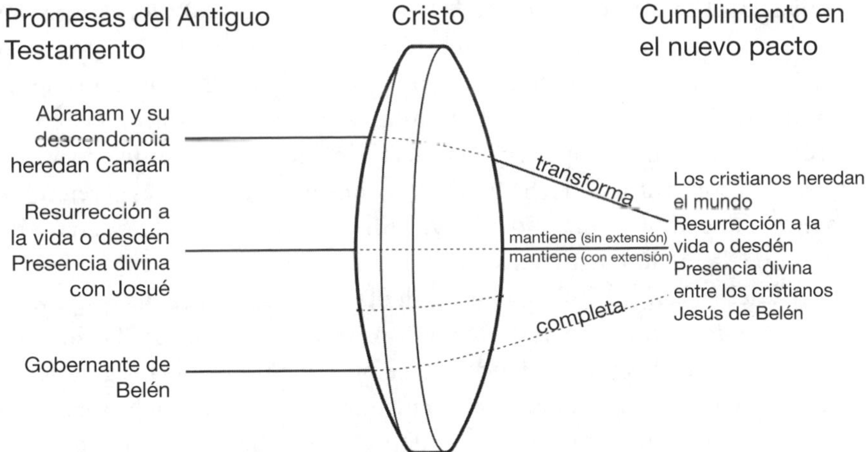

Fig. 37.3. Las promesas del AT a través de la lente de Cristo

Cristo mantiene algunas de las promesas del Antiguo Testamento (sin extensión)

Muchas de las promesas que Cristo *mantiene* sin extensión alguna (es decir, sin añadir beneficiarios a la promesa original) son promesas de restauración explícitas que incluyen la visión de una salvación global tras el exilio de Israel. Por ejemplo: "Y muchos de los que duermen en el polvo de la tierra serán despertados, unos para vida eterna, y otros para vergüenza y confusión perpetua" (Dn. 12:2). Es probable que Jesús aluda a ese pasaje: "Vendrá hora cuando todos los que están en los sepulcros oirán su voz [del Hijo del Hombre] y los que hicieron lo bueno, saldrán a resurrección de vida; mas los que hicieron lo malo, a resurrección de condenación" (Jn. 5:28-29; cp. 11:11, 25; 1 Co. 15:20, 23). Daniel 12:2 da esperanza a los cristianos, porque "si fuimos plantados juntamente con él en la semejanza de su muerte, así también lo seremos en la de su resurrección" (Ro. 6:5).

Cristo mantiene algunas de las promesas del Antiguo Testamento (con extensión)

Aunque Dios mantiene la naturaleza de la mayoría de las promesas del AT de cada lado de la cruz, cuando Cristo cumple algunas promesas, extiende las partes relacionadas con ellas. Considere cómo se aplica en el NT Isaías 49:6, que forma parte del tercer cántico del siervo. Isaías describe la llegada del libertador real cuando habla en primera persona y declara que el Señor lo llamó desde el vientre, lo llamó "Israel" y le dijo: "Poco es para mí que tú seas mi siervo para levantar las tribus de Jacob, y para que restaures el remanente de Israel; también te di por luz de las naciones, para que seas mi salvación hasta lo postrero de la tierra" (Is. 49:1, 3, 6). Por medio del siervo individual mesiánico, Dios no solo salva a los israelitas étnicos, sino también a algunas de las naciones, cumpliendo así sus anteriores promesas a Abraham (Gn. 12:3; 22:18). Pablo enfatiza que tanto los profetas como Moisés afirmaron que después de la muerte del Mesías, este anunciaría "luz al pueblo y a los gentiles" (Hch. 26:23). Por consiguiente, Jesús es el referente más inmediato al que señala Isaías 49:6. Sin embargo, también va más allá aludiendo a la misión de todos los que están en Cristo. Pablo extiende esta promesa del AT en sus palabras precedentes a los judíos en Antioquía de Pisidia, donde afirma con respecto a sí mismo y a Bernabé: "Porque así nos ha mandado el Señor, diciendo: Te he puesto para luz de los gentiles, a fin de que seas para salvación hasta lo último de la tierra" (Hch. 13:47). La promesa relacionada con la obra de Cristo, el siervo, se ha convertido ahora en un encargo para todos los siervos identificados con Él.

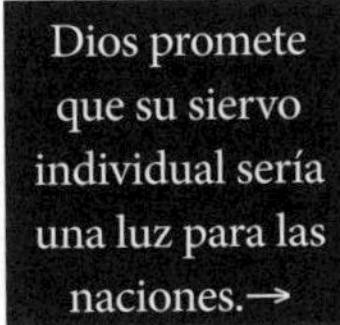

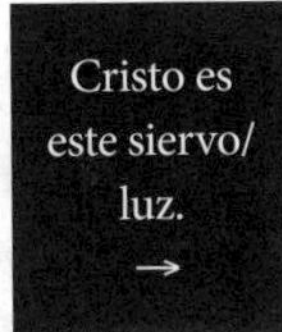

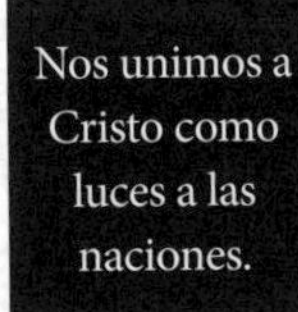

Fig. 37.4. Dios mantiene la promesa de servir como luz mientras la extiende a todos en Cristo

Cristo completa algunas de las promesas del Antiguo Testamento

Existen algunas promesas del AT que Cristo ya ha *completado* del todo. Ellas les demuestran ahora a los creyentes que Dios cumplirá con toda seguridad el resto de sus promesas (Dt. 18:22; Ez. 33:33; cp. Ro. 8:32). Por ejemplo, el profeta Miqueas predice que un gobernante profetizado desde hacía mucho tiempo en Israel se levantaría en Belén (Mi. 5:2) y Cristo cumplió esa promesa en su nacimiento (Mt. 2:6). Solo hay un Cristo y nació una sola vez. No obstante, su nacimiento provocaría el regreso global de "sus hermanos" y, como rey, "apacentará con poder de Jehová", estableciendo así una seguridad y una paz perdurables, y disfrutaría de un gran nombre (Mi. 5:3-5). Todas estas promesas añadidas siguen proveyendo consuelo y esperanza a los cristianos, y el nacimiento de Cristo en Belén valida para nosotros que, finalmente, el mundo entero lo exaltará.

Cristo transforma algunas de las promesas del Antiguo Testamento

Cristo cumple algunas de las promesas del AT transformándolas. Es decir, desarrolla tanto la composición como la audiencia de la promesa. Estas promesas están relacionadas de la forma más directa con sombras que aclaran y apuntan a una mayor sustancia en Cristo, o con los patrones o tipos del AT que hallan su apogeo o antitipo en Jesús. Por ejemplo, Dios le promete a Abraham y a su descendencia que heredarían una tierra tribal (Gn. 17:8) con un reino que se extendería desde la frontera de Egipto a Mesopotamia (15:18). Cristo transforma esa promesa en el nuevo pacto para incluir la posesión de la iglesia de la totalidad del mundo en la nueva tierra (Ro. 4:13).[7]

De manera más específica, Jehová le dijo a Abraham: "Te daré a ti, y a tu descendencia después de ti, la tierra en que moras, toda la tierra de Canaán en heredad perpetua" (Gn. 17:8). Además, añadió: "A tu descendencia daré esta tierra, desde el río de Egipto hasta el río grande, el río Éufrates" (15:18). En Génesis, la promesa de la tierra está directamente asociada con Abraham como

---

7. Ver Pregunta 29 para más detalle.

padre de *una* nación, que ahora conocemos como Israel (12:1-2). Al recordar su promesa a los patriarcas (Éx. 2:24; 6:8; Dt. 1:8; 6:10; 9:5; 30:20; 34:4), Dios cumplió la promesa de la tierra durante el período del pacto mosaico, dándole primero Canaán a las tribus en los días de Josué (Jos. 11:23; 21:43-44) y, a continuación, permitiendo que el estado geopolítico de Salomón incluyera el territorio más amplio (1 R. 4:20-21; cp. Gn. 15:18). Sin embargo, Génesis contemplaba un futuro cuando Abraham no solo sería padre de una nación, sino de *naciones* (17:4-6) y cuando la "tierra" (singular) se ampliaría a "tierras" (plural) (26:3-4). También preveía que este nuevo desarrollo solo se produciría cuando el descendiente real, singular, surgiera para extender la esfera del reino poseyendo la puerta de sus enemigos y bendiciendo a todas las naciones de la tierra (22:17-18). Pablo cita las promesas de la tierra de Génesis (Gn. 13:15; 17:8; 24:7) cuando identifica a Cristo como la simiente a la que se hicieron las promesas (Gá. 3:16) y después afirma que, en Él, todos, judíos o gentiles, esclavos o libres, varones o mujeres, "linaje de Abraham sois, y herederos según la promesa" (3:28-29). Las promesas de la tierra, de la simiente y de la bendición solo alcanzan su cumplimiento supremo en relación con Cristo y *todos* los que están en Cristo disfrutan de las bendiciones plenas (cp. Mt. 5:5; Ef. 6:3; He. 11:13-16).

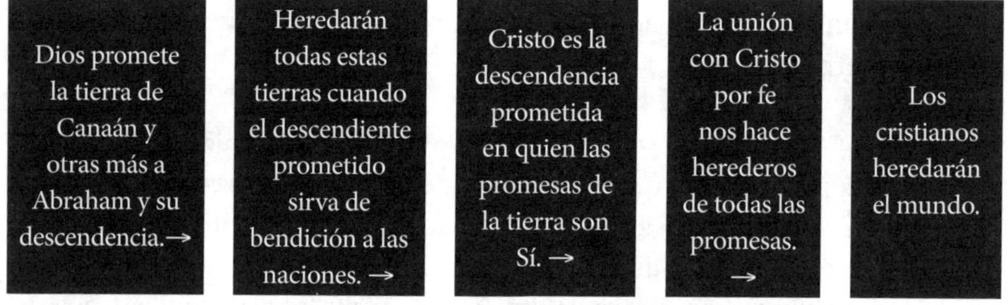

Fig. 37.5. Dios transforma la promesa de la tierra para incluir al mundo entero para todo su pueblo

En resumen

¿Debemos apropiar los cristianos las promesas del AT como nuestras? Sí, siguiendo estos cuatro principios fundamentales: (1) Los cristianos solo se benefician de las promesas del AT por medio de Cristo. (2) Todas las maldiciones del antiguo pacto se convierten en maldiciones del nuevo pacto. (3) Como parte del nuevo pacto, los cristianos heredan las bendiciones originales y de restauración del antiguo pacto. (4) Por medio del Espíritu, los cristianos ya disfrutan de algunas bendiciones de su herencia, pero todavía no de otras.

El creyente debe apropiarse de las promesas divinas del AT distinguiendo la forma en que las cumple Cristo: algunas las mantiene sin extensión, otras con extensión, otras las completa y otras las transforma.

Preguntas para la reflexión

1. Proporcione respaldo bíblico para afirmar que las promesas de Dios desempeñan una función vital a la hora de ayudar a los creyentes a crecer en santificación y sufrir con esperanza.

2. ¿Cómo se relacionan las maldiciones del antiguo pacto con las maldiciones o advertencias del nuevo pacto y qué función deben tener estas últimas en la vida de los creyentes?

3. ¿Cuál es la relación entre las bendiciones originales y las bendiciones de restauración del antiguo pacto y cómo se relacionan con las del nuevo pacto?

4. Con Cristo como lente de la historia de la redención, ¿cómo explicaría usted la relación de las promesas de tierra del AT con los cristianos?

5. ¿De qué forma proporciona esperanza a los creyentes para su vida cristiana la convicción de que "todas las promesas de Dios son en [Cristo] Sí" (2 Co. 1:20)?

¿Cómo debe afectar la teología bíblica la vida del cristiano?

Oren R. Martin

Las palabras "teología bíblica" suelen matar las conversaciones. Cuando otros preguntan a qué me dedico (yo, Oren), mi intento por explicar con claridad lo que estudio y enseño produce respuestas interesantes. ¿Por qué? Porque estudiar la Biblia evoca con regularidad imágenes de trabajo sin vida, oscuro y pretencioso, practicado por quienes quieren salir vencedores en las discusiones sobre Jesús (sin pensar en ganar almas para Él). ¿Por qué dedicar tiempo a estudiar algo que hoy nos parece tan desfasado y obsoleto? ¿Qué tiene que ver con la vida real? ¡Tiene todo que ver con la vida real (y con la muerte)! Por la naturaleza de las Escrituras (es decir, las palabras de Dios plasmadas por escrito), la teología bíblica produce un fruto que da vida, produce gozo, fortalece la fe, aumenta el amor y sustenta la esperanza, porque nos enseña a descubrir nuestras historias en el gran relato de todo lo que Dios está haciendo en Cristo. Aquí hay solo algunas maneras en que la teología bíblica afecta la vida cristiana.

La teología bíblica nos ayuda a conocer a Dios

La teología bíblica desempeña una función importante a la hora de conocer a Dios, ya que llena esa búsqueda de contenido y significado. Jesús dijo a sus discípulos: "Y esta es la vida eterna: que te conozcan a ti, el único Dios verdadero, y a Jesucristo, a quien has enviado" (Jn. 17:3). La vida eterna no empieza meramente en el futuro, sino desde ahora en el presente, porque la Resurrección y la Vida ha entrado en la historia para estar con su pueblo. Además, esta vida se caracteriza por conocer al único Dios verdadero, fundamentalmente identificado con Jesucristo (p. ej.: Ro. 9:5). Estas realidades son sencillamente asombrosas, porque el Dios eterno, trascendente y apartado de nosotros toma la iniciativa de estar con nosotros al convertirse en uno de nosotros y, así, posibilita que tengamos una comunión con Él llena de vida abundante.

En su obra clásica sobre conocer a Dios, J. I. Packer explica que, cuanto más complejo es el objeto, más difícil es conocerlo.[1] Por ejemplo, es más fácil

---

1. J. I. Packer, *El conocimiento del Dios santo* (Miami, FL: Editorial Vida, 2006), 44.

conocer algo impersonal, abstracto como una pintura, que una cosa viva y personal como un perro. Sin embargo, en el caso de los seres humanos, el conocimiento se vuelve más difícil, porque pueden retener o esconder lo que hay en sus corazones. Así, "la calidad y la profundidad de nuestro conocimiento de los demás dependen más de ellos que de nosotros. El que los conozcamos depende más directamente de que nos permitan que los conozcamos, que de nuestros intentos para llegar a conocerlos".[2] Imagine, pues, tener un encuentro con alguien que está por encima de nosotros en rango, intelecto, conocimiento y capacidad; por ejemplo, un director de escuela que conoce al líder de su país, un atleta que conoce a su jugador favorito del salón de la fama o un programador de computadora que conoce a Bill Gates. En este caso:

> Cuanto más conscientes somos de nuestra propia inferioridad, tanto más sentimos que nuestra parte consiste en colocarnos a su disposición respetuosamente para que esta persona tome la iniciativa en la conversación [...]. Nos gustaría llegar a conocer a una persona tan encumbrada, pero nos damos cuenta perfectamente de que esto es algo que debe decidirlo dicha persona, no nosotros. Si se limita a las formalidades del caso, tal vez nos sintamos desilusionados, pero comprendemos que no nos podemos quejar; después de todo, no teníamos derecho de reclamar su amistad. Pero si, por el contrario, comienza de inmediato a brindarnos su confianza y nos dice francamente lo que está pensando con relación a cuestiones de interés común, y si a continuación nos invita a tomar determinados proyectos y nos pide que estemos a su disposición en forma permanente para este tipo de colaboración toda vez que necesite, entonces nos sentiremos tremendamente privilegiados, y nuestra actitud general cambiará de forma desmedida. Si hasta entonces la vida nos parecía inútil y tediosa, ya no lo será más desde el momento en que esa gran personalidad nos cuenta entre sus colaboradores inmediatos. ¡Esto sí que vale la pena! ¡Así sí vale la pena vivir![3]

El Dios del universo, "el Alto y Sublime, el que habita la eternidad, y cuyo nombre es el Santo", dice: "Yo habito en la altura y la santidad, y con el quebrantado y humilde de espíritu, para hacer vivir el espíritu de los humildes, y para vivificar el corazón de los quebrantados" (Is. 57:15). Dios, la fuente de la vida y en cuya luz vemos la luz (Sal. 36:9[10]), envió al Hijo a venir al

---

2. J. I. Packer, *El conocimiento del Dios santo*, 45.

3. J. I. Packer, *El conocimiento del Dios santo*, 45-46.

mundo a impartir vida (Jn. 10:10) y a brillar en nuestro corazón para iluminar el conocimiento de la gloria de Dios en la faz de Jesucristo (2 Co. 4:6). Esta relación es algo asombroso: que los seres humanos pecadores puedan conocer a este Dios, ser amigos de Él, convertirse en sus herederos y, en el Espíritu, en coherederos con Cristo (Ro. 8:17). ¡Qué regalo! ¿Y qué involucra este regalo de conocer a Dios? Packer nos da la respuesta:

> Podemos decir que el conocer a Dios comprende; primero, escuchar la palabra de Dios y aceptarla en la forma en que es interpretada por el Espíritu Santo, para aplicarla uno mismo; segundo, tomar nota de la naturaleza y el carácter de Dios, como nos los revelan su Palabra y sus obras; tercero, aceptar sus invitaciones y hacer lo que él manda; y cuarto, reconocer el amor que nos ha mostrado al acercarse a nosotros y al relacionarnos consigo en esta comunión divina.[4]

La teología bíblica nos ayuda a conocer a Dios, porque aprender a interpretar las Escrituras tal como Dios las ha dado, desde Génesis hasta Apocalipsis, nos ayuda a escuchar, recibir, aplicar, observar, aceptar, reconocer y regocijarnos mejor en quien Dios es para nosotros en Cristo, por su Espíritu. Semejante conocimiento es demasiado maravilloso para nosotros; es alto y no podemos alcanzarlo por nuestros propios esfuerzos. No obstante, Dios por su gracia nos lo ha dado para nuestro bien supremo. Por tanto, "no se alabe el sabio en su sabiduría, ni en su valentía se alabe el valiente, ni el rico se alabe en sus riquezas. Mas alábese en esto el que se hubiere de alabar: en entenderme y conocerme, que yo soy Jehová, que hago misericordia, juicio y justicia en la tierra; porque estas cosas quiero, dice Jehová" (Jer. 9:23-24).

La teología bíblica nos ayuda a obtener cultura canónica

La teología bíblica nos ayuda a obtener lo que Kevin Vanhoozer denomina cultura canónica, o sentido canónico. Escribe:

> No basta con conocer hechos sobre la Biblia. Es necesario tener sentido canónico: la capacidad de interpretar pasajes particulares de las Escrituras a la luz de toda la Biblia. Sentido canónico significa entender en qué punto nos encontramos en el flujo de la historia de la redención. Significa no solo pensar sobre la Biblia, sino *con* ella, hasta el punto de poder interpretar la experiencia propia con las categorías bíblicas a la luz de la trama predominante de las Escrituras. Jesús lo hizo con

---

4. J. I. Packer, *El conocimiento del Dios santo*, 47.

su propia persona e historia. Nadie tuvo mayor sentido canónico que Jesús mismo […]. Significa poder interpretar la situación y vida de uno mismo a la luz del mundo del texto bíblico. La tipología es un medio excelente para ello. Así como los miembros de la iglesia del Nuevo Testamento se veían a sí mismos a través de los acontecimientos de la historia de Israel, los miembros de la iglesia contemporánea deben considerarse participantes del mismo drama de redención continuo. Es posible que el contexto histórico y cultural haya cambiado, pero los cristianos de hoy estamos en el mismo contexto de la historia de la redención que los cristianos primitivos: listos y expectantes entre la primera y la segunda venida de Cristo, teniendo que soportar todavía diversos tipos de oposición en el mundo.[5]

Leer la Palabra de Dios es para todos los cristianos y no debería reservarse para los especialistas académicos. La teología bíblica nos alienta a un estudio más productivo de la Biblia conforme aprendemos cómo leer *con ella* las distintas partes a la luz de la totalidad y cómo el conjunto de ella conecta con Cristo. Por tanto, debemos ser cada vez más competentes en entender cómo ha actuado Dios para reunir todas las cosas en Cristo (Ef. 1:9-10), de manera que vivamos con fidelidad ante Él en cada ámbito de nuestra existencia.

La teología bíblica nos recuerda el "ya, pero todavía no"

La teología bíblica nos recuerda que Jesús cumple las promesas de Dios. El NT manifiesta que el Mesías tan esperado de Dios aparece en la escena histórica y, fiel a la forma profética, inaugura un reino que no puede ser conmovido y que aguarda su consumación final en los nuevos cielos y nueva tierra. Por tanto, los temas, las categorías y las estructuras en el AT conectan ahora a Jesús, quien las cumple. Él es el Hijo obediente que lleva a cabo un mejor éxodo, porque salva a su pueblo del pecado y los lleva a la bendición redentora que ahora está centrada en Él (Mt. 2:15). Él es el templo verdadero por medio de quien tenemos mejor acceso a Dios (Jn. 1:14; 2:21). Además, proporciona descanso a los que acuden a Él (Mt. 11:28-30). La vida que una vez abundó en Canaán rebosa ahora en Él, porque Él es la vid que da fruto, la resurrección y la vida (Jn. 6:35; 11:25-26; 15:1-11). Con todo, Cristo cumple el AT de un modo sorprendente, porque las promesas salvadoras de Dios son inauguradas, aunque no se consuman aún. Es decir, que el reino de Dios es "ya, pero todavía no". George Ladd escribe:

---

5. Kevin J. Vanhoozer y Owen Strachan, *The Pastor as Public Theologian: Reclaiming a Lost Vision* (Grand Rapids: Baker, 2015), 114 (énfasis original).

> El reino de Dios es el reino redentor de Dios dinámicamente activo para establecer su gobierno entre los seres humanos y [...] este Reino que aparecerá como acto apocalíptico al final de los tiempos ya ha entrado en la historia humana en la persona y la misión de Jesús para vencer el mal, librar a las personas de su poder y llevarlas a las bendiciones del reinado de Dios. El reino de Dios involucra dos grandes momentos: el cumplimiento dentro de la historia y la consumación al final de esta.[6]

El reino está presente porque el Rey Mesías está presente, pero no veremos su reinado materializado del todo hasta su segunda venida (cp. He. 2:8; 9:28).

Es importante recordar la naturaleza "ya, pero todavía no" del reino en nuestra vida cristiana, porque nos protege del pesimismo y del optimismo. Por una parte, podríamos sentirnos inclinados a lo primero, que nos conducirá a la impotencia y a la desesperanza. Somos conscientes del pecado y este afecta nuestro interior y nuestro exterior; somos tan conscientes de él que nos hundimos en el abatimiento y nos preguntamos si alguna vez quedaremos liberados de la presencia del pecado. Esta actitud surge de una visión pobre de los postreros días, que subestima lo mucho que Cristo logró en su primera venida. Sin embargo, las Escrituras nos alientan a tener una perspectiva diferente, al alzar la mirada al Cristo que aplasta a la serpiente, que mata el pecado y que derrota la muerte, y al ampliar nuestra comprensión de lo que Dios ya ha hecho por nosotros en Él. Así, la teología bíblica alimenta la esperanza y el santo progreso en nuestra vida cuando fijamos nuestros ojos en Él. Por otra parte, podríamos sentirnos inclinados al optimismo, que puede conducirnos al perfeccionismo y el orgullo. Este punto de vista deriva de una perspectiva exagerada de los postreros días, que considera que ya ocurrió tanto en la primera venida de Cristo que no hay nada más por hacer. Creer esto puede resultar, por ejemplo, en la impaciencia de un cónyuge o padre o en su exigencia de perfección. La teología bíblica fomenta la idea de progreso sin perfección hasta la llegada de lo perfecto, de manera que podemos confiar en el proceso de cambio mientras lo aguardamos con paciencia. Las Escrituras nos recuerdan que la relación de pacto para la que fuimos creados y salvados se producirá un día en el nuevo cielo y la nueva tierra, donde nuestro glorioso Dios trino morará con nosotros y seremos su pueblo y Dios mismo estará con nosotros como nuestro Dios (Ap. 21:3). Así, la teología bíblica alimenta la humildad y la dependencia mientras esperamos *ese día* y trabajamos en fe.

La teología bíblica también es importante en otros ámbitos de nuestra vida

---

6. George Eldon Ladd, *A Theology of the New Testament,* ed. rev. (Grand Rapids: Eerdmans, 1993), 89-90.

en Cristo (de hecho, ¡en todos ellos!). Por ejemplo, la adoración colectiva debería reflejar tanto el "ya" como el "todavía no", seguir el modelo de la adoración celestial y reflejar la participación en la adoración celestial (Col. 3:16; Ap. 4–5). De manera más específica, la adoración se regocija con solemnidad en el perdón y la salvación obtenidas en Cristo. Del mismo modo, debemos orar acercándonos a Dios con base en lo que Él ha hecho en Cristo y pidiéndole lo que ha prometido hacer (Mt. 6:9-14).[7] La obediencia debe arraigarse en nuestra muerte con Cristo al pecado y en la vida con Él en su resurrección (Ro. 6:1-14; Col. 3:1-4). En otras palabras, por la obra soberana y misericordiosa de Dios en la redención por medio de Cristo en el Espíritu, podemos convertirnos en esa nueva clase de personas. Finalmente, la misión divina en el presente se lleva a cabo por medio de su pueblo en el que mora el Espíritu, un pueblo que proclama el evangelio y extiende las fronteras de la presencia de Dios al llamar a las personas al arrepentimiento y a la fe en Cristo. Esta misión exige que todos los cristianos, independientemente de su vocación, sean una luz de salvación hasta los confines de la tierra (Mt. 28:18-20). Al interpretar las Escrituras de la promesa al cumplimiento, de las partes al conjunto, la teología bíblica produce fruto abundante en nuestra vida cristiana.

En resumen

La teología bíblica nos enseña a entender nuestra historia en el contexto del gran relato de los propósitos salvadores de Dios en Cristo. Hacer teología bíblica nos ayuda a convertirnos en bíblicamente cultos, ya que conocemos a Dios y damos a conocer a Cristo en nuestro mundo. Al hacerlo, habrá una gran recompensa tanto en esta vida como en la venidera.

Preguntas para la reflexión

1. ¿Cómo describiría usted la importancia de la teología bíblica para la vida cristiana?
2. ¿Cómo le ha ayudado la teología bíblica en su vida cristiana?
3. ¿Cómo ayuda la teología bíblica a la hora de compartir el evangelio con los demás?
4. ¿Cómo puede usted crecer y ayudar a que otros crezcan en el discipulado al volverse "canónicamente más culto"?
5. ¿Se le ocurre alguna otra forma en que la teología bíblica afecte la vida cristiana (p. ej.: al enseñar o aconsejar)?

---

7. Un libro excelente sobre cómo orar a la luz de la persona y la obra de Cristo es D. A. Carson, *Praying with Paul: A Call to Spiritual Reformation* (Grand Rapids: Baker, 2015).

¿Cómo puede una iglesia enseñar teología bíblica?

Oren R. Martin

La teología bíblica no está reservada exclusivamente para el mundo académico. En realidad, el lugar más fructífero para ella es la iglesia. Cuando Jesús preguntó a sus discípulos: "¿Quién dicen los hombres que es el Hijo del Hombre?" (Mt. 16:13), su confesión fiel (o infiel) reveló su relación con él. Con nosotros ocurre lo mismo. Él no es un mero profeta extraordinario, un sabio bonachón ni un buen maestro. No; Él es el camino, la verdad y la vida y nadie viene al Padre sino es por Él (Jn. 14:6). Las personas de nuestras iglesias también deben estar preparadas para responder a la pregunta de Jesús. Esperamos que confiesen con lealtad: "Tú eres el Cristo, el Hijo del Dios viviente" (Mt. 16:16).

Integrada en esta confesión se encuentra toda una teología bíblica de la personalidad de Jesús, de la forma en que cumple sus promesas y de sus propósitos para el reino. Dios Hijo, la segunda persona de la Trinidad, se convirtió en la persona de Jesucristo para liberar a su pueblo del dominio de la oscuridad y trasladarnos a su bendito reino. Por consiguiente, es vital que los pastores y maestros proclamen todo el consejo de Dios semana tras semana, año tras año y década tras década para que los creyentes confiesen correctamente y vivan a la luz de la obra terminada de Cristo. Juntos, los creyentes aprenden sobre estas verdades y las viven en la iglesia. Ahora bien, ¿por qué es fundamental que las iglesias enseñan una *buena* teología bíblica?

¿Por qué deberían las iglesias enseñar una (buena) teología bíblica?

En primer lugar, cada una de las personas de su iglesia ha adoptado una teología bíblica. La pregunta es si poseen o no una *buena* teología bíblica. La mala teología bíblica distorsiona la historia bíblica de la redención. De principio a fin, a lo largo de toda su gran diversidad literaria, Dios ha hablado y la Biblia revela en formas extraordinarias cómo Él reina, salva y satisface por medio del pacto para su gloria en Cristo. Una mala teología bíblica retira el enfoque de la gloria de Dios en Cristo y lo sitúa en otras cosas, por lo general en nosotros mismos. Por ejemplo, en lugar de ver que nuestro problema fundamental es la rebeldía idólatra contra Dios, una mala teología bíblica resalta otras cosas (p. ej.: la injusticia, la mala educación, las personas "realmente" malas, una baja autoestima). Aunque, sin duda, estos problemas deben aliviarse, no son lo fundamental a la luz de la santidad de Dios. Más bien, nuestro problema principal es que *todas las personas están apartadas de Dios* y necesitan su gracia reconciliadora. Además, una distorsión en el problema central conduce a una distorsión de la solución real. En lugar de aceptar la solución suprema de apartarse del pecado y confiar en la obra terminada de Cristo en la cruz, otras soluciones se consideran igual de viables (p. ej.: la salud, la riqueza, la educación, los consejos prácticos y de autoayuda). Una buena teología bíblica prepara a las personas para vivir a la luz de la gloria de Dios en Cristo.

En segundo lugar, la teología bíblica fomenta el estudio de las Escrituras. Hacer exégesis a la luz de la totalidad de la Biblia produce un fruto extraordinario en los ministerios semanales de la Palabra. Cuando una iglesia recorre las Escrituras de forma regular, se abren nuevas vistas para que las personas contemplen la hermosura asombrosa y transformadora de la Palabra de Dios. Las cosas una vez escondidas se dan a conocer, las sombras se convierten en realidades y las imágenes en blanco y negro relucen con la brillante luz de Cristo. Los ojos se abren y los corazones se encienden cuando los patrones de la teología bíblica encajan para formar un mosaico: del primer Adán al último Adán, de las promesas globales a Abraham a la bendición global en Cristo, del éxodo de Egipto a la mejor redención en Cristo, del sistema sacrificial al Cordero inmaculado que quita el pecado del mundo, de la presencia de Dios en el templo a su presencia en la Palabra que se hizo carne y habitó entre nosotros, del quebranto de la creación al reposo inherente en la nueva creación gloriosa en Cristo.

Este cambio iluminador nos sucedió a mí (Oren) y a mi esposa cuando estudiamos año tras año bajo la enseñanza de nuestro pastor. Tom Schreiner se movía a la perfección hacia atrás y hacia adelante entre el AT y el NT, de Éxodo a Apocalipsis, de Eclesiastés a Santiago, de Isaías a Gálatas, de Proverbios a Hechos, de Samuel a Romanos. Mediante su exposición semanal, nuestro corazón ardía dentro de nosotros con el fuego y la hermosura de la fidelidad de Dios en Cristo y su obra terminada. Aprendimos a interpretar nuestra Biblia con mayor fidelidad cuando vimos un mejor éxodo logrado por el verdadero Hijo que liberó a su pueblo de los enemigos supremos: Satanás y la muerte. Las cosas que antes parecían vanidad ahora adquirían gran significado bajo el poder sostenido de Cristo, quien sostiene el universo por la palabra de su poder. Aunque instrumentales para los propósitos redentores de Dios, los profetas como Moisés, Samuel e

Isaías palidecían en comparación con el profeta definitivo, Jesús, que habló y cumplió la Palabra de Dios a la perfección. En el ministerio semanal de la iglesia, recibimos una Palabra que no solo nos formó, sino que también nos transformó a la imagen de Cristo. Excavar en los tesoros de la Palabra vivificadora de Dios descubre joyas de valor incalculable, que nos alegran y que nadie nos puede quitar.

En tercer lugar, la teología bíblica fomenta la centralidad del evangelio y ancla todas las Escrituras en la persona y la obra de Cristo. Como polillas atraídas a la llama, las personas se desvían constantemente hacia el moralismo y se sienten tentadas a confiar en lo que pueden hacer, y no en lo que Cristo ha hecho. Una buena teología bíblica nos recuerda que, sí, somos llamados a obedecer a Dios y a llevar vidas santas, pero que la verdadera obediencia solo llega cuando estamos unidos al Santo, quien cumplió la ley *en nuestro lugar*. En otras palabras, los cristianos no obedecen *para* conseguir la aceptación de Dios en Cristo, sino más bien *porque* han sido aceptados por Dios por medio de la fe en Cristo (Col. 3:1-17). Una buena teología bíblica no acaba con un: "No sea como Adán, que desobedeció" ni con un: "Sea como David, quien derrotó al enemigo en su vida", sino más bien con un: "Usted no puede obedecer ni matar a su mayor enemigo sin Cristo, quien hizo lo que usted no puede; por lo tanto, viva por fe en Él, quien lo amó y se entregó por usted". Sí, llame a las personas al arrepentimiento y a la fe y la obediencia; y, sí, presente ejemplos fieles como David y Daniel en las Escrituras (p. ej.: He. 11). Sin embargo, ni el valor de David ni el de Daniel pudo librarlos a ellos ni a sus oyentes del pecado. Solo cuando somos hechos de nuevo en Cristo y llenos del Espíritu Santo, podemos ser la clase de persona que Dios nos ha llamado, mandado y empoderado para ser: santos en Cristo.

Finalmente, la teología bíblica protege del pragmatismo. En una era donde la moda son las soluciones rápidas, las estadísticas y la creación de plataformas, la teología bíblica se conecta con Aquel que, aunque era plenamente Dios, se humilló para adoptar la forma de siervo y ser obediente hasta la muerte (Fil. 2:5-11). El verdadero crecimiento cristiano no se puede fabricar. La historia de la Biblia es la de un Dios grande y glorioso que envió amorosamente a su Hijo, quien por el gozo puesto delante de Él sufrió la cruz, menospreciando el oprobio, y se sentó a la diestra del trono de Dios (He. 12:2; cp. Sal. 110:1) con el fin de redimir a un pueblo rebelde y alejado de Él. Las personas que encuentran su historia individual escrita en este gran relato de la redención podrían no conseguir la solución rápida que desean, pero pueden descansar en el perdón de los pecados y en la vida eterna que necesitan. Una buena teología bíblica manifiesta un discipulado moldeado por una cruz y posibilitado por el poder de la resurrección de Cristo.

Por tanto, es vital que las iglesias practiquen y modelen una buena teología bíblica. El resto de este capítulo ofrece sugerencias de cómo pueden las iglesias enseñar una buena teología bíblica.

¿Cómo pueden las iglesias enseñar teología bíblica?

El elemento más importante al enseñar teología bíblica es practicar lo que se predica. En otras palabras, la teología bíblica se comprende más a menudo de lo que se enseña; por tanto, es fundamental que la iglesia modele la teología bíblica en su predicación y enseñanza regulares. Las iglesias pueden modelar la teología bíblica de dos formas al recorrer las Escrituras.

Las iglesias pueden enseñar los "tres puntos de vista" de las Escrituras que, juntos, proporcionan la lente para ver la totalidad de las Escrituras así como cada libro que las compone. El primer enfoque es el punto de vista *satélite*. Al igual que contemplar el mundo desde la perspectiva de un satélite, este punto de vista contempla la imagen panorámica de la ubicación de un libro o porción de las Escrituras en el desarrollo de la trama completa. Por ejemplo, dónde están colocados Samuel, Salmos u Oseas en el desarrollo de los propósitos de Dios o en qué contexto del pacto se ubican (p. ej.: abrahámico, mosaico, nuevo)? Este criterio enseña a las personas a pensar en términos canónicos de lo que viene antes y después, para entender mejor el pasaje en cuestión. Por ejemplo, para entender correctamente el matrimonio, es preciso considerar el plan original de Dios en la creación y lo que sucedió tras caer en el pecado (Mt. 19:1-9). Para entender que Dios justifica a una persona por la fe en Cristo sin las obras de la ley, es crucial comprender el progreso de los pactos abrahámico y mosaico.

El segundo enfoque es el punto de vista *de calle*. Al igual que una perspectiva a nivel de calle, este punto de vista "se estaciona" fuera del libro y explica sus detalles introductorios (p. ej.: la fecha, la autoría, el idioma, la cultura, el género). Esto ayuda a entender los rasgos básicos de un libro y sus diversos énfasis, teniendo de nuevo en cuenta su ubicación global en las Escrituras.

El tercer enfoque es el punto de vista *de asiento*. Al igual que una perspectiva desde donde se pueden percibir todos los detalles, se consigue el punto de vista de asiento al entrar y vivir en el libro mediante su exposición. El tiempo que requiere predicar o enseñar un libro de principio a fin depende de su tamaño y del ritmo deseado (p. ej.: versículo por versículo, unidad literaria por unidad literaria). Cuando un predicador o maestro enfoca con regularidad las Escrituras desde estos tres puntos de vista, las iglesias aprenden a entender sus diversas partes a la luz del conjunto.

Las iglesias también pueden enseñar con mayor detalle la ubicación de cada pasaje en el desarrollo de la trama de la redención. Cuando se enseña un libro o sección de las Escrituras de principio a fin, es vital ubicar su lugar en el desarrollo progresivo de los propósitos del reino de Dios, que comienzan en Génesis 1 y culminan en Apocalipsis 22. En la Pregunta 2, ofrecemos un modelo a recordar:

1. Inicio y rebelión: Creación, caída y diluvio
2. Instrumento de bendición: Los patriarcas
3. Nación redimida que recibe un encargo: Éxodo, Sinaí y desierto
4. Gobierno en la tierra: Conquista y reinos
5. Dispersión y regreso: Exilio y restauración inicial
6. Solapamiento de los siglos: La obra de Cristo y la era de la iglesia
7. Misión cumplida: El regreso de Cristo y la consumación del reino

Otro resumen útil es el siguiente:[1]

1. El reino prototípico (Gn. 1–2)
2. El reino estropeado (Gn. 3)
3. El Rey/reino prometido (Gn. 3:15)
4. La progresión del reino (los pactos noético-davídico; Gn. 12–1 R. 10)
5. El reino dividido (Salomón–Exilio)
6. El Rey/reino profetizado (los Profetas posteriores)
7. El Rey/reino presente (los Evangelios)
8. El Rey/reino proclamado (Hechos–Judas)
9. El reino perfeccionado (Apocalipsis)

Además, las iglesias pueden enseñar teología bíblica desde la guardería hasta las reuniones corporativas. A continuación, algunas sugerencias y recursos:

1. Varíe su forma de predicar y de enseñar todo el Antiguo y el Nuevo Testamento en sus reuniones semanales. Por ejemplo, predique todo el mensaje de la Biblia en un sermón, el mensaje del AT en un sermón, el mensaje del NT en un sermón, el mensaje de una sección de las Escrituras en un sermón (p. ej.: la Ley, los Profetas, los Evangelios o las Epístolas), el mensaje de un libro en un sermón, o diferentes temas.[2]

---

1. Este resumen ha sido adaptado de Vaughn Roberts, *God's Big Picture: Tracing the Storyline of the Bible* (Downers Grove, IL: InterVarsity, 2002).

2. Un gran ejemplo de cómo enseñar teología bíblica en la reunión semanal de la iglesia es Mark Dever de Capitol Hill Baptist Church, quien ha hecho muchas de estas cosas en su ejercicio como pastor. Escuche por ejemplo, sus sermones (https://www.capitolhillbaptist.org), que publicó como *The Message of the Old Testament: Promises Made* y *The Message of the New Testament: Promises Kept* (Wheaton, IL: Crossway, 2005, 2006). Ver también T. Desmond Alexander, Brian S. Rosner,

Además, alterne entre predicar sobre los libros del AT y del NT así como los distintos géneros.

2. En su liturgia o servicio de adoración, incluya elementos que avancen por la creación, la caída, la redención y la consumación (p. ej.: cánticos, lecturas de las Escrituras). Además, si predica sobre un libro entero del AT o NT, escoja una lectura bíblica del Testamento opuesto que se corresponda con el libro (p. ej.: Jn. 15 e Is. 5; Éx. 19 y He. 12:18-24).

3. Presente la imagen panorámica de la Biblia en su clase de membresía para mostrar cómo la vida de comunidad en la iglesia y su misión encajan en los propósitos redentores más amplios de Dios.[3]

4. Enseñe teología bíblica de forma intencional y estratégica en los ministerios por grados de edad en la iglesia. Desde la guardería hasta los jóvenes, conecte las diferentes partes de las Escrituras a su conjunto. Si usa un plan de estudio que no relaciona las historias individuales en la Biblia a la persona y la obra de Cristo o que sencillamente las moraliza (p. ej.: sea como Abram y vaya adonde Dios lo guíe; no sea como Saúl; sea como David y mate a los gigantes de su vida), entonces supleméntelo mostrando cómo el evangelio se conecta con estas historias y las cumple.[4]

5. Además de los pastores que predican y enseñan, identifique y prepare a maestros calificados que ofrezcan clases o seminarios sobre teología bíblica. Existen numerosos estudios entre los que puede escoger.[5]

En resumen

La teología bíblica pertenece a la iglesia. Las iglesias deberían esforzarse por ayudar a las personas a ver los tesoros inestimables de la gloria de Dios en Cristo en todas las Escrituras. Desde los jóvenes hasta los santos veteranos, las iglesias pueden aprovechar los recursos existentes para enseñar teología bíblica por medio de los diversos ministerios de la iglesia. Conforme el Espíritu abra los ojos para ver al Cristo que cumple la ley de Moisés, los Profetas y los

---

D. A. Carson, Graeme Goldsworthy, eds., *New Dictionary of Biblical Theology: Exploring the Unity and Diversity of Scripture* (Downers Grove, IL: InterVarsity, 2000).

3. Ver, por ejemplo, Roberts, *God's Big Picture.*

4. Ver, por ejemplo, David Helm, *The Big Picture Story Bible* (Wheaton, IL: Crossway, 2004); Roberts, *God's Big Picture;* Kevin DeYoung, *The Biggest Story: How the Snake Crusher Brings Us Back to the Garden* (Wheaton, IL: Crossway, 2015).

5. Ver, por ejemplo, Chris Bruno, *The Whole Story of the Bible in 16 Verses* (Wheaton, IL: Crossway, 2015); Nick Roark y Robert Kline, *Biblical Theology: How the Church Faithfully Teaches the Gospel* (Wheaton, IL: Crossway, 2018); T. Desmond Alexander y Brian S. Rosner, eds., *New Dictionary of Biblical Theology* (Downers Grove, IL: InterVarsity, 2000); Thomas R. Schreiner, *The King in His Beauty: A Biblical Theology of the Old and New Testaments* (Grand Rapids: Baker, 2013); D. A. Carson, *The God Who Is There: Finding Your Place in God's Story* (Grand Rapids: Baker, 2010).

Salmos (Lc. 24:44), nuestra esperanza es que las personas vean, sean satisfechas y digan: "¿No ardía nuestro corazón en nosotros, mientras nos hablaba en el camino, y cuando nos abría las Escrituras?" (24:32).

Preguntas para la reflexión

1. ¿Por qué deben enseñar teología bíblica las iglesias?
2. ¿Cómo pueden las iglesias enseñar una mala teología bíblica sin darse cuenta?
3. ¿Cómo pueden las iglesias enseñar y modelar una buena teología bíblica de manera deliberada?
4. ¿Cómo protege la teología bíblica a la iglesia de Cristo y su crecimiento?
5. Considere, ¿de qué otras maneras pueden las iglesias enseñar teología bíblica aparte de las identificadas en este capítulo?

¿Qué debería motivarnos a hacer teología bíblica?

Oren R. Martin

El principio de este libro comparaba la teología bíblica con armar bloques de construcción. Al conectarse con el conjunto, cada parte de las Escrituras encaja para formar una gran historia en Cristo, y participamos en esa historia conforme Dios va haciendo todas las cosas nuevas. Sin embargo, este trabajo requiere esfuerzo. Así como Pablo le encargó al joven Timoteo en su ministerio: "Considera lo que digo, y el Señor te dé entendimiento en todo" (2 Ti. 2:7), nosotros también tenemos una orden y una promesa al pensar los pensamientos de Dios después de Él según los revelan las Escrituras. Ahora pues, ¿qué debería motivarnos a hacer teología bíblica?

La naturaleza de las Escrituras nos motiva a hacer teología bíblica

Las Escrituras son un don misericordioso e indispensable para el pueblo de Dios. Los cristianos no solo siguen a Cristo, que es el camino, la verdad y la vida (Jn. 14:6), sino que también se alimentan de las palabras de Aquel que es la resurrección y la vida (Jn. 11:25; Hch. 5:20). Las palabras de Dios son para nuestra instrucción "a fin de que por la paciencia y la consolación de las Escrituras, tengamos esperanza" (Ro. 15:4). Como John Murray observó con razón, la Biblia no solo nos revela actos salvadores de Dios en la historia e interpreta el significado de dichos actos, sino que "es en sí misma un órgano perdurable e indispensable para nosotros en el cumplimiento de la voluntad redentora de Dios".[1] En otras palabras, las Escrituras mismas son redentoras y, por ello, Jesús pudo orar: "Santifícalos en tu verdad; tu palabra es verdad" (Jn. 17:17). Las Escrituras son el medio divino de gracia para producir santidad en nuestra vida, y la santidad produce un gozo profundo y permanente.

---

1. John Murray, "Systematic Theology, Second Article", en *The Collected Writings of John Murray*, vol. 4 (Edimburgo: Banner of Truth Trust, 1982), 4.

El clímax de las Escrituras nos motiva a hacer teología bíblica

Yo (Oren) recuerdo una excursión por una senda en el parque nacional Rocky Mountain, que fue a la vez difícil y dolorosa. Lo que empezó en un cálido y soleado bosque acabó en un pico cubierto de nieve. El ritmo implacable y el ascenso me provocaron dolor en músculos cuya existencia yo desconocía. Sin embargo, lo que me esperaba del otro lado de aquella escalada exigente y agónica fue el escenario más hermoso e impresionante que jamás hubieran visto mis ojos. De no haber perseverado, no habría experimentado el gozo formidable de contemplar aquellas vistas espectaculares.

Aprender a leer las Escrituras es como aquella experiencia. No todas las partes se entienden con la misma facilidad. En realidad, algunas porciones son realmente difíciles de entender por la distancia en el tiempo, la cultura, el idioma y los géneros (¡hasta Pedro pensaba que en las cartas de Pablo había cosas difíciles de entender! [2 P. 3:16]). Además, somos confrontados con nuestro pecado y con nuestra necesidad de gracia cuando nos miramos en el espejo de las Escrituras. Sin embargo, del otro lado de ese esfuerzo, nos aguarda una cima que abre nuestros ojos a la belleza de Cristo, su obra por nosotros y nuestra salvación. Cuando fijamos nuestros ojos en Jesús, el autor y perfeccionador de nuestra fe, nos sentimos motivados a entender más y más de la riqueza en la Palabra viva y activa de Dios. Aprender a hacer teología bíblica puede no siempre resultar fácil, pero al final siempre es gratificante; ¡después de todo, estamos pensando en nuestro gran Dios y Salvador!

Mi colega Jim Hamilton escribió un artículo titulado "Biblical Theology and Preaching" [Teología bíblica y predicación].[2] He leído el final varias veces a lo largo del proceso de escribir este libro, porque me motiva a hacer teología bíblica. A continuación, un extracto del libro que me estimula y que espero tenga el mismo resultado en usted.

¿Puede el pueblo de Dios gestionar esto?

¿Puede el pueblo de Dios operar estos controles remotos complicados que vienen con aparatos tan diversos como el último televisor de pantalla plana o el auto nuevo? ¿Puede el pueblo de Dios usar computadoras, navegar por los supermercados, mantener un trabajo, adquirir casas, coches, juguetes y todas esas cosas que amontonan en sus garajes?

---

2. James M. Hamilton Jr., "Biblical Theology and Preaching", en *Text-Driven Preaching: God's Word at the Heart of Every Sermon,* ed. Daniel L. Akin, David L. Allen y Ned L. Mathews (Nashville: B&H, 2010), 193-218.

Permítame ser sincero: No tengo paciencia para las sugerencias de que los pastores necesitan rebajar y simplificar su mensaje. Los predicadores deben ser claros y explicar las cosas de forma entendible. Sin embargo, los seres humanos no necesitan que se les simplifique la Biblia. Si usted cree eso, en realidad está opinando que Dios Espíritu Santo no sabía lo que estaba haciendo cuando inspiró la Biblia como lo hizo. La sugerencia de que las Escrituras son más de lo que el pueblo de Dios puede gestionar no solo es una blasfemia contra la sabiduría de Dios; también es una blasfemia contra los portadores de su imagen. Las personas están hechas a imagen de Dios. Los seres humanos están dotados de cerebro y sensibilidades de una capacidad asombrosa.

¿Quiere que la gente piense que todo lo interesante, artístico o brillante procede del mundo? Simplifique la Biblia.

¿Quiere que vean la complejidad y la simplicidad de Dios? ¿La pura genialidad de los autores bíblicos inspirados por el Espíritu? ¿La hermosura de una metanarrativa de alcance cósmico que abarca el mundo entero? Enséñeles teología bíblica.

No rebaje las capacidades del pueblo de Dios. Pueden ser tontos y desinformados cuando sus corazones recién han sido despertados, pero no los castigue dejándolos en ese nivel. Muéstreles la maestría literaria. Muéstreles el poder sutil de una narrativa elaborada con esmero. Muéstreles la fuerza de la verdad en argumentos que se desarrollan con una lógica inexorable. Si son creyentes genuinos, querrán entender la Biblia. Enséñeles los gritos y cánticos, el clamor y la claridad, el libro de los libros. Deje que sus corazones canten con el salmista, que lloren con Lamentaciones y que mediten en Proverbios. Proporcióneles la sabiduría mesiánica de la hermosa mente que escribió Eclesiastés. ¡Predique la palabra!

Desátelo en toda su plenitud y su furia. Suéltelo. Átelo. Muestre las conexiones que existen en los textos de principio a fin. Cuénteles toda la historia. Deles la imagen completa. Pinte todo el paisaje para ellos, no solo una brizna de hierba.[3]

¡Increíble! Estas palabras me motivan a crecer en hacer bien teología bíblica y espero que tengan el mismo efecto en usted. Comprométase a escalar a la cima de las Escrituras y, allí, verá la gloria como nunca la ha visto… y Dios lo satisfará.

---

3. Hamilton, "Biblical Theology and Preaching", 216-217.

En resumen

Nuestra esperanza y oración son que, como resultado de leer este libro, se sienta estimulado a leer su Biblia una y otra, y otra vez y que, al hacerlo, guste y vea que es bueno Jehová (Sal. 34:8[9]). Oramos para que vea cada vez más la belleza y la maravilla de Jesucristo en todo lo que ha logrado por nosotros y en nuestra salvación. Y, así como aquellos discípulos en el camino de Emaús, cuando crecemos en el aprendizaje de todo lo que Cristo cumple de lo escrito en la Ley de Moisés, en los Profetas y los Salmos, suplicamos que su corazón arda dentro de usted con el fuego vivificador de Cristo (Lc. 24:27, 32, 44). Dentro de mil millones de años, no diremos: "Tendría que haber dedicado menos tiempo a leer la Biblia y más a ______________". Nuestro deseo es pasar nuestra vida conociendo y dando a conocer a nuestro gran Dios trino. ¡Aleluya! ¡Qué Salvador tenemos![4]

Preguntas para la reflexión

1. ¿Qué lo motiva a hacer teología bíblica?
2. ¿Cómo puede usted motivar a otros?
3. ¿Cómo puede crecer en su lectura de las Escrituras? ¿Existe algo en su vida que le impida experimentar las palabras vivificadoras de la Biblia?
4. ¿De qué formas le ha ayudado la teología bíblica a entender todo el consejo de Dios?
5. ¿Cómo ha aumentado la teología bíblica su confianza en el Dios que cumple sus promesas en Cristo por su Espíritu?

---

4. Si está pensando: *¿Por dónde empiezo?*, sería bueno que leyera cuidadosamente la Biblia junto con algunos de los mejores recursos sobre teología bíblica. Aquí tiene un enlace a una selección de libros sobre teología: https://www.portavoz.com/libros/teologia.

Índice de las Escrituras

Génesis

1 .... 122, 135, 372
1:1 ....180, 332, 333
1:1-2.......................136, 137
1:1–2:3 252
1:2 135
1:2-5 334
1:2-29 180
1:3 111
1:4 112
1:6 111
1:9 111
1:9-10 332
1:10 112
1:11 111
1:11-12........................335
1:11-13........................287
1:12 112
1:14 111
1:14-18........................334
1:18 112
1:20 111
1:21 112
1:24 111
1:25 112
1:26 ...... 111, 136, 302, 336
1:26-27 225
1:26-28 ....33, 57, 232,
260, 308
1:27-28 ....215, 267
1:28 ......111, 180, 214, 230,
239, 302, 336
1:28-30 185
1:29 .... 111, 215, 335
1:29-30 214
1:31 ....112, 180
1–2 .... 13, 56, 71, 111,
185, 268, 372
1–3 ....61, 64, 261,
332, 333, 334, 335,
336, 337, 338, 339
2:1 180
2:1-3.....................255, 256
2:1-6 217
2:2 57
2:3 180

2:5 336
2:8 332
2:9 335
2:10 334
2:11-12........................337
2:12 337
2:14-18........................341
2:15 ....57, 230, 232,
239, 302, 336
2:15-18 214
2:16-17.........180, 185, 333
2:17 ....33, 180, 214, 239
2:18 ....235, 239, 333
2:23-24 239
2:24 333
2:25.....................336, 337
3 .... 58, 112, 180, 185,
225, 226, 227, 229,
338, 372
3:1 225
3:1-3 225
3:1-6 214
3:1-13 230
3:4-5 225
3:4-6 225
3:6 ....225, 334
3:7 226
3:7-13 225
3:8 ....332, 336
3:9-11 226
3:10 336
3:10-11........................337
3:13 225
3:14 217
3:14-15........................226
3:14-19..........112, 217, 335
3:15 .... 33, 49, 112, 120,
130, 180, 181, 185,
214, 217, 219, 220,
226, 230, 231, 233,
238, 239, 267,
281, 287, 302, 305,
309, 313, 329, 372
3:16 .... 217, 333
3:16-19...................33, 226
3:17 .... 217, 333

3:17-19............58, 214, 217
3:19 333
3:20-21 214
3:21 ....226, 239, 333,
337, 339
3:22-24 226
3:23-24 .... 230, 332, 336
3:24............. 33, 262, 334
4:1-16........................226
4:2-8 163
4:4 163
4:8 163
4:11 217
4:25 226
4:26........................230, 239
5:1-3....................214, 232,
269, 302, 313
5:1-32........................230
5:22....................231, 239
5:24.......................... 231
5:29 .... 217, 231
5:31-32........................235
6 71
6:5 ....214, 215, 239
6:7-8 33
6:8 ....215, 230
6:9 .... 215, 226, 231, 239
6:12-13 33
6:13 214
6:18 ....33, 186, 215
6–9 ....64, 180
7:4 252
7:10 252
7:22......................... 215
8:10 252
8:12 252
8:20........................215, 239
8:20-22 239
8:21 .... 215, 217
8:21–9:1.......................... 33
8:22............................. 215
9 71
9:1 ....215, 239
9:1-17 186
9:2 215
9:3 215

9:5-6 239
9:6 215
9:7 .... 215, 239
9:9-11 .... 33, 213, 215
9:9-17 186
9:10-11 239
9:12-17 215
9:16 215
9:18-29 186
9:25 217
9:26-27 .... 219, 231
10 215
10:1-32 230
10:32 .... 34, 217, 268
11:1-9 .... 34, 186
11:4 239
11:8-9 .... 215, 240, 268
11:10-26 .... 230, 231
11:30 .... 34, 231
11–50 226
12 .... 64, 71, 111, 372
12:1-2 .... 231, 240, 360
12:1-3 ...... 34, 54, 192, 216,
268
12:2 .... 217, 276
12:3 .... 217, 220, 231,
232, 255, 270, 277,
278, 353, 354, 358
12:7 217
12–17 112
13:4 230
13:15 360
13:16 231
14:13 212
15 .... 64, 71, 187, 276
15:1-6 329
15:3-5 217
15:4-5 187
15:5 .... 215, 231
15:6 .... 34, 187, 231, 240,
320, 323, 327 , 350
15:7 217
15:13 216
15:13-14 35
15:17 187
15:17-18 34
15:18 ..... 216, 217, 359, 360
16 284
16:7-13 .... 45, 134
17 .... 64, 71, 217, 276
17:1-2 240
17:4-6 .... 35, 192, 217,
268, 276, 360
17:5 .... 276, 277

17:6 219
17:7 .... 216, 231
17:7-8 .... 192, 217
17:8 .... 187, 216, 217,
359, 360
17:9-13 192
17:16 219
17:19 ..... 216, 217, 219, 240
17:21 .... 216, 217
18 45
18:13-14 34
18:18 .... 231, 255
18:19 .... 231, 240
18–19 134
21:12 .... 217, 219, 240
21:27 64
22 .... 64, 71
22:4-5 287
22:10-12 240
22:11-18 45
22:12-14 34
22:13 287
22:16-18 .... 240, 323
22:17 .... 35, 217, 231,
276, 288
22:17-18 .... 34, 187, 213,
217, 219, 220, 231,
233, 255, 268,
275, 280, 305,
309, 313, 329, 352,
360,
22:18 .... 270, 277, 278, 358
24:7 360
24:60 .... 34, 231
25:12-18 230
26:3-4 .... 35, 217, 268, 275,
280, 360
26:3-5 323
26:4 .... 231, 255, 277
26:4-5 240
26:5 249
27:17-18 255
28:4 270
28:14 .... 231, 255
31:44 .... 64, 212
32:12 231
32:24-30 45
35:11 .... 219, 231
35:12 231
36:1-43 230
45:7-8 35
46:3 231
49:1, 8-10 309
49:8 313

49:8-10 ....34, 205, 219,
220, 231, 233
49:10 313
50:20 35
50:24-25 35

Éxodo

1:7 35
1:8-22 227
2:14 310
2:24 360
3 111
3:2 45
3:2-6 134
3:6 .... 133, 283
3:7 231
3:10 231
3:13-14 133
3:14 53
3:14-15 133
3:19-20 .... 302, 305
4:2-3 .... 302, 305
4:21 269
4:22 53
4:22-23 .... 213, 231,
302, 308, 312
5:1 231
6:4 218
6:7 .... 125, 231
6:8 360
7:5 35
9:1-7 134
9:15-16 .... 35, 302, 305
9:16 299
12:37–14:31 300
13:18 286
13–14 120
14:4 35
14:11-12 322
14:17 302
14:17-18 300
14:25 300
14–15 346
15 .... 167, 301, 302, 310
15:1 .... 300, 304
15:1-2 .... 297, 300, 304
15:1-3 304
15:1-5 300
15:1-18 .... 125, 298, 299,
301, 303
15:2 ...... 300, 301, 305, 306
15:3 .... 300, 304
15:3-5 300
15:6-7 300

15:6-10 300
15:6-17 300
15:7-8 300
15:7-10 300
15:9 300
15:10 300
15:11 .... 300, 303, 304
15:11-17 300
15:12-13 300
15:12-16 305
15:12-17 300
15:13 ....301, 302
15:13-17 301
15:14 301
15:14-16.............. 300, 309
15:17 .... 300, 301, 302, 313
15:17-18...........................36
15:18 ....231, 300
15:20 301
15:24 322
15:31 323
16 ....252, 255
16:2-3 322
16:20 322
16:22-30 252
16:27 322
16:27-29 255
17:1-2 322
18:11 300
19 ....111, 373
19:4-6 255
19:5 217
19:5-6 ....35, 217, 232,
       240, 241, 248, 249,
              269, 272, 313
19:6 ....193, 302
19–31 71
20:1 218
20:1-17 167
20:3 133
20:8-11 253
20:10 254
20:11 ....252, 255
23:21 286
24:12 240
25:9 ....242, 329
25:40 242
26:30 242
26:31 262
27:8 242
31:13 ....241, 254
31:13-17 253
31:15 255
31:17 254

32:1-6 322
32:9 .... 232, 241, 322
32:13 218
33:3 .... 232, 241, 322
33:5 .... 232, 241, 322
33:16 ....35, 218
34:1 49
34:6-9 35
34:9 .... 232, 241, 322
34:10 303
34:21 254
34:27 49
35:2 255
35:2-3 254
35:3 254
36:35 262

Levítico
1 85
2 85
3 85
4:1–5:13 85
4:13 218
4:22 218
4:27 218
5:2-5 218
5:5 218
5:5-6 ....218, 241, 324
5:14–6:7 85
5:17 218
6:4-5 218
9:3-4 241
9:3-6 35
9:6 241
9:23–10:3 218
9:23-24 241
10:3 ....35, 241
10:10-11 241
11:45 ....248, 313
11–26 321
12:37 286
13:20 286
14:29 286
16:21 218
18 322
18:3 321
18:4-5 321
18:5 .... 180, 241, 288,
       320, 321, 323, 324,
       325, 326, 327, 328,
              329, 330, 331
18:6-20 321
18:21 321
18:22-23 321

19:2 241
19:18 240
19:28 35
20:7 241
20:8 ....218, 241
20:25-26 247
20:26 241
21:8 ....218, 241
22:32 ....218, 241
23:3 254
26 ....167, 355
26:1-13 354
26:3 355
26:3-13 ....35, 322
26:3-39 241
26:11-12 ....354, 355
26:12 231
26:14-19 322
26:14-39 ....121, 354
26:18 354
26:21 354
26:23 354
26:27 354
26:40 218
26:40-45 354
26:42 220

Números
3:4 230
3:7-8 .... 230, 302
5:6 218
5:6-7 ....218, 241, 324
5:7 218
8:26 .... 230, 302
11:1 322
11:4 322
14:1-4 322
14:11 ....232, 241,
              320, 322, 323
14:21 ....57, 230, 267
14:21-23 322
15:32-36 ......, 253, 254, 255
15:40 248
18:5-6 230
18:7 302
20:10 .... 232, 241, 322
20:12 323
20:16 45
20:24 .... 232, 241, 322
21:4-9 227
22:22-35 45
23:19 133
23:21 311
23:21 ....231, 309

23:21-22 232
23:21-24 .... 310, 310
23–24 167
24:7 .... 237, 309, 310, 311
24:7-8 .... 232, 313, 314
24:7-9 .... 35, 220, 309, 310
24:9 232
24:14 .... 232, 309
24:17 309
24:17-18 231
24:17-19 .... 35, 205, 219,
220, 232,
233, 309
24:20 310
24:22 314
24:24 314
27:14 .... 232, 241, 322

33:3 286

33:3-8 286

Deuteronomio
1:8 .... 218, 360
1:26 .... 202, 232
1:31 .... 231, 287
1:32 .... 202, 232, 241,
320, 322, 323
1:43 .... 202, 232
4:1 .... 35, 218, 324, 330
4:5-6 241
4:5-8 ...... 35, 232, 249, 255
4:6 269
4:10 235
4:25 240
4:25-28 241
4:25-29 35
4:29 322
4:29-30 309
4:30-31 .... 35, 219, 242
4:32-35 322
5 255
5:12 247
5:14 .... 254, 255
5:15 .... 254, 255
5:29 .... 241, 322
5:31 322
5:33 .... 322, 330
6:2 .... 35, 241, 322
6:4 133
6:4-5 .... 35, 240
6:5 .... 35, 313, 322, 324
6:5-6 241
6:10 .... 218, 360
6:13 74
6:16 74

6:24 322
6:24-25 .... 322, 323
6:25 ...... 218, 241, 322, 330
7:6 287
7:19 303
8:1 .... 35, 218, 241, 322,
323, 324, 330
8:3 74
8:5 231
9:4-7 322
9:5 .... 218, 360
9:6 .... 202, 232, 241, 322
9:6-7 35
9:7 .... 202, 232, 241, 322
9:13 ...... 202, 232, 241, 322
9:23 .... 202, 232, 241,
327, 322, 323
9:23-24 35
9:24 ...... 202, 232, 241, 322
9:27 .... 218, 322
10:12 .... 240, 322
10:12-13 .... 240, 324
10:16 .... 192, 202, 218,
232, 241, 322
10:16-19 35
10:19 240
11:1 .... 240, 249
11:8 322
11:8-9 330
11:13 322
11:22 322
11:26-28 ...... 241, 322, 328
11:32 .... 322, 323
12:1 240
12:13 322
12:28 322
12:32 322
12–26 167
13:3 322
13:18 322
14:1 .... 231, 287
15:5 322
16:20 ..... 35, 322, 324, 328,
330, 330
17:10 322
17:18-20 248
17:19 322
18:5 .... 202, 245
18:15 .... 213, 219, 242
18:15-16 222
18:15-18 .... 232, 325
18:15-22 52
18:18 .... 213, 219
18:22 359

19:9 322
22:7 330
22:8 247
26:14 322
26:16 .... 240, 322
26:17 240
26:18 .... 322, 323
26:18-19 255
26:19 232
27:1 322
27:11-16 322
27:26 218
27–32 166
28 .... 167, 241
28:1 .... 232, 241, 286,
322, 323
28:1-2 218
28:1-14 ... 35, 322, 349, 354
28:14 322
28:15 .... 218, 322
28:15-68 .... 121, 202,
322, 354
28:58 322
28:59-60 303
28:66 .... 202, 232
29:4 .... 35, 202, 204,
232, 241, 242,
322, 328, 346
29:13 218
29:29 114
30:1 327
30:1-14 .... 219, 232, 354
30:2 .... 322, 327
30:3 35
30:6 .... 37, 47, 187, 192,
202, 236, 242, 245,
322, 330, 353
30:6-8 35
30:7 .... 303, 353, 354
30:8 .... 37, 47, 202, 204,
219, 242, 322,
327, 346, 348
30:10 ...... 47, 242, 322, 327
30:11 .... 243, 327
30:11-13 326
30:11-14 .... 243, 326, 327
30:15-19 322
30:15-20 .... 241, 328
30:16 .... 322, 324
30:19 330
30:20 .... 218, 360
31:5 322
31:12 322
31:13 330

31:16 .... 202, 322
31:16-17 ....35, 218, 241
31:17 .... 202, 322
31:24-29 49
31:27 .... 202, 218, 232,
241, 269, 322
31:27-29 ....35, 241
31:29 .... 202, 218, 232,
269, 322
31:30 235
32 167
32:1-43 303
32:4 303
32:5 .... 202, 241
32:6 231
32:21 205
32:35 354
32:39 .... 287, 290, 292
32:43 271
32:46 322
33:5 231
34:4 360
34:10-12 ....219, 232, 325

Josué
1:8-9 166
2:9-11 300
2:11 36
5:13-15 45
8:24 36
8:35 235
9:6 212
11:23 ....216, 360
21:43-44 360
21:43-45 ....36, 216

Jueces
2.7 232
2:10 232
2:12 36
4:17-24 227
5:24-27 227
9:52-57 227
14:14 167
17:6 345
20:2 235
21:25 ....36, 345

1 Samuel
2:6 ....287, 290
2:10 ....36, 220, 345
2:35 220
3:1 36
4:8 .... 36, 300
8:5 232

8:7 ....36, 232
11:1-2 227
11:5-11 227
15:3 310
15:8 310
17:1-11 227
17:41-54 227
18:3 64
20:14-17 212

2 Samuel
5:2 233
7 ....64, 71, 214
7:1 217
7:8-9 219
7:8-16 219
7:9-11 219
7:11-16 219
7:12 36
7:12-14 233
7:12-15 219
7:13 219
7:14 .... 36, 219, 313
7:16 ....36, 219, 233
7:23 35
12:1-4 167
23:5 .... 214, 219

1 Reyes
2:3 ....166, 249
4:20-21 .... 217, 360
6:20 265
8:18-20 217
9:26 286
10 372
11:11 36
11:13 36
11:40 311
15:19 212

2 Reyes
5:7 ....287, 290
17:7 .... 37, 232
17:13 249
17:13-14 323
17:13-15 ....166, 232,
241, 269
17:13-18 322
17:14-15 36
17:18 .... 36, 241, 323
17:23 269
17:34 249
22:11 166
25 36
25:26 311

1 Crónicas
16:31 231
17 71
17:7-14 219
23:32 230
28:8 235
29:11 33

2 Crónicas
20:20 323
23:3 235
24:20-21 163
36:16 37
36:20-23 37

Esdras
1:1 37
1:1-3 276
9:8-9 37

Nehemías
1:7-9 166
9:8 325
9:9-10 300
9:13 ....241, 325
9:17 323
9:19 323
9:27-28 323
9:29-30 ....323, 325
9:31 323
9:36 37
10:31 254
13:15-22 254

Job
1:2 289
1:18-19 289
1–2 227
14:14 289
19:25-26 289
26:12-13 303
38:1–42:6 .... 316, 317
40–41 317
41 .... 226, 315, 317,
318, 319
41:10-11 316
41:11 ....315, 316, 317,
318, 319
42:10 289
42:13 289

Salmos
1 166
2:7 ....220, 284, 288, 313
2:7-8 233
2:7-9 36

2:8 220
2:9 227
11:7 288
16:9-11 288
16:10 .... 284, 293
16:10-11 284
17:15 288
18:1-2 301
18:49 271
19 166
21:6 220
22:1 75
22:1-21 288
22:22 289
22:7-8 75
22:18 75
22:29 289
23 53
29:10 231
32:1-2 .... 187, 350
33:6 .... 134, 136
34:8 378
34:12-16 356
36:9 .... 13, 110, 363
37 280
37:31 243
40:8 243
45:2 220
45:6-7 134
47:2 231
47:6-8 231
48 289
48:2 231
49 289
49:14 289
49:15 289
59:17 301
67:1-7 57
69 209
69:21 75
71:20 289
72:1-2 267
72:17 .... 36, 220
72:17-19 267
72:18-19 266
72:19 230
73:17-22 289
73:24-26 289
74:12 231
74:12-15 303
74:13-14 .... 303, 305
78:2 75
78:53-54 303
85:9-10 303

86:9 266
87 234
87:4-6 234
89 .... 64, 71
89:3 .... 214, 219
89:21-23 219
89:27 .... 53, 219, 220
89:28 219
89:28-37 220
89:34 219
89:39 219
93:1-2 231
95:3 231
96:3 266
96:10 231
97:1 231
99:1 231
103:13 231
104:30 136
110:1 ...... 75, 134, 205, 370
110:1-4 220
110:2-4 303
110:6 303
117:1 .... 266, 271
117:1-2 266
118 301
118:14 301
118:22-23 75
118:26 75
118:28 301
119 166
119:7 114
119:11 243
119:16 114
119:18 114
119:24 114
119:50 .... 349, 352
119:54 349
119:60 113
121:4 60
127:2 .... 60, 259
132:7-8 .... 252, 255
132:11-12 .... 214, 220
132:12 219
132:13-14 .... 252, 255
132:17-18 220
135:3 112
139:7-10 136
140:7 301

Proverbios

3:1-2 166
3:12 231
6:6-11 60

6:20-23 166
10:4-5 60
12:11 60
12:14 60
12:24 60
13:4 60
14:23 60
19:15 60
20:4 60
20:13 60
21:25 60
22:29 60
26:13-16 60
28:19 60

Eclesiastés

2:23 59
3:9 59
4:4 59
7:15 289
8:12-13 289
9:2-3 289
12:13 166

Isaías

1:2 233
2:1-4 277
2:2-3 243
2:2-4 .... 37, 221, 233,
                        277, 298
2:3 .... 37, 166, 234, 245
4:2-6 .... 221, 277, 298
4:3 243
4:5 299
5 .... 53, 373
5:1-2 75
6:1 45
6:9 203
6:9-10 .... 75, 203, 204
6:13 299
7:14 .... 74, 233, 298
8:8 74
8:10 74
8:16 243
9:1-2 74
9:1-7 .... 134, 298
9:1-16 277
9:2-7 277
9:6 233
9:6-7 ...... 37, 205, 233, 243
9:7 .... 36, 220, 234, 313
11 298
11:1 .... 74, 233, 298
11:1-2 .... 221, 267, 313
11:1-5 ... 220, 277, 298, 299

11:1-9..................................298
11:1-10...................233, 277
11:1-16.............................276
11:2...................................233
11:2-5................................243
11:4...................................234
11:6-9..........226, 298, 299
11:9.............................53, 230
11:9-10.............................267
11:10............205, 221, 233,
271, 298, 304
11:10-11...........................299
11:10-12................221, 313
11:10–12:6........... 286, 298
11:10-16............................306
11:11.........................310, 346
11:11–12:6............233, 298
11:11-16............................298
11:12..................................299
11:15-16.......299, 304, 346
11:16...................................313
11:25-26............................205
12..301
12:1-2... 298, 297, 299, 305
12:1-6.................... 298, 304
12:2............. 297, 298, 304,
305, 306
12:3-5.................................299
12:3-6.................... 298, 305
12:4....................................304
12:5...........................297, 304
12:6.................... 298, 299
19:19-25............................277
19:25..................................234
24:4-6.................... 180, 214
24:5....................................278
24:5-6.................................239
25:8.............238, 284, 288
25:8-9.................................284
26:19..................................288
27:1....................... 226, 302
27:13..................................277
29:9-11...............................203
29:10..................................242
29:10-11.............. 204, 346
29:13....................................75
29:18..........203, 204, 209,
243, 346
30:1-3................................227
30:6-7................................227
30:8............................49, 203
30:8-9.................................209
30:9....................................233
32:15...................., 234, 272

35:1-10..............................276
35:5-6.......................75, 305
40.................315, 316, 317,
318, 319
40:3...........................74, 305
40:13.............315, 316, 317,
318, 319
40–66................................316
41:10....................................48
42:1...........................221, 233
42:1-4............. 75, 243, 270
42:1-9................................277
42:1-13..............................135
42:3....................................234
42:4..........37, 47, 221, 234,
235, 245
42:6............. 188, 221, 234
42:6-7.....................188, 270
42:7...........................234, 271
42:8......................................33
42:16..................................234
42:18....................................75
42:18–43:21.................276
43:6-7..................................34
43:10..................................272
43:15..................................231
43:25..................................221
43:27......................214, 241
44:1-3................................349
44:3.........................234, 272
44:18..................................242
44:22..................................221
44:24..................................133
44:24–45:1.....................276
44:26-28..............................37
45:25........... 221, 234, 238,
270, 288
46:10....................................51
48:9......................................37
48:11......................... 37, 133
48:16..................................135
49:1....................................358
49:1-6...................135, 277
49:1–53:12.....................277
49:2....................................236
49:3......... 34, 36, 213, 221,
233, 238, 270, 271,
286, 288, 349, 358
49:5-6...................213, 277
49:6.........36, 37, 221, 234,
238, 270, 271, 272,
286, 288, 349, 358
49:8.............. 188, 234, 278
49:8-9................................270

49:9....................................234
49:10..................................234
49:25-26............................234
50:4............ 234, 235, 243
50:4-9................................277
50:7....................................243
50:8............ 234, 288, 290
50:8-9...................243, 329
50:9......................................36
50:10.......................234, 235
51:3......................................37
51:4...................47, 243, 245
51:4-5................................270
51:9-11.276, 302, 303, 305
52:7........ 36, 231, 234, 271
52:7-10..............................270
52:11..................................305
52:11-12...................233, 277
52:13..................................234
52:13-15............................205
52:13–53:12..........205, 277
52:14..................................234
52:15..................................270
53..277
53:1-2.................................233
53:2......................................74
53:4......................................75
53:5...........36, 43, 228, 270
53:9......................................36
53:10........... 221, 228, 238,
243, 288
53:10-11................ 36, 234,
270, 293
53:11..........37, 39, 46, 234,
243, 248, 288,
290, 323, 329, 350
54.............................64, 187
54:1-3.................................221
54:1–55:13.....................277
54:3..............234, 243, 270
54:8....................................234
54:10.....................234, 278
54:13...............47, 188, 203,
234, 243
54:17..................................234
55:3...... 187, 188, 278, 284
55:3-4................................233
55:4-5................................277
56:3-8................................205
56:6.........................234, 277
56:6-8................................270
56:7......................................75
57:15..........................13, 363
59:16-17............................233

59:21 .... 188, 221, 234,
238, 272, 278
61:1 ....75, 233, 234
61:1-2 ....271, 305
61:1-3 270
61:2 ....36, 38
61:8 278
61:8-9 37
61:9 270
62:11 75
62:23 234
63:10 135
63:16 231
63:17 ....234, 270
64:4 204
64:8 231
65:13-16 .... 234, 277
65:13-25 277
65:15-16 277
65:17 ...... 53, 226, 277, 278
65:17–66:24 277
65:18 234
65:18-19 277
65:23 234
65:25 .... 226, 277
65–66 281
66:1-2 114
66:7-11 234
66:12 278
66:20-21 270
66:21-22 234
66:22 .... 53, 234, 277

Jeremías

2:8 166
3:4 231
3:14-17 205
3:14-18 278
3:15 243
3:16-18 .... 205, 221, 243
3:17 221
3:19 231
4:1-2 ....221, 278
4:4 221
7:11 75
7:23 231
8:1-2 288
8:16-17 227
9:23-24 .... 126, 364
9:24 204
9:26 221
10:7 ....231, 303
11:4 231
12 278

12:7 75
12:14 ....243, 278
12:14-17 278
12:15 278
12:16 .... 37, 47, 278
12:16-17 243
13:11 34
16:14-15 ....278, 304, 346
17:1 ....221, 241, 322
22:5 75
22:15-16 204
23:4 243
23:5 ....37, 220
23:5-6 243
23:5-8 313
23:6 ....37, 46. 234
23:7-8 .... 286, 304,
306, 346
24:7 231
25:12 37
25:30-38 239
26:20-23 163
26:21-23 311
29:10 37
30:1-2 ....49, 209
30:2-3 203
30:8-9 37
30:8-10 205
30:8-11 278
30:9 ....37, 244
30:22 231
30:24 346
30:24–31:1 203
30:29 .... 204, 209
30–33 278
31 ....52, 71, 172
31:9 231
31:14 278
31:15 ....74, 308
31:20 231
31:31 .... 37, 187, 220
31:31–34 ...31, 37, 182, 187,
193, 212, 278
31:32 .... 187, 221, 241
31:33 .... 37, 182, 187,
188, 203, 221, 231,
235, 245
31:33-34 ....47, 188, 221
31:34 .... 182, 188, 203,
234, 241, 244, 323
31:35-40 279
31:36 187
31:38-40 278
31:39 279

31–34 64
32:6-9 75
32:38 231
32:39 ....221, 278
32:39-40 .... 37, 221
32:40 ....37, 188, 220, 278
33:8 244
33:14-18 278
33:14-26 279
33:15-26 187
33:20 214
33:25 214
34:8-10 212
34:18 187
36:3 241
36:24 166
41:16-18 311
43:1-7 311
44:12-15 311
46:22 227
49:20-21 286
50:5 278
51:34-35 227

Lamentaciones
3:22-23 37

Ezequiel
1:26 45
1–39 279
7:26 166
8–11 262
11:16 279
11:19 278
11:19-20 ....221, 241, 325
11:20 231
14:11 231
16:59-63 279
16:60 .... 220, 221, 278
16:62 220
18:5 325
18:9 325
18:17 325
18:19 325
18:21 325
18:31 278
20 ....330, 331
20:11 .... 288, 325, 331
20:13 .... 288, 325, 331
20:21 .... 288, 325, 331
20:25 ....241, 325
28 261
29:3 ....302, 305
29:3-9 227
32:2 ......227, 302, 303, 305

32:2-9 227
33:8 343
33:10 325
33:13 325
33:19 325
33:33 359
34 53
34:20-24 134
34:25 .... 220, 278
34:30 231
34–37 279
34-39 64
36 71
36:16-38 279
36:22-23 37
36:22-32 187
36:25-26 221
36:26 278
36:26-27 .... 37, 188, 193,
                          221, 241
36:27 .... 37, 47, 236,
                     245, 288, 325
36:28 231
36:29 188
36:33 .... 188, 221
36:33-36 37
37 279
37:1 .... 288, 325
37:1-14 331
37:5 288
37:10 288
37:11-14 279
37:13-14 288
37:14 .... 241, 325
37:22 37
37:23 .... 231, 279
37:24 .... 37, 220, 241, 325
37:24-25 187
37:25-28 279
37:26 .... 37, 220, 278
37:27 .... 231, 279, 288,
                          354, 355
37:27-28 37
37:28 .... 241, 279
38–39 310
40–48 .... 53, 176, 279,
                          280, 281
43:7-9 279
44:14 230
47:1-12 279
47:3 279

Daniel
2 .... 202, 211

2:18-19 202
2:19 .... 202, 208
2:27-30 202
2:28 202
2:31-35 202
2:36-45 202
2:44 .... 37, 205
2:47 202
4:9 202
6:5 166
7 167
7:10-11 303
7:13-14 .... 37, 45, 205
9:2 37
9:11 .... 166, 241
9:18-19 37
9:23 208
9:24 37
9:25-26 205
10:1 .... 204, 208, 346
10:12 209
11:29–12:13 205
12:2 .... 283, 291, 292,
                          293, 358
12:4 204
12:8 .... 204, 209
12:8-9 204
12:8-10 346
12:9-10 204
12:10 204
12:12 204

Oseas
1:6 236
1:9 236
1:9-10 233
1:10 236
2:1 233
2:15 308
2:18-20 278
2:23 236
3:5 .... 221, 233, 285,
                     304, 309, 310,
                          313, 314
4:1 308
4:2-3 308
4:4–6:3 308
4:6 .... 166, 233
4–14 308
6:1-3 285
6:2 292
6:4–11:1 308
6:7 .... 180, 214, 241
7:11 308

7:16 308
8:13 308
9:3 308
9:6 308
9:10 53
11 .... 309, 311
11:1 .... 74, 231, 235, 304,
                     307, 308, 309,
                     310, 311, 312,
                          314, 346
11:5 .... 304, 308, 309,
                          311, 314
11:8 308
11:10-11 ...... 304, 308, 309,
                          311, 313, 314
11:11 .... 308, 311, 346
11:12–14:8 308
12:9 308
12:13 308
13:4 308
13:14 284
14:4-8 .... 286, 349

Joel
2:28 84

Amós
2:4 166
5:4 325

Jonás
1:17 75
1:17–2:10 285

Miqueas
4:1-2 243
4:1-5 277
5:2 .... 43, 70, 73, 74, 75,
                134, 235, 308, 359
5:3-5 359
7:6 75
7:10-17 303

Habacuc
1:4 166
2:2 49
2:4 .... 321, 320, 325, 328
2:14 .... 57, 230, 267

Sofonías
3:4 166
3:8-20 205
3:19-20 286

Hageo
1:8 37

Zacarías

2 279
2:11 221
3:1 350
3:7-9 286
3:8-9 .... 242, 329, 350
6:12-13 242
7:12 166
8:8 231
8:22-23 221
10:8 305
10:10-12 305
11:12 75
11:12-13 75
12:10 .... 85, 205, 350
13:1 ....205, 350
13:7 75
13:7-9 329
14:9 ....133, 205
14:16 231
14:16-19 205

Malaquías

1:6 .... 37, 231
1:14 .... 37, 231
2:14 212
3:1 74
4:1 325
4:4 166

Mateo

1:1 ....53, 75, 220
1:18-25 308
1:22-23 74
2 ....70, 308
2:1 213
2:1-12 308
2:2 ....309, 311
2:3-8 308
2:5-6 ....73, 74
2:6 ....43, 235, 308, 359
2:13-14 312
2:13-15 ....307, 308
2:13-18 227
2:14-15 307
2:15 ....53, 74, 167, 235,
280, 307, 308,
310, 312, 314, 365
2:16-18 308
2:17 73
2:18 ....74, 308
2:19 312
2:19-23 ....308, 311
2:21 311
2:23 ....73, 74

3:3 74
3:7-12 227
3:9-10 237
3:15 73
3:16-17 312
3:17 ....53, 213
4:1-11 ....74, 213, 312
4:5-7 263
4:14 73
4:15-16 74
5:1 312
5:5 ....280, 360
5:16 272
5:17 ....30, 43, 73,
94, 158, 357
5:17-18 ....167, 210, 246
5:17-19 .... 47, 246, 348
5:19 246
5:20–7:27 167
5:32 166
5:35 231
5:45 215
6:9 237
6:9-14 367
7:12 ....47, 158, 239,
246, 248
8:17 ....73, 75
8:23-27 135
9:17 222
9:18-26 135
10:8 166
10:10 166
10:16 226
10:35-36 75
10:38 235
11:2 213
11:5 ....75, 305
11:10 74
11:12 168
11:13 .... 94, 158, 357
11:19 213
11:25 204
11:27 13
11:28 305
11:28–12:8 ....247, 256
11:28-30 .... 13, 258, 365
12:8 258
12:17 73
12:17-21 75
12:28 136
12:33-37 227
12:40 ....75, 285
12:42 ....53, 213
12:50 235

13:11 ....202, 205
13:13-15 204
13:14-15 75
13:16-17 94
13:17 ......42, 204, 237, 346
13:35 ....73, 75
13:38-39 226
13:54 213
15:7-9 75
16:13 368
16:16 368
16:18 235
16:24 235
16:27 40
17:5 ....47, 168, 202,
235, 244
18:17 235
19:1-19 371
19:21 235
19:28 236
20:18-20 235
21:4 73
21:5 75
21:9 ....75, 213
21:12-17 263
21:13 75
21:33 75
21:42 75
22:1-14 63
22:32 289
22:37-40 ....239, 248
22:40 .... 158, 246
22:41-46 ....53, 134
22:44 75
23:23 133
23:29-36 227
23:35 163
23:38-39 75
24:21-23 85
24:30 40
25:31 40
25:31-32 ....291, 354
25:31-46 .... 167, 354
25:46 ....291, 293
26:15 75
26:28 221
26:28-29 222
26:31 75
26:54 ....73, 75
26:56 ....73, 75
27:9 73
27:9-10 75
27:34-35 75
27:39 75

27:43 75
27:46 75
27:48 75
27:51 263
28:1 258
28:1-10 290
28:10 289
28:18 ....290, 293
28:18-20 .... 40, 44, 126, 272, 367
28:19 244
28:19-20 .... 135, 293
28:20 ....47, 168, 235

Marcos

1:1-3 305
1:14-15 186
1:15 185
2:1-12 135
2:18-20 237
2:22 222
4:3-9 167
4:11 ......202, 204, 205, 210
4:11-12 203
4:12 204
6:51-52 209
7:19 247
10:45 ....38, 213
12:26-27 ....283, 293
12:29 133
12:32 133
14:24-25 222
14:62 213
16:1-8 290
16:2 258
16:9 258

Lucas

1:4 115
1:9 263
1:31-34 134
1:32 36
1:32-33 213
1:35 135
1:68-75 220
2:39-52 263
2:50 209
4:1-13 225
4:4-13 213
4:9-12 263
4:18-19 271
4:19 38
4:43 ....30, 39
5:37-38 222
6:20-26 .... 167, 354

7:16 213
8:10 ....202, 205
9:29-30 314
9:30-31 ....286, 298, 305
9:31 ....311, 346
9:45 209
10:2 273
10:7 166
10:24 ......42, 204, 237, 346
10:25-29 326
11:51 163
12:50 286
16:1-13 60
16:16 .... 44, 120, 158, 168, 246, 357
16:29 158
16:31 158
18:31-34 209
19:11-27 61
22:20 ...... 39, 187, 203, 213, 220, 222, 235
23:43 ....291, 299
24:1 258
24:1-12 290
24:7 283
24:15-17 290
24:16 ....209, 290
24:27 ... 30, 42, 52, 83, 118, 153, 158, 347, 378
24:30 290
24:31 290
24:32 ....374, 378
24:35 118
24:36-37 290
24:39 290
24:42-43 290
24:44 .... 30, 42, 43, 52, 83, 153, 158, 162, 347, 374, 378
24:44-47 165
24:45 158
24:45-47 ....30, 42, 48, 347
24:46 .... 283, 285, 293
24:46-47 ....290, 293
24:47 29
24:51-52 290

Juan

1 135
1:1 .... 13, 111
1:1-2 45
1:1-3 ....134, 135, 137
1:1-18 ....50, 110, 139

1:14 .... 38, 53, 112, 135, 136, 263, 280, 365
1:16-17 .... 222, 244
1:18 ....45, 118, 135
1:29 ....39, 126
1:45 ....43, 158
2:13-25 263
2:18-22 ....53, 263
2:19 167
2:19-21 ....213, 242
2:19-22 280
2:20-22 .... 168, 207, 290, 346
2:21 365
3:1-8 13
3:3 346
3:3-6 136
3:14-15 354
3:16 ....136, 290
3:18 292
3:36 ....33, 292
4:24-26 292
4:34 59
5:17 59
5:21 ....290, 291
5:24 291
5:24-26 290
5:26 .... 13, 110
5:28-29 .... 283, 290, 291, 293, 354, 358
5:37-40 50
5:39 ....42, 43, 83, 153, 347
5:39-40 206
5:46 ......30, 42, 43, 52, 347
6:32-33 23
6:35 ....40, 365
6:44-45 .. 47, 188, 203, 234
6:46 45
6:68-69 .... 13, 115
7:2 85
7:18 39
7:37-39 85
8:33 226
8:44 .... 226, 227
8:46 248
8:56 ....42, 43, 208, 237, 329, 346
8:58 53
9:4 59
10 53
10:10 364
10:16 235
10:27-30 235
10:30 ....135, 136

10:33-36 158
10:34 158
10:38 136
11:1-44 135
11:11 358
11:25 .... 358, 375
11:25-26 .... 290, 365
11:50-52 36
11:51-52 235
12:13-16 .... 168, 207,
290, 346
12:16 209
12:23-24 287
12:27-28 39
12:31 228
12:34 158
12:41 45
14:2-3 .... 290, 291
14:6 .... 111, 113, 368, 375
14:9 45
14:15 .... 245, 245
14:16–16:15 136
14:21 .... 245, 245
14:26 .... 111, 245
14:30 248
14–16 .... 110, 121
15 373
15:1-11 .... 53, 365
15:10 .... 46, 245, 355
15:26 .... 110, 111, 136
15:26–16:15 13
15:26-27 .... 50, 141, 245
16:13-15 141
16:16-19 167
17:1 39
17:3 .... 126, 362
17:4 39
17:5 111
17:17 .... 113, 375
17:20-26 111
17:24 .... 40, 111
20:1 .... 258, 290
20:1-10 290
20:9 .... 283, 290
20:14 290
20:15 290
20:16 290
20:17 290
20:19 290
20:19-22 .... 290, 293
20:20 290
20:25 290
20:26 290
20:27 290

20:28 136
21:4 290
21:12 290

Hechos

1:1-3 .... 39, 166
1:3 .... 30, 42, 290
1:8 .... 37, 40, 42, 44, 166,
235, 272, 290, 293
1:9 290
2:1-47 84
2:23-24 228
2:25-31 .... 284, 288
2:27 284
2:30-31 .... 220, 346
2:31 284
2:34-35 134
2:36 290
2:40 202
2:40-41 193
2:42 .... 168, 348
3:18 .... 42, 43, 165, 167
3:22-24 43
3:22-26 .... 213, 245
3:24 .... 42, 165
3:25-26 .... 213, 255
4:17-26 52
4:27-28 228
5:3-4 135
5:5 354
5:10 354
5:20 .... 13, 115, 375
7:2 34
7:35 310
7:37 213
10:14-15 247
10:41 290
10:42 290
10:43 .... 42, 43, 290
10–11 63
12:23 354
13:10 226
13:15 158
13:27 43
13:32-33 43
13:32-35 288
13:32-37 284
13:33 233
13:34-35 284
13:46 192
13:47 .... 271, 358
15 63
15:10 244
15:14 235

16:1 .... 47, 343
16:7 272
17:2-3 283
17:24-25 134
17:31 290
18:10 235
20:7 258
20:25 .... 30, 39
20:26-27 343
20:27 .... 150, 153
20:35 166
21:19 118
22:1-21 288
22:14-15 166
22:22 288
24:14 158
24:14-15 283
24:15 .... 291, 354
26:16-18 166
26:22 158
26:22-23 .... 30, 42, 48,
165, 271, 283,
290, 347
26:23 358
28:23 .... 30, 39, 158, 348

Romanos

1:1-3 .... 42, 47, 201, 347
1:1-4 220
1:2 .... 48, 156, 158, 206
1:2-3 53
1:4 .... 290, 293
1:5 .... 15, 40, 266, 267, 273
1:16 .... 48, 192, 246, 344
1:16-17 .... 46, 290, 293
1:20 134
1:21-23 33
2:4 354
2:9 192
2:14-15 .... 47, 245, 349
2:20 .... 46, 241, 325
2:26 .... 47, 245, 349
2:28-29 .... 192, 236,
245, 354
2:29 .... 47, 202, 222,
330, 349
3:15 242
3:19 .... 158, 218
3:19-20 46
3:19-22 328
3:20 .... 46, 187, 218,
222, 242, 320,
322, 328, 348
3:21 .... 206, 290

3:21-24 236
3:22-26 46
3:23 33
3:23-26 48
3:24-25 .... 189, 329
3:25-26 .... 39, 350
3:26 242
3:27-30 46
3:28 .... 222, 320
3:30 134
4 .... 63, 80, 187, 193
4:4-5 189
4:5 323
4:11 .... 236, 240
4:13 .... 35, 217, 240, 275,
280, 359
4:13-14 222
4:15 242
4:18-21 352
4:18-25 329
4:23 245
4:23-24 .... 209, 346
4:25 .... 290, 293
5:1 .... 46, 222
5:3-5 349
5:8-9 48
5:9 .... 222, 354
5:12 .... 33, 292
5:12-13 239
5:12-21 .... 53, 80, 180
5:14 .... 222, 347
5:17 357
5:18 .... 323, 328
5:18-19 .... 33, 39, 44, 46,
48, 188, 213, 222,
248, 270, 292, 324,
330, 347, 350, 355
5:19 .... 36, 46, 213, 222,
234, 248
5:20 .... 46, 218, 242,
322, 328, 348
5:21 222
6:1-11 193
6:1-14 367
6:4 .... 39, 292, 293
6:4-5 287
6:5 358
6:6 222
6:6-7 246
6:8-11 290
6:11-12 292
6:14 239
6:14-15 244
6:16-18 357

6:17-18 267
6:20 222
6:22 .... 48, 246
6:23 .... 283, 357
7:6 .... 222, 244
7:7-12 46
7:10 ...... 242, 325, 328, 330
7:10-11 244
7:12 .... 46, 242, 248, 325
7:25 357
8:1 222
8:2-3 46
8:3 .... 329, 328
8:3-4 .... 38, 48, 244
8:4 .... 46, 188, 222, 355
8:4-13 222
8:9-11 136
8:10 .... 222, 246
8:11 .... 136, 291, 293
8:13 48
8:17 364
8:18 38
8:18-25 290
8:19-22 58
8:20 214
8:20-21 33
8:20-23 357
8:26-34 136
8:29 289
8:30 222
8:31-32 301
8:32 .... 246, 309, 359
9:1–11:32 316
9:5 362
9:6–11:32 315
9:8 236
9:22-23 40
9:22-24 242
9:25-26 .... 233, 235
9:25-27 192
9:30–10:8 222
9:30–10:13 326
9:30-31 .... 328, 330
9:30-33 329
9:31-32 .... 242, 324
9:32 329
9–11 ...... 66, 190, 281, 315,
317, 318, 319
10 272
10:4 .... 46, 167, 244,
326, 328, 329, 348
10:5 .... 181, 320, 326
10:5-8 326
10:6-8 .... 243, 326

10:13-17 267
10:14-15 272
10:17 .... 115, 189
11 317
11:7-8 ..... 35, 203, 206, 242
11:7-10 .... 322, 328
11:25 .... 202, 205
11:25-27 142
11:26-27 85
11:33 .... 315, 316
11:33-35 316
11:33-36 .... 315, 316
11:34 ...... 315, 316, 317, 318
11:34-35 .... 82, 315, 317,
318, 319
11:35 .... 315, 316, 317
11:36 ... 122, 153, 154, 315,
316, 318, 319
11:34-35 318
12:2 357
12:5 237
13:4 354
13:8 245
13:8-10 .. 47, 239, 248, 349
13:9 245
13:10 245
14:1 258
14:1–15:7 258
14:5-6 258
14:9 290
14:20 247
14–15 63
15:4 .... 108, 209, 211,
245, 346, 375
15:8-12 271
15:13 352
16:5 237
16:17-20 227
16:19-20 226
16:20 .... 226, 306
16:25 .... 202, 205
16:25-26 .... 47, 168,
201, 206, 210,
211, 346
16:25-27 142
16:26 208

1 Corintios

1:2 237
1:14-17 131
1:18 .... 48, 246, 344
1:23 348
1:30 46
1–2 205

2 142
2:1 .... 202, 205
2:2 .... 42, 348
2:6-16 51
2:7 .... 202, 205
2:8-9 204
2:10 .... 111, 136
2:10-16........................ 143
2:12 .... 14, 109, 111
2:12-13 .... 13, 113, 210
2:13-14........................ 211
2:14 346
3:16 221
3:16-17........................262
4:1 .... 202, 205
4:15 234
5:7 ....84, 329
5:7-8 ....84, 222
5:13 210
6:11 136
6:12-20 .... 264, 292
6:19 264
6:19-20 264
7:10 166
7:19 .... 245, 349
7:25 245
8:6................................134
9:1 166
9:7-9............................245
9:20-21 .... 239, 244, 349
9:21...............................47
10 82
10:1-5...........................236
10:1-11 193
10:2 .... 286, 345
10:6.............................347
10:11 ....108, 209, 211,
245, 346, 347
10:16 237
10:18 236
11:23 245
11:23-25 329
11:25 220
12:12-13 193
12:27...........................237
13:2..................... 202, 205
13:12 116
14:2 .... 202, 205
14:34 158
14:37 .... 167, 245
15:3 .... 123, 131, 158
15:3-4 290
15:3-5 39
15:4 .... 283, 285, 293

15:8 166
15:9 237
15:10 48
15:14 292
15:17 ....283, 290
15:20.... 290, 293, 347, 358
15:20-23 84
15:21-22 80
15:22 .... 222, 347
15:23 .... 290, 292, 293,
347, 358
15:35-38 287
15:43-44...............292, 293
15:45 ...... 53, 213, 222, 347
15:45-49 80
15:49 ....292, 293
15:50-55 142
15:51 .... 202, 205
15:54 288
15:54-58 284
15:58 292
16:1 237
16:2 258
16:19 237

2 Corintios
1:20....... 47, 48, 52, 54, 68,
71, 83, 153, 167,
182, 189, 213, 246,
349, 352, 353, 356,
357, 361
1:20-22 349
1:22 ....213, 356
3:3 222
3:6 .... 202, 222
3:6-7 221
3:7 ....218, 242, 244, 322,
325, 328, 330
3:7-11 244
3:9 ....218, 221, 242, 244,
322, 325, 328,
330, 348, 355
3:9-10 222
3:1447, 166, 168, 206, 210,
211, 221, 346
3:18 ....16, 139
4:4 .... 57, 213
4:6............39, 57, 114, 364
4:14 291
4:16-18..........................357
5:10 ....291, 354
5:15 292

5:17 .... 39, 194, 222,
280, 283, 290,
293, 349, 354
5:17-19........................292
5:17-21 273
5:21 .... 36, 39, 46, 48,
188, 222, 234, 248,
270, 324, 329
6:3-4 273
6:14–7:1 264
6:16 ....221, 231, 235,
280, 288, 354, 355
6:16-18..................352, 355
6:16–7:1 47
6:17 305
6:18 237
7:1 ....48, 349, 352, 354
11:2-4 227
11:3 ....225, 226
11:13-15........................227
13:14 136

Gálatas
1:2 ....237, 245
1:4................................38
1:11-12 .... 166, 290, 293
1:13 237
2:16 ....320, 321, 330
2:16-21 222
2:19-20 321
2:21 ....329, 321
2:27-29 193
2–3............................ 331
2–4 63
3 ....80, 187, 320,
326, 329, 353
3:1-6 321
3:1-14...........................222
3:2 321
3:2-3 321
3:3 222
3:5 321
3:7-9......................321, 353
3:7-29...........................321
3:8 .... 54, 255, 271
3:10 .... 46, 321, 328, 330
3:10-14..........................321
3:11 ....320, 321, 330
3:11-12..........320, 321, 327
3:12 .... 218, 242, 320,
321, 327, 328,
330, 331, 348
3:13 ....46, 222, 248,
288, 354

3:13-14.. 39, 234, 236, 321, 328, 331, 353
3:14 .... 54, 255, 271, 357
3:16 .... 53, 54, 112, 192, 213, 226, 236, 271, 276, 280, 350, 353, 360
3:17 239
3:19 .... 46, 242, 322
3:21 .... 244, 325, 328
3:22 46
3:23 348
3:23-26 244
3:23-29 187
3:24-25 .... 47, 168
3:24-26 44
3:24-29 193
3:26 321
3:28-29 .... 238, 236, 237, 276, 360
3:29 .... 213, 271, 321, 350, 353
3–4 .... 63, 171, 193
4:4.... 38, 52, 135, 167, 256
4:4-5 .... 68, 112, 120
4:4-7 113
4:5 244
4:10 257
4:18-19 234
4:21–5:1 222
4:21-27 234
4:26 237
4:26-27 234
4:29 222
5:1-12 244
5:3 329
5:6 349
5:14 248
5:16-25 222
6:2 .... 47, 244
6:8 222
6:10 237
6:15 .... 222, 349
6:16 .... 193, 236

Efesios
1:1-14 67
1:3 .... 349, 356, 357
1:3-6 178
1:3-14 ..... 38, 136, 137, 213
1:4 237
1:4-6 34
1:5-6 273
1:9 .... 202, 205

1:9-10 .... 52, 63, 365
1:10 .... 110, 130
1:10-11 135
1:13-14 .... 194, 356
1:14 .... 124, 349
1:17-18 204
1:22 237
2:1 292
2:1-3 33
2:5 .... 59, 292
2:5-7 291
2:6 .... 237, 291
2:11-12 63
2:11-22 .... 190, 191, 194
2:12 78
2:12-16 236
2:14 85
2:14-16 244
2:19-20 .... 235, 237, 348
2:19-22 221
2:20 168
2:21-22 264
3 .... 77, 171
3:1-6 77
3:3 205
3:3-4 .... 202, 205
3:4 208
3:4-5 206
3:9 .... 202, 205
3:10 237
3:14 237
3:14-21 127
4:4-14 356
4:5-6 134
4:21 113
4:22-24 222
4:30 135
5:2 85
5:23 237
5:23-27 237
5:25 .... 224, 237
5:29 237
5:32 .... 202, 205, 237
6:1-3 245
6:2-3 210
6:3 360
6:5-8 60
6:5-9 60
6:19 .... 202, 205

Filipenses
1:6 .... 48, 125
1:21 357
1:23 291

2:1-11 127
2:5-7 .... 48, 246
2:5-11 370
2:6 45
2:8 .... 46, 222, 248, 330, 355
2:15 202
3:2-3 236
3:3 354
3:9 .... 47, 222, 324, 326
3:20-21 .... 291, 292, 293

Colosenses
1:11-15 .... 192, 193
1:12-13 53
1:13-14 280
1:15 .... 13, 45
1:15-17 137
1:15-20 136
1:16 .... 343, 348
1:16-17 .... 43, 134
1:18 237
1:20 .... 85, 290
1:26-27 .... 202, 205
2:2 .... 202, 205
2:3 53
2:12 287
2:13-14 248
2:14 .... 237, 350
2:15 .... 228, 306
2:16-17 .... 45, 208, 242, 257, 259, 347
2:17 .... 83, 85, 191, 213
2:17-19 237
3:1 .... 237, 291, 292, 293
3:1-2 237
3:1-4 367
3:1-17 370
3:9-10 222
3:14 222
3:16 367
3:17 60
3:22–4:1 60
3:22-24 60
4:3 .... 202, 205

1 Tesalonicenses
1:1 237
2:14 237
4:6 354
4:9 188
4:16-17 291
4:17 173
5:23-24 48

2 Tesalonicenses

1:8-9 354
1:9-10 40
2:1 237
2:7 .... 202, 205
2:13-15 136

1 Timoteo

1:11 .... 15, 39, 51
1:17 134
2:5 ....213, 219, 245
2:14 225
3:9 .... 202, 205
3:15 237
3:16 ....202, 205, 290
5:17-18 210
5:18 .... 166, 245
6:13-14 245
6:16 134

2 Timoteo

1:5 .... 47, 343
2:7 .... 115, 118, 375
2:12 354
2:15 115
3:15 .... 47, 156, 158, 350
3:15-16 .... 113, 343
3:16 .... 47, 95, 119, 139,
    140, 156, 245, 348
3:16-17 121
4:2 .... 47, 343

Tito

2:11-13 38
3:5 .... 13, 136

Hebreos

1:1 ....49, 112, 129
1:1-2 .... 13, 53, 110,
    112, 120, 139
1:1-3 ....83, 134, 153
1:2 49
1:2-3 166
1:3 ....13, 45, 57, 136
1:5 .... 220, 233
1:8-9 134
2:8 366
2:9 39
2:10 179
2:12 289
2:14-15 226
3:1-6 255
3:2-6 237
3:6 237
3:7 140
3:14 257

3:16-19 .... 322, 323
3–4 194
4:1-13 80
4:3 85
4:3-10 255
4:7 140
4:8 305
4:8-11 257
4:9 85
4:11 85
4:15 46
5:4-5 84
5:5 233
5:8 ....248, 355
5:11-12 167
6:5 .... 38, 39
6:19-20 264
7 80
7:3 84
7:11-12 68
7:12 244
7:15-17 84
7:26 248
7:27 222
7–8 53
7–10 .... 71, 193
8:5 ....85, 208
8:6 .... 182, 213, 222, 244
8:6-8 221
8:6-13 .... 31, 212
8:8-12 203
8:10 .... 231, 235, 244
8:13 .... 39, 221, 222, 244
8–10 .... 188, 194, 265
9:5 85
9:6–10:18 222
9:8-10 329
9:9-12 213
9:10 47
9:11-12 .... 242, 329
9:11-14 44
9:12 222
9:14 136
9:15 .... 39, 189, 213, 219,
    220, 222, 245
9:19-28 85
9:23-24 85
9:24-26 44
9:24-28 120
9:25-28 329
9:26 .... 39, 222
9:27-28 293
9:28 .... 38, 248, 366

10:1 ....45, 191, 208,
    213, 257, 259
10:1-10 329
10:4 .... 187, 350
10:5-7 85
10:8 85
10:9 ....39, 244
10:10 ....222, 329
10:11 350
10:12 .... 85, 188
10:14 .... 182, 188, 222
10:16 .... 203, 244
10:17 .... 203, 244
10:19-22 .... 44, 264
10:20 85
10:26-27 354
10:29-30 354
11 370
11:8 .... 34, 240
11:10 ....194, 281
11:13 ....43, 208, 237,
    240, 346, 350
11:13-16 360
11:19 .... 287, 327
11:26 45
11:39-40 237
12:1-3 .... 48, 246
12:2 ....234, 370
12:18-24 373
12:24 ....213, 219, 222
13:7 125
13:11-12 85
13:14 .... 194, 281
13:20-21 48

Santiago

1:1 236
1:17 179
1:25 .... 47, 244
2 187
2:8 .... 47, 244
2:12 .... 48, 244
2:19 134

1 Pedro

1:1 236
1:3-4 356
1:3-5 .... 38, 290
1:5 188
1:10-11 .... 43, 165, 208,
    290, 345, 346
1:10-12 .... 210, 346
1:12 211
1:15-16 .... 210, 245, 248
1:21 39

2:4-5 221
2:4-10 264
2:5 237
2:9 .... 193, 221, 272
2:10 .... 233, 236
2:11 .... 194, 281
2:21 .... 48, 246
2:22 .... 46, 248
2:24 .... 43, 354
3:9-12 356
3:20-21 .... 286, 345, 347
4:11 167
4:17 237

2 Pedro
1:3 114
1:4 .... 48, 246, 292,
                    322, 349, 352
1:16-21 112
1:19 309
1:20-21 .... 13, 119, 140
1:21 .... 95, 141, 156
2:1 354
3:9 352
3:14 352
3:16 .... 114, 156, 376

1 Juan
1:9–2:1 248
2:1 .... 234, 290
2:1-2 326
2:6 .... 48, 246
2:16 225
2:20-21 .... 47, 188, 204
2:27 .... 47, 188
2:27-29 204
3:1 237
3:2 116
3:2-3 352
3:3 .... 48, 349
3:5 .... 46, 248
3:8 226
3:8-10 226
3:23-24 245
4:2-3 131
5:2-3 245

2 Juan
6 245
9 245

Judas
5 46

Apocalipsis
1 167
1:4 193

1:4-6 166
1:10 258
1:20 .... 202, 205
2:9 236
2:27 227
2:28 309
3:9 236
4:6 303
4:11 33
4–5 367
4–20 265
5 136
5:9 .... 126, 185, 189
5:9-10 .... 40, 167, 221, 237,
                    273, 303, 305
7:9-10 .... 238, 273
7:10 40
7:15-17 238
10:7 .... 202, 205
11:15 281
12 .... 225, 227, 229, 338
12:1-2 228
12:1-4 227
12:3 .... 226, 227
12:4 227
12:6 228
12:7-9 228
12:7-10 227
12:9 .... 226, 227
12:9-17 227
12:10 226
12:11-12 228
12:12 .... 226, 228
12:12-17 228
12:14-16 228
12:17 245
13:1-4 228
13:11-18 228
14:3 .... 303, 305
14:7 40
14:12 245
15:1 303
15:1-4 .... 305, 306
15:1–16:21 303
15:2 303
15:2-3 303
15:3-4 303
16:13 228
17:5 .... 202, 205
17:7 .... 202, 205
19:15 227
20 .... 225, 227, 292, 293
20:1-6 .... 228, 291
20:2 .... 226, 227

20:2-3 228
20:5 291
20:5-6 291
20:6 291
20:7-10 228
20:8 310
20:9-10 228
20:10 228
20:12 .... 291, 354
20:14 291
21 .... 260, 265
21:1 332
21:1-2 265
21:1-4 261
21:2 .... 237, 332
21:3 ...... 187, 189, 194, 278,
                    281, 332, 366
21:3-4 40
21:4 .... 238, 333
21:5 333
21:6 .... 152, 333, 334
21:8 333
21:9 .... 224, 237, 333
21:9-27 332
21:10-11 337
21:14 333
21:16 265
21:18 .... 265, 337
21:18-21 337
21:21 337
21:22 .... 265, 280, 332,
                    333, 334
21:23 .... 40, 57, 333
21:24-25 40
21:25 334
21:27 .... 333, 334
21–22 .... 53, 61, 102, 113,
              122, 194, 261, 280,
              281, 282, 332, 333,
              334, 335, 336, 337,
                                   339
22 .... 178, 372
22:1 333
22:1-2 334
22:2 .... 333, 335
22:3 .. 40, 61, 333, 335, 336
22:4 .... 336, 357
22:5 .... 40, 61, 334, 336
22:13 333
22:14-15 .... 334, 337
22:16 .... 41, 220, 309
22:17 .... 152, 237
22:20 41

Este volumen, organizado en un formato de preguntas y respuestas, aborda las cuestiones más importantes que los pastores, líderes y estudiantes preguntan acerca del gobierno de la iglesia congregacional, un tema de gran interés en la iglesia de hoy. Brinda a los lectores un análisis claro de los pasajes bíblicos relacionados con el tema, respuestas breves (4-8 páginas cada uno), y preguntas para el debate. El formato único del libro permite al lector elegir y leer acerca de los temas más pertinentes para sus intereses y necesidades.

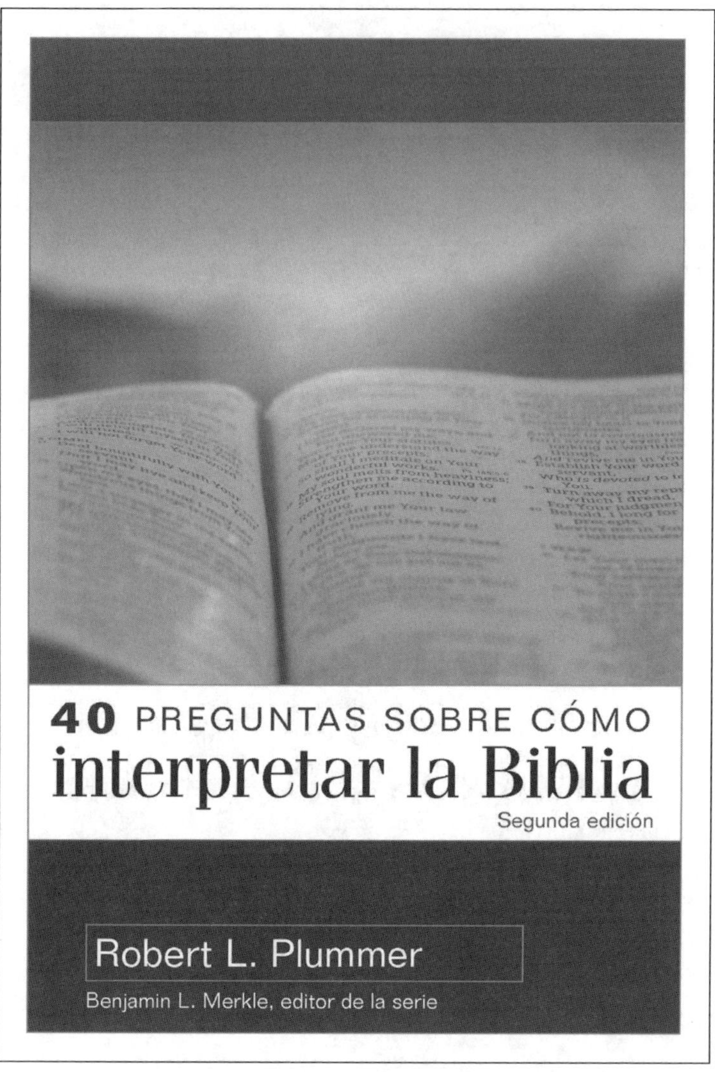

40 preguntas sobre cómo interpretar la Biblia, ahora en una segunda edición revisada, examina los problemas más acuciantes que encuentran los creyentes y los nuevos estudiantes de la Biblia cuando intentan leerla y comprenderla. Robert Plummer proporciona primero información de trasfondo y consideraciones generales para la interpretación, y después examina géneros y temas específicos en los estudios recientes de hermenéutica. Al final de cada tema, aparece una guía de preguntas que estimulan el pensamiento y el diálogo. Esta segunda edición incluye nuevos capítulos e información sobre traducciones bíblicas, tendencias de interpretación bíblica y tecnología relacionada con la Biblia.

En *40 preguntas sobre el ministerio pastoral*, el veterano pastor Phil Newton ofrece respuestas confiables a 40 de las preguntas más comunes y apremiantes relacionadas con la vida y el trabajo del pastor. Newton abarca cinco categorías principales, entre ellas el desarrollo, las prácticas y la predicación, a fin de capacitar a los pastores para manejar con éxito los deberes y los retos cotidianos que incluyen: permanecer espiritualmente sano, fortalecer su matrimonio, lidiar con el desaliento, evitar los escollos, liderar las reuniones de ancianos, impartir mentoría a futuros líderes, dirigir el cambio y la revitalización, y mucho más. Newton basa sus respuestas en las Escrituras, en la reflexión teológica y en la experiencia personal, y así sirve de guía para los pastores en cualquier etapa del ministerio.

EDITORIAL
PORTAVOZ

NUESTRA VISIÓN

Maximizar el efecto de recursos cristianos de calidad que transforman vidas.

NUESTRA MISIÓN

Desarrollar y distribuir productos de calidad —con integridad y excelencia—, desde una perspectiva bíblica y confiable, que animen a las personas a conocer y servir a Jesucristo.

NUESTROS VALORES

Nuestros valores se encuentran fundamentados en la Biblia, fuente de toda verdad para hoy y para siempre. Nosotros ponemos en práctica estas verdades bíblicas como fundamento para las decisiones, normas y productos de nuestra compañía.

Valoramos la excelencia y la calidad
Valoramos la integridad y la confianza
Valoramos el mérito y la dignidad de los individuos
 y las relaciones
Valoramos el servicio
Valoramos la administración de los recursos

Para más información acerca de nuestra editorial y los productos que publicamos visite nuestra página en la red: www.portavoz.com